"十四五"国家重点出版物出版规划项目

中国区域协调发展研究丛书

范恒山　主编

高水平开放的海南自由贸易港

迟福林 著

辽宁人民出版社

图书在版编目（CIP）数据

高水平开放的海南自由贸易港 / 迟福林著. —沈阳：
辽宁人民出版社，2023.11

（中国区域协调发展研究丛书 / 范恒山主编）

ISBN 978-7-205-10952-3

Ⅰ.①高… Ⅱ.①迟… Ⅲ.①自由贸易区—经济建设
—研究—海南 Ⅳ.①F752.866

中国国家版本馆 CIP 数据核字（2023）第 215182 号

出版发行：辽宁人民出版社

地址：沈阳市和平区十一纬路 25 号　邮编：110003

电话：024-23284321（邮　购）　024-23284324（发行部）

传真：024-23284191（发行部）　024-23284304（办公室）

http://www.lnpph.com.cn

印　　刷：辽宁新华印务有限公司

幅面尺寸：170mm×240mm

印　　张：23.25

字　　数：310 千字

出版时间：2023 年 11 月第 1 版

印刷时间：2023 年 11 月第 1 次印刷

策划编辑：郭　健

责任编辑：张婷婷　郭　健

封面设计：胡小蝶

版式设计：留白文化

责任校对：吴艳杰

书　　号：ISBN 978-7-205-10952-3

定　　价：98.00元

总　序

　　区域发展不平衡是世界许多国家尤其是大国共同面对的棘手难题，事关国家发展质量、民族繁荣富强、社会和谐安定。鉴此，各国都把促进区域协调发展作为治理国家的一项重大任务，从实际出发采取措施缩小地区发展差距、化解突出矛盾。

　　我国幅员辽阔、人口众多，各地区自然资源禀赋与经济社会发展条件差别之大世界上少有，区域发展不平衡是基本国情。新中国成立以来，党和国家始终把缩小地区发展差距、实现区域协调发展摆在重要位置，因应不同时期的发展环境，采取适宜而有力的战略与政策加以推动，取得了积极的成效。新中国成立初期，将统筹沿海和内地工业平衡发展作为指导方针，为内地经济加快发展从而促进区域协调发展奠定了坚实基础；中共十一届三中全会以后，实施东部沿海率先发展战略，为快速提升我国综合实力和国际竞争力提供了强劲驱动力。"九五"时期开始，全面实施区域协调发展战略，以分类指导为方针解决各大区域板块面临的突出问题，遏制了地区差距在一个时期不断拉大的势头。党的十八大以来，协调发展成为治国理政的核心理念，以区域重大战略为引领、以重大区域问题为抓手，多管齐下促进区域协调发展，区域经济布局和国土空间体系呈现崭新面貌。在新中国七十多年发展的辉煌史册中，促进区域协调发展成为最亮丽、最动人的篇章之一。围绕发挥地区比较优势、缩小城乡区域发展和收入分配差距，促进人的全面发展并最终实现全体人民共同富裕这个核心任务，中国从自身实际出发开拓进取，推出了一系列创新性举措，形成了一大批独特的成果，也积累了众多的富有价值的宝贵经验，成为大国解决区域发展不平衡问题的一个典范，为推动全人类更加公平、更可持续的发展做出了重要贡献。中国的探索，不仅造就了波澜壮阔、撼人肺腑的伟大实践，也形成了具有自身特色的区域协调发展的理论体系。

我国已经开启全面建设社会主义现代化国家的新征程。促进区域协调发展既是推进中国式现代化的重要内容，也是实现中国式现代化的重要支撑。缩小不合理的两极差距，实现区域间发展的动态平衡，有利于推动经济高质量发展，有利于增进全体人民幸福美好生活，有利于实现国家的长治久安。我国促进区域协调发展取得了长足的进步，但面临的任务依然繁重，一些积存的症疾需要进一步化解，一些新生的难题需要积极应对。我们需要认真总结以往的成功做法，适应新的形势要求，坚持目标导向和问题导向的有机统一，继续开拓创新，把促进区域协调发展推向一个新高度，努力构建优势互补、高质量发展的区域经济布局和国土空间体系。

顺应新时代推进现代化建设、促进区域协调发展的要求，中国区域协调发展研究丛书出版面世。本套丛书共10册，分别是《中国促进区域协调发展的理论与实践》《四大区域板块高质量发展》《区域发展重大战略功能平台建设》《京津冀协同发展》《长江经济带发展》《粤港澳大湾区高质量发展》《长江三角洲区域一体化发展》《黄河流域生态保护和高质量发展》《成渝地区双城经济圈建设》《高水平开放的海南自由贸易港》，既有关于区域协调发展的整体分析，又有对于重大战略实施、重点领域推进的具体研究，各具特色，又浑然一体，共同形成了一幅全景式展示中国促进区域协调发展理论、政策与操作的图画。从目前看，可以说是我国第一套较为系统全面论述促进区域协调发展的丛书。担纲撰写的均是经济、区域领域的著名或资深专家，这一定程度地保障了本丛书的权威性。

本丛书付梓面世凝聚了各方面的心血。中央财办副主任、国家发展改革委原副主任杨荫凯同志首倡丛书的撰写，并全程给予了积极有力的推动和指导；国家发展改革委地区振兴司、地区经济司、国土地区所等提供了重要的支撑保障条件，各位作者凝心聚力进行了高水平的创作，在此谨致谢忱。

期待本丛书能为加快中国式现代化建设，特别是为促进新时代区域协调发展提供有益的帮助，同时也能为从事区域经济工作的理论研究者、政策制定者和实践探索者提供良好的借鉴。让我们共同努力，各尽所能，一道开创现代化进程中区域经济发展的新辉煌。

2023 年 10 月

前　言

1987年底，我从中央机关投身海南筹备建省办经济特区，到今年已经是第36个年头。2018年4月，我在现场聆听了习近平总书记郑重宣布建设海南自由贸易港，倍感激动。逐梦自由贸易港始终是我这30多年来的主要追求。

当前，国内外对海南自由贸易港发展广泛关注。我理解，面对百年未有之大变局，海南自由贸易港要以"重要开放门户"为战略目标，充分利用自身的地缘优势和政策优势，对标世界最高水平开放形态，打造成为我国与东盟全面战略合作的重要枢纽，成为我国与《区域全面经济伙伴关系协定》（RCEP）的市场交汇点，成为我国国内国际双循环的市场交汇点。

当前，海南正处在筹备封关运作的关键时期。封关运作，意味着海南全岛由"境内关内"向"境内关外"的海关监管特殊区域的转变，意味着海南自由贸易港建设由起步阶段向实质性运作的转变。本书在原有研究的基础上，适应新的特定背景，围绕海南自由贸易港建设中涉及的某些重要问题做了一些探讨，以供参考。

我的同事马禹、刘铁奇为本书的编写做了大量工作，郭达、郭文芹、陈所华、陈薇等参与本书的修改、校对等工作，在此表示感谢！

迟福林

2023年10月

目　录

绪　论

打造我国新时代的重要开放门户
——建设海南自由贸易港的国家战略

推进海南自由贸易港建设，是习近平总书记亲自谋划、亲自部署、亲自推动的改革开放重大战略举措。当前，面对世界百年未有之大变局，海南自由贸易港要充分利用自身的地缘优势、区位优势、资源优势和政策优势，对标世界最高水平开放形态，将海南自由贸易港打造成为引领我国新时代对外开放的鲜明旗帜和重要开放门户。

一、充分发挥海南自由贸易港的独特优势

在当前国际政治经济格局发生深刻复杂变化、中国加快构建新发展格局的背景下，应发挥海南独特的地理区位、资源、政策等优势，高水平建设海南自由贸易港，使海南在以东盟为主的《区域全面经济伙伴关系协定》（RCEP）合作中扮演特殊角色、发挥重大作用。

1. 地理区位优势

海南地理区位优势突出。独特的地缘优势决定了自由贸易港在国际经贸格局中的枢纽地位。海南作为相对独立的地理单元，背靠大陆，面向南海，地处 RCEP 区域中心位置，是连接东北亚和东南亚的区域中心。

2. 丰富的自然资源优势

海南拥有较为丰富的土地资源、海洋资源、生态资源。例如，在生态资

源方面，海南空气质量一流，且生态价值潜力巨大。2022 年海南 PM2.5 浓度为 12 微克 / 立方米，远低于全国平均水平（17 微克 / 立方米）；空气质量优良天数比例为 98.7%[①]；空气负离子含量远超世界卫生组织标准。

3. 国家立法保障优势

2021 年 6 月 10 日，第十三届全国人大常委会第二十九次会议表决通过《中华人民共和国海南自由贸易港法》，将《海南自由贸易港建设总体方案》中有关自贸港建设的政策以法律形式固定下来，从国家层面形成了海南自由贸易港建设的法律保障。第一条明确"为了建设高水平的中国特色海南自由贸易港，推动形成更高层次改革开放新格局，建立开放型经济新体制，促进社会主义市场经济平稳健康可持续发展，制定本法"。《中华人民共和国海南自由贸易港法》赋予海南较大的改革开放自主权，蕴含较大的政策与制度创新空间。可以说，《中华人民共和国海南自由贸易港法》是一部"基本法""最高水平开放法""授权法"。

4. 高水平开放的政策与制度优势

《海南自由贸易港建设总体方案》确立了以自由便利为核心的自由贸易港政策与制度体系。截至 2023 年 4 月，共有 180 多个自贸港政策文件落地生效，其中，"零关税"清单、企业和个人 15% 所得税、加工增值货物内销免关税等政策使经营主体受益[②]。

二、打造中国东盟战略合作重要枢纽和 RCEP 市场交汇点

当前，RCEP 即将进入在 15 个成员国全面实施新阶段，将在促进区域经济复苏与增长、区域一体化大市场建设中发挥更大的作用。面对国际政治经济格局深刻复杂的变化，地处 RCEP 区域地理中心的海南自由贸易港，要充分发挥自身独特优势，主动有为，成为中国与 RCEP 市场的重要交汇点。

---

① 海南 PM2.5 浓度再创历史新低［EB/OL］. 中国日报网，2023-01-31。
② 中共海南省委"蓬勃兴起自贸港"专场新闻发布会［EB/OL］. 海南省人民政府网，2023-04-12。

1. 成为中国与 RCEP 市场的联结点

（1）促进中国与 RCEP 商品与服务市场的深度融合。一方面，发挥海南自由贸易港"零关税"与 RCEP"零关税"政策叠加效应，拓展海南与 RCEP 其他成员国货物贸易空间；另一方面，以海南自由贸易港开展高水平开放压力测试为契机，更加重视与 RCEP 其他成员市场规则和服务体系的衔接互认，推进商品通关及跨境要素流动自由便利，推动农业、旅游、健康医疗、金融保险、文化娱乐、航运物流、免税购物、高新技术等商品和服务市场的全面融合。

（2）发挥中国与 RCEP 企业双向投资的平台功能。适应全球产业链供应链区域化、本土化大趋势，发挥海南自由贸易港高水平开放的政策制度优势，服务国内具有突出比较优势的产能对外投资，与 RCEP 区域内企业联手打造分工合理、稳定安全的区域性产业链供应链。同时，用好国内 14 亿人大市场，吸引以东盟为重点的更多域内高质量企业来琼投资，为其通过海南自由贸易港更好分享国内大市场提供服务。

（3）发挥中国与 RCEP 成员国间政策规则协调对接的服务功能。政策规则协调是促进中国与 RCEP 成员国一体化大市场发展的重要举措。从短期看，依托独特的地理区位优势，发挥海南自由贸易港政策制度优势，率先全面落实 RCEP 规则，促进中国与东盟间的产业衔接、规则对接，使得东盟国家更多产业以海南自由贸易港为平台与我国双循环发展体系更好对接。

2. 成为促进中国与 RCEP 成员间要素流动的枢纽集散点

（1）发挥海南自由贸易港在资源双向流动中的促进作用。一方面，依托海南自由贸易港跨境资金流动自由便利政策，吸引国内企业各类要素在海南自由贸易港中转、交易、配置、集聚，为国内企业跨境投资提供境外投资服务，增强国内企业境外投资信心；另一方面，发挥海南自由贸易港与内地市场的联通优势，吸引 RCEP 其他成员各类要素以海南自由贸易港为平台走向国内大市场。

（2）发挥海南自由贸易港在中国与 RCEP 供应链融合中的服务促进作用。

依托海南地处中国、面向东盟的最前沿以及背靠超大规模国内市场和腹地经济等优势，用好运输来往自由便利、"零关税"、加工增值货物内销免征关税等政策，强化物流体系建设，加强与东盟国家口岸间的协调合作，提升海南自由贸易港在中国—东盟跨境供应链的促进、服务作用。

3. 成为促进《区域全国经济伙伴关系协定》（RCEP）与《全面与进步跨太平洋伙伴关系协定》（CPTPP）对接融合的先行区

按照打造最高水平开放形态的基本要求，在率先全面落实我国在RCEP中的开放承诺的基础上，充分发挥海南自由贸易港单向开放的灵活性、主动性，同新加坡、马来西亚、越南等CPTPP成员国开展更高水平的双边、诸边合作，使之成为RCEP区域高水平合作交流的先行区。同时，争取各方支持，对标CPTPP规则，加快推进高水平开放压力测试，突出海南自由贸易港在服务贸易、数字贸易、竞争中性、环境保护等领域的规则探索，使海南自由贸易港尽快成为我国深度融入全球经济体系的前沿地带，在RCEP部分规则升级中发挥引领作用。

4. 打造中国与东盟全面战略合作的重要枢纽

（1）经贸合作的自由经济区。2022年是中国与东盟全面战略伙伴关系开局之年，双方经贸往来更加密切，进出口规模达到6.52万亿元，同比增长15%，东盟继续保持我国第一大贸易伙伴地位。适应中国与东盟经贸合作快速发展大趋势，海南自由贸易港不仅可以在促进双边贸易、双向投资方面发挥重要平台作用，也需要在地区内资金、人才、信息、技术等要素中转、配置、交易方面发挥重要枢纽作用。

（2）蓝色经济伙伴关系核心区。蓝色经济不仅已成为中国与东盟全面战略合作的重大选项，也蕴藏着巨大合作交流空间。依托海南管辖200万平方千米海域的资源优势，在各方支持下开展海洋生态环境保护、渔业资源可持续开发利用等，使海南自由贸易港在中国与东盟海洋产业对接、海洋绿色发展、海洋人文交流中成为服务保障基地与重要平台，服务共建和平之海、友谊之海、合作之海。

（3）公共卫生与健康合作的示范区。新冠肺炎疫情发生后，中国与东盟就共同抗击疫情开展密切合作。与此同时，中国正在跨越高收入国家门槛，东盟国家中等收入群体规模进入快速增长期。在此背景下，区域内医疗健康消费市场潜力巨大。为此，依托海南自由贸易港医疗健康开放政策与优质要素吸引力，打造面向东盟的公共卫生援助基地的同时，不断提升国际化医疗健康服务供给水平和能力，推动共建中国—东盟医疗健康一体化大市场。

（4）人文交流特区。2011—2019年，中国在东盟国家的劳务合作人数由8.4万人增长至11.8万人，在促进人文交流的同时，也助力当地经济发展。在疫情、域外势力干扰等多种因素影响下，中国与东盟人文交流受到较大冲击。为此，需要发挥海南自由贸易港与东盟国家人文相亲的优势，在促进青年、学者、商务人士经贸往来的同时，努力打造更大范围、更深层次的人文交流项目，努力成为增加地区合作共识、塑造地区合作氛围、引导地区合作舆论的战略要地。

三、发挥改革开放先行先试的重要作用

2021年11月4日，习近平主席在第四届中国国际进口博览会开幕式上的主旨演讲中提出"中国将在自由贸易试验区和海南自由贸易港做好高水平开放压力测试"。建设海南自由贸易港是我国谋求高水平开放的重大举措，表明中国的高水平开放从一般要素市场开放进入到规则、规制、管理、标准等制度型开放新阶段。新形势下，主动适应国际经贸规则重构新趋势，以对标CPTPP等为重点开展高水平开放压力测试，不仅是落实中央要求的实际举措，也是建设高水平海南自由贸易港的重大任务。

1. 对标世界最高水平开放形态的本质要求

海南自由贸易港本质在于对标世界最高水平的开放形态，加快建立与之相适应的一整套比较完整的、具有国际竞争力的开放政策和制度体系安排。

（1）对标国际自由贸易港的通行规则。例如，按照"境内关外"的基本

要求,《海南自由贸易港建设总体方案》聚焦贸易投资自由化便利化,在贸易、投资、资金、人员、运输等领域实行自由便利的政策制度安排与推进数据安全有序流动的相关举措,实行"零关税、低税率、简税制"的税收制度。

(2)对接国际高水平经贸规则。例如,《海南自由贸易港建设总体方案》对标目前国际高水平经贸规则,形成了覆盖"边境上"与"边境内"开放的政策与制度体系,也对一些条件尚不完全具备的领域,通过过渡性、长远性及原则性的相关安排为对标全球未来最高水平开放形态预留空间。

(3)对标具有一流国际竞争力的营商环境。中央要求海南自由贸易港到2025年营商环境总体达到国内一流水平,到2035年营商环境更加优化,法律法规体系更加健全。海南自由贸易港将强化竞争政策基础性作用,努力在行政、立法、司法体制改革创新方面取得重大突破,加快建立法治化、国际化、便利化的营商环境和公平开放统一高效的市场环境。

2. 实现高水平制度型开放的重要突破

(1)打造制度型开放新高地。海南自由贸易港建设,要主动适应国际经贸规则重构的新趋势,主动对接国际高水平经贸规则;充分学习借鉴国际自由贸易港的先进经营方式、管理方法和制度安排,加快推进规则、规制、管理、标准等制度型开放;把服务贸易作为高水平制度型开放的突破口,构建具有国际竞争力的开放制度;在高水平制度型开放中拓展区域合作新空间,增强区域辐射带动作用;用好改革开放自主权,打造制度型开放新高地。

(2)以制度型开放带动制度集成创新突破。按照"以开放为先,以制度集成创新为核心"的基本要求,适应百年未有之大变局,抓住大势,对标当今世界最高水平开放形态,以赋予海南高度的经济自主权为主要目标,争取中央对海南的充分授权与实行特殊行政体制安排,由此形成既有中国特色又有广泛影响力和较强国际竞争力的自由贸易港制度体系。

(3)建立与高水平自由贸易港相适应的政策与制度体系。一是建立以"零关税"为主要特征的货物贸易自由化便利化制度,全面对接国际高标准经贸协定关于货物贸易及通关便利化规则；二是建立以"承诺即入制"为重点推进投资制度集成创新，强化财产权与知识产权保护的国际化、法治化，并不断增强竞争政策基础性地位，打造公平竞争的市场环境；三是建立具有国际竞争力的财税金融制度，在促进境外资金、社会资金自由流动的同时，有效防范金融风险。

3. 努力打造高水平开放全面压力测试区

（1）打造我国加入 CPTPP 的全面压力测试区。服务我国正式申请加入 CPTPP 后标准规则对标的实际需求，用足用好中央赋予海南自由贸易港的改革开放自主权，在服务贸易、政府采购、竞争政策、监管一致性、金融服务、竞争力与商务便利化、透明度等现代议题领域进行全面对标，并在知识产权、劳工标准、国有企业和指定垄断等难点领域开展相关探索，形成 CPTPP 的全面压力测试，为我国积极开展加入 CPTPP 谈判及路径创新等提供经验。

（2）在开展全面压力测试中推进自由贸易港政策与制度细化与创新。《海南自由贸易港建设总体方案》形成了以贸易投资自由化便利化为重点的政策与制度体系的原则性安排。着眼于目前相关政策突破创新较少、可操作性不强等突出矛盾，参照 CPTPP 相关条款，在投资、服务贸易、海关监管、金融服务、人员进出、监管透明度与一致性及多元化纠纷解决机制等方面开展大力度创新，实现中央要求的"形成具有国际竞争力的开放政策和制度"。

（3）与域内国家和地区形成 CPTPP 框架下的更高水平经贸合作成果。一方面，形成早期安排，取得 CPTPP 框架下的早期收获，最大程度服务凝聚 CPTPP 成员国关于我国加入 CPTPP 的共识；另一方面，充分利用海南自由贸易港作为规则连接点的枢纽与平台作用，服务 CPTPP 成员国开拓中国大市场与国内企业走向 CPTPP 成员国市场，使海南自由贸易港在 CPTPP 区域内的产业链供应链调整中占据一席之地，并在大国博弈下拉住 CPTPP 其他成员国中扮演战略棋子角色。

四、形成海南自由贸易港产业发展的突出特点

在当前服务业全球化趋势和我国经济结构转型升级交汇融合的新形势下，适应服务贸易发展与服务业市场开放高度融合的大趋势，海南自由贸易港要形成以服务贸易为主导的扩大开放新格局。

1. 建设具有世界影响力的国际旅游消费中心

（1）用好 14 亿人国内旅游消费大市场。建设具有世界影响力的国际旅游消费中心，既是促进海南产业转型升级的重大举措，也是提升海南国际化水平的首要关键，更是加快推进海南自由贸易港建设、推进海南高质量发展的基本要求。特别是在我国加快构建以国内大循环为主体、国内国际双循环相互促进的新发展格局背景下，充分依托海南地理区位优势和自由贸易港政策与制度优势，适应我国居民消费结构升级的大趋势，以加快建设国际旅游消费中心发挥海南在吸引消费回流、释放消费潜力、促进消费升级方面的特殊作用，助力海南尽快成为国内国际双循环的重要交汇点。

（2）提升海南旅游消费国际化水平。以服务于吸引免税购物、医疗健康和教育三大海外消费回流为重点，打造旅游业及相关服务业最高水平开放形态，加快推动旅游及相关服务业规则、规制、管理、标准与国际一流旅游目的地的对接，实现旅游消费体制机制与国际接轨，以此实质性破解海南国际化旅游产品与服务供给不足的突出矛盾，最大限度释放海南旅游消费潜力。

（3）推进旅游消费领域的制度型开放。参照 ISO1400 系列标准，率先形成《海南旅游服务标准指引》与《旅游消费标准化规划》，明确旅游服务领域优先采用国际标准的基本原则及标准制定的优先顺序，作为海南旅游消费管理的基础性、原则性文件。在此基础上，率先制定健康、文化、体育、邮轮等旅游消费新业态以及旅游发展新要素、新模式标准和旅游公共服务与旅游安全领域标准体系。

2. 促进现代服务业集聚发展

（1）打造现代服务业开放新高地。适应我国由货物贸易为主向服务贸易

为主转型的大趋势，对标中国香港、新加坡等国际知名自贸港与 CPTPP、USMCA（《美国—墨西哥—加拿大协议》）等最新服务贸易和投资协定，全面实施更加精简、透明的外商投资准入负面清单与跨境服务贸易负面清单，加快完善与服务贸易发展相适应的自由化、便利化政策，推动服务业市场全面开放，打造我国服务业市场开放新高地。

（2）促进现代服务业集聚发展。以产业大开放推动产业大发展，吸引跨国服务业企业在海南自贸港设立区域总部，积极吸引国内国际资本在海南注册开展现代服务业与服务贸易相关业务，打造医疗健康、文化、旅游、教育培训、金融、数字经济、高新技术、体育娱乐、商务服务等现代服务业集聚地。

（3）规范影响服务贸易自由便利的国内规制。在大幅降低服务业市场准入壁垒、降低服务业经营范围限制等基础上，全面开展适应服务业市场开放与服务贸易创新发展的海关监管、投资、跨境资金流动、人员进出、运输往来、信息流动等领域的制度创新，形成以"既准入又准营"为基本特征的服务贸易自由化便利化政策与制度，为全省服务贸易领域的制度创新提供重要示范。

3. 高新技术产业集聚发展

抓住新一轮科技革命与产业变革的历史机遇，聚焦平台载体，积极发展数字服务贸易，推动物联网、人工智能、区块链、大数据、云计算等新兴业态发展；构建完善海南自贸港高新技术产业政策体系，引导生产要素向高新技术产业领域集聚，推动高新技术企业集群式发展；加快布局重大科技基础设施和平台，促进科技创新与服务业深度融合，推进海南自贸港服务业向产业链、价值链、供应链中高端迈进。

4. 推进农产品工业化进程

面对 RCEP 全面实施带来的农产品零关税冲击，迫切需要以热带农产品加工形成海南农业发展的新优势。建议依托东盟国家丰富的农业资源，发挥海南自由贸易港"零关税"及加工增值货物内销免征关税等政策优势，吸引国内农业加工贸易企业到海南发展农产品和热带水果国际转口贸易、进口原料加工和本地农产品深加工产业，使农产品加工增值超过30%后以"零关税"进入国内市场。

五、实现海南自由贸易港封关运作的重要突破

封关运作，意味着海南全岛由"境内关内"向"境内关外"的海关监管特殊区域的转变；意味着海南自由贸易港建设由起步阶段向实质性运作的转变。谋划2025年封关运作，其目的是充分发挥海南独特的地缘优势，使海南自由贸易港在中国与RCEP其他成员国经贸合作、中国与东盟自由贸易区3.0版建设中扮演好战略枢纽的重要角色，为打造我国面向太平洋、印度洋的重要开放门户开好头、起好步。

1. 构建有吸引力的"两个总部基地"的政策体系

（1）政策着力点在于"两个总部基地"建设。企业既是内外市场连接的主体，也是产业链、供应链、价值链中的主体。海南自由贸易港封关运作的核心任务就是要充分利用自身地处RCEP中心位置的地缘优势，打造与内地相对隔离的"境内关外"性质的海关监管特殊区域，以此形成集聚企业和要素的独特优势。面对国际政治经济格局复杂严峻变化和产业链供应链区域化的新趋势，海南自由贸易港要把封关运作的着力点放在"两个总部基地"建设上，以企业需求为导向，出台具有较强吸引力的相关政策。

（2）政策重点在于实现海南自由贸易港政策与RCEP规则的叠加。一是海南自由贸易港"零关税"政策与RCEP"零关税"政策的叠加。发挥单向开放的灵活性、主动性，在海南自由贸易港提前落实我国在RCEP中对东盟国家的"零关税"商品承诺表，便利其他成员国经海南分享中国大市场；二是海南自由贸易港加工增值内销免关税政策与RCEP原产地规则的叠加。率先在海南自由贸易港实行完全累积原则，支持企业在RCEP成员国的加工增值部分计入海南的增值部分。企业在RCEP其他成员国和海南加工增值累计超过30%，即可以"零关税"进入内地市场；三是海南自由贸易港服务贸易开

放政策与 RCEP 规则的叠加。近两年，要尽快将海南自由贸易港跨境服务贸易负面清单限制措施数量由 70 项缩减至 30 项左右，并以此为契机，率先推进海南自由贸易港制度型开放，打造与国际市场规则、规制、管理、标准对接的先行区。

（3）政策突破的关键在于资金自由便利流动。跨境资金自由便利流动是总部企业的核心政策诉求。由于缺乏自由便利的金融开放政策与金融服务支撑，目前在海南注册的总部企业，大多结算中心、信息中心等核心业务都不在海南。从现实看，与香港联手开辟东盟市场，适时建立"双港"金融服务合作对接机制，以"海南承接＋香港服务"的模式促进香港金融服务体系与海南自由贸易港"总部基地"建设的融合，有很大的可行性。例如，允许在港金融机构通过跨境服务、自然人移动等方式为在海南自由贸易港设立总部基地的企业提供国际金融；借鉴欧盟经验，海南与香港在金融领域探索实施"单一通行证制度"，由此推动"双港"金融市场一体化进程。

2. 促进与粤港澳大湾区联动发展

（1）在"联动发展"中打造中国与东盟全面战略合作的重要枢纽。粤港澳大湾区是我国经济实力与市场活力最强的区域之一。从现状看，海南与广东的经济差距甚大。例如，2022 年海南市场主体数量是广东的 15%，货物进出口额是广东的 2.4%，现代服务业增加值是广东的 4.6%。强化与大湾区联动发展，有利于海南利用国内 14 亿人大市场的经济腹地优势，有利于发挥海南作为 RCEP 地理中心的优势，畅通国内国际经济循环。

（2）产业协同发展是"联动发展"的重点。例如，依托海南自由贸易港的政策优势，吸引广东农业加工贸易企业到海南发展农产品和热带水果进口加工业务，使农产品加工增值超过 30% 后以"零关税"进入广东并向全国分销。再如，要把海洋产业作为联动发展的重点。广东海洋经济总量已连续 27 年居全国首位，且具有较为完整、较强竞争力的海洋产业体系，海南具有开发深海、发展蓝色经济的先天资源优势。服务南海合作开发的实际需求，建议在广州、深圳、珠海、中山、湛江等地海洋装备研发制造的基础上，在海南合力建设深海装备安装、测试、推广应用和维修服务中心。

（3）推进基础设施互联互通是"联动发展"的首要条件。目前，琼州海峡两岸航运资源一体化初步完成。当务之急是强化琼州海峡南北两岸港口资源整合，尽快实现琼州海峡两岸港口资源的"统一规划、统一管理、统一经营、统一调度、统一服务"；尽快开通琼州海峡高速客船、高速客滚船、水上飞机等多元化运输服务方式，打造琼州海峡水上半小时交通圈，并建立琼州海峡两岸统一的应急管理平台。徐闻地处海南自由贸易港与粤港澳大湾区的交通枢纽，最有条件成为"相向而行"的先行区、"联动发展"的最前沿。目前，海南 90% 左右的进岛物资途经徐闻，每年有 1000 万左右的游客通过琼州海峡进入海南。建议抓住时机高起点谋划建设广东·海南（徐闻）特别合作区，使之成为海南自由贸易港联通国内大市场的门户枢纽、海南自由贸易港主导产业发展的后援基地、海南自由贸易港的综合服务保障区、粤港澳大湾区与海南自由贸易港联动发展的示范区。此外，建议尽快启动琼州海峡跨海工程建设，明显提升海南与大湾区及内地的连通度。

（4）推动以强化有效防走私为重点的管理协同。从历史看，徐闻古港是汉代海上丝绸之路的始发港，是我国最早的通商口岸之一。目前，国家在徐闻仍设置海关，其主要工作是协助海南打击走私。从琼州海峡的地理特点看，把"二线"设在徐闻，其反走私监管的有效性可能要比在海南岛设置若干"二线"口岸的效果要好些。海南要将主要精力放在放开"一线"、用好"一线"上，努力以境内关外的独特优势集聚全球资源。当然，"一线"也担负着打击走私、贩毒等监管职责。

3. 加快恢复和构建国际航空海洋运输网络

（1）恢复和加密国际航线。从新加坡、中国香港、迪拜等国际经验看，无一不是以国际空港建设为突出特点。新加坡樟宜机场自 1981 年运营以来，100 多家航空公司在此运营通往全球 400 多个城市，平均每 84 秒就有一架飞机起降；2020 年迪拜机场对本地 GDP 的贡献已达到 30% 左右。目前，海南机场建设与"运输和人员进出自由便利"的要求严重不相适应。在这种情况下，2025 年封关运作要在国家相关方面的支持下，采取多种方式尽快实现面向东盟各国主要城市的直飞航线全覆盖；扩大第五航权在内的航权安排，吸引新加坡和中国香港等航空公司开辟经停海南的航线；支持国内航空企业用好第六航权，加密与全球主要客源地的国际航线，实施更加开放、便利的出入境管理措施，巩固"四小时、八小时飞行经济圈"。

（2）建设海洋运输网络。例如，推进海南与广东、香港、澳门在国际中转、运输航线、物流配送等方面的密切合作，率先共建港口联盟，推动港口间标准统一、数据共享、单证互认；吸引更多东盟港口运营机构参与基础设施建设、人员培训、信息交流、技术共享等合作项目；强化海上航线联合开发、共享，合作开发至新加坡、越南等国家主要港口的国际航线。同时，吸引粤港澳优质港口运营机构参与海南自由贸易港部分港口的管理运营。当前，在中国与东盟旅行限制已经放开的情况下，要尽快推动泛南海邮轮旅游的常态化。例如：开辟连接东盟主要国家的定期邮轮旅游航线，开展一程多站式泛南海邮轮旅游；借鉴亚太经合组织（APEC）商务旅行卡的成熟模式，探索发起泛南海旅游卡发展计划，努力实现成员之间的旅游互通免签；推进海南与泛南海地区岛屿间合作，合作建立岛屿旅游联盟，推动实现客源共享和互送、联合营销、管理标准对接、人才联合培养等。

（3）构建灵活独特的基础研究平台。例如，适应产业发展及科技创新需求，搭建医疗健康、清洁能源、深海科技等为重点的世界一流水平的公共实验研究平台，并依托特殊税收政策、国际交流便利等条件吸引相关科研人员在海南开展基础科学研究及应用；适应数字经济发展趋势，推进关键共性技术赋能平台建设，形成大数据、人工智能和区块链基础服务体系。再如，适应吸引国际国内人才需要，按照"2025 年达到国内一流水平"的要求加大医疗卫生、教育基础设施建设的力度；适应现代服务业发展需要，完善海南产权交易所、大宗商品交易中心、国际商品交易中心、股权交易中心、国际能源交易中心等交易场所建设等。

第一章

战略背景

——着眼于国内国际两个大局的重大战略决策

2023年是海南自由贸易港建设5周年。2018年4月13日，习近平总书记在庆祝海南建省办经济特区30周年大会上郑重宣布，"党中央决定支持海南全岛建设自由贸易试验区，支持海南逐步探索、稳步推进中国特色自由贸易港建设，分步骤、分阶段建立自由贸易港政策和制度体系"。

2023年也是海南建省办经济特区35周年。1988年4月13日，第七届全国人民代表大会第一次会议通过了关于设立海南省的决定和关于建立海南经济特区的决议。从建省初期老一辈革命家为走向大开放做的努力和探索，到今天习近平总书记亲自谋划、亲自部署、亲自推动海南自由贸易港建设，海南自由贸易港来之不易，值得珍惜。

第一节　海南走向大开放的不懈探索

作为我国改革开放最大的"试验田"和"排头兵"，海南经济特区35年的发展历程是我国改革开放的一个重要缩影。建省办经济特区以来，如何以更大的开放办好最大的经济特区，始终是海南的不懈追求与探索。从海南建省办经济特区 35 年的基本经验看，什么时候"把门打开"这件事情做得好，什么时候发展就快；在扩大开放上先走一步，始终是海南改革发展的主线。

总的来说，海南在探索走向大开放的 35 年实践中，重点围绕着三大问题找思路、想办法、闯难关：一是开放模式与优惠政策的关系，二是全岛开放与局部开放的关系，三是区域开放与产业开放的关系。处理好这三大关系，关键在于发扬经济特区敢闯敢试、敢为人先的精神，在开放方面先行一步。

一、区域开放的历史探索：研讨设立海南特别关税区

中央作出海南建省办经济特区的战略决策，就是要将海南推到国际市场上去，让海南实行比其他经济特区更"特"的经济政策，经过若干年的奋发努力，将海南岛的经济好好发展起来。作为一个岛屿经济体，海南要实现这一目标，根本出路在于大开放。海南走向大开放的实践，首先就是探索研究并积极推动建立海南特别关税区。

1. 中央建立海南经济特区的战略构想

海南的改革开放，起步于 20 世纪 80 年代我国改革开放向纵深推进的大背景。当时，作为国防前哨的海南岛，在全国发展大局中还是一个洼地，与香港、台湾等地区相比，经济发展差距甚大。要在短期内实现较大的发展，重大的选择就是加快改革开放的步伐，坚定不移地实行大开放方针，以大开放促进大改革、大发展。

放眼我国改革开放的历史进程，海南这一"更大的特区"的建立，是中央着眼于我国改革开放全局布下的一颗重要棋子。1980 年 6 月 11 日，广东省委研究决定就《关于加快海南经济建设几个问题的提议（草案）》向中央汇报；6 月 30 日至 7 月 11 日，国务院在北京召开了海南岛问题座谈会，开发海南岛被提上日程；7 月 24 日，国务院批转了《海南岛问题座谈会纪要》，明确海南岛的开发建设"主要靠发挥政策的威力，放宽政策，把经济搞

活"，"对外经济活动可参照深圳、珠海市的办法，给以较大的权限"[①]。1984年 2 月 24 日，邓小平同志邀请几位中央领导同志谈建立经济特区问题时曾明确指出，"我们还要开发海南岛。如果能把海南岛的经济迅速发展起来，那就是很大的胜利"[②]。同年 4 月 29 日，邓小平在北京会见美国著名企业家哈默时，又说，"我们决定开发海南岛""海南岛自然条件不比台湾差，面积相当于台湾"。[③]1987 年 6 月 12 日，邓小平同志在北京会见应邀来访的南斯拉夫客人时说，"我们正在搞一个更大的特区，这就是海南岛经济特区。海南岛和台湾的面积差不多，那里有许多资源，有富铁矿，有石油天然气，还有橡胶和别的热带亚热带作物。海南岛好好发展起来，是很了不起的"。在邓小平的亲自倡导下，中央决定在海南创办我国最大的经济特区。1988 年 4 月 13 日，七届全国人大一次会议通过了《关于设立海南省的决定》和《关于建立海南经济特区的决议》。自此，海南开发建设史上翻开了崭新而辉煌的一页。

2. 探讨设立海南特别关税区

当时，由于体制不顺，中央给予海南的许多特殊政策难以执行，无法形成吸引境外投资的大环境。为此，海南省开始探索体制方面的突破。1988 年 9 月 1—5 日，中国共产党海南省第一次代表大会举行，"放胆发展生产力 开创海南特区建设的新局面"主题报告引起国内外的广泛关注。报告中明确提出"要创造条件建立第二关税区"[④]。海南省第一次党代会以后，很快组成了特别关税区研讨小组，研讨小组办公室设在省体制改革办公室。从 1988 年 9 月开始到当年年底，特别关税区研讨小组不分昼夜，深入开展特别关税区的建设方案、政策设计等方面的研讨。为了避免引起歧义，研讨小组提出，参

---

① 中共海南省委.但开风气　情系宝岛——纪念习仲勋同志诞辰 100 周年［N］.海南日报，2013-10-16。

② 邓小平文选：第 3 卷［M］.北京：人民出版社，1993。

③ 中共海南省委.海南岛好好发展起来，是很了不起的——纪念邓小平同志诞辰 110 周年［N］.海南日报，2014-08-22。

④ 海南特区年鉴编辑委员会.海南特区经济年鉴 1989（创刊号）［M］.北京：新华出版社，1989。

考国际上的提法，将"第二关税区"改为"特别关税区"，全称"中华人民共和国海南特别关税区"，简称"海南特别关税区"。所谓海南特别关税区，是在中央的统一领导和监督下，把海南从国家统一的关税体制中划出来，实行"一线放开、二线管住"的特别关税制度。建立海南特别关税区，实质就是利用海南独特的地理条件和优越的港口条件，把海南打造成为自由贸易港。然而，当时由于多种原因，海南省委关于建立特别关税区的请示被搁置，海南错过了一次难得的机遇。

3. 南方谈话后再次研讨特别关税区

1992年邓小平南方谈话公布后，海南省委、省政府把研究设立特别关税区问题重新提上议事日程。1992年5月7日，《海南日报》头版刊登文章《海南特别关税区：希望与出路的选择》。文章中指出，海南已经初步具备了设立特别关税区的基础设施条件和体制、管理条件，要解放思想，抓住时机，尽快建立海南特别关税区。

中国改革（海南）发展研究院（简称中改院）成立后，就把建立海南特别关税区作为重大研究课题之一，组成"建立海南特别关税区"研讨组。1991年11月1日，中改院建院第一天就举行了海南对外开放战略研讨会，重点研讨海南设立特别关税区的有关问题。1992年5月，中改院形成《建立海南特别关税区可行性研究报告》（征求意见稿）。报告吸收了有关方面的建议和意见，并在一定程度上反映了海南社会各方面要求建立海南特别关税区的呼声；5月30日，中改院在北京人民大会堂海南厅举办《建立海南特别关税区可行性研究报告》咨询会。与会领导和专家学者一致认为报告阐述的建立海南特别关税区的基本思路是正确的、可行的，并就完善报告提出了许多宝贵意见。专家们强调，海南应当抓住不可多得的历史机遇，抓紧做好设立特别关税区的各项准备工作，促使早日建立海南特别关税区。

1992年8月8日，海南省委、省政府再次向党中央、国务院提出《关于建立海南特别关税区的请示》，并形成了《关于请求建立海南特别关税区的汇报提纲》。但是，由于多方面因素影响，海南特别关税区研讨被叫停，海南再

次错失走向大开放的机遇。

专栏1-1-1 《关于建立海南特别关税区的请示》的主要内容

建立海南特别关税区，就是充分利用海南独特的地理条件和资源优势，实行"一线放开、二线管住"的特别关税制度，并相应采取世界上通用的自由港经济政策，建立社会主义市场经济新体制，大量吸引外来资金，以高投入带动高增长，推动海南经济全面高速发展，实现中央把海南建成全国最大经济特区的战略意图。

建立海南特别关税区的问题在1988年初建省时中共中央即已提出。那年9月，中共海南省第一次代表大会通过的工作报告，正式提出建立海南特别关税区的建议，1989年1月，省委省政府向中央呈送了请求建立海南特别关税区的报告。四年多来，我们就建立海南特别关税区问题进行了深入的研究和论证。近一个时期以来，我们又广泛听取了中央有关部门和中外专家的意见，形成了较为具体的操作方案。

特别关税区建立以后，海南省将在中央统一领导下，享有充分的经济活动自主权。省内属于中央统一管理的外事、海关、司法、边防等方面的事务，建议由国家有关主管部门根据海南省的特殊情况制定专项管理办法。其他凡涉及海南经济发展、经济政策和经济体制方面的问题，由海南省根据实际自主决定，并报中央备案。在国家宏观指导下，海南的改革开放有更大的灵活性，真正按照国际惯例办事。

海关管理方面，海南特别关税区的海关是国家海关总署在海南的派出机构，同时担负特别关税区一、二线管理任务。总的原则是：一线放开，二线管住，加强海上缉私。

金融管理方面，人民银行海南省分行在中国人民银行总行的宏观指导下，充分发挥中央银行的宏观管理职能和作用，在总行资金切块的前提下，实现信贷资金的平衡，维护金融市场的正常秩序。在海南特别关税区内，实行有限制的货币自由兑换。其办法，可以将人民币作为有限制的可兑换货币；或者是用人民币外汇兑换券作为可兑换货币。积极稳妥地发展合资银行和外资银行，并允许其经营除居民储蓄之外的本币业务和外币业务。

外经贸管理方面，海南特别关税区进出口基本放开，除属国际被动配额和少数限制进口的商品外，其余商品放开经营。出口所需被动配额，请经贸部切块下达，由海南按核定计划组织出口。外商在海南设立企业，由海南省按照国家的有关规定和国际上通用的办法进行审批和管理。

财政税收方面，在不增加中央财政负担的前提下，主要依靠发展经济，改革财税体制，实现财政收支平衡。在"八五"期间，仍保持现行的财政包干体制，并请财政部按原定计划拨给海南开发建设资金。

物资管理方面，海南按计划上调的物资和国家计划下拨海南的物资，上调下拨的方法不变。在海关监管下，海南生产和生活所需的内地物资，仍保持原有的流通渠道。

基本建设方面，由海南省人民政府自主审批、安排基本建设项目和固定资产投资项目（包括内联项目和利用外资项目）。国家计委已立项的基建项目，请继续予以支持。建议下放海南的建设用地审批权，以适应海南特别关税区基本建设和成片开发的需要。

社会管理方面，从省一直到各市、县，建立和完善"小政府、大社会"的宏观调控体系，强化社会经济监督部门，加快干部人事制度改革，强化干部培训，积极引进人才，提高干部的管理能力和管理水平。加强社会主义精神文明建设，健全社会主义法制，严格社会管理，保证海南特别关税区有一个良好的社会经济环境。

海南岛地处亚太腹地，是国际资本投资的重要区域，完全有条件通过扩大开放吸引更多的国际资本。海南有独特的地理条件和优越的资源条件，特别是经过建省办特区四年来的努力，目前在电力、交通、通信等基础设施方面已经有了一定基础。在海南建立特别关税区，既有现实条件，又便于操作。

资料来源：*中共海南省委政策研究室，海南省体制改革办公室. 海南社会主义市场经济体制的基本实践（9）：特别关税区 ［G］.1993。*

二、从区域开放走向产业开放：琼台经济合作与国际旅游岛建设

由于海南特别关税区研讨的叫停及发展环境的某些重要变化，从 20 世纪 90 年代中后期，海南经济社会发展面临着巨大压力。特别是在 20 世纪 90 年代中期我国全力争取加入世界贸易组织（WTO）的特定背景下，海南何去何从成为各方关注的焦点。在这个背景下，中改院提出海南扩大开放的重点要从区域开放转向产业开放。

1. 琼台经济合作

海南与台湾有着较为相似的人文条件、相近的地理优势、互补的经济结构，加强与台湾的经济合作，既可以加快海南发展，也可以通过加强与台湾的接触、了解和合作，增强两岛在经济上的依存度。

（1）90 年代：农业先行。

为促进琼台农业合作，中改院与有关机构合作多次召开琼台农业合作研讨会。1994 年 12 月，由中改院、香港科技大学、海南社会科学联合会和琼台（港澳）经济合作促进会共同举办的"海南现代农业发展研讨会"召开，来自台湾、香港、广东、广西、福建地区的 100 多位农业专家和代表参加。与会专家一致认为，加强琼台农业合作不论是对海南发展现代农业，还是对全国农业发展都具有重要作用。

努力争取实现琼台农业项下的自由贸易，是海南进一步扩大开放的战略

选择，是极大促进海南现代农业发展的一条重要途径，也是促进琼台农业合作的重大举措。对此笔者提出三点建议：一是争取实行免关税政策，为促成琼台农业项下的自由贸易创造条件；二是从多方面促进琼台农业项下的自由贸易；三是不失时机，加快行动，努力促成琼台农业项下的自由贸易。

（2）加入 WTO 后：从琼台农业项下自由贸易到琼台自由贸易区。

2003 年 4 月，在海南建省办经济特区 15 周年时，中改院提出，台湾可以借助海南热带高效农业已有的良好基础及其丰富的资源和发展潜力，海南可以借助台湾先进的农业技术和经营管理经验以及资金，以合作求发展，将海南发展成为中国热带高效农业的生产基地，成为中国热带高质农产品及其加工品的出口基地。对台湾而言，台商在海南生产的高质农产品及其加工品，可以返销台湾，成为台湾农产品进口替代基地；也可以直接进入大陆市场和国际市场，成为台湾农产品出口替代基地。这是两地农业发展战略的转变，这对琼台农业发展有着重要的影响。

2008 年 4 月，在海南建省办特区 20 周年之际，中改院《关于建立琼台自由贸易区的建议》提出，站在历史新起点，着眼于两岸关系发展的大局，着眼于海南深化改革、扩大开放的需求，建立琼台自由贸易区，不仅有利于加快海南的发展，也能充分发挥海南在两岸和平统一中的特殊作用，是实现两岸合作共赢、经济一体化的重要举措。

2. 建言建立国际旅游岛

1999 年，中改院开始启动新世纪海南经济发展战略研究任务，并于 2000 年 3 月形成了《2000—2010 年海南经济发展战略研究报告》和农业、旅游、科技、生态、人力资源五份专题报告。报告中提出，在中国加入 WTO 特定背景下，海南的发展和改革开放的路子，应当是以产业开放拉动产业升级。2000 年 10 月，这份研究成果以《以产业开放拉动产业升级——中国加入 WTO 背景下的海南经济发展战略》为书名出版，序言中指出，"海南作为我国最大的经济特区，长期以来以区域开放为主，现在由于加入 WTO，区域开放的优势在减弱，产业开放成为对外开放的主流，地方特色经济的发展需要通过产业开放来确立自己的地位。因此，海南必须从以区域开放为主转向以产业开放为主"[①]。

2001年，中改院研究团队提出《建立海南国际旅游岛的框架建议》，以书面形式正式提出了国际旅游岛的内涵及配套政策；2002年2月，笔者在海南省政协三届五次会议上提交了《建立海南国际旅游岛的建议》，提出海南国际旅游岛的机遇与背景、内涵以及相关政策建议；2002年6月，中改院形成了《建立海南国际旅游岛可行性研究报告》，系统论证建立海南国际旅游岛的可行性。

省委省政府结合海南实际，反复研讨，最终采纳了中改院关于国际旅游岛的建议，并且向中央申报。2007年4月26日，中共海南省第五次党代会明确提出，"要以建立国际旅游岛为载体，全面提升旅游开发开放水平"。海南第一次正式将建设国际旅游岛上升为省委省政府的战略决策。

2007年以后，中改院坚持致力于国际旅游岛的重大现实性问题研究，实质性地推进国际旅游岛建设进程。2007年4月，按照海南省政府主要领导的要求，中改院形成《推进海南国际旅游岛（方案建议）》，对建设国际旅游岛的现实背景、基本内涵、总体目标、总体布局、政策框架及综合配套改革等问题进行了有关研究。2007年6月，由国家发展改革委牵头的中央六部委来海南就建设国际旅游岛问题进行调研，海南省政府将该报告作为向联合调研组汇报的主要材料。

3. 国际旅游岛上升为国家战略

2008年3月5日，国务院办公厅就海南省申请设立国际旅游岛的问题，正式函复海南省政府和国家发展改革委，原则同意海南省进一步发挥经济特区优势，在旅游业对外开放和体制机制创新改革方面，积极探索，先行先试。为此，中改院形成了《海南国际旅游岛建设行动计划》，提出建设国际旅游岛，需要加快旅游服务的国际化进程，推进旅游要素的国际

[①] 迟福林，李昌邦. 以产业开放拉动产业升级——中国加入 WTO 背景下的海南经济发展战略 [M].
海口：海南出版社，2000。

化改造。2009 年 12 月 31 日，国务院正式发布《关于推进海南国际旅游岛建设发展的若干意见》（国发〔2009〕44 号），海南国际旅游岛正式获批。这样，经历了近 10 年研究和呼吁后，海南终于进入了建设国际旅游岛的新起点。

三、开放新机遇：建言设立海南自由贸易港

2018 年 4 月 13 日，习近平总书记在庆祝海南建省办经济特区 30 周年大会上郑重宣布："党中央决定支持海南全岛建设自由贸易试验区，支持海南逐步探索、稳步推进中国特色自由贸易港建设，分步骤、分阶段建立自由贸易港政策和制度体系。"① 走向大开放、建立自由贸易港，是海南 30 年不懈的探索，是全省上上下下的期盼。

1. 而立之年的海南：建立自由贸易港的战略选择

2017 年 6 月，在"打造国际旅游岛升级版"的基础上，中改院于 7 月中旬向省委省政府正式提交了《以更大的开放办好最大的经济特区——关于海南全面深化改革的建议（44 条）》。该报告鲜明提出"把建立自由港作为海南实现更大开放的重大战略选择"，并建议把建立海南自由港作为贯彻落实党的十九大精神的重大举措。

（1）30 年再思考：以更大开放办好最大经济特区。总结海南 30 年发展经验，没有改革开放就没有海南建省办经济特区，也就没有海南发展的巨变。站在新的历史起点上，未来 30 年海南的发展主线是什么？战略定位是什么？发展目标是什么？就此，笔者提出要把更大程度的开放作为未来 30 年海南发展的主线，努力把海南打造成为扩大开放先行区、改革创新试验区、绿色发展引领区和军民融合示范区。争取再用 20—30 年的时间，把海南建成高度国际化、现代化的岛屿经济体，成为中国特色社会主义的实践范例，成为泛南海地区打造"人类命运共同体"的先行范例。

---

① 党中央支持海南全面深化改革开放 争创新时代中国特色社会主义生动范例［N］. 光明日报，2018-04-14。

（2）建立海南自由港的重大战略意义。中改院课题组在研究报告中总结提出了建立海南自由港的六大理由。第一，建立海南自由港是我国扩大开放的重大战略；第二，建立海南自由港是推动21世纪海上丝绸之路的重大战略；第三，建立海南自由港是构建开放型经济新体制的重大战略；第四，建立海南自由港是新阶段办好最大经济特区的重大战略；第五，建立海南自由港是推动海南跨越式发展的重大战略；第六，建立海南自由港是提升全岛居民福祉的重要保障。

（3）聚焦海南自由贸易港方案选择。2017年8月3日，中改院形成《建立海南自由港——方案选择与行动建议（16条）》。该报告提出，谋划海南未来30年的发展：要考虑海南在推进21世纪海上丝绸之路建设中独特的战略角色；要考虑全面深化改革开放对海南提出的战略要求；要考虑跨越式发展对海南扩大开放提出的迫切需求。30年的发展实践表明，建立海南自由港，在海南实行比一般经济特区更为自由的投资、贸易、金融和人员进出等政策，实现生产要素的自由流动，是重大的战略选择。综合来看，这项决策的时机和条件成熟，关键在于战略判断。

2. 主动建言，"探索建立自由贸易港"

（1）建立海南自由贸易港在推动新时代我国对外开放新格局中扮演特殊角色。总的来说，建立自由贸易港是推动形成"泛南海经济合作圈"的重大举措；建立海南自由贸易港对促进以东南亚为重点的区域经济一体化有特殊作用；建立海南自由贸易港，对于推动两岸合作、两岸统一有着特殊作用；海南建立自由贸易港，将加快推进海南建设现代化美丽宝岛的进程。

（2）处理好体制模式与政策落地的关系。30年的经历一再证明，海南作为一个岛屿经济体，如果没有体制模式的重大突破，政策是难以落实的。只有把体制模式创新与特殊政策相融合，才会产生巨大的活力、动力。就是说，给海南某些自由贸易政策，而不是建立自由贸易港，是难以奏效的。第一，海南作为一个岛屿经济体，如果没有开发模式的突破，而仅仅依靠某些政策的突破，实现大发展是很困难的。同时从国际经验看，任何一个成功的岛屿经济体走的都是开放的路子。以开放促改革，以开放改革促发展，是岛屿经济体的重要经验。第二，从海南的历史经验看，建省至今赋予海南的多项政策并没有解决海南大开放的问题。第三，从筹备海南建省时开始酝酿的社会主义自由贸易区，到探索建立特别关税区，建立自由贸易港一直是海南的一个梦。2013年，习近平总书记视察海南时的讲话提出"敢想敢闯""因改革而生""在开放方面先走一步"，又燃起了大家的热情。直到党的十九大报告提出"探索建设自由贸易港"，海南又再一次燃起了希望。第四，在制度创新方面，一是要赋予海南最大的自主权；二是按照"一个大城市"，以"多规合一"为重点，实现体制创新；三是在社会主义制度范围内，完全按照国际惯例办事，实现高度开放，给予企业最大的制度活力。

（3）建省办经济特区30周年之际建立海南自由贸易港的时机最佳、条件最优、作用更大。第一，从基本条件看，海南现在的条件比历史上任何一个自由贸易港建设之初的条件要好得多。海南的条件比新加坡、中国香港建设自由贸易港时的综合条件要好。比如，海南环岛高铁开通运行，港口码头建设有序推进，如果未来航空、航运有大的发展，条件就更好。尽管现在条件有差距，但是只要有一股劲儿，这些潜力能够迅速释放出来。第二，时机最佳。中国在经济全球化中的地位和作用日益凸显、亚太区域一体化趋势、南海合作的总体趋势以及"一带一路"建设的推进，都赋予海南建立自由贸易港的最佳时机。

3. 一锤定音，建设中国特色自由贸易港

建设海南自由贸易试验区和中国特色自由贸易港，是党中央着眼于国内外发展大局，深入研究、统筹考虑、科学谋划作出的重大决策，是习近平总书记亲自谋划、亲自部署、亲自推动的重大国家战略，是新时期中央赋予海南的重大战略使命，也是海南面临的一次千载难逢的重大历史机遇。

2020年6月1日，在习近平总书记关于海南自由贸易港建设的重要指示和当天公布的《海南自由贸易港建设总体方案》（以下简称《总体方案》）中都明确提出，"海南自由贸易港的实施范围为海南岛全岛"。中央12号文件

（即《中共中央　国务院关于支持海南全面深化改革开放的指导意见》）明确提出，"到 2025 年，自由贸易港制度初步建立""到 2035 年，自由贸易港的制度体系和运作模式更加成熟，营商环境跻身全球前列"。[①]

自由贸易港是一个"境内关外"的范畴，是全球开放程度最高的形态。因此，海南全岛所有的规划与政策都要朝着自由贸易港的目标来设计和谋划。这个方向选择特别重要，要十分明确，凡是和自由贸易港不相符的政策，坚决不能出；不相符的做法，坚决不能做。为此，海南要解放思想，提振精神，大胆推出重大举措。海南自身底子相对薄，经济发展缺乏广阔腹地支撑、缺乏制造业集群支撑，要把后发劣势转化为后发优势，需要用十二分的力气。

第二节　百年未有之大变局加速演进

习近平总书记多次指出，"当今世界正经历百年未有之大变局"，这是一个重大战略性判断。当前，全球政治、经济、安全格局深刻调整，世界进入动荡变革期，发展与冲突逐步成为全球面临着的突出矛盾。对此，习近平总书记提出"保持战略定力，坚定做好自己的事"。尽管和平与发展的时代主题没有变，但面临严峻挑战，无论面对怎样的变化，中国改革开放的决心和意志都不会动摇。在此背景下，地处亚太中心的海南自由贸易港在大变局下我国扩大高水平对外开放中的战略地位、战略作用进一步凸显。

一、发展与冲突成为全球面临着的突出矛盾

2022 年以来，"国际形势发生了新的重大变化。和平与发展的时代主题面

---

① 中共中央　国务院关于支持海南全面深化改革开放的指导意见［EB/OL］. 中国政府网，2018-04-15。

临严峻挑战，世界既不太平也不安宁"①。在此背景下，"发展与冲突"有可能成为未来10年左右全球走势的一个重要特征，经济全球化和区域经济一体化进程将有可能发生某些重大变化。

1. 俄乌冲突深刻改变世界政治安全格局

（1）俄乌冲突不是一次简单的军事冲突。2022年初俄乌军事冲突的爆发，这是冷战结束以来最大的地缘政治冲突，正推动国际战略力量和格局进行深度调整。未来5—10年或者更长一个时期，全球将面临重大政治、军事及经济格局和秩序的调整，是对二战后全球秩序的重大冲击。

（2）俄乌冲突使得大国间的战略平衡关系被打破。俄乌冲突后，美国、俄罗斯、欧洲、中国等大国之间原有的关系和本来就十分微妙的战略平衡被打破，如果处理得不好的话，冲突有可能成为常态，局部冲突有可能演变成为大规模战争。芬兰、瑞典、瑞士等传统中立国都抛弃了传统的中立姿态，瑞士一反常态，摒弃历史性中立，追随欧盟一起制裁俄罗斯。可见，尽管发展仍然是世界各国的共同需求，但冲突也将成为常态。

2. 未来10—15年和平与发展的时代主题面临严峻挑战

（1）冲突将可能成为西方大国之间的突出矛盾。美国对欧洲和俄罗斯的政策方针不会改变。美国想尽办法在经济金融等方面打压欧洲，其主要经济对手是欧洲；近年来欧盟提出"战略自主"，引起美国的警惕；俄乌冲突短期内可能会找到妥协的办法，但是核心矛盾只会加剧，很难缓解。

（2）经济发展仍是东方国家的主要矛盾。在此次俄乌冲突中，印度、巴基斯坦在联合国大会上采取一致性立场，拒绝谴责或制裁俄罗斯；对俄罗斯的制裁，亚洲国家除了日本、韩国、新加坡，其他国家都没有表态。总的看，东方处于经济上升期，主要矛盾仍然是发展问题。但东方的发展也面临三个突出矛盾和挑战，即：东方难免会受到西方相当程度的影响和制约；东方也有台海、南海、印巴、中亚等冲突的爆发点；东方某些国家在一定条件

---

① 习近平同美国总统拜登视频通话［EB/OL］.新华网，2022-03-18。

下也会加入美国主导的、针对中国的集团性包围圈。

3. 世界经济复苏艰难曲折

（1）疫情重创全球经济增长。新冠肺炎疫情对全球贸易投资及世界经济增长造成严重冲击。2020年，全球GDP同比下降3.29%，是二战以来的最大降幅；商品贸易下降7.4%，全球出口总额为17.6万亿美元，比上一年减少1.4万亿美元；服务贸易同比下降20%，这是自有记录以来服务贸易的最大降幅。2021年，尽管世界经济增长经历了5.5%的强劲反弹，但经济复苏不平衡的矛盾依然突出。例如，东亚太平洋地区GDP同比增长7.1%，中东北非地区仅增长3.1%。表1-2-1为2022年1月国际货币基金组织发布的2022、2023年全球国民生产总值增速预测。

表1-2-1 2022、2023年全球国民生产总值增速预测 （单位：%）

	2019年	2020年	2021年	2022年	2023年
世界	2.6	-3.4	5.5	4.1	3.2
发达经济体	1.7	-4.6	5.0	3.8	2.3
美国	2.3	-3.4	5.6	3.7	2.6
欧元区	1.6	-6.4	5.2	4.2	2.1
日本	-0.2	-4.5	1.7	2.9	1.2
新兴市场和发展中经济体（EMDEs）	3.8	-1.7	6.3	4.6	4.4
东亚太平洋地区	5.8	1.2	7.1	5.1	5.2
中国	6.0	2.2	8.0	5.1	5.3
印度尼西亚	5.0	-2.1	3.7	5.2	5.1
泰国	2.3	-6.1	1.0	3.9	4.3
欧洲中亚地区	2.7	-2.0	5.8	3.0	2.9
俄罗斯	2.0	-3.0	4.3	2.4	1.8
土耳其	0.9	1.8	9.5	2.0	3.0

续表

	2019 年	2020 年	2021 年	2022 年	2023 年
波兰	4.7	−2.5	5.1	4.7	3.4
拉美加勒比地区	0.8	−6.4	6.7	2.6	2.7
巴西	1.2	−3.9	4.9	1.4	2.7
墨西哥	−0.2	−8.2	5.7	3.0	2.2
阿根廷	−2.0	−9.9	10.0	2.6	2.1
中东北非地区	0.9	−4.0	3.1	4.4	3.4
沙特阿拉伯	0.3	−4.1	2.4	4.9	2.3
伊朗	−6.8	3.4	3.1	2.4	2.2
埃及	5.6	3.6	3.3	5.5	5.5
南亚地区	4.4	−5.2	7.0	7.6	6.0
印度	4.0	−7.3	8.3	8.7	6.8
巴基斯坦	2.1	−0.5	3.5	3.4	4.0
孟加拉国	8.2	3.5	5.0	6.4	6.9
撒哈拉以南非洲地区	2.5	−2.2	3.5	3.6	3.8
尼日利亚	2.2	−1.8	2.4	2.5	2.8
南非	0.1	−6.4	4.6	2.1	1.5
安哥拉	−0.6	−5.4	0.4	3.1	2.8

数据来源：国际货币基金组织《世界经济展望报告》（2022 年 1 月）。

（2）经贸格局变化增大全球经济危机的可能性。2008 年金融危机以来，全球大部分国家普遍以刺激性的财政政策与量化宽松的货币政策替代结构性改革，由此使得世界经济负债率持续上升。国际清算银行数据显示，2021 年第三季度所有报告国家非金融部门负债率已上升至 265.9%，高于 2009 年金融危机时33.8 个百分点。同时，全球通货膨胀率不断增长。若全球性的协调行动迟缓，债务风险就有可能演变成全球经济危机。对此，需要客观判断并保持高度警惕。

（3）世界经济低速增长成为一个长期趋势。全球产业链、供应链回撤，有可能造成全球全要素生产率的长期下降。在新冠肺炎疫情后，估计全球经济也将延续低速增长轨迹，且不排除在相当一个时期内处于滞胀的状态。

4. 全球产业链供应链价值链深刻调整

（1）贸易保护主义、单边主义势头增强。根据世界贸易预警网站数据，2019 年，全球新增不利自由贸易措施 303 项，达到 2008 年国际金融危机以来的最高点；2020 年，在新冠肺炎疫情冲击下，各国采取不利贸易措施数量有所下降，但 2021 年明显上升。其中，2021 年全球新采取的不利贸易措施数量达 466 个，是疫情前（2019 年）的 1.5 倍（图 1-2-1）。

图 1-2-1 2009—2022 年新增贸易干预措施数量（单位：项 / 年）

数据来源：全球贸易预警信息网（www.globaltradealert.org）. 访问时间为 2022 年 3 月 28 日。

（2）部分国家以泛化"国家安全"干扰产业链供应链。在贸易保护主义抬头的形势下，经济政策代替传统意义上关税或非关税贸易限制措施成为一个基本趋势，以"国家安全"为由的管制措施是欧美主要发达经济体单边阻碍自由贸易的主要做法。例如，2018 年、2019 年，美国相继出台了《外国投资风险审查现代化法案》和《关于审查涉及外国人及关键技术特定交易的试点计划的决定和暂行规定》，不仅扩大了管辖交易范围，强化了审查程序，而且还增加了"特别关注国家"和"中国投资报告"等内容。

（3）全球产业链供应链区域化、本土化趋势更加明显。供应链区域化的安排成为近几年的主流。例如，全面与进步跨太平洋伙伴关系协定（CPTPP）、日本与欧盟的经济伙伴关系协定（EPA）、美墨加协定（USMCA）以及欧盟与南方共同市场（MERCOSUL）、区域全面经济合作伙伴关系（RCEP）等多个区域性自贸协定先后签署。区域自贸协定在降低商品进口关税、促进区域间产业分工合作等方面发挥了重要作用，但不可避免地从战略控制、优惠排他、规则溢出等方面对全球供应链产生重大影响，甚至有可能形成相对独立的区域供应链体系。

多重因素加速产业链区域化、本土化进程：一方面，由于更为自由化的区域贸易环境、大国关系变化和新冠肺炎疫情冲击等多种因素交织，跨国公司基于安全、可控的产业链供应链布局意向进一步强化，以往基于低成本、零库存导向的全球产业链布局实现实质性转变；另一方面，各国宏观政策更加强调内向发展和自主发展，关键技术与核心环节技术管控力度进一步加大，全球供应链本地化、区域化、分散化的趋势更加明显。例如，美国提出重振制造业计划、欧盟加快关键战略性产业回流等都是本土化的具体表现。截至 2020 年底，全球贸易价值链参与率为 44.4%，全球生产价值链参与率为 12.1%。

二、亚太经贸格局深刻调整

过去几十年，亚太经济合作为地区发展注入强大动力，实现了经济的高速增长。当前，亚太地区占世界人口 1/3，占世界经济总量逾六成、贸易总量近一半，是全球经济最具活力的增长带，在全球经贸格局中的地位和作用明显上升。

1.亚太地区经济体量和贸易量在全球占比不断提升

亚太地区一直是世界经济的重要增长极，并率先在本次危机中呈现复苏势头[1]。1980—2019年，APEC GDP总量由6.3万亿美元增长至53.4万亿美元，年均增长5.6%，高于全球GDP平均增速0.5个百分点[2]；占世界GDP的比重由51.1%提升至61.1%，提高10个百分点。从贸易量看，1980—2019年，APEC货物出口额由7024.4亿美元增长至89712.7亿美元，年均增长6.6%，高于全球货物出口平均增速1.1个百分点；占世界货物出口的比重由34.3%提升至50.9%，提高16.6个百分点[3]（图1-2-2）。

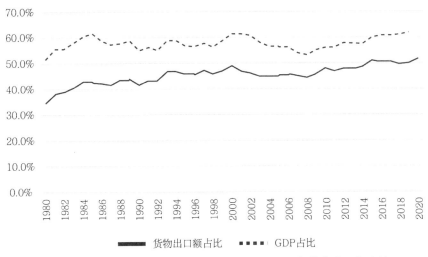

图1-2-2　1980—2020年亚太经合组织GDP与货物出口额占比

数据来源：UNCTAD STAT。

2.东亚地区成为全球经济的重要增长极

亚太地区经济总量与贸易额的快速增长主要得益于东亚。1980—2019

① 习近平.习近平在亚太经合组织工商领导人峰会上的主旨演讲［EB/OL］.共产党员网，2021-
11-11。

②③ 数据来源：UNCTAD STAT。

年，东亚地区 GDP 额由 1.6 万亿美元增长至 22.1 万亿美元，年均增长 7.0%，快于 APEC 整体增速 1.4 个百分点，占 APEC 经济总量的比重由 24.7% 提升至 41.4%，提高了 16.7 个百分点；从贸易看，1980—2020 年，东亚地区货物出口额由 2081.3 亿美元增长至 46222.5 亿美元，年均增长 8.1%，快于 APEC 货物出口整体增速 1.5 个百分点，占 APEC 货物出口额的比重由 29.6% 提升至 51.8%，提高了 22.2 个百分点（图 1-2-3）。未来 5 年，中日韩三国与东盟的 GDP 总量将超过欧盟与美国的总和。预计亚洲区域内贸易总额占全球比重在 2025 年将突破 60%；亚洲在未来 5 年对全球经济增长的贡献将有望超过 65%，消费增长贡献将超过 75%[1]。

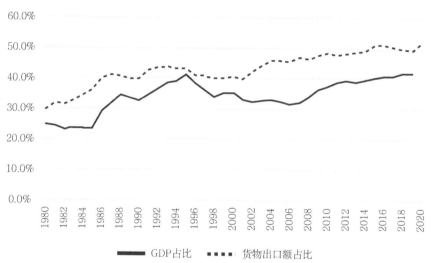

图 1-2-3　1980—2020 年东亚地区 GDP 与货物出口额占比

数据来源：UNCTAD STAT。

3. 美国印太战略对亚太经贸合作带来干扰和冲击

（1）以"印太经济框架"（IPEF）为抓手冲击 RCEP 合作进程。2022 年 5 月 23 日，美国总统拜登在日本东京正式宣布启动 IPEF，美国、韩国、日本、印度、澳大利亚、新西兰、印度尼西亚、泰国、马来西亚、菲律宾、新

[1] 王文 . "十四五" 时间的世界变奏 [J] . 环球，2020（26）。

加坡、越南、文莱 13 个国家成为初始成员。RCEF 包括中国、日本、韩国、澳大利亚、新西兰和东盟十国。

（2）IPEF 冲击以 RCEP 为基础的亚太统一大市场。IPEF 涉及的公平和弹性贸易、供应链弹性、基础设施和清洁能源、税收改革和反腐败等四大支柱，其目的就是要聚焦清洁能源、半导体、关键矿物、重要原材料及零部件等关键领域，以标准为导向构建起关键产业链的"小院高墙"。这不仅将对亚太地区既有的经济活动、产业分工和经济秩序造成冲击，并有可能促使区域内分别形成基于 IPEF 和 RCEP 的产业链，在分割市场中抑制 RCEP 效应的充分发挥。

（3）IPEF 可能会降低成员国推进 RCEP 进程的信心。RCEP 最大的短板在于成员国间政治互信程度相对较低。与之相比，安全则是美国开展 IPEF 区域合作的最大优势。IPEF 意图实现经济伙伴与军事联盟相融合，并以泛化"经济安全"的方式进一步强化与区域内各国安全合作，并依托自身数字经济、高端制造、绿色技术等核心优势强化与区域内国家合作，弥补因特朗普退出 TPP 而造成其在亚太区域经济战略空白的影响。其聚焦关键领域的合作机制也将降低各方对落实贸易投资自由化便利化承诺的信心和决心。

（4）IPEF 可能会降低 RCEP 其他成员国与中国合作的积极性。"印太经济框架"本质上是美国对华开展经济竞争的工具。长期以来，以东盟为重点的亚太国家呈现出"安全靠美国、经济靠中国"的二元背离特点。2020 年，IPEF 所有发起国对中国的进口依赖度均高于美国；除泰国、菲律宾、印度、越南等国家外，其他成员国对中国的出口依赖度也高于美国，详见表 1-2-2。IPEF 虽然不涉及关税减让及市场准入开放，但可以通过"量身定做"式的机制与标准设定，制约部分国家与我国的合作进程，并通过转移供应商等手段弱化中国市场的吸引力。"印太经济框架"的成立，企图强化美国在印太地区的经济影响；企图制约中国与东盟全面战略合作；企图弱化中国在 RCEP 中的影响力；企图建立独立于中国的关键供应链，遏制中国科技创新。例如，构建以半导体为重点的排斥中国的印太关键供应链；构建美国式数字经济治理框架，限制中国参与国际数字经济竞争；企图强化与中国制造业竞争，削弱中国在全球产业链供应链中的核心地位。

表 1-2-2　IPEF 成员 2020 年对中美的进、出口依赖程度横向对比

IPEF 成员	出口依赖程度		进口依赖程度	
	对中国	对美国	对中国	对美国
澳大利亚	42.95%	6.16%	29.17%	12.02%
日本	22.07%	18.69%	25.99%	11.31%
韩国	25.86%	14.51%	23.29%	12.36%
新西兰	28.41%	10.52%	22.69%	9.77%
印度尼西亚	19.48%	11.43%	28.06%	6.12%
马来西亚	16.20%	11.11%	21.33%	8.73%
新加坡	14.37%	11.35%	14.44%	10.72%
文莱	17.69%	1.15%	10.81%	5.55%
泰国	12.86%	14.87%	24.00%	7.29%
菲律宾	15.07%	15.37%	23.15%	7.79%
印度	6.90%	17.91%	15.96%	7.24%
斐济	3.77%	22.60%	16.40%	3.71%
越南	17.54%	27.67%	32.48%	5.31%

数据来源：刘青. "印太经济框架"：美国思维的变与不变［R］.中国宏观经济论坛，2022 年 7 月。

三、大国博弈呈现长期化趋势

1.美国对华政策的转型

过去相当长的一段时间内，美国对华政策上大体上遵循以"接触战略"为主的原则，既往通过与中国就一系列的议题进行"接触"，使中国逐步融入西方主导的国际体系。然而，随着中美两国综合国力差距不断缩小，美国原

计划落空，于是开始挤压中国发展空间，"对华强硬"成为美国新的战略共识，并不断将中美关系向战略竞争方向推动。

2.中美经济实力地位变化

2017年特朗普政府发布了其任内首份《国家安全战略报告》，将美国的全球战略重心从反恐领域完全转移到传统的大国权力竞争上面，直指中国是对美国构成全面挑战的主要对手。2020年，在新冠肺炎疫情扩散全球的大环境下，中国成为全球唯一一个经济实现正增长的主要经济体，经济总量首次达到美国的74%左右。同时，中国如期实现了脱贫攻坚目标任务，中美力量对比差距进一步缩小。美国自2017年底开始将中国明确界定为战略竞争对手后，不断加大联合盟国遏制中国的力度。

3.中美战略竞争呈现长期化趋势

由美国产业结构的变化引发的国内群体、阶层利益关系的复杂变化，是美国基本面的变化。未来相当长的一个时期内，美国尽管采取的办法和策略可能不同，但都难以改变美国正在发生的这些变化，难以解决诸如产业结构变化的问题、内部利益结构的问题以及国际关系问题等，也就难以改变中美长期战略博弈的态势。根据美国白宫发布的《2022年国家安全战略》，美国首次将中国明确定义为"唯一竞争对手"，且未来十年是美国与中国竞争的关键阶段。

专栏1-2-1　中美关系的演变

1.冷战时期的中美关系

在中美建交之后到冷战结束之前，中美基于战略考虑不断加强两国接触，分别通过"罗马尼亚渠道""乒乓外交"等方式改善双方关系。1972年，时任总统尼克松访华，中美联合发布《上海公报》，为中美关系正常化奠定基础。1979年，中美两国互派大使，并建立大使馆，正式建立外交关系，中美关系进入一个新阶段。

2.20世纪90年代前中期的中美关系

随着冷战走向终结，在一个时期内中美两国尚未找到新的关系定位。美国在此期间也未提出相关的对华策略。从老布什总统到克林顿总统的第一任期，美国在对华政策的处理上经常处于一种临时应对和就事论事的状态，缺少长期的考虑和打算，难以从长远的眼光来发展中美关系。

3. 建立建设性战略伙伴关系

1997 年秋天，时任国家主席江泽民对美国进行国事访问。中美发表联合声明，正式宣布两国"共同致力于建立中美建设性战略伙伴关系"，这为两国关系确定了一个全面定义和框架。然而，中美建立建设性战略伙伴关系作为探索中美新型大国关系的重要尝试，在实践中并不成功。2001 年 1 月，新上台的美国小布什总统正式否定了"中美战略伙伴关系"。被提名为国务卿的鲍威尔在参议院听证会上对中美关系作了一个新的定位："中国不是战略伙伴，但中国也不是我们无法回避和不可转变的仇敌。中国是一个竞争者，一个地区性的潜在对手，但它也是贸易伙伴，愿意在我们两国都有战略利益的地区合作，如朝鲜半岛。"2001 年 10 月，在美国发生"9·11"事件的特殊背景下，中美元首在上海举行会晤，确立了"建设性合作关系"的中美关系新定位。小布什明确地将中国称为全球反恐联盟的重要伙伴。2006 年 4 月，胡锦涛主席访美，两国元首确定了"全面推进中美建设性合作关系"的双边关系发展方向。2009 年 4 月，胡锦涛主席与美国新任总统奥巴马在伦敦举行首次会晤，双方一致同意共同努力建设"21 世纪积极合作全面的中美关系"。2009 年 11 月，奥巴马总统访华，双方发表联合声明，重申致力于建设 21 世纪积极合作全面的中美关系，并将采取切实行动稳步建立应对共同挑战的伙伴关系。

4. 特朗普时期的中美关系

2017 年，习近平主席在与特朗普通话时强调，面对当前纷繁复杂的国际形势和层出不穷的各种挑战，中美加强合作的必要性和紧迫性进一步上升。中美两国发展完全可以相辅相成、相互促进，双方完全能够成为很好的合作伙伴。特朗普上台后，围绕中国出台和实施"印太战略"，以关税为主要手段重点在经贸领域对中国进行极限施压，借疫情"甩锅"和抹黑中国，插手香港事务和台湾问题。被讥为"史上最差国务卿"的蓬佩奥，甚至直接将中国称为"美国最大敌人"，明确要与中国打"新冷战"。中美关系经历建交 40 多年来最严峻局面。

5. 拜登时期的中美关系

拜登就任总统后，在 2021 年除夕与习近平主席的通话中以及 2 月 19 日的慕尼黑安全会议上均表示，无意对中国发动"新冷战"。布林肯也强调，与中国"能合作时还是会合作"。这说明拜登政府的对华政策框架是将"竞争、合作、对抗"放进同一个筐子里，其中竞争占据主导，是主轴，但与此同时不排除合作。

资料来源：胡勇. 冷战后中美关系定位演变与新型大国关系构建 [J]. 国际展望，2015,7(2):34—49+147。

4. 东盟的战略地位全面提升

拜登就任总统后，更加强调与盟友合作、应对挑战的重要性，并将印太战略提升到了更高的战略高度，称印度洋—太平洋地区是世界经济增长的核心动力，将成为 21 世纪地缘政治的中心。一方面，美国在保持对"印太"地区安全层面的战略投资与高调介入的同时，更加重视在其他领域的政策设计与实施，尤其是推出"印太经济框架"，搭建了推进"印太战略"的经济平台；另一方面，美国修复并发展了同盟与伙伴关系，将美日澳印四边对话机制提升至首脑层次，构建"美英澳三边安全伙伴关系"，促进欧亚两大盟友体系相互兼容，把欧盟国家纳入"印太战略"，意图形成多领域各层次的联盟体系。由此可见，美国试图强化由其主导的国际秩序，在印太地区乃至全球层面对中国开展经济、科技、基建、军事等全方位战略竞争。

第三节　RCEP 全面实施的重大机遇

RCEP 如期签署与生效，适应了世界经济活动重心向亚太区域转移的客观趋势，不仅对区域内经济增长和自由贸易产生重大利好，也对促进全球经济复苏、维护多边贸易体制发挥重要积极作用，并为加强海南自由贸易港与东南亚区域合作带来重大机遇。

一、RCEP：全球最大自由贸易区

RCEP 覆盖东盟 10 国、中国、日本、韩国、澳大利亚、新西兰，是覆盖世界 1/3 的人口、1/3 的 GDP 和 1/3 贸易额的全球最大自由贸易区。这是在经济全球化逆潮下自由贸易和多边主义的重大胜利，标志着亚太区域经济一体化建设取得突破性进展。

1. 全球最具经济活力与发展潜力的自贸区

（1）覆盖世界人口最多的自贸区。2021 年，RCEP15 个成员国总人口达 22.6 亿，占全球的比重为 28.7%，而欧盟（EU）、北美自贸区（USMCA）人口占比分别为 5.7%、6.5%。RCEP 覆盖人口分别是欧盟、北美自贸区的 5.1 倍、4.6 倍。

（2）经贸规模最大的自贸区。

从 GDP 看。2021 年，RCEP 经济总量为 27.8 万亿美元，占全球 GDP 的比重为 28.8%，CPTPP、欧盟、北美自贸区的全球 GDP 占比分别为 12.1%、17.7%、27.5%。RCEP 区域经济总量分别是 CPTPP、欧盟的 2.4、1.6 倍。

从贸易额看。2021 年，RCEP15 个成员国区内贸易额达 12.2 万亿美元，占全球贸易总额的 27.0%，欧盟占比为 29.0%，北美自贸区占比为 14.9%（表 1-3-1）。

表 1-3-1　2021 年全球主要大型自贸区概况

	RCEP	CPTPP	EU	USMCA
成员国（个）	15	11	27	3
人口（百万）	2264（28.7%）	511（6.5%）	447（5.7%）	497（6.3%）
GDP（10 亿美元）	27833（28.8%）	11695（12.1%）	17088（17.7%）	26576（27.5%）
GDP 增速（%）	5.9	3.2	5.4	5.8
出口额（10 亿美元，占全球比重）	6484（28.9%）	3405（15.2%）	6630（29.5%）	2756（12.3%）
进口额（10 亿美元，占全球比重）	5693（25.1%）	3234（14.3%）	6469（28.5%）	3962（17.5%）
区内贸易额（10 亿美元，占全球比重）	12177（27.0%）	6639（14.7%）	13099（29.0%）	6718（14.9%）
外商直接投资（10 亿美元，占全球比重）	579（26.8%）	323（14.9%）	377（17.5%）	546（25.3%）
对外直接投资（10 亿美元，占全球比重）	504（29.5%）	318（18.6%）	599（35.1%）	474（27.7%）

数据来源：世界银行数据库。

（3）最具经济活力的自贸区。2000—2020 年，RCEP15 个成员国的经济总量从 7.84 万亿美元增长到 25.96 万亿美元，年均增长 6.51%，超过同期全球 4.95% 的平均增速；2020 年，RCEP 成员吸引外商直接投资占全球的 37%，远远领先于其他自贸区；成员国 15—64 岁的劳动人口占全球的 31.6%，远高于欧盟 6.7%、北美 13.2% 的水平。

（4）最具发展潜力的自贸区。从人均GDP角度看，RCEP成员国的经济发展水平大致呈现出三个梯度。第一梯度以新加坡、澳大利亚、新西兰、日本、韩国等发达国家为主，其人均GDP在3万—6万多美元区间；第二梯度以中国、马来西亚等发展中国家为主，其人均GDP超过1万美元；第三梯度则以老挝、柬埔寨、缅甸等最不发达国家为主，其人均GDP尚处于较低水平，仅为1000—3000美元（表1-3-2）。总体上，RCEP成员国经济发展水平差异较大。以东盟为主导的RCEP，不仅有利于发挥发达国家优势，而且有利于优化包括欠发达国家在内的资源配置，由此释放各成员国的经济活力，促进经济稳定增长。

表 1-3-2 RCEP 成员国 2011—2021 年的人均 GDP（2015 年不变价美元）

	2011	2012	2013	2014	2015	2016	2017	2018	2019	2020	2021
新加坡	50714	51680	53300	54683	55647	56886	59485	61374	61340	58982	66176
澳大利亚	54133	55271	55729	56320	56710	57356	57703	58481	58870	58117	59341
新西兰	35916	36521	37219	38002	38631	39196	39759	40365	40599	39216	40415
日本	33011	33518	34240	34387	34961	35242	35862	36117	36081	34556	35291
韩国	26187	26675	27395	28095	28732	29462	30307	31054	31640	31372	32731
文莱	33577	33457	32342	31156	30682	29601	29696	29438	30314	30402	29673
中国	6153	6592	7056	7533	8016	8517	9053	9619	10155	10358	11188
马来西亚	8394	8711	8977	9369	9700	9984	10416	10778	11115	10374	10576
泰国	5092	5426	5538	5562	5709	5879	6099	6336	6456	6042	6124
印度尼西亚	2826	2960	3086	3203	3323	3453	3592	3741	3892	3780	3893
越南	2136	2229	2328	2451	2595	2741	2903	3091	3288	3352	3409
菲律宾	2465	2589	2718	2844	2974	3131	3289	3439	3590	3196	3328
老挝	1669	1777	1893	2010	2125	2240	2358	2468	2564	2539	2566
柬埔寨	938	992	1050	1109	1171	1235	1305	1385	1466	1404	1430
缅甸	986	1041	1114	1195	1225	1343	1409	1489	1578	1616	1317

数据来源：世界银行数据库。

2. 以发展为导向、以开放包容为特色的自贸区

（1）包容。RCEP 秉持东盟"开放的区域主义"原则，承认差异性，兼具原则性与灵活性。

域内包容性。具体看，RCEP 充分考虑成员的不同发展水平和经济需求，设立特殊和差别待遇条款，给予东盟最不发达国家过渡期安排。例如，RCEP 对马来西亚、印度尼西亚、越南等发展中国家给予 20 年以上的关税减让过渡期；给予柬埔寨、越南等最不发达国家 20 年的原产地自主声明过渡期等。

域外非排他性。例如，RCEP 明确"开放供任何国家或单独关税区加入"；RCEP 明确了区域价值成分 40% 的原产地规则要求，与 CPTPP 部分商品区域价值成分 45%—55%、USMCA 部分商品区域价值成分 70% 的要求相比，具有明显的非排他性特点。

（2）发展导向。

以"促进共同发展"为宗旨。RCEP 序言明确："希望增强缔约方的经济伙伴关系，以创造新的就业机会，提高生活水平，改善各国人民的普遍福利"。

以"促进均衡发展"为目标。为促进区域内各成员实现均衡发展，RCEP 专门设置了中小企业和经济技术合作两章，以期促进各国利用自贸协定平台，加强对中小企业和经济技术合作的支持和投入，使中小企业、发展中经济体更好地共享 RCEP 成果（表 1-3-3）。

表 1-3-3　RCEP 体现包容发展的主要条款

涉及领域	具体条款
货物贸易	—
服务贸易	第八章第十二条 过渡 第八章第二十三条 增加东盟成员国最不发达国家缔约方的参与
投资	第十章第十六条 投资促进 第十章第十七条 投资便利化

续表

涉及领域	具体条款
知识产权	详见附件二 技术援助清单
电子商务	第十二章第四条 合作
竞争	第十三章第六条 技术合作和能力建设
中小企业	第十四章第三条 合作
缔约方一致同意的其他事项	—

资料来源：根据RCEP协定内容整理。

3. WTO基本原则与自由贸易新议题融合的自贸区

（1）与WTO规则相衔接。一方面，RCEP坚持WTO的基本原则，在序言中明确"基于1994年WTO协定的权利与义务"；另一方面，RCEP不仅援引WTO中"国民待遇""清关便利"等条款内容，也进一步深化"进出口规费和手续""贸易救济""纠纷解决"等条款的约束和细化，实现了更高水平的开放。

（2）涵盖了诸多新一代自由贸易议题。

知识产权。RCEP涵盖著作权、商标、地理标志、专利、外观设计、遗传资源、传统知识和民间文艺等广泛内容，在兼顾各国不同发展水平的同时，显著提高了区域知识产权保护水平。

电子商务。RCEP达成了亚太区域首份范围全面、水平较高的电子商务规则。缔约方就跨境信息传输、信息存储等达成重要共识。RCEP规定了电子认证和签名、在线消费者保护、在线个人信息保护、网络安全、跨境电子方式信息传输等条款，使得在线合同的签署、电子支付的授权、网络交易的达成得到协定的全面保护和认可，为区域电子商务和数字贸易的发展繁荣提供了重要保证。

贸易救济、竞争、政府采购等。RCEP成员国在这些方面均作出了较高开放水平的承诺，有利于成员国之间开展公平贸易，反对市场垄断，保护消费者权益，深化政府采购领域的合作。

（3）传统规则与新兴议题的融合提升 RCEP 在全球经贸规则重构中的影响力。面对发达国家与发展中国家对全球经贸规则的立场分歧日益明显，以发展中国家为主体的 RCEP 秉持"开放的地区主义"原则，承认差异性，兼具原则性与灵活性，突出以共识为基础的区域合作模式，既避免了因高标准导致的东盟乃至亚太大市场的分割，也防止了排他性规则造成地区内产业链供应链的不稳定性，使得东盟在区域经济合作中的主导地位更为突出。

二、RCEP：区域经贸合作的重大利好

RCEP 规则安排的突出特点：发展导向规则和标准导向规则并行；统一性与包容性兼顾；约束性与灵活性兼容；自由贸易新议题与 WTO 基本原则衔接。它是多边主义与自由贸易的胜利，必将对区域经济一体化产生重大影响。

1. RCEP 投资贸易规则将明显优化区域经贸合作环境

（1）统一且开放包容的市场规则将明显提升区域合作效率。RCEP 的生效实施将使区域内部形成相对单一的市场与规则，并针对成员国不同情况采取过渡期和例外原则等包容、灵活的做法，务实、有效降低区域内贸易投资壁垒。有测算估计，RCEP 协定的全面实施将使成员方 GDP 每年多增长 0.5%，并带动全球经济多增长 0.2%[1]。

（2）贸易投资自由化便利化释放区域内巨大合作潜力。RCEP 生效后，一方面，区域内 90% 的货物贸易最终实现零关税[2]；另一方面，《海关程序与贸易便利化》章节的相关规定使得 RCEP 框架下的贸易便利化整体水平超过了世界贸易组织（WTO）《贸易便利化协定》（TFA），不仅区域内贸易成本和产

---

[1] 迟福林 . RCEP：区域经济一体化的重大利好［N］. 经济参考报，2021-06-01（A07）。

[2] 迟福林 . 合力建设全球最大自由贸易区［N］. 上海证券报，2022-01-26（04）。

品价格将大幅降低，也将释放巨大的贸易创造效应。联合国贸易与发展会议（UNCTAD）估计，到2025年RCEP预计将使成员国出口增长10%以上[①]；到2035年，东盟GDP累计增长率将因RCEP实施而增加4.47%，对中国、日本、韩国、新西兰和澳大利亚实际GDP增幅也均有积极贡献。（图1-3-1）

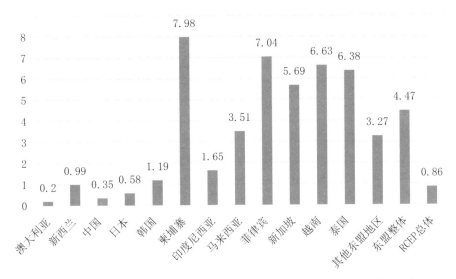

图1-3-1　2035年RCEP生效对成员国实际GDP增长的影响（%）

数据来源：商务部国际贸易经济合作研究院.《区域全面经济伙伴关系协定》（RCEP）对区域经济影响评估报告［R］.2021年11月。

（3）清晰透明的经贸规则稳定并优化区内投资环境[②]。RCEP以非服务业领域投资准入负面清单和正负服务贸易清单模式，推动区域内服务贸易与投资自由化便利化[③]。同时，以棘轮机制形成各方扩大开放的硬约束，明显提高RCEP成员国市场准入的确定性[④]，为内外投资者营造一个稳定、开放、透明的投资环境[⑤]。（表1-3-4）

---

①③⑤ 迟福林.合力建设全球最大自由贸易区［N］.上海证券报，2022-01-26（04）。

②④ 迟福林.RCEP：区域经济一体化的重大利好［N］.经济参考报，2021-06-01（A07）。

表 1-3-4　RCEP 各成员国货物贸易自由化承诺

成员国	东盟	中国	日本	韩国	澳大利亚	新西兰
中国	90.5	–	86	86	90	90
日本	88	88	–	81	88	88
韩国	90.7	86	83	–	90.5	90.6
澳大利亚	98.3	98.3	98.3	98.3	–	98.3
新西兰	91.8	91.8	91.8	91.8	91.8	–
新加坡	–	100	100	100	100	100
文莱	–	98.2	98.2	98.2	98.2	98.2
菲律宾	–	913	911	90	911	911
马来西亚	–	90.2	90.2	90.2	90.2	90.2
印度尼西亚	–	89.5	89.5	89.5	90.8	91.5
泰国	–	85.2	89.8	90.3	91.3	91.3
越南	–	86.4	86.7	86.7	89.6	89.6
柬埔寨	–	87.1	87.1	87.1	87.1	87.1
缅甸	–	86	86	86	86	86
老挝	–	86	86	86	86	86

资料来源：根据协定内容整理。

2. 深化区域产业链供应链融合的重要载体

（1）原产地累积规则将促进区域内产业链、供应链、价值链融合发展。RCEP 在货物贸易领域采用区域累积的原产地规则[①]，将原材料累积范围扩大到 15 国，使加工产品更容易达到 40% 的区域价值成分要求，从而以更低门槛获得优惠关税待遇。这将增强产业链、供应链布局的灵活性和多样性，助推区域内企业建立完善的跨国产业分工体系。例如，RCEP 各成员可依托区域内发展中国家资源要素、中间品生产基础及发达经济体技术优势，充分利用区

---

① 迟福林. RCEP：区域经济一体化的重大利好［N］. 经济参考报，2021-06-01（A07）。

域内原产地累积规则，形成区域内产业链、供应链和价值链的闭环[①]。

（2）正负服务贸易清单相结合推动区域产业链、供应链、价值链稳定发展。RCEP各国在服务贸易领域均作出高于各自"10+1"自贸协定水平的开放承诺，并结合各自利益关切，以正面清单和负面清单相结合的办法推进区域内服务贸易整体开放[②]。这不仅体现了包容性、灵活性与渐进性的特点，更形成未来区域内服务贸易高水平开放的稳定预期[③]。

（3）统一的电子商务规则将加快区域产业链、供应链数字化转型升级。RCEP首次在亚太区域内达成范围全面的多边电子商务规则[④]，在跨境信息传输、信息存储、在线消费者保护、个人信息保护、网络安全等焦点问题上达成共识，为数字经济与数字贸易发展提供稳定、便利的制度环境，会对促进区域产业链、供应链数字化转型、亚洲经济体参与全球数字经贸规则构建等产生深远影响[⑤]。

3. RCEP 为区域经贸合作提供重要条件

（1）形成统一的经贸合作制度框架。RCEP整合了5个"10+1"自贸协定，打通了区域内不同合作机制的规则壁垒，缓解区域内经贸规则碎片化，形成了覆盖22.7亿人口超大规模市场的制度基础[⑥]。（图1-3-2）

（2）完善区域经贸合作机制。RCEP在坚持标准导向的贸易投资自由化便利化规则基础上，充分考虑成员的不同发展水平和经济需求，设立特殊和差别待遇条款，并给予东盟最不发达国家过渡期安排，发展水平低、经济规模较小的国家都将从中获益更多[⑦]。兼具原则性与灵活性的规则安排，有利于泛南海国家和地区充分利用RCEP推进更高水平合作，推动区域内包括海洋经济等在内的包容性均衡发展。

（3）拓展区域经贸合作领域。RCEP专章明确了"经济与技术合作"框架，支持缔约方实施技术援助和能力建设项目，这将为包括蓝色经济发展能力提升与海上技术合作提供重要框架。

---

①②③④⑤迟福林 . RCEP：区域经济一体化的重大利好［N］. 经济参考报，2021-06-01（A07）。
⑥ 迟福林 . 合力建设全球最大自由贸易区［N］. 上海证券报，2022-01-26（04）。
⑦ 迟福林 . 把握发展大势，推进 RCEP 进程［N］. 光明日报，2022-05-29（08）。

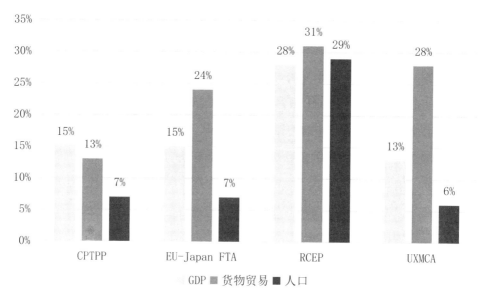

图 1-3-2　RCEP 与主要贸易协定部分指标对比

资料来源：根据协定内容整理。

三、RCEP：我国对外开放战略布局的重要抓手

1. RCEP 是我国签署的规模最大、开放水平最高的自贸协定，将助推我国更高水平的对外开放

（1）货物贸易方面。中国与 RCEP 其他成员国之间贸易额占中国对外贸易额的 1/3。加入 WTO 使中国关税水平整体降低到 10% 左右，加入 RCEP 使中国 1/3 的贸易进入零关税时代。通过 RCEP，中日首次建立了自贸关系，中日间零关税税目产品占比分别达到 86% 和 88%。

（2）服务贸易方面。中国在 RCEP 服务贸易开放方面的承诺达到了已有自贸协定的最高水平，承诺服务部门数量在中国入世承诺约 100 个部门的基础上，新增了研发、管理咨询、制造业相关服务、空运等 22 个部门，并提高了金融、法律、建筑、海运等 37 个部门的承诺水平。

（3）投资方面。中国首次在自由贸易协定中纳入投资负面清单，对制造业、农业、林业、渔业、采矿业 5 个领域作出高水平自由化承诺，提升了投资政策透明度。中国以负面清单形式对非服务业的投资领域进行承诺，反映了中国国内改革成果，对完善国内准入前国民待遇加负面清单外商投资管理制度，扩大外商投资市场准入具有重要意义。

（4）知识产权保护方面。RCEP知识产权章共包含83个条款和过渡期安排、技术援助2个附件，是RCEP协定中内容最多、篇幅最长的章节，也是中国迄今已签署的自由贸易协定所纳入的内容最全面的知识产权章节。涵盖了著作权、商标、地理标志、专利、外观设计、遗传资源、传统知识和民间文艺、反不正当竞争、知识产权执法、合作、透明度、技术援助等广泛领域。既包括传统知识产权主要议题，也体现了知识产权保护发展的新趋势。

（5）电子商务、竞争政策、政府采购等方面。RCEP包含的电子商务、竞争政策、政府采购等新兴议题，都将有助于中国推进更高水平的制度型开放，加快与高标准国际经贸规则对接，构建更高水平的开放型经济新体制。例如，中国首次在符合中国法律法规的前提下，在自贸协定中纳入数据流动、信息存储等规定。

2. RCEP成员将分享全球最大的商品消费市场

（1）"十四五"期间中国将成为全球最大的商品消费市场。2020年中国社会消费品零售总额相当于美国的96%，预计2025年社会消费品零售总额有望达到50万亿元以上。目前，中国在不少单项领域的消费市场已达到全球第一：已经连续8年成为全球第一大网络零售市场；是全球最大的跨境电商消费市场；是全球最大的移动支付市场，移动支付规模连续三年居全球首位。

（2）中国14亿人的消费潜力释放给扩大RCEP贸易投资带来巨大市场空间。截至2020年三季度，中国与RCEP成员国间贸易占中国对外贸易总额的32%，RCEP的14个成员国对中国出口额为6290亿美元，中国对其他14个成员国出口额为5550亿美元。其中，东盟和中国间存在明显的贸易互补性，中国与东盟间的贸易投资将进一步扩大，进一步巩固双方互为第一大贸易伙伴的关系。

3. RCEP成员将分享中国服务贸易大市场

（1）中国将成为全球最大规模的服务业市场和服务型消费新增市场。中国是全球服务业增速最快的国家，2000—2019年，中国服务业增长值15.8%，是同期世界平均增速的3.8倍；从占比看，服务业增加值在全球服务业发展格局中有较快提升，2000—2019年中国服务业增加值占世界比重由2.1%上升到12.7%，年均增长0.56个百分点。据统计，中国服务业年均名义增速按11%、美国按4.3%计算，到2032年中国服务业增加值将达到美国当年的水平。未来5—15年，中国14亿人服务型消费的提升对全球市场将产生重要影响。

（2）中国将成为全球最大规模的服务贸易国。2010—2019年，中国服务贸易额年均增长8.7%，是美国服务贸易年均增速的2倍以上。考虑到服务型消费增长空间、服务市场开放空间等因素，未来中国的服务贸易有条件实现年均8%左右的增速，到2035年中国服务贸易额有望达到2.7万亿美元，占全球服务贸易比重达到12%。

（3）RCEP成员将分享中国服务贸易大市场的红利。

服务贸易是中国与RCEP成员间贸易投资的重要增长点。在14亿人消费升级和服务消费释放的大趋势下，中国在RCEP服务贸易领域所作出的开放承诺，将推动中国与RCEP其他成员间服务贸易增长。

中国与RCEP货物贸易链相关的服务业需求会进一步增长。例如，服务于货物贸易的仓储、运输、金融结算、保险、融资等服务贸易需求将进一步增长，这些服务贸易也将带动货物贸易增长，货物贸易和服务贸易相互融合相互促进。

RCEP其他成员将先行分享中国巨大的数字贸易市场。例如，中国与RCEP其他成员间在跨境电商、互联网金融、在线办公、在线教育、在线医疗等服务贸易有望实现更快增长。特别值得一提的是，中国与东盟服务贸易合作的互补性强、潜力大。近20年来，除受到2008年国际金融危机和2020年新冠肺炎疫情冲击的年份外，中国与东盟的服务贸易进出口总额都以高于

20%的速度增长。自2020年以来，中国与东盟已经互为彼此的货物贸易第一大伙伴，RCEP生效后双方货物贸易的增长将带动新的服务业和服务贸易增长，将使东盟更快更多分享中国服务贸易大市场。

四、合力建设高水平的全球最大自由贸易区

当前，全球地缘政治紧张，经济格局演变，产业链供应链紊乱。在这个大背景下，需要以全球视野充分认识RCEP实施的重大影响，需要把握大势、排除干扰，合力建设高水平的全球最大自由贸易区。

1.高水平开放的RCEP不仅将推动区域的包容发展，而且将拉动全球经济增长

（1）发展是解决一切问题的基础与前提。RCEP将区域共同发展摆在优先位置，就是以发展为导向，释放本区域经济合作潜力。当前，全球经济增长或将面临"失去的十年"的严峻挑战。世界银行预计，2022—2030年，全球潜在GDP增长率均值将比21世纪第一个十年下降约1/3；如果各国采取可持续的、以增长为导向的政策，潜在GDP增长率有可能提高0.7个百分点。发展还是衰退、合作还是对抗，已成为当今世界面临着的重大选择。

以发展中国家为主体的RCEP，将共同发展作为其核心利益诉求。未来5—10年，是RCEP政策红利释放的关键阶段。国际货币基金组织（IMF）预测，2022—2028年，RCEP区域的GDP增长额将达到13.3万亿美元，这个增量将比美国和欧盟的GDP增量总和高17%。到2040年，东亚GDP占世界经济的比重将由目前的30%左右提升至50%以上。由此，RCEP将成为全球最大的经济增长中心与世界经贸秩序变革的重要力量。

（2）以市场和规则为基础的发展是可持续的发展。美国主导的"印太经济框架"企图在亚太构筑以价值观为前提的排他性的供应链体系，其实质是以自身利益为驱动、以牺牲别国利益为代价维护自身霸权的"零和博弈"。印度此前有评论指出，"应警惕落入'印太经济框架'陷阱"。与此形成鲜明对比的是，RCEP区域发展是建立在市场与规则基础上的，它将带来本区域的长

期可持续增长。"建立清晰且互利的规则，以便利贸易和投资"是 RCEP 的基本原则。RCEP 的发展将证明，以市场与规则为基础的区域经济合作是具有生命力与活力的。

（3）共享发展是新时代自由贸易的追求与目标。RCEP 高举包容共享发展的旗帜，必将赢得区域与全球自由贸易的未来。某些国家以价值观为前提，搞"小院高墙""脱钩断链"和排他性"小圈子"的做法，将加大全球发展的不确定性，也将导致全球产业链供应链的中断。RCEP 基于共享发展的基本原则，设立特殊和差别待遇条款，使处在不同发展阶段的成员都能从中受益。例如，2022 年，柬埔寨对 RCEP 其他成员国的出口同比增长 7%，推动柬埔寨当年经济增长约 2 个百分点。有分析预计，到 2035 年 RCEP 将带动东盟 GDP 增长率提升 4.47 个百分点；其中，菲律宾、柬埔寨、泰国、越南等国 GDP 增长率将提升 6 个百分点以上。

2. 适时推进 RCEP 高水平开放进程，将不断提升本区域经济发展水平，将推动形成世界自由贸易发展新格局

（1）以共享发展为突出特点的 RCEP，是适合本区域的自由贸易安排，是不断释放区域发展红利的重要载体。客观看，一个标准稍低但具有包容性的规则体系，往往比高标准但强排他性的规则体系更为有效。RCEP 的突出优势在于高标准与适用性的平衡。本着"包容共享"的自由贸易原则以及开放的灵活性，RCEP 大有前景。未来，一个更高水平、共享发展的 RCEP，将释放更大的经济增长效应，也将在推动全球治理变革中发挥重要作用。

（2）适应大势，立足区域发展需求推进 RCEP 高水平开放进程。

实现 RCEP 开放承诺尽早落地。例如，共同协商尽可能缩短"零关税"、服务贸易负面清单管理等开放承诺过渡期；推进 RCEP 规则由"原产地累积"向"完全累积"的过渡；充分发挥企业主体作用，实现产业层面自由贸易的突破；条件成熟时吸纳亚太地区甚至其他地区的经济体加入。

适时推进 RCEP 与 CPTPP 的对接融合。首先，要创造条件，在坚持包容共享原则的基础上，实现 RCEP 与 CPTPP 在某些政策与制度层面的融合。由此，有效降低双重身份成员的规则利用成本，产生更大的地区经贸收益。要在扩大 RCEP 传统议题开放标准的同时，利用 RCEP 磋商机制，积极开展电子商务、知识产权保护、竞争政策等"边境后"规则与 CPTPP 的对接与融合。

RCEP 与 CPTPP 的融合，将为加快亚太自贸区的建立创造重要条件。世界银行曾估计，到 2030 年亚太自贸区将带动区域经济增长 4.6%，是 CPTPP 带动效应的 4 倍以上，带动世界经济增长 2%。建立亚太自贸区，是各方多年的共同期盼。实现这一重要目标，要坚定信心，排除干扰，努力地以 RCEP 与 CPTPP 融合为基础，打造开放、包容、合作、共赢的新型亚太伙伴关系，为建立亚太自贸区奠定重要基础。

（3）主要经济体应在建设高水平 RCEP 中扮演推动者的角色。中日韩三国 GDP、制造业增加值占 RCEP 的 80% 以上，也是区域内主要出口市场，在建设高水平的 RCEP 中有着相当重要的作用，并且 RCEP 框架下三国的经贸合作大有可为。中日韩要排除域外干扰，共同实施 RCEP 框架下的经济技术合作承诺与市场开放承诺。习近平主席强调，"一切愿意与我们合作共赢的国家，我们都愿意与他们相向而行，推动世界经济共同繁荣发展"。中美两国 GDP 占亚太的 70%、贸易额占 50%，中美应当成为建立亚太自贸区的共同推动者。

3. 东盟是 RCEP 的主体力量，中国—东盟自贸区 3.0 版建设将务实推进 RCEP 高水平开放进程

（1）东盟与中国是 RCEP 区域的活力与重心所在。东盟是 RCEP 的主体，是全球最具增长潜力的市场之一。2014—2019 年，东盟 GDP 年均增长 5% 左右，远高于世界 2.9%、欧盟 2.1% 的同期增速。有分析提出，到 2030 年，预计东盟将超过日本，成为世界第四大经济体。

中国始终是 RCEP 的重要推动者。2022 年，中国对 RCEP 其他成员国的进出口规模同比增长 7.5%；对 RCEP 其他成员的非金融类直接投资同比增长 18.9%，吸收直接投资同比增长 23.1%。以高质量实施 RCEP 为抓手，与其他成员国合力建设全球高水平最大自由贸易区，成为中国推动高水平开放的重大战略任务。

（2）加快建设中国—东盟自贸区3.0版，是务实推进RCEP高水平开放进程的关键之举。建设中国—东盟自贸区3.0版，促进更高水平贸易投资自由化和便利化，将充分释放中国与东盟两大最具活力的市场潜力。由此，将加快推进RCEP高水平开放进程，强化东盟在区域合作框架中的中心地位。

（3）中国是东盟最大市场。高水平开放的中国将形成中国—东盟自贸区3.0版建设的重要推动力。未来10—20年，中国的消费结构、产业结构、城乡结构、科技结构、能源结构、贸易结构等领域的结构转型，蕴藏着巨大的市场空间。以消费结构为例，预计到2025年，中国城乡居民服务型消费占比有望达到50%左右，到2030年有望达到55%以上。这个潜力的持续释放与开放共享，将为促进RCEP区域的经济增长带来巨大市场空间。

第四节　构建国内国际双循环中的海南自由贸易港

面对世界政治经济格局的深刻复杂变化，面对百年不遇的全球疫情大流行与多种全球性危机叠加的严重挑战，我国着力构建新发展格局，坚定推动高水平开放，既是扩大内需、保持经济持续增长、推动全球经济稳定与复苏的重要举措，也是深度融入世界经济、推进经济全球化进程的战略抉择。在此背景下，海南自由贸易港将发挥自身独特的重要作用。

一、中国进入新发展阶段

习近平总书记提出"新发展阶段是我国社会主义发展进程中的一个重要阶段"[①]。我国进入新发展阶段，需求结构和供给结构发生重大变化，国民经济

---

① 习近平. 把握新发展阶段，贯彻新发展理念，构建新发展格局［J］. 求是，2021（9）。

呈现出一系列新特征，也对我国高水平开放与经济社会发展提出新要求。

1. 人均 GDP 达到中等偏上收入国家水平

2022 年中国人均 GDP 达到 12741 美元，虽未达到高收入国家人均水平的下限，但已接近世界银行划设的高收入经济体人均水平门槛①。1978—2021 年我国 GDP 与人均 GDP 变化见表 1-4-1。

表 1-4-1　1978—2021 年我国 GDP 与人均 GDP

年份	GDP（亿元）	人均 GDP（元）	人均 GDP（现价美元）
1978	3678.7	385	156.4
1985	9098.9	866	294.46
1990	18872.9	1663	317.88
1995	61339.9	5091	609.66
2000	100280.1	7942	959.37
2005	187318.9	14368	1753.42
2010	412119.3	30808	4550.45
2015	688858.2	49922	8066.94
2016	746395.1	53783	8147.94
2017	832035.9	59592	8879.44
2018	919281.1	65534	9976.68
2019	990865.1	70078	10216.63
2020	1015986.2	72000	10500.4
2021	1143670	80976	12551
2022	1210207	85698	12741

数据来源：《中国统计年鉴 2022》《中华人民共和国 2022 年国民经济和社会发展统计公报》。

---

① 宁吉喆. 国民经济量增质升"十四五"实现良好开局 [J]. 求是，2022（3）。

2. 消费成为拉动经济增长的第一动力

自 2011 年以来，最终消费支出对我国经济增长的贡献率始终高于资本形成总额与货物和服务净出口。2011—2019 年，我国消费率平均为 53.4%。2020 年、2021 年，尽管受到新冠肺炎疫情的冲击，但最终消费支出占 GDP 的比重仍然达到 54.7%、54.5%，分别高于资本形成总额 11.8 个百分点、11.5 个百分点。1978—2021 年三大需求对国内生产总值增长的贡献率和拉动见表 1-4-2。

表 1-4-2　1978—2021 年三大需求对国内生产总值增长的贡献率和拉动

年份	最终消费支出		资本形成总额		货物和服务净出口	
	贡献率（%）	拉动（百分点）	贡献率（%）	拉动（百分点）	贡献率（%）	拉动（百分点）
1978	38.7	4.5	66.7	7.8	−5.4	−0.6
1980	78.1	6.1	20.1	1.6	1.8	0.1
1985	71.9	9.7	79.6	10.7	−51.5	−6.9
1990	89.0	3.5	−69.4	−2.7	80.5	3.2
1995	46.7	5.1	46.1	5.0	7.2	0.8
2000	78.8	6.7	21.7	1.8	−0.5	0.0
2001	50.0	4.2	63.5	5.3	−13.5	−1.1
2002	58.1	5.3	40.0	3.7	1.9	0.2
2003	36.1	3.6	68.8	6.9	−4.9	−0.5
2004	42.9	4.3	62.0	6.3	−4.9	−0.5
2005	56.8	6.5	33.1	3.8	10.1	1.1
2006	43.2	5.5	42.5	5.4	14.3	1.8
2007	47.9	6.8	44.2	6.3	7.8	1.1
2008	44.0	4.2	53.3	5.1	2.7	0.3
2009	57.6	5.4	85.3	8.0	−42.8	−4.0

年份	最终消费支出		资本形成总额		货物和服务净出口	
	贡献率（%）	拉动（百分点）	贡献率（%）	拉动（百分点）	贡献率（%）	拉动（百分点）
2010	47.4	5.0	63.4	6.7	−10.8	−1.1
2011	65.7	6.3	41.1	3.9	−6.8	−0.6
2012	55.4	4.4	42.1	3.3	2.5	0.2
2013	50.2	3.9	53.1	4.1	−3.3	−0.3
2014	56.3	4.2	45.0	3.3	−1.3	−0.1
2015	69.0	4.9	22.6	1.6	8.4	0.6
2016	66.5	4.6	45.0	3.1	−11.6	−0.8
2017	57.5	4.0	37.7	2.6	4.8	0.3
2018	65.9	4.4	41.5	2.8	−7.4	−0.5
2019	57.8	3.5	31.2	1.9	11.0	0.7
2020	−6.8	−0.2	81.5	1.8	25.3	0.6
2021	65.4	5.3	13.7	1.1	20.9	1.7

数据来源：《中国统计年鉴2022》。

3. 服务业成为国民经济的第一大产业

近年来，我国服务业快速发展成为产业结构变革的突出特点。2012年，服务业占比和第二产业持平，均为45.3%；2015年，服务业占比首次超过50%[1]；2022年，我国服务业增加值占国内生产总值比重为52.8%，比第二产业占比高出12.9个百分点，稳居国民经济的第一大产业（图1-4-1）。

---

[1]《中国统计年鉴2020》。

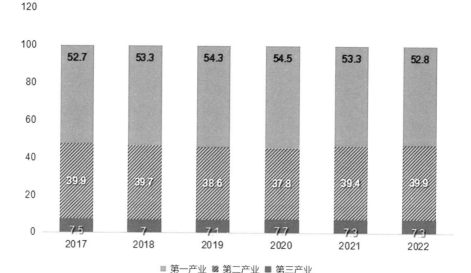

图 1-4-1　2017—2022 年我国三次产业结构构成（单位：%）

数据来源：《中国统计年鉴2022》《中华人民共和国2022年国民经济和社会发展统计公报》。

二、以结构转型推进经济高质量发展

1. 我国经济转型升级蕴藏巨大内需潜力

（1）消费结构升级蕴藏着巨大内需潜力。近年来，我国社会消费品零售以年均10%左右的速度增长。2019年我国社会消费品零售总额达到40.8万亿元人民币，同比增长8%[①]。受新冠肺炎疫情影响，2022年，我国社会消费品零售总额为43.97万亿元，比上年下降0.2%（表 1-4-3）。但是随着居民消费率和服务型消费的快速增长，未来5—10年，我国消费市场规模将呈现持续扩大的态势。到2030年，有望达到60万—70万亿元人民币左右。

[①] 国家统计局网站，http://www.stats.gov.cn/。

表1-4-3　1978—2022年我国社会消费品零售总额及增速

年份	规模（亿元）	增速（%）
1978	1558.6	8.8
1980	2140.0	18.9
1985	4305.0	27.5
1990	8300.1	2.5
1995	23613.8	26.8
2000	39105.7	9.7
2005	68352.6	14.9
2010	158008.0	18.8
2011	187205.8	18.5
2012	214432.7	14.5
2013	242842.8	13.2
2014	271896.1	12.0
2015	300930.8	10.7
2016	332316.3	10.4
2017	366261.6	10.2
2018	380986.9	9.0
2019	408017.2	8.0
2020	391981	-3.9
2021	440823.2	12.5
2022	439733	-0.2

数据来源：《中国统计年鉴2022》《中华人民共和国2022年国民经济和社会发展统计公报》。

（2）产业结构升级蕴藏着巨大内需潜力。

服务业快速发展蕴藏着巨大的内需潜力。如果到2025年，我国服务业占比达到中等收入国家的平均水平（60.5%），服务业规模有望达到70万亿元人民币左右，市场增量将达到 10 万亿元人民币左右。

制造业升级蕴藏着巨大的投资潜力。阿里研究院预测，到 2025 年企业应用云化率和人工智能利用率均将达到 90%，数据、智能与制造业的深度融合将催生数个十万亿级产业[①]。

（3）人口城镇化和乡村振兴蕴藏着巨大内需潜力。

农村内需潜力巨大。随着农村市场环境持续改善，以及电商等新兴业态向乡村地区加快下沉，农村消费潜力将持续释放。受疫情影响，2020 年，我国农村消费品零售额 52862 亿元，下降 3.2%，但仍高于城镇消费品零售额增速（-4.0%）。[②]

新型城镇化的内需潜力巨大。以消费为例，户籍人口城镇化最重要的标志之一就是城乡居民消费水平的趋同和消费公平程度的不断提升。2021 年，我国城镇居民人均消费支出（30307.2 元）约是农村居民人均消费支出（15915.6 元）的 1.9 倍[③]。未来 5—10 年，城乡一体化和城乡融合发展，将形成近百万亿元人民币的投资与消费需求，成为中长期发展的"最大红利"。

2. 内需潜力释放将支撑未来 10—15 年的中速增长

2022 年，我国社会消费品零售总额（43.97 万亿元）和全国固定资产投资（不含农户）（57.96 万亿元）[④] 合计已达到 101.9 万亿元，这个巨大的市场是我国经济中速增长的重要的动力。未来几年，我国服务业增加值年均增长速度将保持在 6% 左右，每年将带动经济增长 2—3 个百分点；加上人口城镇化、消费结构升级带来的增长叠加效应，经济增长速度在未来 10—15 年将保持在 5% 左右。

---

① 业内预计 2025 年企业人工智能利用率达 90%［EB/OL］. 中国贸促会网站，2019-01-17。
②2020 年国民经济稳定恢复主要目标完成好于预期［EB/OL］. 国家统计局，2021-01-18。
③《中国统计年鉴 2022》。
④ 国家统计局. 中华人民共和国 2022 年国民经济和社会发展统计公报［R］. 国家统计局网站，
  2023-02-28。

3. 14 亿人内需大市场是世界的市场、共享的市场、大家的市场

超大规模内需市场潜力的释放，将为我国实现高质量发展提供更大空间，也将为经济全球化注入更多正能量。初步测算，百万亿元级别的内需市场规模将为未来 5—15 年中国实现 4%—5% 的经济增长奠定重要基础。2006年以来，中国对世界经济增长的贡献率连续 14 年全球排名第一。预计未来5—10 年，中国对全球经济增长的贡献率仍有望保持在 25%—30% 左右。就是说，中国提出的"构建以国内大循环为主体、国内国际双循环相互促进的新发展格局"，决不是封闭的国内循环，而是应对复杂多变国内外环境实行的战略转型；决不是短期举措，而是与中国经济转型升级趋势相适应的中长期发展战略。

4. 立足扩大内需推进高水平开放进程

进入新发展阶段，扩大内需在引领高水平开放中的基本导向作用全面凸显。一方面，消费结构升级对世界多样化高品质的产品、服务产生更多需求。到 2030 年，我国累计商品进口额有望超过 22 万亿美元[1]；另一方面，随着我国经济全面深度融入世界，释放 14 亿人的内需潜力，需要以更高水平开放融入国际经济循环。例如，目前我国 95% 的高端专用芯片、70% 以上智能终端处理器以及绝大多数存储芯片依赖进口[2]。中国提出的"双循环"是基于内需大市场作出的战略选择，以扩大内需为基本导向的高水平开放，就是要实现内外市场联通、要素资源共享，就是要构建更加开放的国内国际双循环。

三、以高水平开放形成结构转型的重要动力

1. 以高水平开放形成内需潜力释放的新动力

从促进商品和要素流动的视角看，高水平开放有助于进一步释放国内国际两个市场、两种资源的增长动力，通过扩大生产要素配置规模和效益来

---

① 习近平. 在第三届中国国际进口博览会开幕式上的主旨演讲［EB/OL］. 新华网，2020-11-04.
② 依靠科技创新规避"卡脖子"风险［EB/OL］. 中国经济网，2019-10-31.

拉动经济增长。以旅游为例，2019 年全年国内游客 60.06 亿人次，比上年增长 8.4%。其中国内旅游收入 5.7 万亿元，同比增长 11.7%，人均旅游花费为 976.14 元。如果"十四五"期间国内游客人均旅游消费支出提高到 1100 元左右，国内旅游人次达到 60 亿人次，我国国内旅游消费规模将达到 6.6 万亿元人民币。这一市场潜力的释放，取决于国内供给结构的调整与供给质量的优化。这就需要通过进一步扩大高水平开放，打造国际一流营商环境。

2. 以制度型开放推动构建高水平开放型经济新体制

与商品和要素流动型开放不同，制度型开放意味着对外开放的重点向国内制度层面延伸[1]。制度型开放的重大任务在于打造市场化、法治化、国际化的营商环境，在公平竞争、市场透明、知识产权保护等方面强化制度性安排。例如，进一步完善外商投资准入前国民待遇加负面清单管理制度，落实准入后国民待遇；加快服务业领域与高水平国际规则对接，尽快打破服务业市场垄断与行政垄断；实现经济政策由产业政策为主向竞争政策为基础的转变，强化对经济政策的公平竞争审查；主动对接全球高水平经贸规则，并在自由贸易试验区、自由贸易港强化敏感领域的压力测试；强化财产权与知识产权保护，最大限度激发市场活力与创新活力。[2]

3. 以服务贸易开放赢得国际合作竞争新优势

近年来，在产业结构变革加速与服务业市场开放的双重推动下，我国服务贸易快速发展。同时，伴随着经济服务化进程的加快及城乡居民服务型消费潜力的不断释放，对现代生活性、生产性服务贸易的需求明显增强，我国服务贸易仍有很大发展空间。[3] 其中，数字服务贸易成为我国服务贸易领域的突出亮点。2011—2020 年，我国数字服务贸易规模从 1648.4 亿美元增长到 2939.9 亿美元，年均增速达 6.6%。据商务部预测，到 2025 年，数字服务贸

---

① 迟福林.以高水平开放赢得未来［N］.经济日报，2021-11-01。

② 迟福林.以高水平开放推动构建新发展格局［N］.经济参考报，2021-11-02。

③ 迟福林.对标国际高水平经贸规则——构建新发展格局下的服务贸易创新发展［EB/OL］.思客，2021-11-11。

易占我国服务贸易总额的比重将达到50%左右[①]。加快数字服务贸易发展需要全面推动实施跨境服务贸易负面清单，降低各类服务贸易模式下的边境内壁垒，调整优化服务贸易结构。

四、构建新发展格局下的海南自由贸易港

当前，世界政治经济格局发生着深刻复杂的变化，中国正加快构建以国内大循环为主体、国内国际双循环相互促进的新发展格局。在此背景下，发挥独特地理区位与政策制度优势，积极吸引全球资金、人才、技术等生产要素，打造中国与东盟两大市场的交汇点，成为构建新发展格局中海南自由贸易港建设的重大任务。

1. 把服务国内消费大市场作为打造双循环重要交汇点的首要任务

紧紧抓住国内大市场带来的重大发展机遇。在国际市场面临多方面不确定因素的情况下，服务于扩大内需的战略需求，是海南打造国内国际双循环重要交汇点的务实选择。

发挥自由贸易港政策优势，更好服务国内大市场的现实需求。免税购物是海南自由贸易港的突出优势。若通过与香港等地联手建立免税购物供应链、完善免税购物服务体系，经过若干年努力，海南有可能使免税购物渗透率接近50%，届时，实现数千亿元的免税购物规模是完全有可能的。

立足国内消费大市场，强化以东盟为重点的国际市场经济联系与人文交流。我国14亿多人的消费大市场是吸引境外企业、开拓国际市场的支撑和基础。RCEP生效后，海南自由贸易港在新发展格局中的战略地位明显提升，在推动区域内产业链、供应链、价值链调整重构中的独特作用将逐步形成。

封关运作要有利于服务国内消费市场。一方面，立足海南自由贸易港服务国内市场能力弱等现实，在对标世界高标准经贸规则中推进以服务贸易为重点的产业高水平开放，明显提升海南国际化产品与服务供给水平；另一方

[①] 商务部.中国数字贸易发展报告2020［R］，2021-09-04。

面，以"有效保障海南与国内市场的连通性"为目标设计"二线"，通过实行差异化、精准化的监管，保障封关运作后海南与内地货物、人员、交通工具、物品等自由便利流动。

2. 适应国内居民消费需求，加快构建以服务贸易为重点的产业体系

以吸引消费回流为目标，实现重点服务贸易的率先突破。一是引入香港免税商品质量安全管理体系与消费者保护制度体系。二是与日本、新加坡等国家共同建立医疗健康合作区。三是借鉴瑞典经验，在海南自由贸易港内探索职业教育与学历教育可互通转换的教育体系，在服务本地居民参与自由贸易港建设能力提升的同时，为中长期产业发展储备人才，吸引我国主要留学目的地的优质教育机构在海南尽快布局。

建立面向东盟的热带农产品保鲜、加工、储藏基地。一是率先建设以天然橡胶为主的国际热带农产品交易中心、定价中心、价格指数发布中心。以此为基础，逐步形成热带农产品全覆盖的现货期货交易中心。二是建设进口热带农产品口岸加工区，通过"零关税""加工增值货物内销免征关税""简易通关"等政策进口东南亚国家的农产品在海南进行精深加工，使产品增值30%以上再免关税进入内地。三是按照2025年海南农业产业化水平达到国内平均水平的目标，吸引内地制造业企业在海南建立一批集加工、包装、保鲜、物流、研发、示范、服务等在内的农业产业化项目。

建立以数字服务贸易为主题的自由贸易区。一是引导国内互联网企业在海南同东南亚国家共同建立跨境"数字自由贸易园区""数字经济合作园区""智能制造合作园区"等，开展数字技术、数字基础设施、数字服务等项目下的自由贸易。二是开展数字版权确权、估价、交易、结算交付、安全保障、数据资产管理等服务，打造服务国内、面向东南亚的数据定价交易服务中心。三是同新加坡建立智慧城市伙伴关系，推进智慧城市技术产业、重点应用领域、整体解决方案等的标准互认；支持新加坡企业参与海南的智慧交通、智慧环境、智慧公共服务等重大项目建设；等等。

3. 形成与产业发展需求相适应的政策体系、服务体系及制度环境

形成以提升政策落地效果为重点的政策体系。一是率先对标我国在 RCEP 中的关税减让表，研究细化"零关税"清单。二是适时将加工增值货物内销免征关税政策由洋浦保税港区拓展到洋浦开发区全域。

构建以金融、商务为重点的专业、高效服务体系。一是争取支持在海南设立证券经纪、投资银行、证券投资咨询等证券服务机构与融资性金融机构，建立国际债券市场与资本市场，支持企业开展直接融资，为重点产业内企业开展"信保＋担保"融资服务。二是加快引进国际知名会计、审计、信用评级、资产评估、投资咨询等专业中介服务机构，增强对总部企业吸引力。

积极建立海南—新加坡服务贸易全面合作区。一是制定面向新加坡的"单向标准资格认可清单"，在明确底线标准的前提下，在医疗、健康、教育、金融、旅游等领域实现与新加坡管理标准、资格认定的全面对接。二是在城市规划、港口运营、人才培养等领域尽快形成具体合作项目清单，支持海南重点园区同新加坡相关自由贸易园区通过委托经营、合作管理等方式开展战略合作。

第二章

战略角色
——打造中国与东盟全面战略合作的重要枢纽

在全球政治经济格局深刻复杂变化的背景下，加强与东盟经贸合作和人文交流成为我国打造高水平对外开放新格局的重要抓手，海南自由贸易港的战略目标，就是要充分利用 RCEP 全面实施带来的重大利好，充分发挥地缘优势和政策优势，在中国与东盟全面战略合作中发挥重要枢纽作用，并实现"重要开放门户"的战略目标。

第一节　服务国家重大战略

习近平总书记在庆祝海南建省办经济特区 30 周年大会上的讲话中强调，"党中央对海南改革开放发展寄予厚望，最近研究制定了《关于支持海南全面深化改革开放的指导意见》，赋予海南经济特区改革开放新的重大责任和使命，也为海南深化改革开放注入了强大动力。这是海南发展面临的新的重大历史机遇"。为此，海南自由贸易港建设是国家重大战略，也是海南发展面临的又一次新的重大历史机遇。

一、抓住新的重大历史机遇

1. 建设海南自由贸易港的重大意义

2018 年 4 月 10 日，习近平总书记在博鳌亚洲论坛的讲话中强调 "中国开放的大门不会关闭，只会越开越大"。4 月 13 日，习近平总书记在庆祝海南建省办经济特区 30 周年大会上宣布 "党中央决定支持海南全岛建设自由贸易试验区，支持海南逐步探索、稳步推进中国特色自由贸易港建设，分步骤、分阶段建立自由贸易港政策和制度体系。这是党中央着眼于国际国内发展大局，深入研究、统筹考虑、科学谋划作出的重大决策，是彰显我国扩大对外开放、积极推动经济全球化决心的重大举措"。

习近平总书记在 "4·13" 重要讲话中要求，"新时代，海南要高举改革开放旗帜，创新思路、凝聚力量、突出特色、增创优势，努力成为新时代全面深化改革开放的新标杆，形成更高层次改革开放新格局"。2022 年 4 月 10日至 13 日，习近平总书记在海南考察时提出，"加快建设具有世界影响力的中国特色自由贸易港，让海南成为新时代中国改革开放的示范"。

总书记的讲话中有 "四个重大"：第一，建设中国特色自由贸易港是中央着眼于国内国外大局作出的重大决策。第二，建设中国特色自由贸易港是我国推动经济全球化、扩大开放的重大举措。第三，建设中国特色自由贸易港是海南发展的重大历史机遇。第四，中国特色自由贸易港是习近平总书记亲自谋划、亲自部署、亲自推动的重大国家战略。海南从自由贸易试验区到中国特色自由贸易港，绝对不是 "自娱自乐"，而是国家的一项重大战略。海南只有在改革开放上破题，才能抓住新的重大历史机遇。

2. 抓住机遇，增强紧迫感、使命感、责任感

习近平总书记要求，"海南广大干部群众要抓住机遇、再接再厉。经济特区要坚定舍我其谁的信念、勇当尖兵的决心，保持爬坡过坎的压力感、奋勇向前的使命感、干事创业的责任感，积极培育崇尚实干的环境，务实求变、务实求新、务实求进，为实干者撑腰，为干事者鼓劲，以昂扬的精神状态推

动改革不停顿、开放不止步"。各方高度关注海南自由贸易港建设，全岛上下要把握住新的重大历史机遇，要有这种强烈的紧迫感、使命感、责任感，要切实按照习近平总书记的要求，要有干事创业的精神状态，这是极为重要的。

（1）深刻吸取历史经验。习近平总书记亲自宣布在海南建设中国特色自由贸易港，并多次亲临海南考察。海南迎来了从来没有过的发展机遇，并上升为重大国家战略，明确提出探索建设中国特色自由贸易港。所以，必须要看到机不可失、时不再来。

（2）研究借鉴国际国内成功案例。主动对标、学习借鉴。海南探索建设中国特色自由贸易港，需要认真研究借鉴中国香港、新加坡、迪拜等自贸港成功案例与经验。在发展模式上，要学习借鉴国际自由贸易港的一般经验，在具体政策安排上更需要对标国际自由贸易港。如果海南的财税政策、金融政策、人员进出政策与其他自由贸易港相差甚远，将难以建设成为具有国际竞争力、具有世界影响力的自由贸易港。

（3）估计现状：形势逼人，时不我待。

开放型经济水平有待提升。尽管海南是全国最大的经济特区，但是在开放创新上与国际自由贸易港存在明显差距。例如，2021年，海南实际利用外资仅相当于广东、中国香港及新加坡的1.9%、2.53%、3.55%；货物贸易额仅为广东、香港的1.8%、1.63%及新加坡的31.92%。很多外资企业都认为如果到中国去投资，要到深圳去，因为目前深圳位居全球创新城市之首。要清醒地看到，海南建设自由贸易港是最大程度的开放，海南离这个要求的差距还很大。

体制机制创新需要进一步深化。"小政府、大社会""小政府、大市场"曾经是海南向全国推广的一个重要经验。海南曾经在多方面走在全国前列。比如，1990年，海南就放开钢材、水泥等19种生产资料价格；1991年，提出以股份制为重点的现代企业结构，在全国第一个出台了4大保险规定，即《海南省职工养老保险暂行规定》《海南省职工待业保险暂行规定》《海南省职工工伤保险暂行规定》和《海南省职工医疗保险暂行规定》。目前，海南"多规合一"改革、省直管市县的行政管理体制改革、航权开放等方面走在全国前列。未来，海南还有多少经验是可以走在全国前列的、形成深化改革开放新标杆的体制机制创新。

特色产业基础较弱，竞争力不强。近年来，海南热带农业、旅游业、文化娱乐业有一定的发展，但是竞争力并不强。例如，2021 年，海南全省接待国内外游客仅相当于广东的 31.5%，旅游收入相当于广东省的 25.5%；现代服务业增加值仅相当于广东省的 4.4%；高新技术产业增加值仅相当于广东省的 8.6%，高新技术企业 1202 家，仅相当于广东全省的 2%。

人才短缺，政策执行能力不强。例如，根据第七次人口普查公报，海南省大专及以上文化程度人口占比为 13.86%，低于全国平均水平（15.38%），其中广东为 15.7%、浙江为 16.99%、江苏为 18.66%、上海为 33.87%；2021年海南省引进人才 19.9 万人，相当于深圳（25.6 万人）的 77.7%。

社会软环境建设滞后。目前，海南的国际化水平、社会环境建设与国际自由贸易港还有明显差距。香港特别行政区当初的社会环境比海南还差，但是后来香港以严格的法治来改善社会环境，这一点很值得海南学习借鉴。

3. 努力成为新时代中国改革开放的示范

（1）服务业市场开放的重大突破。服务贸易的创新发展取决于服务业市场开放的突破。因此，海南要把服务业市场开放作为全面深化改革的"重头戏"，彻底打破服务业领域的行政垄断和市场垄断；破除跨境交付、境外消费、自然人移动等服务贸易模式下存在的各种壁垒，给予境外服务提供者国民待遇；在告知、资格要求、技术标准、透明度、监管一致性等方面，进一步规范影响服务贸易自由便利的国内规制。

（2）市场化改革的重大突破。要加快形成"小政府、大市场"的基本格局，真正让市场在资源配置中起决定性作用和更好发挥政府作用，这里还有很多矛盾与问题亟待解决。

（3）行政、立法、司法体制改革要有重大突破。制度集成创新既涉及经济领域，也涉及行政、立法、司法等领域。把握制度集成创新的着力点，核心是"集成"。这不仅涉及内外贸、投融资、财政税务、金融创新、出入境等经济领域，更涉及高效率行政体制与专业、高效、权威的立法司法体制等领域的制度创新。

4. 没有思想大解放，就不会有改革大突破

习近平总书记强调，"没有思想大解放，就不会有改革大突破。"海南要抓住新的重大历史机遇，把中央赋予海南新的重大使命和责任担负起来，首先取决于思想解放。

（1）发扬特区精神。习近平总书记强调"发扬敢闯敢试、敢为人先、埋头苦干的特区精神，始终站在改革开放最前沿，在各方面体制机制改革方面先行先试、大胆探索，为全国提供更多可复制可推广的经验"。当前，面对日益复杂多变的国际形势，面对加快建设海南自由贸易港的紧迫需求，迫切需要继续发扬好"敢闯敢试、敢为人先、埋头苦干的特区精神"，尽快形成海南自由贸易港建设不可逆转的大势。

（2）开拓思路，创新发展。比如，海南要逐步取消燃油车，可以达成三个目的：一是海南的 PM2.5 可以降低到 10 微克 / 立方米以内，这将是全球岛屿经济体最好的空气质量；二是能够推动一场新的能源变革，如果能引进光伏发电、围绕能源变革的大批服务商，海南在新能源领域就能够实现突破性进展；三是能带动高新技术的发展，比如无人驾驶汽车在海南最有条件发展，尤其是旅游地带。

（3）特别之举。海南建设中国特色自由贸易港是重大国家战略，如果没有特别之举，想达到中央对海南提出的目标要求是很困难的。在很多方面，包括特别时期的用人政策，如果不能打破现有的某些规定，以特别之举来办特别之事，要实现中央的要求将是十分困难的。在服务国家重大战略的前提下，只要有利于实现国家重大战略目标，就要大胆试、大胆闯、自主改。

二、探索建设中国特色自由贸易港

习近平总书记在庆祝海南建省办经济特区 30 周年大会上发表重要讲话指

出，"自由贸易港是当今世界最高水平的开放形态。海南建设自由贸易港要体现中国特色，符合中国国情，符合海南发展定位，学习借鉴国际自由贸易港的先进经营方式、管理方法。我们欢迎全世界投资者到海南投资兴业，积极参与海南自由贸易港建设，共享中国发展机遇、共享中国改革成果"。

1. 建设中国特色自由贸易港的重大使命

（1）落实党的十九大报告和二十大报告中关于"探索建设自由贸易港""加快建设海南自由贸易港"的重大战略决策。党的十九大报告在推动形成全面开放新格局的措施中明确提出，"赋予自由贸易试验区更大改革自主权，探索建设自由贸易港"。党的二十大报告在推进高水平对外开放中明确提出，"加快建设海南自由贸易港"。

（2）服务国家重大战略的责任与使命。按照总书记的要求，抓住中央支持海南探索建设中国特色自由贸易港的重大历史机遇，发挥海南独特的地理区位优势，在我国 21 世纪海上丝绸之路建设以及经略南海战略中扮演重要角色，逐步将海南自由贸易港打造成为我国面向太平洋和印度洋的重要对外开放门户。

（3）走向大开放的战略举措。建省办经济特区 35 年的实践表明，海南什么时候最开放，什么时候发展就快。在百年未有之大变局下，海南只有通过探索建设中国特色自由贸易港走出一条以高水平开放推动高质量发展的新路子。

2. 建设中国特色自由贸易港要学习借鉴国际经验

《中共中央 国务院关于支持海南全面深化改革开放的指导意见》要求，"海南自由贸易港建设要体现中国特色，符合海南发展定位，学习借鉴国际自由贸易港建设经验"。何谓自由贸易港？"自由港是设在一国（地区）境内关外、货物资金人员进出自由、绝大多数商品免征关税的特定区域，是目前全球开放水平最高的特殊经济功能区。中国香港、新加坡、鹿特丹、迪拜都是比较典型的自由港。我国海岸线长，离岛资源丰富。探索建设中国特色的自由贸易港，打造开放层次更高、营商环境更优、辐射作用更强的开放新高地，对于促进开放型经济创新发展具有重要意义。"①我国建设自由贸易港，要符合世界自由贸易港的一般规律。自由贸易港的一般规律可以概括为：基本特点是境内关外；基本要素是货物、服务、资金、人员进出自由；基本目标是以国际化营商环境为重点的对外开放新高地。

3. 推进中国特色自由贸易港建设

（1）高标准、高质量建设自由贸易港。海南自由贸易港不能简单地照搬、照抄其他自贸区的一般经验，而是要从中国实际出发，高标准、高质量加快推进自由贸易港建设进程。

（2）自由贸易港是总体目标。海南与国内其他自由贸易试验区最大的不同就是明确了建设自由贸易港的总体目标和行动时间表，并提出了重要原则和重大任务。

（3）突出海南特色与优势，既要借鉴国内其他自由贸易试验区的经验，更要在其他自由贸易试验区做不了的事项上率先取得突破。

（4）与中国特色自由贸易港不相适应的举措不应当出台。自由贸易试验区的政策要与建设自由贸易港的目标相适应，如果不相适应就不应当着急出台，若急着出台，则可能对建设自由贸易港产生某些负面影响。

（5）全岛布局，重点突破。海南是个岛屿经济体，不可能每个市县各自为政推进自由贸易港建设。所以，稳步推进自由贸易港建设，要全岛统一布局、局部地区重点突破。这也是海南在全岛稳步推进自由贸易港建设的一个突出特点。

三、以服务重大国家战略为目标

习近平总书记"4·13"重要讲话中用了"两个重大"，"这是党中央着眼于国际国内发展大局，深入研究、统筹考虑、科学谋划作出的重大决策，是彰显我国扩大对外开放、积极推动经济全球化决心的重大举措。"中央决定建

---

① 汪洋．推动形成全面开放新格局［N］．人民日报，2017-11-10.

设海南自由贸易港，其战略目标是打造我国面向太平洋和印度洋的重要对外开放门户。因此，海南自由贸易港是国家重大战略。实现"重要开放门户"这一重大战略目标，不仅是海南的历史责任，也是国家的重大战略需求。

1. 重大战略决策

要切实理解海南建设自由贸易港是党中央在新时代着眼于国际国内发展大局作出的重大战略决策。《中共中央 国务院关于支持海南全面深化改革开放的指导意见》明确提出，"在中国特色社会主义进入新时代的大背景下，赋予海南经济特区改革开放新的使命，是习近平总书记亲自谋划、亲自部署、亲自推动的重大国家战略，必将对构建我国改革开放新格局产生重大而深远的影响"。

（1）推动形成我国全面开放新格局的重大战略决策。习近平总书记在"4·13"重要讲话中提到，"当前，改革又到了一个新的历史关头，推进改革的复杂程度、敏感程度、艰巨程度不亚于40年前"。

进入工业化后期，我国改革发展面临的矛盾与问题，无论是在经济转型升级还是体制改革方面，都具有深刻性、艰巨性和复杂性。2018年6月，国家发展改革委课题《以市场化改革新突破释放巨大内需潜力——未来几年完善社会主义市场经济体制的行动建议》完成，为决策部门出台完善社会主义市场经济体制的方案提供了有益参考。进入新时代，如何以处理好政府与市场关系为重点，全面发挥市场在资源配置中的决定性作用和更好发挥政府作用，确实面临许多新的重大问题。

改革开放45年，我国实现了对外开放的伟大历史转折，但同时也面临经济全球化的新挑战。比如，在2018年中美贸易摩擦发生时，笔者提出了三个观点：一是长期影响大于短期影响；二是间接影响大于直接影响；三是多边影响大于双边影响。基于以上判断，笔者主张应对贸易摩擦，或是应对这场单边贸易挑战最有效的方式应是从长计议，而不是针锋相对。从长计议就是要以扩大内需为有力支撑，以发展多边体系为重点推进区域一体化。从当时的情况看，区域一体化已经成为大势。以区域一体化推动经济全球化可能是中国作为一个大国在转型发展过程中应采取的一个基本方略。因此，从内外形势变化看，在我国对外开放进入新阶段的背景下，要形成对外开放新格局，确实面临一些更为复杂、更为艰巨的重大问题。

我国进入新发展阶段，如何处理好各方面的利益关系，面临的矛盾与问题也更为复杂。改革开放45年来，我国在释放市场活力的同时，注重协调利益关系和增强改革普惠性，实现了从短缺经济社会到消费新时代的历史性提升。以服务业市场开放为重点深化结构性改革，既是适应社会主要矛盾变化、满足全社会服务型消费需求的重大举措，也是把巨大内需潜力转化为产业变革新优势的关键所在。

海南建设自由贸易港，就是要"努力成为新时代全面深化改革开放的新标杆"。这是中央要求海南做的一篇大文章，并且党中央对海南寄予厚望。所以说，海南建设中国特色自由贸易港是全面深化改革开放的一个重大战略决策。

（2）推动经济全球化的重大战略举措。习近平总书记在"4·13"重要讲话中强调，"中国开放的大门不会关闭，只会越开越大。这是我们对世界的庄重承诺"。在美国贸易保护主义挑战不断加剧的背景下，我国对外开放应该何去何从，应该采取哪些举措，各方都给予极大的关切。这也是全球都关注习近平总书记2018年4月10日在博鳌亚洲论坛年会开幕式上主旨演讲和4月13日在庆祝海南建省办经济特区30周年大会上讲话内容的重要原因。所以，在海南建设全球最大的自由贸易试验区和中国特色自由贸易港，是我国在新的背景下积极应对经济全球化新挑战的重大战略举措。

（3）服务国家经略南海战略的重大战略举措。《中共中央 国务院关于支持海南全面深化改革开放的指导意见》要求，"把海南打造成为我国面向太平洋和印度洋的重要对外开放门户"。为此，我们需要考虑三个问题：第一，在什么条件下，海南能够成为"我国面向太平洋和印度洋的重要对外开放门户"？第二，海南成为"面向太平洋和印度洋的重要对外开放门户"，对区域经济一体化和经济全球化意味着什么？第三，海南如何朝着这个重要战略目标努力？党中央提出海南要服务于国家重大战略，很重要的一点就是要服务于国家经略南海战略，习近平总书记希望海南在这方面发挥重要作用，要求海南"加快推进南海资源开发服务保障基地和海上救援基地建设，坚决守好祖国南大门"。未来几年，如果海南在以泛南海为重点的区域经济一体化中扮演重要角色，不仅将大大提升海南在我国对外开放格局中的战略地位，而且将在我国推动区域经济一体化和经济全球化进程中发挥重要作用。

2. 重大发展定位

习近平总书记在2018年"4·13"重要讲话中强调，"建设自由贸易试验区和中国特色自由贸易港，发挥自身优势，大胆探索创新，着力打造全面深化改革开放试验区、国家生态文明试验区、国际旅游消费中心、国家重大战略服务保障区，争创新时代中国特色社会主义生动范例，让海南成为展示中国风范、中国气派、中国形象的靓丽名片"。

（1）全面深化改革开放试验区。海南如何适应我国对外开放和完善社会主义市场经济体制的需求，在全面深化改革开放上先行先试，习近平总书记"4·13"重要讲话以及《中共中央 国务院关于支持海南全面深化改革开放的指导意见》中都有所提及。比如：加快形成法治化、国际化、便利化的营商环境和公平统一高效的市场环境；深化简政放权、放管结合、优化服务改革，全面提升政府治理能力；实行高水平的贸易和投资自由化便利化政策；加快推进人才体制、财税金融体制、收入分配制度、国有企业等方面的改革；加快推进城乡融合发展体制机制改革。

（2）国家生态文明试验区。习近平总书记在"4·13"重要讲话中要求，"海南要牢固树立和全面践行绿水青山就是金山银山的理念，在生态文明体制改革上先行一步，为全国生态文明建设作出表率"。近几年来，海南采取了若干举措，在生态文明建设上明显走在了全国前列。现在，中央对海南提出了新的要求。

（3）国际旅游消费中心。习近平总书记在2018年"4·13"重要讲话中强调，"国际旅游岛是海南的一张重要名片。推动海南建设具有世界影响力的国际旅游消费中心，是高质量发展要求在海南的具体体现。要培育旅游消费新业态新热点，提升服务能力和水平，推进全域旅游发展，为国内外游客和当地群众提供更多优质服务，使海南国际旅游岛这张名片更亮更出彩"。2018 年 6 月 8 日在香港的一个研讨会上有人提出，海南建设自由贸易港和国际旅游消费中心，会不会取代香港？笔者认为，海南建设国际旅游消费中心不但不会取代香港，而且将提升对香港的合作需求。海南与香港至少可以在三个方面开展合作：第一，合作打造免税购物供应链；第二，与香港企业联手共同建设免税购物中心，由此使香港企业的市场份额明显提升，同时不会对香港免税购物造成直接冲击，而是进一步扩大香港免税购物的产业链；第三，引进香港免税购物的服务体系，提升海南免税购物的服务质量。

当前，我国社会主要矛盾发生了历史性变化，消费结构发生历史性提升，广大居民需要在国内就能够享受到具有国际化品质的产品和服务。对海南而言，吸引境外游客固然是国际化的重要标志，但适应我国国内居民消费结构升级的趋势，为国人提供更多具有国际化品质的产品与服务，更是今天国际化的特殊要求。比如，珠海长隆海滨公园就是一个国际化代表案例，其99% 的观众都是内地游客，但是其表演人员大部分来自世界各国。因此，海南建设国际旅游消费中心，有三点特别重要：一是要对标香港建设具有世界影响力的国际旅游消费中心；二是在制度模式上要学习借鉴香港经验；三是在具体政策、具体发展形态、具体业务发展上要对标香港。

（4）国家重大战略服务保障区。主要表现为海南在海洋强国建设、共建"一带一路"、军民融合发展等国家重大战略中要发挥重要作用。

3. 重大发展目标

根据《海南自由贸易港建设总体方案》，海南自由贸易港建设的重大发展目标是：

到 2025 年，初步建立以贸易自由便利和投资自由便利为重点的自由贸易港政策制度体系。营商环境总体达到国内一流水平，市场主体大幅增长，产业竞争力显著提升，风险防控有力有效，适应自由贸易港建设的法律法规逐步完善，经济发展质量和效益明显改善。

到 2035 年，自由贸易港制度体系和运作模式更加成熟，以自由、公平、法治、高水平过程监管为特征的贸易投资规则基本构建，实现贸易自由便利、投资自由便利、跨境资金流动自由便利、人员进出自由便利、运输来往自由便利和数据安全有序流动。营商环境更加优化，法律法规体系更加健全，风险防控体系更加严密，现代社会治理格局基本形成，成为我国开放型经济新高地。

到 21 世纪中叶，全面建成具有较强国际影响力的高水平自由贸易港。

第二节　打造重要对外开放门户的战略目标

加快探索建设海南自由贸易港，就是要按照习近平总书记的要求，加强同"一带一路"沿线国家和地区开展多层次、多领域的务实合作，建设 21 世纪海上丝绸之路的文化、教育、农业、旅游等交流平台，在打造 21 世纪海上丝绸之路重要战略支点上迈出更加坚实的步伐。由此，把海南打造成为我国面向太平洋和印度洋的重要对外开放门户，这是中央明确赋予海南自由贸易港的战略目标。

一、打造重要开放门户的战略意义

与建省之初相比，当前加快海南自由贸易港建设进程，不仅要实现海南"更好发展起来"，更要在内外环境明显变化的背景下，充分发挥海南地处太平洋和印度洋要冲的独有区位和地理优势，努力将海南打造成为我国面向太平洋和印度洋的重要对外开放门户。因此，建设海南自由贸易港绝不是海南的"自娱自乐"，也不仅是地区经济发展战略，而是新时期事关我国改革开放发展全局的重大国家战略。

1.明显提升区域影响力

（1）岛屿的开放水平越高，对周边区域的辐射带动能力就越强。从夏威夷岛、济州岛、巴厘岛等世界知名岛屿发展经验看，岛屿的开放水平越高，对周边区域的辐射带动能力就越强，在地区政治、经济、文化及国际事务中的作用就越大，在地区交流合作中扮演不可或缺的特殊角色。发挥海南岛扼守太平洋和印度洋海上要冲的区位和地理优势，以海南自由贸易港为平台，以开放增进交往，以交往带动合作，以合作促进发展，不断扩大人员往来与交流，强化各方利益联结纽带，明显提升以东盟为重点的南海周边国家的影响力、辐射力。

（2）提升海南在区域产业链和价值链中的地位。"十四五"海南经济合作既要充分发挥区域内在产业、资金、技术、市场等各方面的互补性，实现差异化、错位化发展；同时也要把握经济发展的新趋势，积极开展数字经济、生物医药等新兴领域的合作，强化在产业链研发端与市场端的布局，推动建立具有开放性、包容性和公平性的生产分工体系和经济发展秩序。

（3）提升海南在区域性治理规则策源方面的地位和作用。例如，争取中央支持，赋予海南更大的海洋经济交往权，在《联合国海洋法公约》等框架下，探索与具备条件的地区开展海洋资源开发、海洋生态环境保护、海洋经济合作等领域开展地方政府间磋商，逐步形成包含制度、行动计划、实施项目等在内的海洋治理规则体系，为我国提升海洋治理话语权积累经验。

（4）服务于打造南海命运共同体。着眼于当前和今后的南海问题，我国的突出优势在经济领域，可施展的更大空间也在经济领域。尤其是在新冠肺炎疫情严重冲击区域内国家经济、促进自身经济快速复苏需求全面增大的背景下，"经济牌"的重要性进一步提升。中共中央在海南建立自由贸易港，就是要以实施全面深化改革和最高水平开放政策和制度，充分释放海南独特的地理优势、区位优势与资源价值潜力，使海南尽快成为我国深度融入经济全球化、吸引集聚全球优质生产要素、开展更高层次区域经贸合作竞争的重要平台，由此使得海南成为面向太平洋、印度洋的重要开放门户。

2. 打造双循环重要交汇点

（1）打造国内国际双循环重要交汇点的现实需求。一方面，从长期看，在亚太区域不稳定性、不确定性上升的情况下，充分发挥海南自由贸易港在促进中国与东盟经济交往中的独特作用，加强与东盟国家深层次、多领域的务实合作，为打造"重要开放门户"的战略目标奠定重要基础。另一方面，从短期实际需求看，在市场流量小、产业体系不完善的情况下，以面向14亿人内需大市场为重点，依托海南自由贸易港高水平开放的政策和制度优势，主动服务于国内大循环关键环节的畅通及循环效率和水平的提升，并在此过程中逐步形成适应自由贸易港建设要求的产业体系、服务体系和市场体系。

（2）发挥海南自由贸易港在国内大循环与双循环相互促进中的独特作用。一方面，在有效服务国内居民消费回流、打造国内居民国际化消费重要承接地的同时，积极吸引全球资金、人才、技术等生产要素服务国内大循环，并在国内企业、资金、人才等"走出去"中发挥平台功能和服务作用。另一方面，由于更为自由化的区域贸易协定、贸易保护带来的摩擦增加和新冠肺炎疫情影响等多种因素交织，全球贸易投资活动更趋于区域化、近岸化和本土化，东盟将在未来我国参与国际经济大循环中扮演重要角色。依托独特的地理区位优势，发挥海南自由贸易港制度与政策优势，使得东盟国家更多产业以海南自由贸易港为平台融入我国双循环发展体系，使中国与东盟两个市场更深程度连接融合，更好发挥海南在服务双循环相互促进中的作用。

（3）使海南自由贸易港成为国内国际双循环的重要交汇点。

成为中国与东盟市场的连接点。在吸引更多的东盟区域内高质量企业来琼投资的同时，服务并促进国内具有突出比较优势的产能通过海南对外投资，联手打造分工合理、稳定安全的区域性产业链与供应链。

成为促进中国与东盟要素双向流动、优化配置的枢纽集散点。依托海南地理区位优势和"零关税"、加工增值货物内销免征关税政策以及运输来往自由便利政策优势，以区域内物流体系合作与口岸间协调合作，提升海南自由贸易港在中国—东盟跨境供应链的促进、服务作用。同时，着力吸引国内外跨境要素在海南自由贸易港内中转、交易、配置、集聚，提升海南自由贸易港在中国东盟产业链价值链创新链布局中的服务管理功能。

成为国内与国际高水平经贸规则的对接点。按照打造最高水平开放形态的基本要求，率先全面落实 RCEP 经贸规则，加快开展 CPTPP 规则的压力测试，突出海南自由贸易港在服务贸易、数字贸易、竞争中性、环境保护等领域的规则探索，使海南自由贸易港尽快成为我国深度融入全球经济体系的前沿地带，并在引领部分经贸规则制定中发挥重要牵引作用。

3. 打造我国深度融入全球经济体系的前沿地带

《海南自由贸易港建设总体方案》要求，要"加快建立开放型经济新体制，增强区域辐射带动作用，打造我国深度融入全球经济体系的前沿地带"。

当前，在全球政治经济格局深刻复杂变化的背景下，建设海南自由贸易港，要充分发挥海南地理区位独特优势以及背靠超大规模国内市场和腹地经济等优势，对标当今世界最高水平的开放形态，实行更加积极主动的开放战略，率先对接国际高水平经贸规则，实施全面深化改革和最高水平开放政策和制度，促进区域内生产要素自由便利流动，积极吸引全世界投资者到海南投资兴业，集聚全球优质生产要素与企业，拓展国际市场，使海南成为我国深度融入经济全球化、开展更高层次区域经贸合作竞争的重要平台，并在推进区域合作方面发挥独特作用。

二、打造"重要开放门户"的优势与条件

1. 独特的地缘优势

（1）独特的地缘优势决定了自由贸易港在国际经济贸易格局中的枢纽地

位。新加坡、中国香港、迪拜、鹿特丹港等，是当今世界比较成功的自由贸易港的4种模式，都具备独特的地缘优势。例如，香港是位于南亚与东北亚航线枢纽，新加坡是扼守太平洋与印度洋之间的航运要道，迪拜地处亚欧非三大洲交汇点，鹿特丹港则是欧亚大陆桥的西桥头堡。

（2）海南地理区位优势突出。其一，作为岛屿经济体，海南是一个相对独立的地理单元；其二，海南背靠大陆，面向南海；其三，海南地处RCEP成员国中心位置，是连接东北亚和东南亚的区域中心。

（3）海南背靠国内消费大市场。14亿人消费大市场是吸引境外企业、开拓国际市场的支撑和基础。在区域政治经济格局深刻复杂变化等多种因素叠加的背景下，国际市场存在不确定性，海南要紧紧抓住国内大市场带来的重大发展机遇，充分利用自由贸易港政策优势，服务于扩大内需的战略需求，推进海南自由贸易港建设。

2. 独特的资源优势

（1）土地资源。2022年海南每平方千米土地产出的GDP为0.19亿元，只等于广东全省的26.4%、台湾的13.4%、香港的0.87%和新加坡的0.44%（表2-2-1）。若海南土地资源利用效益达到香港2022年的5%，估计将会有近4万亿元的资本需求；若达到新加坡2022年的5%，估计将会有近8万亿元的资本需求（表2-2-2）。

表 2-2-1　2022 年海南与其他国家和地区土地资源利用效益比较

（单位：亿元 / 平方千米；%）

	海南	广东	台湾	香港	新加坡
每平方千米土地产出的 GDP	0.19	0.72	1.42	21.95	42.81
海南相当于其他国家和地区的	–	26.4	13.4	0.87	0.44

数据来源：根据各地区统计局公布数据计算整理。

表 2-2-2　海南省土地资源利用效益测算

（单位：亿元 / 平方公里；亿元）

	2022 年	2030 年	
		达到香港 2022 年的 5%	达到新加坡 2022 年的 5%
海南土地资源利用效率	0.19	1.1	2.14
海南省 GDP 预测	6818.22	38889	75658
相当于 2022 年海南省 GDP（倍）	–	5.7	11.1

资料来源：中改院课题组测算。

（2）海洋资源。2021 年海南海洋生产总值 1989.6 亿元，仅相当于广东的 10%；海南单位海岸线海洋经济密度仅为 1.0 亿元 / 公里，仅相当于广东（4.86 亿元 / 公里）的 20.6%（表 2-2-3）。到 2025 年，若海南单位海岸线海洋经济密度达到广东的 50%，则全省海洋生产总值将接近 5000 亿元。

表 2-2-3　2021 年海南海洋资源利用效益情况

	海南	广东
海洋生产总值（万亿元）	0.2	1.99
单位海岸线海洋经济密度（亿元 / 公里）	1.0	4.86

数据来源：根据各省统计局公布数据计算整理。

（3）生态资源。空气质量一流。例如：2022 年，海南空气质量位居全国前列并持续改善，PM2.5 年均浓度为 12 微克 / 立方米，远低于全国平均水平（17 微克 / 立方米）；空气质量优良天数比例为 98.7%，轻度污染天数比例为 1.3%，无中度及以上污染天，超标天数均为臭氧超标。海口、三亚等四个地级城市优良天数比例为 99.0%[①]。空气负离子含量远超世界卫生组织标准。生态价值潜力巨大。例如，有研究表明，海南省滨海湿地总碳储量价值 43.98 亿

[①] 海南 PM2.5 浓度再创历史新低［EB/OL］. 中国日报网，2023–01–31。

元，滨海自然湿地生态服务功能总价值为 96.94 亿元。①

3. 高水平开放政策与制度优势

（1）以贸易投资自由化便利化为重点的自由贸易港政策制度体系基本建立。按照《海南自由贸易港建设总体方案》的要求，形成了以贸易投资自由化便利化为重点的自由贸易港政策制度体系。截至目前，以"零关税、低税率、简税制"和"5+1+1"即"五大自由便利"+"数据安全有序流动"+"税收制度安排"为主要特征的 180 多个自贸港政策文件落地生效。

"五大自由便利"。即"一线"放开、"二线"管住，实现贸易自由便利；大幅放宽市场准入，实现投资自由便利；实行"三大自由"（即跨境资金、贸易结算、投融资等自由），实现跨境资金流动自由便利；实行更加开放的出入境管理政策，实现人员进出自由便利；以建设"中国洋浦港"船籍港为重点实行更加自由开放的航运制度，实现运输来往自由便利。

"数据安全有序流动"。即扩大数据领域开放，实现数据安全有序流动。

"税收制度安排"。即实行以"零关税、低税率、简税制"为重点的税收制度安排。

（2）对标国际自由贸易港的一般特征，实行高水平贸易和投资自由化便利化政策。例如，对标世界最高水平的经贸规则，借鉴并率先实施国际最新投资贸易协定（如 CPTPP）的相关条款，尽快开展电信、环保、劳工、政府采购等领域的先行先试；对标国际一流营商环境，全面实施自由企业制度，建立严格的产权保护与知识产权保护制度，构建与国际接轨的多元化纠纷解决机制，为投资者、创业者打造开放层次更高、营商环境更优、辐射作用更强的开放新高地。

4. 高水平开放的法律保障

（1）《中华人民共和国海南自由贸易港法》。2021 年 6 月 10 日，《中华人民共和国海南自由贸易港法》正式公布实施，为海南自由贸易港建设提供了

---

① 海南探明滨海湿地总碳储量价值 43.98 亿元［EB/OL］. 新华网，2017-05-27。

最大法治保障（表 2-2-4）。

表 2-2-4 《中华人民共和国海南自由贸易港法》涉及授权的部分条款内容

领域	条款	具体内容
行政管理体制	第6条	国家建立海南自由贸易港建设领导机制，统筹协调海南自由贸易港建设重大政策和重大事项。国家建立与海南自由贸易港建设相适应的行政管理体制，创新监管模式
	第8条	海南自由贸易港构建系统完备、科学规范、运行有效的海南自由贸易港治理体系，推动政府机构改革和职能转变，规范政府服务标准，国家推进海南自由贸易港行政区划改革创新，优化行政区划设置和行政区划结构体系
	第21条	海南自由贸易港按照便利、高效、透明的原则，简化办事程序，提高办事效率，优化政务服务
	第44条	海南自由贸易港深化人才发展体制机制改革，创新人才培养支持机制，建立科学合理的人才引进、认定、使用和待遇保障机制
司法体制	第54条	国家支持探索与海南自由贸易港相适应的司法体制改革。海南自由贸易港建立多元化商事纠纷解决机制，完善国际商事纠纷案件集中审判机制，支持通过仲裁、调解等多种非诉讼方式解决纠纷
自主权	第7条	国家支持海南自由贸易港建设发展，支持海南省依照中央要求和法律规定行使改革自主权。国务院及其有关部门根据海南自由贸易港建设的实际需要，及时依法授权或者委托海南省人民政府及其有关部门行使相关管理职权
	第10条	海南省人民代表大会及其常务委员会可以根据本法，结合海南自由贸易港建设的具体情况和实际需要，遵循宪法规定和法律、行政法规的基本原则，就贸易、投资及相关管理活动制定法规(以下称海南自由贸易港法规)，在海南自由贸易港范围内实施

资料来源：根据《中华人民共和国海南自由贸易港法》内容整理。

《海南自由贸易港法》是全国人大首次为内地某一经济区域单独立法。《海南自由贸易港法》是全国人大常委会行使国家立法权开展的立法实践。在国家层面为一个地区单独立法极其少见。此前，只有香港和澳门两个特别行政区享有由全国人大出台香港特别行政区、澳门特别行政区基本法的待遇。因此，《海南自由贸易港法》从国家立法层面确定了海南自由贸易港的法定地位，在海南自由贸易港建设中居于除宪法外的最高法律位阶和法律效力，一切与海南自由贸易港建设相关的主体、行为等都应遵守本法。

《海南自由贸易港法》为海南高水平开放和中国特色自由贸易港建设提供了原则性、基础性法治保障。一是将《海南自由贸易港建设总体方案》明确的自由贸易港政策和制度安排以法律形式固定下来，具有法律的强制性、权威性和稳定性。二是确定了自由贸易港法律体系的"四梁八柱"，在为海南自由贸易港建设提供制度供给的同时，予以海南自由贸易港法治体系建设充分的空间。三是在保障国家法治统一的前提下，赋予海南新的更大立法权限。四是赋予海南省更大的改革自主权，极大扩展海南自由贸易港改革开放和发展的空间。

《海南自由贸易港法》对海南自由贸易港长远建设中涉及的重大关系作出相关法律规定。一是协调中央地方关系。作为国家层面的立法，《海南自由贸易港法》的落实主体不仅包括海南省，还包括与自由贸易港建设的中央相关部门。二是明确海南自由贸易港建设的领导机制，赋予其统筹协调的法律地位，并就具体事项形成了包含发改、财政、商务、金融、海关等中央部门与海南省的职责分工。三是协调政策法规与法律的关系。《海南自由贸易港法》明确"海南自由贸易港建设和管理活动适用本法"，这意味着本法是聚焦海南自由贸易港建设的特别法，具有优先适用权。

（2）《中华人民共和国立法法》。2023 年 3 月 13 日，第十四届全国人民代表大会第一次会议通过并于 2023 年 3 月 15 日实施的《中华人民共和国立法法》，明确"海南省人民代表大会及其常务委员会根据法律规定，制定海南自由贸易港法规，在海南自由贸易港范围内实施。"首次以"立法法"的形式，确认、确定了海南自由贸易港的法律地位和海南自由贸易港法的法律地位。这是海南自由贸易港建设的里程碑事件。对海南自由贸易港建设而言，是重大的、具有里程碑意义的法律红利。

三、国家战略定位下的"三区一中心"

从中央战略意图看，《中共中央 国务院关于支持海南全面深化改革开放的指导意见》《海南自由贸易港建设总体方案》都很明确，就是要将海南自由贸易港打造成为引领我国新时代对外开放的鲜明旗帜和重要开放门户。两者是从属关系，只有形成实现国家战略目标的重要突破，才会有海南"三区一中心"建设的历史条件。

1. "重要开放门户"是战略目标，"三区一中心"是发展定位

打造引领我国新时代对外开放的鲜明旗帜和重要开放门户，是中央建立海南自由贸易港的重大战略目标，是海南自由贸易港的重大战略任务。"三区一中心"，即全面深化改革开放试验区、国家生态文明试验区、国家重大战略服务保障区和国际旅游消费中心，是海南全面深化改革开放的发展定位，是实现国家重大战略目标的基本要求与行动目标。

2. 建设"三区一中心"是实现自由贸易港战略目标的基础和条件

"三区一中心"是中央统筹战略目标与海南自身特色，围绕全面深化改革开放、生态文明建设、国际旅游消费中心建设及国家重大战略支撑保障能力建设，使海南自由贸易港尽快形成对周边国家在某些方面的重要影响力和一定的主导力，为实现国家战略目标提供坚实支撑。

3. 战略目标与发展定位是相互联系、相互依赖的两个方面

实现战略目标，是实现发展定位的重大推动力；夯实发展定位，是实现战略目标的重要基础和条件。战略目标和发展定位有着内在联系，只有从战略目标出发，才能了解发展定位的重要性；只有把发展定位做好了，才能为实现战略目标打下重要基础。

第三节　加强与东盟国家交流合作的重大任务

《海南自由贸易港建设总体方案》要求"加强与东南亚国家交流合作"。面对复杂多变的国际形势，实现"重要开放门户"的战略目标，就是要发挥区位、资源、政策优势，加强与东南亚国家的交流合作，并争取在某些方面取得重要进展，为稳定并促进中国与东盟合作关系发挥特殊作用。

一、推进与东盟合作交流事关我国高水平开放全局

自建立对话关系以来，中国与东盟聚焦发展导向，务实推进经济、政治、人文等合作交流，坚持东盟在区域经济一体化中的主导作用，走出了一条互利共赢之路。当前，从我国积极参与全球竞争合作、构建双循环新发展格局的战略全局看，东盟都成为我国开展对外合作的关键对象。如果与东盟的关系处理不好，中国—东盟全面战略伙伴关系就会受到多方面冲击，并将失去全局中的重要抓手。

面对百年变局和疫情叠加的共同挑战，适应区域经济一体化与联动复苏增长的共同需求，坚持把东盟作为我国周边外交的优先方向和经贸合作的重点区域，加快建设形成多层次、广领域的各种合作机制，务实推进多领域的合作进程，推动实现经济融合、市场对接、人文相通，同享机遇、共创繁荣。

1. 中国与东盟进入全面战略合作新阶段

自中国与东盟建立对话关系以来，依托双方地缘相近、人文相通的得天独厚的条件，始终聚焦发展主题，在尊重东盟主导地位中实现了磋商伙伴、全面对话伙伴、战略伙伴的历史升级。2021 年 11 月 22 日，习近平主席在中国—东盟建立对话关系 30 周年纪念峰会上发表重要讲话，同东盟国家领导人正式宣布建立中国—东盟全面战略伙伴关系，这是双方关系史上新的里程碑，将为地区和世界和平稳定、繁荣发展注入新的动力。这不仅将有力促进区域经济一体化、促进疫情后经济恢复和增长，也将进一步夯实双方合作基础并进一步拓展合作空间。

2. 东盟在我国对外经贸体系中居于重要地位

（1）中国—东盟双边贸易持续高速增长，东盟已成为我国第一大贸易伙伴。从规模看，1991—2022 年，中国与东盟双边贸易额从 79.6 亿美元增长到 9693.6 亿美元，扩大了近 121 倍（图 2-3-1）；从增速看，1991—2020 年，中国东盟双边贸易额年均增长 16.5%，分别比同期全球、东盟、中国的外贸增速高 10.8 个百分点、9.3 个百分点与 3.4 个百分点（图 2-3-2）；自 2009 年首次成为东盟第一大贸易伙伴以来，中国已经稳居东盟最重要的贸易伙伴位置。特别是疫情冲击下，中国—东盟经贸合作显示出较大韧性。例如，2020 年，全球货物贸易额同比下降 5.6%、东盟外贸整体增速下降 5.8%，而中国—东盟双边贸易额同比增长 6.7%，分别占中国、东盟外贸总额的 14.7%、25.8%，较

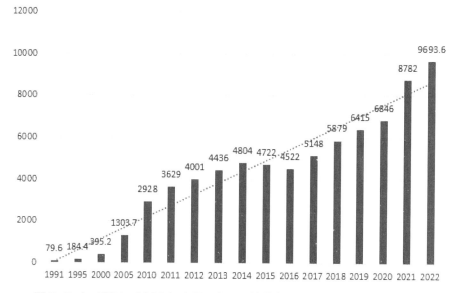

图 2-3-1　1991—2022 年中国—东盟双边货物贸易规模（单位：亿美元）

数据来源：中国海关总署。

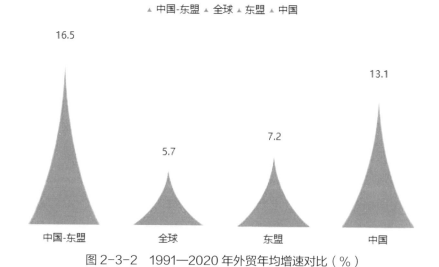

图 2-3-2　1991—2020 年外贸年均增速对比（%）

数据来源：世界银行数据库、中国海关总署。

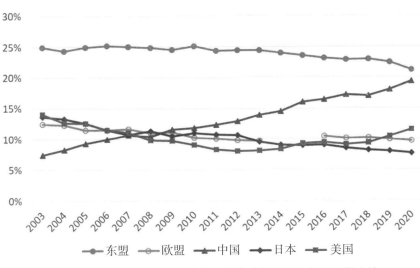

图 2-3-3　2003—2020 年东盟国家主要贸易伙伴贸易额占比

数据来源：东盟数据库。

2019 年分别提升了 0.7 个百分点、3 个百分点，并首次形成了中国—东盟互为最大贸易伙伴的新格局（图 2-3-3）。2020 年起，东盟已连续三年保持我国最大贸易伙伴地位。

（2）东盟成为我国最主要对外投资目的地。随着中国—东盟自由贸易区（CAFTA）的签署与升级，为中国与东盟投资合作提供了更加便利的条件与稳定环境。2005—2017 年，中国对东盟的直接投资额由 1.6 亿美元上升至 141.2 亿美元，年均增长 45.3%，成为东盟第四大外商直接投资来源地。2021 年，中国对东盟全行业直接投资 197.3 亿美元[①]。根据《2022 年东盟投资报告》，2021 年，中国对东盟投资增长 96%，成为东盟第三大外资来源国（图 2-3-4）。未来，随着东盟经济的快速增长与产业结构调整，我国对东盟投资规模仍有较大增长空间。

（3）东盟成为承接我国产业转移的重点区域。近年来，随着越南、印度等新兴国家工业化进程的加快，劳动力、土地、能源、环保等成本优势显著，中

---

① 中华人民共和国商务部，国家统计局，国家外汇管理局.2021 年度中国对外直接投资统计公报［EB/OL］.中华人民共和国商务部网，2022-11-07。

图 2-3-4　2005—2021 年中国对东盟直接投资额（单位：亿美元）

数据来源：《2022 年东盟投资报告：疫后复苏与投资便利化》。

国国内部分劳动密集型制造企业直接跨过中西部地区向东南亚国家转移，东盟已经成为我国劳动密集型和资本密集型产业转移的主要承接地。我国入驻东盟地区的世界 500 强企业有中粮、双汇、伊利、徐工等，成为我国在粮食、农产品、机械制造等领域构建以我国为重心的区域供应链的关键支撑。

3. 东盟在区域经济中的地位和作用不断提升

（1）以东盟为主导的 RCEP 签署提升了东盟国际影响力。RCEP 领导人联合声明再次强调了 RCEP 由东盟提出，并以东盟为中心的事实。RCEP 整合了 5 个"10+1"自贸协定，缓解区域内经贸规则碎片化，进一步增强了东盟在区域合作框架中的中心地位。RCEP 秉持了东盟"开放的区域主义"原则，使"东盟方式"在促进区域经济一体化中的作用和优势更加突出。同时，东盟成员国中既有发达国家，也有发展中国家和最不发达国家。RCEP 充分考虑成员的不同发展水平和经济需求，设立特殊和差别待遇条款，并给予缅甸、柬埔寨、老挝等东盟最不发达国家过渡期安排。测算表明，发展水平低、经济规模较小的国家获益更多。

（2）东盟将在推动区域一体化大市场的进程中加速成长为全球第四大经济体。作为外向型经济体，稳定的外部环境与外部市场是东盟国家经济复苏并增长的关键。RCEP 区域内稳定的制度环境及快速增长的市场需求，将使东盟国家更好应对疫情冲击、较快实现经济复苏与增长。预计到 2030 年，东盟 GDP 将达到 4.5 万亿美元，成长为仅次于美国、中国、欧盟的世界第四大经济体[①]。

二、用好 RCEP 全面生效实施的重大利好

抓住 RCEP 规则全面生效前的时间窗口，用好自由贸易港政策与 RCEP 规则的叠加优势，将海南自由贸易港打造成为连接中国与东盟市场的重要枢纽，构建 RCEP 协议框架下区域经贸合作的重要平台。

1. RCEP 生效强化海南区位优势

从 RCEP 成员国地理分布看，海南位于成员国中心，向北通过海陆空与中国内地紧密相连；向东、向南与东亚两国、东盟 10 国、澳大利亚和新西兰通过航空与海运便捷地连接。作为中国的重要开放门户，从海南出发，四小时飞行时间可以覆盖亚洲 21 个国家和地区，覆盖全球 47% 的人口和 30% 的 GDP；八小时飞行时间可以覆盖 59 个国家和地区，覆盖全球 67% 的人口和 41% 的 GDP。

2. RCEP 生效为海南自由贸易港构建面向东盟的产业链、供应链提供重要契机

（1）使海南成为我国唯一一个三元供应链[②]都可以实现"零关税"的地区。近年来，海南与 RCEP 国家间贸易占比稳定在 40% 以上，其中与东盟国家间的贸易占比稳定在 1/4 左右。RCEP 生效后，海南成为我国唯一一个三元供应链都可以实现"零关税"的地区，对丰富海南产业结构、促进产业升级、稳定供应链区域布局具有重要意义。

（2）原产地累积规则拓展产业布局空间。RCEP 在货物贸易领域采用区域累积的原产地规则，将原材料累积范围扩大到 15 国，使加工产品更容易达到

---

① 数据来源：东盟消费市场前景可期［EB/OL］.中国—东盟商务理事会网，2020-06-18。
② 三元供应链，即国内供应链、RCEP 区域内供应链、区域外供应链。

40%的区域价值成分要求，从而以更低的门槛获得优惠关税待遇。这将增加产业链、供应链布局的灵活性和多样性，助推区域内企业建立完善的跨国产业分工体系。例如，RCEP各成员国可依托区域内发展中国家资源要素、中间品生产基础及发达经济体技术优势，充分利用区域内原产地累积规则，形成区域内产业链、供应链和价值链的闭环。同时，RCEP推动地区内首次达成范围全面的多边电子商务规则，会对促进区域产业链、供应链数字化转型，亚洲经济体参与全球数字经贸规则构建等产生深远影响。

（3）正负服务贸易清单相结合推动产业链、供应链延伸。RCEP各国在服务贸易领域均做出高于各自"10+1"自贸协定水平的开放承诺，并结合各自利益关切，以正面清单和负面清单相结合的办法推进区域内服务贸易整体开放。这体现了包容性、灵活性与渐进性的特点，释放未来区域内服务贸易高水平开放的稳定预期。

3. RCEP生效为构建区域内统一大市场提供更高水平制度保障

（1）清晰透明的经贸规则稳定并优化投资布局环境。RCEP以非服务业领域投资准入负面清单和正负服务贸易清单模式，推动区域内服务贸易与投资自由化便利化；同时，以棘轮机制形成各方扩大开放的硬约束，将明显提高RCEP成员国市场准入的确定性，为内外投资者营造一个稳定、开放、透明的投资环境。RCEP各成员国货物贸易自由化承诺见表2-3-1。

表2-3-1　RCEP各成员国货物贸易自由化承诺　　（单位：%）

成员国	东盟	中国	日本	韩国	澳大利亚	新西兰
中国	90.5	–	86	86	90	90
日本	88	88	–	81	88	88
韩国	90.7	86	83	–	90.5	90.6
澳大利亚	98.3	98.3	98.3	98.3	–	98.3
新西兰	91.8	91.8	91.8	91.8	91.8	–
新加坡	–	100	100	100	100	100

续表

成员国	东盟	中国	日本	韩国	澳大利亚	新西兰
文莱	–	98.2	98.2	98.2	98.2	98.2
菲律宾	–	913	911	90	911	911
马来西亚	–	90.2	90.2	90.2	90.2	90.2
印度尼西亚	–	89.5	89.5	89.5	90.8	91.5
泰国	–	85.2	89.8	90.3	91.3	91.3
越南	–	86.4	86.7	86.7	89.6	89.6
柬埔寨	–	87.1	87.1	87.1	87.1	87.1
缅甸	–	86	86	86	86	86
老挝	–	86	86	86	86	86

资料来源：根据协定内容整理。

（2）将重点产业发展和 RCEP 贸易和自由化便利化规则结合，形成构建区域内统一大市场的重要动力。例如，海南可利用政策优势吸引国内高水平企业"走出去"，也可以积极吸引包括东盟及日本、韩国、澳大利亚等国先进企业走进来，促进国内产业转型升级。

（3）为海南自由贸易港高水平开放带来倒逼压力。例如，在服务贸易领域，中国在 RCEP 中承诺 6 年内将实现服务贸易开放由正面清单向负面清单的过渡，这就需要海南自由贸易港在6年内更大力度开展服务贸易开放探索，为我国全面实行跨境服务贸易负面清单提供标杆。

三、务实推进 RCEP 下的海南自由贸易港与东南亚合作进程

1. 在 RCEP 框架下推进与东盟国家的双边合作进程

（1）东盟国家高度关注海南自由贸易港建设。海南凭借背靠 14 亿人的国内大市场和高水平开放的政策与制度体系安排，得到了东盟部分国家的高度关注。从东盟国家的意愿看，马来西亚、菲律宾均表示愿意与海南率先携手

合作。2020 年 1 月，新加坡前外长在东盟高级研讨会上建议，"一旦《南海行为准则》谈成后，东盟各国可考虑在部分或整个海南岛成立一个南海经济合作区"。特别是在疫情冲击下，以外向型经济为主导的东盟国家对借助中国市场实现自身经济复苏的需求有所增强，这成为海南自由贸易港与东盟国家开展双边合作的基本前提。中国日报社媒体大数据分析显示，对涉海南东盟区域合作关注度最高的地区分别为美国、中国香港、新加坡、印度和印度尼西亚。

（2）以服务贸易为重点推进海南自由贸易港与新加坡全面合作。

建立与新加坡接轨的服务业管理标准体系。制定面向新加坡的"单向标准资格认可清单"，在明确底线标准的前提下，允许新加坡服务业企业、具备相关职业资格的人员，在海南备案审核后直接开展相关经营与业务活动；率先在医疗、健康、教育、金融、旅游等领域全面引入新加坡管理标准；推进海南与新加坡服务贸易领域的资格要求、技术标准对接，最大限度降低服务贸易边境内壁垒，推进海南与新加坡口岸数据互联互通互用等。

在城市规划、港口运营、人才培养等领域尽快形成具体合作项目清单；支持海南 11 个重点园区同新加坡相关自由贸易园区通过委托经营、合作管理等方式开展战略合作。

率先实现与新加坡航运合作的重要突破。新加坡已连续 8 年成为全球综合实力最强的国际航运中心[①]。积极吸引新加坡海事仲裁、海事金融、航运科技等企业在海南设立分支机构；以洋浦港为重点，积极同新加坡联合打造海洋船舶制造和维修产业链；积极争取与新加坡海关当局达成检验、检疫相互认可协议，在通关数据互联互通上实现一次检验、两地放行。

适应高度开放下公共卫生风险防控的新需求，携手打造公共卫生信息交流机制、协同防控机制与重要物资合作保障机制等。

推动签订双边自由贸易协定。推动海南自由贸易港与新加坡自由贸易园

---

① 新加坡八度蝉联全球实力最强航运中心［N］. 联合早报，2021-07-13。

区签订涵盖货物、服务、投资、海洋、电子商务、竞争政策等在内的高水平自由贸易安排。

探索开展"海南 + 新加坡 + 第三方市场"合作。通过与新加坡联合开展第三方市场合作，不仅有助于在双边和多边机制层面突破结构性瓶颈，而且能够更大程度为东盟国家所接受，降低海南对外合作风险。建议支持海南同新加坡共同制定"第三方市场合作框架协议"，对第三方市场合作的原则、程序、标准、合作机制、利益分配等做出明确安排，共同开展第三方市场内的产能合作与服务贸易。联合打造第三方合作数字平台，建立第三方重点国别信息库和企业信息库，促进第三方市场合作供给与需求的有效对接。

（3）务实推动海南自由贸易港与马来西亚的合作。

共建以海洋产业和现代服务业为重点的产业开放合作基地。面向泛南海国家和地区，积极参与国际产业对接和产能合作，发展健康医疗、教育、文化娱乐等生活性服务业和金融保险、航运物流、跨境电商等服务贸易。

率先建立岛屿旅游合作体。率先建立海南岛—兰卡威岛、海南岛—纳闽岛旅游经济合作体，共同打造国际化旅游产品，开辟岛屿间的邮轮航线和邮轮旅游产品，简化邮轮旅游通行证办理；用好博鳌亚洲论坛等平台，定期举办海南与马来西亚岛屿间的旅游、文化、艺术、饮食、服饰等交流活动。

加强海南和马来西亚航空港、海港方面的合作。率先开通海上"穿梭巴士"，构建畅通安全的海上通道，构建区域物流体系。

（4）探索推动海南自由贸易港同菲律宾海洋能源合作与人文交流。

携手把洋浦建设成为区域油气开发储备加工自由港区。海南洋浦具有得天独厚的优良港口、广阔的市场腹地和独特的区位优势。中菲可以以共建地区油气资源开发、储备、加工和贸易自由港区为目标，加快探讨把洋浦打造成为主要服务于南海地区油气资源勘探、开发、加工、储备和交易基地的可行性。

以劳务派遣为重点率先实施劳动力要素自由流动政策。在海南率先放开中菲家政、养老等劳务派遣服务市场。建议菲方在海南设立海外劳工办事处，并在条件成熟时建立领事馆。

促进中菲渔民直接交流。可考虑率先实现海南琼海潭门镇同菲律宾相关渔民的交流机制，共同成立渔业合作促进协会。

2. 加强 RCEP 框架下海南自由贸易港与东盟次区域合作

（1）务实推进数字经济领域合作。

数字经济合作既有需求又有潜力。一方面，东南亚已成为全球数字经济增长最快的区域之一，预计到 2025 年，东南亚数字经济规模有望突破 3000 亿美元。另一方面，中国已成为全球第二大数字经济体，2020 年中国数字经济规模同比名义增长 9.5%，占 GDP 的比重达到 38.6%。未来，推动海南自由贸易港与东南亚国家次区域间的数字经济合作有较大空间。

加快同有条件的东盟国家或地区共建数字自由贸易园区。在 RCEP 电子商务框架下，引导国内互联网企业在海南同东盟国家共同建立跨境"数字自由贸易园区""数字经济合作园区"等，开展数字技术、数字基础设施、数字服务等项下的自由贸易。同时，加大在无纸化贸易、消费者保护、网络安全等领域探索。

参考 RCEP，强化数字贸易规则内外衔接。探索同东盟国家或地区签署数字领域的信任协定、认可服务经营商、争端解决机制协定等；在《电子商务法》《网络安全法》等上位法的框架下，利用特区立法权，制定与 RCEP 电子商务规则兼容的数字贸易条例。

专栏 2-3-1 开展数字经济合作的可行性分析

1. 数字经济领域互补性强。一方面，当前东南亚国家数字基础设施建设滞后、产业数字化转型仍处于起步阶段，"数字鸿沟"问题已经成为困扰其数字经济发展的重要阻碍。另一方面，经过数十年的发展，我国发展数字经济所依托的基础软硬件技术和产业取得了较大进展，初步形成了比较完整的产业链。

2. 数字经济合作空间巨大。我国有 14 亿人的庞大内需市场，有 4 亿中产消费人口，消费升级强劲。此外，我国拥有全球单一市场规模最大的互联网用户群体，为大数据、人工智能、云计算、移动互联网、物联网、区块链等数字技术提供了巨大的应用市场。据统计，中国网民规模已超过 9 亿人，互联网普及率达 64.5%，这为数字经济合作与发展奠定了超大规模的市场基础。

3. 海南自由贸易港开放政策优势。《海南自由贸易港建设总体方案》明确提出，"数据安全有序流动。在确保数据流动安全可控的前提下，扩大数据领域开放，创新安全制度设计，实现数据充分汇聚，培育发展数字经济。""以物联网、人工智能、区块链、数字贸易等为重点发展信息产业。"随着相关政策的陆续实施，不仅将促进海南数字经济实现跨越式发展，也将为推动与东南亚国家的数字经济合作提供更好的政策环境。

　　资料来源：中改院课题组整理。

　　（2）共建岛屿旅游发展联盟。

　　中国旅游消费大市场成为东盟国家关注的重点。从全球看，新冠肺炎疫情对旅游产业造成冲击，且持续影响行业发展。根据联合国世界旅游组织（UNWTO）的数据，2020年国际游客减少了10亿人次，所产生的直接和间接经济损失约为2.4万亿美元，相当于许多国家国内生产总值的10%[1]。从地区看，疫情对东盟国家旅游业带来严重冲击。例如，2020年东盟国际游客数量同比下降82%；赴泰国旅游的外国游客仅670万人次，同比下降83.2%；旅游收入下降55.4%[2]；2021年泰国旅游收入约为3840亿泰铢，同比下降21%，约有40万外国游客赴泰旅游[3]。此外，未来10年中国有望成为全球最大的邮轮旅游市场。从欧洲和北美地区邮轮经济发展的经验看，人均GDP达到5000美元时，邮轮市场进入起步培育期；人均GDP达到10000美元至40000美元时，邮轮市场将步入膨胀发展期。目前，中国的东部沿海地区已经具备支撑邮轮经济快速发展的基础和条件，北京、上海、天津、广东、江苏等9省市人均GDP均超过10000美元。特别是在中国作为全球最大出境游客源地和最高人均出境消费额的背景下，中国邮轮旅游发展前景广阔。

　　率先与马来西亚、菲律宾、新加坡、越南、泰国等国家的岛屿地区开展邮轮旅游合作。实施游客互换、资源共享计划与国际旅游市场联合营销计划，加快推进旅游服务标准对接、一体化旅游线路设计、人员跨境流动便利化等，构建区域性旅游合作网络。

---

① 由于COVID-19对旅游业的影响，全球经济可能损失超过4万亿美元［EB/OL］.赫尔辛基时报，2021-07-24。

② 经济跌入20年低谷！"沙盒计划"能拯救泰国吗？［EB/OL］.格隆汇，2021-09-13。

③ "一带一路"国别风险监测月报（2022年1月）［EB/OL］.一带一路能源合作网，2022-02-17。

加快三亚国际邮轮母港建设。支持三亚邮轮母港建设主体通过在境外发行人民币债券方式筹集建设资金，为疫后构建国际邮轮旅游大网络创造条件。

专栏 2-3-2　开展邮轮旅游合作的可行性分析

1. 海南区位优势突出。海南地处南海，北以琼州海峡与广东省划界；西临北部湾，与越南、老挝、柬埔寨、泰国、缅甸相对；东濒南海，与中国台湾相望；东南两侧与菲律宾、文莱、新加坡、印度尼西亚、东帝汶、澳大利亚和马来西亚为邻。

2. 海南邮轮旅游基础设施有所改善。海南拥有 44 个万吨级以上港口泊位和我国第一个 10 万吨级国际邮轮专用码头。三亚邮轮母港二期工程已建成 2 个 15 万吨级码头泊位和 22.5 万吨级码头泊位。全部投入运营后，将可停靠所有型号的国际豪华邮轮，旅客接待保障能力可达到每年 200 万人次。

3. 海南自由贸易港政策优势。《海南自由贸易港建设总体方案》提出，"优化出入境边防检查管理，为商务人员、邮轮游艇提供出入境通关便利。"此外，2018 年 4 月 13 日以来，《海南邮轮港口海上游航线试点方案》《2020 年海南省邮轮游艇产业工作要点》等海南邮轮旅游政策利好陆续出台，邮轮旅游成为海南自由贸易港建设重点支持产业之一。

4. 疫情后各国对恢复旅游产业需求强烈。疫情对泛南海周边国家旅游造成严重冲击，各国旅游经济损失惨重。疫情后，中国旅游消费大市场成为各国关注的重点。

资料来源：中改院课题组整理。

（3）积极与东盟有条件的国家或地区打造跨境渔业产业链。在 RCEP 框架下，利用 RCEP 通关便利化规则及海南自由贸易港"零关税"、原产地规则等政策，吸引东盟企业在海南投资渔业产业化项目；采用"早期收获计划"、地方政府框架协议、产业项下自由贸易政策等多种形式，推动建立远洋渔业基地，探索大型拖网联合加工作业、联合捕捞作业。

3. 以公共服务为重点强化海南自由贸易港与东盟多边合作

（1）强化公共卫生多边合作。吸引整合全国疾病预防控制和公共卫生风险防控高端资源，建设区域性抗疫物资生产、储备、研发的合作基地，强化与东盟在高端医疗技术及药品器械研发、试验、技术交流、抗疫物资、应急响应等方面的协调合作。

（2）强化海洋安全领域的多边合作。共同发布海上安全合作倡议；建设岛屿港口、避风码头及避风锚地，打造海上安全信息发布平台，向周边国家和过往船只提供公共服务；探索在海南本岛同东盟国家联合建立应急救援装备示范园；探索建立海南同东盟国家地方政府间海事应急联络机制。

（3）强化海洋生态环境保护的多边合作。在海南建立中国—东盟海洋生态环境管理办公室，承担南海海域跨区域海洋生态监测、提示、修复方案指导等职能，并在《联合国海洋法公约》框架下积极同东盟签署海洋环境保护框架性议定书；积极开展海洋环境监测、入海污染物处理技术、海洋生态灾害防治、海洋生态恢复等领域合作。

（4）积极打造多边对话机制平台。争取支持，增加博鳌亚洲论坛年会东南亚区域合作活动安排。加强海南自由贸易港智库与东盟国家智库的交流合作，围绕"海南自由贸易港与东南亚区域合作"等课题开展合作研究、学术互访、访问研究等。

四、努力打造中国—东盟自贸区 3.0 版建设的先行区

1. 建设中国—东盟自贸区 3.0 版有条件、有需求

（1）中国—东盟贸易投资自由化便利化安排不断升级。东盟作为中国周边外交的优先方向和经贸合作的重点区域，双边贸易自由化便利化水平的持续提升，经贸合作、人文交流不断深化，为泛南海区域合作奠定重要基础。例如，2002 年 CAFTA 签署时，双边贸易额为 547.7 亿美元；2010 年 CAFTA 全面建成时，90% 以上商品实现了零关税，双边贸易额接近 3000 亿美元（2927.76 亿美元），其间年均增长 23.3%；2019 年，CAFTA 升级议定书全面生效，双边贸易额超过 6000 亿美元，较 2010 年实现翻番；2011—2020 年，中国在东盟国家的劳务合作人数由 8.4 万人增长至 10.94 万人[1]，在促进人文交流的同时，也助力当地经济发展。同时，中国与东盟 8 个国家分别签订了双边教育交流协议，与泰国和马来西亚签订了学历学位互认协议[2]，并在科技人员交流、技术转移、共建联合实验室和科技园区等领域开展了深度合作。

---

[1] 商务部国际贸易经济合作研究院，中国驻东盟使团经济商务处，商务部对外投资和经济合作司.对外投资合作国别（地区）指南.东盟（2021 年版）[R].2021。

[2] 王勤，赵雪霏.论中国—东盟自贸区与共建"一带一路"[EB/OL].澎湃网，2020-10-01。

（2）新条件、新背景下中国—东盟经贸互补性进一步提升。以消费为例，尽管中国目前面临着消费增速下滑的压力，但消费结构升级是一个中长期趋势。2020年，中国居民旅游、健康、文化娱乐、教育等服务型消费占比为42.6%[①]，与发达国家相同发展阶段相比仍有15个百分点的上升空间，并蕴藏着数万亿美元的新增消费空间。也就是说，未来中国不仅是东盟的中间产品出口大市场，更是消费品与服务出口大市场。

（3）RCEP生效为中国—东盟自贸区3.0版建设提供重要制度基础与参考。总的看，RCEP生效实施是大变局下区域经济一体化的重大利好，不仅将促进中国—东盟更深层次开放合作进程，也对中国—东盟自贸区建设提出更高需求。例如，RCEP采用正负清单相结合的办法推进跨境服务贸易自由化便利化，6年（或15年）[②]后全面实行负面清单管理，并首次引入新金融服务、自律组织、金融信息转移和处理等规则。

2. 率先实现海南与东盟服务贸易更高水平合作的重要突破

（1）推进服务贸易更高水平开放是中国与东盟的共同需求。例如，与RCEP相比，新加坡在CPTPP中的跨境服务贸易负面清单限制措施少7项，马来西亚少3项（表2-3-2）。同时，中国正在积极推进加入CPTPP进程。

表2-3-2　CPTPP与RCEP跨境服务贸易负面清单限制措施数量比较

	日本	加拿大	新西兰	澳大利亚	新加坡	马来西亚	文莱	智利	秘鲁	越南	墨西哥
CPTPP	41	16	4	8	25	17	20	20	25	5	31
RCEP	57	–	–	19	32	20	–	–	–	–	–

数据来源：根据相关国家在RCEP、CPTPP中的负面清单内容整理。

（2）在RCEP基础上形成中国与东盟更高水平跨境服务贸易自由化便利化安排。按照RCEP要求，中国、泰国、越南、菲律宾将于2027年前实现跨

[①] 数据来源：根据《中国统计年鉴2021》相关数据计算得出。

[②] 6年过渡期：中国、新西兰、菲律宾、泰国和越南5国；15年过渡期：柬埔寨、老挝和缅甸3国。

境服务贸易承诺方式由正面清单向负面清单转变，且需要在 2024 年前提出首张出价单。建议在目前 CAFTA 市场准入承诺基础上，尽快引入跨境服务贸易负面清单管理制度，在 RCEP 中中国和东盟国家承诺基础上，参照 CPTPP 中的相关标准，尽快就跨境服务贸易负面清单及其配套附件进行早期研究，并争取在 2024 年开始进行谈判。

（3）以具体可操作的"边境内"规制大幅降低跨境服务贸易壁垒。通过国民待遇、最惠国待遇、国内规制、承认、透明度等相关条款，确保跨境服务贸易自由便利。例如，明确对境外服务提供者的待遇不得低于本国，不得以数量配额、垄断、专营服务等形式限制服务提供者的数量，不得以当地存在作为跨境服务提供的条件；要求一缔约方对服务提供者在另一缔约方领土内或一非缔约方领土内获得的学历、经历和职业资格等以自主、协调或其他方式予以承认；等。

（4）率先形成与跨境服务贸易相适应的标准技术互认规则。参照 RCEP，共同制定服务业领域标准，以医疗健康、研发设计、文化娱乐、商务等为重点领域，制定区域内跨境服务贸易"认可经济营运商"认证标准，对符合条件的境外服务贸易企业经备案后在国内自由开展自身业务范围以内的相关服务贸易业务。

3. 探索形成符合地区实际的电子商务规则

（1）适应中国—东盟数字经济合作的大趋势。近年来，中国与东盟数字经济合作持续深化。例如，2016 年 7 月"中国—东盟跨境电商平台"完成筹建；2016 年底中缅跨境电商产业园在云南瑞丽建立；2017 年阿里巴巴在马来西亚建立首个数字自由贸易区；等。与此相对应的，2014—2019 年，中国与东盟数字服务贸易额都实现了年均增长 8% 左右的增速[1]；2020 年，疫情背景下中国、东盟数字服务贸易占比大幅提升至 55% 以上。预计到 2025 年，中

---

[1] 根据联合国贸易与发展会议数据库相关数据计算得出。

国数字经济规模将由目前的 38 万亿元增长至 60 万亿元[①]；东南亚数字经济规模将由目前的 1000 亿美元左右增长至 3600 亿美元[②]；双方在数字技术应用、数字基础设施建设、智慧城市发展和产业创新数字化转型等方面的合作潜力巨大。

（2）在推进地区电信市场开放领域实现重要突破。在 RCEP 规则基础上，进一步提升电信市场开放度，强化各方关于电信市场开放的约束力。例如，明确提出允许中国与东盟国家的电信企业可按照合理和非歧视的条款和条件，接入和使用各自领土内或跨境提供的任何公共电信服务；参考 CPTPP，通过监管、竞争保障、条款执行、争端解决、透明度等边境后规则，确保双方电信服务供应商享有国民待遇，并能够无歧视地参与电信市场竞争。

（3）形成地区内统一的跨境数据流动规则。一是建立地区内统一的数据分类规则，实现非敏感与涉密数据的自由便利流动；二是建立地区内统一的数据出入境审查标准，明确各自审查内容、程序、主体等，实现重要数据经审查后出入境；三是明确加强信息保护领域的立法与公平执法，并形成信息保护立法指引附件，进一步细化个人信息保护程序、标准，明确跨境传输的具体条件，并提出个人信息保护措施应努力采取非歧视做法。

五、充分发挥 RCEP 智库联盟的智力支持作用

2022 年 9 月 23 日，在中国（海南）改革发展研究院和新加坡国立大学东亚研究所等机构共同努力下，RCEP 智库联盟由 9 个国家的 13 家智库发起设立。发起设立 RCEP 智库联盟的初衷，就是要与区域内智库携手合作，共同打造开放共享的学术合作网络，为推进 RCEP 进程提供智力支持。

自 2021 年以来，中改院与中国日报社合作设立了"RCEP 区域发展媒体智库论坛"。2022 年 4 月 21 日，中改院发起创立了"海南自由贸易港—东盟

[①]ICT 深度观察十大趋势发布：预计 2025 年我国数字经济规模将超 60 万亿元［EB/OL］. 人民网，2021-12-24。

[②]东南亚数字经济"逆疫而上"蓬勃发展［EB/OL］. 中国新闻网，2021-11-15。

智库联盟"。2022 年 9 月 23 日，中改院与新加坡国立大学东亚研究所共同倡议并成立"RCEP 智库联盟"，在中国海洋发展基金会的支持下先后举办了"构建蓝色经济伙伴关系论坛""RCEP 框架下蓝色经济发展能力培训班"等系列活动，产生积极广泛的影响。

专栏 2-3-3　海南自由贸易港—东盟智库联盟

2021 年 12 月，在中国东盟升级为全面战略伙伴关系的背景下，为发挥海南自由贸易港在中国与东盟全面战略合作中的重要枢纽作用，中国（海南）改革发展研究院发出成立海南自由贸易港—东盟智库联盟的倡议。

2022 年 4 月 21 日，在博鳌亚洲论坛 2022 年年会期间，由中国（海南）改革发展研究院、印尼战略与国际问题研究中心等 17 个国家相关智库学者联合发起的"海南自由贸易港—东盟智库联盟"（以下简称智库联盟）正式成立，成为博鳌亚洲论坛本次年会的重要成果之一。东盟秘书处致信表示，"建立东盟—中国间的智库网络将为各政府决策两者经贸关系提供强有力的基础，期待加强合作。"中国—东盟中心致贺信并表示，"相信智库联盟将为本地区智库交流与政策互鉴的重要平台，为促进中国—东盟全面战略伙伴关系注入新的活力。"智库联盟的成立，在主流媒体、新媒体和国外媒体中产生广泛影响，引起各界高度关注。中国政府网、国家发展改革委网站、中国证券网、中国经济时报、凤凰网、海外网、广西网络广播电视台、云南网以及日本共同社、泰国《星暹日报》、菲律宾《菲华日报》、美国侨报网、法国欧洲时报网等数百家国内外媒体和平台转载。

2022 年 5 月 13 日，智库联盟第一次工作会议举行。来自中国、新加坡、越南、菲律宾、马来西亚、柬埔寨、泰国、印度尼西亚等国的 14 家智库联盟成员与会，就深化中国与东盟经贸合作这一主题讨论交流。与会代表阐述了深化中国与东盟经贸合作的全局影响，并提出具体建议和举措。与会代表认为，海南自由贸易港在深化中国与东盟经贸合作中具有特殊地位和意义，加强海南自由贸易港与东盟合作交流，将对中国与东盟经贸合作产生重要影响。智库联盟 5 月 13 日召开的工作会议引起普遍关注。会议当天，新华社、光明日报、中国新闻社、中国网等国家主流媒体迅速向外发布会议消息，中国日报网全文刊载会议主要发言内容并翻译成英文对外宣传发布。《光明日报》国际版于 5 月 15 日刊出《海南自由贸易港—东盟智库联盟：汇聚加强中国东盟合作的智力支撑》一文对工作会议作出大篇幅报道，指出，"在世界局势发生急剧深刻变化的当下，如何更好地维护东南亚区域和平稳定、促进区域共同发展，是相关国家智库需要深度思考、相互交流、持续发力的问题""中国与东盟经贸合作具有很多务实举措，其中一个重要体现就是海南自由贸易港这一战略枢纽"。此外，光明网、新海南、南海网、网易、腾讯、新浪、《中国—东盟博览》等媒体和刊物转载转发。

2022 年 9 月 12 日，智库联盟第二次工作会议召开，来自中国、新加坡、越南、印度尼西亚、马来西亚、泰国、柬埔寨 7 个国家的 16 位相关智库联盟成员代表参会，就如何以海南自由贸易港为平台促进中国企业进入东盟投资合作，如何更好发挥智库联盟的智力支持作用等进行讨论交流。

　　未来几年，中改院与其他联盟成员将以促进共识、服务决策、扩大影响为重要目标，以合作研究、研讨活动以及研究成果分享与人员交流等为重点，继续加强相互间的务实合作，在高水平开放中促进中国与东盟合作与交流，充分发挥智库联盟在促进中国东盟经贸合作和人文交流中发挥重要智力支持作用。

　　资料来源：中改院课题组整理。

专栏 2-3-4　RCEP 智库联盟

　　2022 年 5 月 29 日，在由海南省委宣传部、中国日报社、中国人民外交学会、中改院联合主办的以"开放合作　发展共赢：共建全球最大自由贸易区"为主题的 RCEP 区域发展媒体智库论坛上，中国（海南）改革发展研究院院长迟福林教授向 RCEP 各成员国智库发出建立 RCEP 智库联盟的倡议，以推进 RCEP 进程中的相关政策等开展合作研究、交流对话、咨政建言等。该倡议得到 RCEP 各成员国智库的积极响应。

　　2022 年 9 月 23 日，RCEP 智库联盟成立会议以线上线下结合的方式召开。中国（海南）改革发展研究院、新加坡国立大学东亚研究所、中国海洋发展基金会、中国社会科学院世界经济与政治研究所、中国日报社国际传播发展研究中心、日本国际经济交流财团、韩国东亚财团、老挝国立大学中国研究中心、马来西亚新亚洲战略研究中心、泰国国立法政大学东亚研究所、越南社会科学院东南亚研究所、柬埔寨皇家科学研究院中国研究所、柬埔寨亚洲愿景研究院 13 家创始成员智库代表以及部分特邀嘉宾、媒体代表出席了 RCEP 智库联盟成立会议。

　　RCEP 智库联盟是加强智库合作交流的新平台。智库联盟成立后，在国内外产生广泛影响。新华社、光明日报、中国日报、中国网、中新网、经济参考报等国内主流媒体高度关注，积极发布智库联盟相关消息；新华社第一时间发布相关报道，新华社国内部、对外部、拉美总分社（墨西哥）、土耳其专线（伊斯坦布尔）、日本专线、泰国专线、韩国专线等多条线路、多语种发布相关消息；中国网、中国发展门户网、中国"一带一路"网首页发布相关消息；海南日报、海南新闻联播、三沙卫视、新浪等发布相关新闻。

　　资料来源：中改院课题组整理。

1. 为各方解决 RCEP 建设进程中的实际问题提供智力支持

　　（1）推动 RCEP 市场开放承诺与规则全面落实。需要在既有承诺基础上，尽可能缩短重要原材料、关键零部件的"零关税"过渡期；推动 RCEP 成员国由"国别关税减让"向"统一关税减让"过渡，以降低企业利用协定成本等。需要尽快完成 RCEP 原产地规则章节相关条款的审议，适时推进原产地规则从"部分累积"向"完全累积"的升级，使企业更加灵活地开展产业链供应链布局。需要推动相关成员国跨境服务贸易由正面清单向负面清单的过渡，实现服务贸易与投资负面清单一体化管理，推动区域内加工制造向高附加值环节延伸。

（2）服务于加快促进 RCEP 不断扩容升级。需要 RCEP 成员推进货物、服务、投资等领域市场准入的进一步放宽。需要各方推进海关程序、检验检疫、技术标准、监管规则等的逐步统一，促进域内经济要素自由流动，构建高水平的 RCEP 统一大市场。需要适应数字化转型与绿色转型趋势，探索形成包容性的数字经济、绿色经济发展规则。需要坚持开放的区域主义，促成印度重返 RCEP，并吸引其他国家和地区加入。

（3）发挥促进 RCEP 进程中的智库作用。聚焦政策决策，服务各成员国充分利用 RCEP 市场开放承诺和规则，深度融入区域合作进程中实现自身经济发展与产业升级。适应企业需求，也促进企业开展 RCEP 区域多元化布局，提升贸易投资促进政策的针对性与有效性。着眼中长期，在开展 RCEP 进展评估基础上，启动更高标准开放规则谈判的可行性研究，为促进 RCEP 扩容升级做出贡献。

2. 为加强 RCEP 区域宏观经济政策协调提供智力支持

在美联储加息政策影响下，RCEP 成员国普遍面临资金外流、本币贬值的压力。这不仅加剧了 RCEP 区域输入性通胀压力，也增大了区域金融市场风险。需要加强 RCEP 成员间的宏观经济政策沟通，尽快建立并不断完善 RCEP 宏观经济政策协调机制。需要加强财政、货币、汇率、贸易和结构性改革等政策协调，促进 RCEP 区域经济均衡复苏与增长。需要避免出台额外贸易投资限制措施，干扰区域内产业链供应链的稳定性，尽可能扩大宏观经济政策的正面溢出效应。

3. 为促进 RCEP 成员开展多层次交流合作提供智力支持

（1）为促进 RCEP 各方共享合作成果提供智力支持。目前，RCEP15 个成员国中，有 8 个国家人均 GDP 低于世界平均水平，其中 6 个国家人均 GDP 低于发展中国家水平。推进 RCEP 进程，仍面临着如何助力发展中国家和最不发达国家更好适应区域市场更加开放环境的实际需求。需要合力搭建 RCEP 公共服务平台和能力提升机制，合力提升其政府官员、企业家等利用 RCEP

规则能力以及区域内市场竞争的能力。需要合力促进各方的营商环境改善，更好吸引 RCEP 区域内优质资本与各类人才助力本国经济发展。

（2）为促进 RCEP 成员间沟通交流与政策互鉴提供智力支持。搭建政策互鉴平台，促进 RCEP 成员间围绕宏观经济稳定开展政策对话，服务和促进 RCEP 区域内政策沟通与协调。搭建政商沟通平台，服务促进 RCEP 成员政府更好吸引发展要素，协助企业更有效地开展投资布局。搭建学术交流平台，促进 RCEP 区域内智库优势互补，并在交流互鉴中有效提高自身国际影响力与智力支撑的能力。

第四节　打造中国东盟全面战略合作的重要枢纽

海南与东盟国家地缘相近、人文相亲，既具有面向东盟最前沿与地处 RCEP 中心以及背靠超大规模中国内地市场等优势，也具有最高水平开放政策与制度优势。当前，区域经济、政治、安全格局发生深刻复杂变化，美国竭力推动的"印太经济框架"将有可能对 RCEP 进程产生严重冲击。在这个特定背景下，充分发挥海南优势，支持海南自由贸易港在中国与东盟全面战略合作中发挥重要枢纽作用，意义重大。

一、中国与东盟经贸合作自由经济区

1. 把海南自由贸易港打造成扩大东盟商品进口的中转交易基地

（1）我国粮食、油料油脂、橡胶等战略物资对东盟进口依赖度高。例如，2020 年，我国进口大米共 294.3 万吨，其中从东盟进口占 79.2%；2022 年中国天然橡胶进口来源国最多的四个国家分别是泰国、越南、马来西亚和印度尼西亚，全年进口量占比分别达 44.48%、24.69%、10.75%、2.97%[①]。

---

① 数据来源：中国海关总署官网。

（2）东盟是我国某些消费品主要进口市场。以燕窝为例，燕窝主要产地是印度尼西亚、马来西亚、泰国和越南等国，其中印尼燕窝占全球总产量的80%，而全球90%的燕窝消费在中国。据统计，2015—2019年，经我国海关总署准入合规进口的燕窝（净燕）保持着70%的年均增速，国人对进口燕窝的需求强劲。

（3）中国自东盟进口商品潜力巨大。根据中国海关统计数据，2015—2022年，我国从东盟货物进口额从1946.77亿美元增长到4080.5亿美元，年均增长11.15%，高于同期双边货物贸易年均增速。若未来3年保持这一增速，到2025年，我国从东盟货物进口规模将超过5600亿美元。2021年11月，习近平主席在中国—东盟建立对话关系30周年纪念峰会上宣布，中国将在未来5年力争从东盟进口1500亿美元农产品。

（4）海南与东盟经贸往来日益紧密。近年来，海南加快构建自由贸易港的政策体系，深化高水平对外开放，持续拓展与东盟各国的合作，2022年海南与东盟贸易额达395亿元人民币，同比增长58%，占海南货物贸易额20%，东盟已经成为海南第一大贸易伙伴。

（5）将海南打造成为扩大东盟商品进口的中转交易基地。

依托海南自由贸易港特殊政策，在海南自由贸易港设立RCEP下向东盟的农产品、消费品、中间产品、关键原材料的采购中心与保税仓储交易中心。

与东盟联手，将中国国际消费品博览会打造成亚洲最大的消费品信息发布、交易、展示、仓储、集散基地。

支持原产自东盟的消费品在海南自由贸易港建设永久性、大规模、可持续的展示、推介、交易、销售平台，并为其无偿提供场地，相关商品销售适用离岛免税政策。

支持海南自由贸易港探索与东盟相关国家海关监管互认，并对自东盟进口的相关商品给予信用通关等便利。

2. 建立面向东盟的国际大宗商品交易市场

（1）海南具备设立国际大宗商品交易所的基本条件。以天然橡胶为例。

海南是我国天然橡胶主产区之一。2022 年，海南橡胶种植面积达到 786 万亩（1 亩 =0.0667 公顷）左右，每年为国家贡献总产量 40% 以上的橡胶[①]。海南天然橡胶产业集群入选首批全国 50 个优势特色产业集群名单，得到中央财政农业发展资金支持。此外，目前天然橡胶期货的交割仓库分布于上海、山东、天津、海南和云南。

作为自由贸易港，金融开放是海南自由贸易港建设的重要内容。《海南自由贸易港建设总体方案》明确提出，要加快金融业对内对外开放，支持金融业对外开放政策在海南自贸港率先实施。2021 年 4 月，央行等四部委发布《关于金融支持海南全面深化改革开放的意见》；2021 年 9 月，海南省制定发布了《关于贯彻落实金融支持海南全面深化改革开放意见的实施方案》，以 89 条细化措施支持海南自贸港金融开放。

（2）支持在海南自由贸易港建立国际大宗商品交易市场。支持在海南自由贸易港建立天然橡胶、农产品、石油天然气等国际大宗商品交易所，为东盟国家提供交易、交割、定价、结算、风控等一站式服务。

（3）形成国际化的交易规则。海南国际大宗商品交易所全面对接新加坡、伦敦等国际交易所相关规则，并实行以人民币计价、以国际交易者为主体的交易模式。

3. 打造面向东盟的金融服务体系

（1）在海南建立区域性的跨境财富管理中心。

从中国的需求看。一方面，中国个人财富管理需求全面快速增长。截至 2020 年底，中国个人金融资产已达 205 万亿元人民币，预计 2025 年这一数字有望达到 332 万亿[②]（图 2-4-1）。另一方面，2021 年中国居民金融资产占比仅为 30% 左右[③]，与美国的 71% 相比，资产配置仍存在优化空间，这预示着未来

---

① 白沙橡胶产业富农家［EB/OL］. 中国经济网，2023-02-26。

② 未来十年全球财富管理和私人银行的趋势及制胜战略，源自麦肯锡中国金融业 CEO 季刊，2021 年春季刊。

③ 泽平宏观，新湖财富 . 中国财富报告 2022［R］.2022。

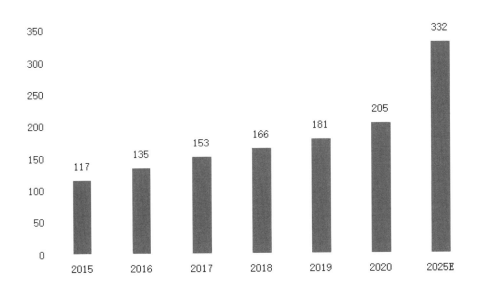

图 2-4-1 2015—2025 年中国个人金融资产（万亿元人民币）

数据来源：WTO 数据库。

财富管理市场拥有巨大发展前景。

从东南亚需求看。2022 年新加坡金管局发布的《2022 年新加坡资产管理调查》报告显示，2021 年新加坡资产管理总规模已达到 5.4 万亿新币（约 27 万亿人民币）。东南亚正成为全球新中产阶层的聚集地之一，全球每 6 个进入世界中产阶层的家庭中就有一个来自东盟，财富管理潜在需求较大。

建议利用"探索开展跨境资产管理业务试点"等政策，尽快在海南开展个人跨境财富管理试点，吸引东盟国家人员，特别是华人华侨在海南自由贸易港享受个人财富管理服务。

（2）在海南建立面向东盟的国际资本市场与人民币债券市场。吸引东盟企业在海南自由贸易港开展人民币融资。同时，支持以海南自由贸易港为基地，进一步完善和增强人民币跨境结算系统建设，打造人民币跨境结算系统备份；在海南建立区域人民币债券清算中心。

二、中国与东盟公共卫生与健康合作示范区

1. 推进与东盟防疫政策协调和公共卫生合作

（1）将海南自由贸易港作为东盟公共卫生援助基地。强化对东盟欠发达国家公共卫生基础设施援助，加强对公共卫生领域的知识产权转让、技术援助、人才培养等能力建设方面的支持。

（2）以海南为平台，加强区域内公共卫生管理机构的合作对接。在海南举办"中国—东盟公共卫生安全高官会""中国—东盟公共卫生治理论坛"等，就区域内公共卫生治理体制、机制、标准、规则等开展磋商。

2. 在海南设立 RCEP 公共卫生监测预警系统，加大区域性公共产品供给

（1）打造覆盖东盟的公共卫生风险监测预警平台。支持海南吸引整合全国疾病预防控制和公共卫生风险防控高端资源，打造覆盖东盟的公共卫生风险监测预警平台，开展热带传染病长期流行趋势分析、短期爆发和流行风险预测预警、旅行卫生提示等公共服务。

（2）打造面向东南亚的区域性公共技术支持平台。加快建设面向东南亚的区域公共卫生风险防控信息中心、区域公共卫生应急联络中心、区域疾病预防控制高等级实验室，作为面向东南亚的区域性公共技术支持平台。同时，在海南自由贸易港建设区域性公共卫生物资与设备储备、援助基地。

（3）加大政策支持。支持中国与东盟相关企业在海南自由贸易港共同设立公共卫生技术研发实验室或公共卫生大学，并在实验器材与设备进口、基础设施建设、技术转让、人才出入境等方面给予特殊政策。

3. 在海南自由贸易港共建中国—东盟医疗健康一体化大市场

（1）适应东盟不断增长的医疗健康消费需求。随着东盟国家经济社会发展水平的提升以及东盟六国[①]老龄化趋势增强，预计医疗健康消费需求将进一

---

① 东盟六国包括马来西亚、菲律宾、新加坡、泰国、越南及印度尼西亚。

步增长。根据国际顾问公司 Solidiance 的数据，到 2050 年，东盟 65 岁以上人口在东盟总人口中的比例将达 21.1%；到 2025 年，东盟医疗健康开支预计将增长至 7400 亿美元。

（2）用好海南自由贸易港医疗健康产业开放政策，全面放开医疗健康产业。在争取尽快将博鳌乐城国际医疗旅游先行区除"干细胞临床研究"外的其他开放政策扩大到全岛的同时，放宽医疗健康领域投资准入限制并降低准入后市场壁垒，支持东盟优质医疗健康企业通过投资、跨境服务等方式在海南开展面向东盟和中国居民的医疗健康服务。

（3）合作设立跨境医疗健康产业园区。在海南自由贸易港与东盟相关国家设立"中国—东盟医疗健康产业园"，探索联合管理、共同运营模式，合力打造药品与医疗器械研发、制造、维修及医疗健康保险等跨境产业链。

三、中国与东盟蓝色伙伴关系核心区

1. 打造蓝色经济伙伴关系核心区的战略需求与现实条件

（1）蓝色经济成为中国东盟全面战略合作的重大选项。

海洋经济已成为中国与东盟经济可持续发展的重要关注点。一方面，2022 年，中国海洋经济规模达到 9.5 万亿元，占我国 GDP 的比重仅为 7.8%，无论是与海洋强国（10% 以上）相比，还是与我国海洋资源相比，仍然偏低；另一方面，东盟涉海国家逐步加大对海洋的重视。例如，印尼正在积极实施"全球海洋支点"战略，以期实现重塑海洋秩序；菲律宾的海洋战略将确定国家领土范围、海洋生态保护、海洋经济与技术以及海上安全作为四个优先关注重点；越南提出力争到 2030 年把越南发展成为海洋经济强国的目标，并打造形成 7 大海洋经济跨产业集群；等。

蓝色经济蕴藏着中国与东盟合作拓展的巨大空间。自《南海各方行为宣言》签署以来，中国与东盟国家已建立起覆盖海洋经济、海上联通、海洋环境、防灾减灾、海上安全、海洋人文等领域的务实合作网络。但总的看，合作成果相对较少、合作成效有限。在此背景下，实现由陆地走向海洋，成为拓展合作空间的重要举措。例如，研究发现，未来 30 年内，在关键的海洋行动上每投资 1 美元即可产生至少 5 美元的全球收益，甚至更多。从 2020 年到 2050 年，若中国与东盟在保护和恢复红树林栖息地、扩大海上风能生产、国际航运脱碳和增加可持续来源的海洋蛋白质生产这四个关键领域，投资 2 万亿美元至 3.7 万亿美元，即可带来 8.2 万亿美元至 22.8 万亿美元的净收益，投资回报率为 450% 至 615%。

蓝色经济合作有望成为地区内全面合作的试金石和推进剂。例如，由于不合理的开发利用，东盟红树林生态系统服务价值的损失达 21.6 亿美元 / 每年；预计到 2030 年，东盟沿海地区人口将从目前的 6.3 亿人增长到 8 亿人；随着气候变化与海平面上升，其中很大一部分人将因此遭遇灾害风险。特别是难以在短期内形成统一的地区安全机制和行为规范的背景下，以可持续发展为目标的蓝色经济合作有望实现突破，并将带动中国与东盟全方位合作进程。

（2）海洋合作事关海南自由贸易港建设进程。海洋是海南区位优势和战略地位的主要依托，是融入国家重大战略的重要资源，是海南经济社会发展的重要载体。未来几年，若南海形势日渐趋稳，并以 COC（《南海行为准则》）为重点的地区秩序建设取得重要进展，则海南自由贸易港建设和区域合作就有一个稳定的地区环境；若南海形势进一步严峻，则海南自由贸易港建设就会受到较大的干扰。也就是说，无论是实现战略目标，还是推进与东盟国家交流合作的战略任务，都离不开南海形势与海洋合作。

（3）发挥海南自由贸易港开放政策优势。2018 年以来，一系列中央涉海支持政策与一批国家级重大项目和工程的实施，也为明显提升海南海洋资源开发能力与全球海洋资源要素配置能力，提供了良好条件和重要支撑（表 2-4-1）。

表 2-4-1　中央支持海南海洋经济发展政策

领域	文件	具体支持
海洋渔业	4·13 讲话与中央 12 号文件	加强国家南繁科研育种基地（海南）建设；支持海南建设全球动植物种质资源引进中转基地；建设国家深海基地南方中心；支持海南建设现代化海洋牧场
海洋油气	中央 12 号文件	支持澄迈等油气勘探生产服务基地建设；建设国家战略能源储备基地
航运	4·13 讲话	推进航运逐步开放；建设航运交易所
	中央 12 号文件	推进航运逐步开放；建设航运交易所；优化整合港口资源，重点支持海口、洋浦港做优做强
	《总体方案》	以"中国洋浦港"为船籍港，简化检验流程，逐步放开船舶法定检验，建立海南自由贸易港国际船舶登记中心，创新设立便捷、高效的船舶登记程序。加快推进琼州海峡港航一体化。推动港口资源整合，拓展航运服务产业链。打造国际航运枢纽
海洋旅游	中央 12 号文件	支持海南开通跨国邮轮旅游航线，支持三亚等邮轮港口开展公海游航线试点，加快三亚向邮轮母港方向发展
	《总体方案》	加快三亚向国际邮轮母港发展，支持建设邮轮旅游试验区，吸引国际邮轮注册
海洋新兴产业	4·13 讲话	要发展海洋科技，加强深海科学技术研究，推进"智慧海洋"建设，把海南打造成海洋强省
	中央 12 号文件	高起点发展海洋经济，积极推进南海天然气水合物、海底矿物商业化开采，鼓励民营企业参与南海资源开发，加快培育海洋生物、海水淡化与综合利用、海洋可再生能源、海洋工程装备研发与应用等新兴产业；支持海南布局建设一批重大科研基础设施与条件平台，建设航天领域重大科技创新基地和国家深海基地南方中心
	《总体方案》	依托文昌国际航天城、三亚深海科技城，布局建设重大科技基础设施和平台，培育深海深空产业。对注册在海南自由贸易港并实质性运营的鼓励类产业企业，减按 15% 征收企业所得税。对在海南自由贸易港设立的旅游业、现代服务业、高新技术产业企业，其 2025 年前新增境外直接投资取得的所得，免征企业所得税
海洋现代服务业	《总体方案》	完善海洋服务基础设施，积极发展海洋物流、海洋旅游、海洋信息服务、海洋工程咨询、涉海金融、涉海商务等，构建具有国际竞争力的海洋服务体系

领域	文件	具体支持
海上基础设施	中央 12 号文件	加快完善海南的维权、航运、渔业等重点基础设施；实施南海保障工程，建立完善的救援保障体系；完善南海岛礁民事服务设施与功能

资料来源：根据相关公开文件整理。

（4）抓住时间窗口期，尽快使海南自由贸易港成为中国与东盟蓝色经济伙伴关系核心区。未来几年，以海南自由贸易港为平台，依托海南管辖 200 万平方千米海域的资源优势，积极推动以海洋资源可持续开发利用为目标的蓝色经济合作，逐步打造海洋环保、海上运输、海洋科研、海上旅游、海上人文交流等方面的重要平台，使海南自由贸易港在中国与东盟海洋产业对接、海洋绿色发展、海洋人文交流中成为服务保障基地与重要平台，服务共建和平之海、友谊之海、合作之海。

2. 支持海南与东盟国家开展南海资源共同开发

（1）以油气资源为重点务实推进海南与东盟国家间的海洋资源共同开发。油气合作已成为打造蓝色经济伙伴关系的重点与难点。当然，近两年也有某些亮点。2017—2021 年，中国自东盟进口的原油年均增长 18.4%，自东盟进口的天然气年均增长 19.3%。应当说，油气资源开发合作空间相当大。2005 年 4 月，中改院课题组曾提出"建设洋浦自由工业港区"的建议。当前，在我国原油对外依存度近 70%、天然气对外依存度超过 40% 的情况下，建设洋浦自由工业港区更有需求，也更有条件。问题在于，要面对现实，寻求合作途径。从各方面条件看，洋浦港完全有可能建成以油气资源合作为主题的自由工业港区。在洋浦经济开发区全面实行油气项下的自由贸易政策；吸引国内外油气加工企业在洋浦布局总部基地；发挥中国海上油气田开发技术、资本、装备等优势，探索与东盟企业合作，推进泛南海油气资源共同开发。

（2）建立以邮轮旅游为重点的旅游经济合作圈。疫情前，2014—2019 年，中国赴东盟旅游人数年均增长 19.8%；2019 年，中国游客占东盟国际游客的

35.1%。当前，东盟国家已放开旅行限制，并推出多种举措吸引国际游客。推动邮轮旅游常态化，不仅具有经济意义，更具有战略意义。几年前提出的某些建议，现在看条件比较成熟。例如：开辟连接东盟主要国家定期邮轮旅游航线，开展一程多站式泛南海邮轮旅游；借鉴 APEC 商务旅行卡的成熟模式，探索发起泛南海旅游卡发展计划，努力实现成员之间的旅游互通免签；推进海南与泛南海地区岛屿间合作，建立岛屿旅游联盟，推动实现客源共享和互送、联合营销、管理标准对接、人才联合培养等。

（3）共建可持续发展的海洋渔业产业链供应链。

东盟对深化海洋渔业合作有较大需求。一方面，提升南海周边粮食安全的实际需求。马来西亚超过 70% 的人口和 75% 的工业生产能力分布在沿海地区，菲律宾 70% 的市级行政单位位于沿海地区，海洋是东盟国家沿海地区粮食安全的最大保障。与 20 世纪 50 年代相比，南海鱼类资源总量下降了 70%—95%，单位渔获率减少了 66%—75%；按目前情形发展到 2045 年，该区域海洋物种损失数量将多达 59%。实现南海海洋渔业资源的可持续发展成为南海周边各国的共同课题。另一方面，提升渔业资源利用效益的实际需求。尽管南海渔业资源丰富，但由于周边国家开发与利用方式落后、技术链较短，渔业资源开发多为初级产品。2021 年，东盟向中国出口的海产品中，加工产品仅占 4.1%。此外，南海尚没有一个域内所有国家都参与的渔业合作协定，"碎片化"特点十分突出，不仅难以满足南海渔业可持续发展的需求，也逐步导致本地区海洋渔业资源开发处于"公地池塘"状态。例如，菲律宾人均捕获量约为中国的 2 倍，越南约为中国的 3 倍，马来西亚约为中国的 4 倍，印度尼西亚约为中国的 6 倍（图 2-4-2）。

RCEP 为深化中国与东盟渔业产业链供应链提供重要契机。在 RCEP 框架下，东盟国家大幅压缩涉农投资领域的限制措施。例如，越南取消了对外资从事水产品加工、植物油加工和乳品加工需使用本国原材料的限制；印尼将椰子肉加工、腌鱼熏鱼等水产品加工从禁止外商进入清单移除，改为允许外商合资。更重要的是，RCEP 原产地累积规则，为地区内渔业企业进一步整合

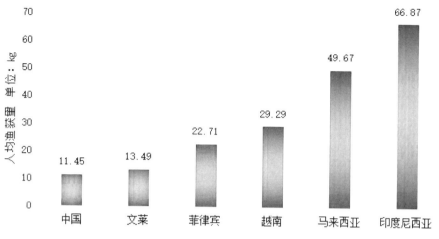

图 2-4-2　南海各国 2008—2017 年人均渔获量统计图

数据来源：联合国粮食与农业组织（FAO）。

并优化布局产业链供应链提供重要制度基础。

中国在渔业养殖、捕捞等领域具备明显优势。2020 年中国水产品产量达 6545 万吨，鱼产量 2700 万吨，连续 32 年保持世界第一，人均占有量 46.75 千克。其中，养殖产量一直高于捕捞产量，海产品出口总额约 183 亿美元，是泰国的 3.5 倍之多。与东盟国家相比，无论是养殖技术，还是捕捞船舶制造，都具备明显优势。随着东盟国家相关海域渔业资源日益枯竭，各方对我国养殖技术及深远海捕捞工具的需求日益增强。1961—2013 年主要国家渔业捕捞量见图 2-4-3。

发挥海南自由贸易港政策优势，积极与东盟有条件的国家或地区打造跨境渔业产业链。一是扩大对南海周边国家的海洋渔业投资。支持海南与国内龙头企业同相关国家谋划设立跨境渔业加工园区、海外产业基地、境外产业合作园，在零关税进口原材料的基础上，发展高附加值水产品精深加工，再销售至国内大市场，深化水产品国际产业链供应链的分工合作，推动水产品全值化、高附加值精深加工产业链构建；鼓励海南与印尼、菲律宾、马来西亚、文莱等国渔业企业合作构建产业发展联盟，深化海产品深加工等领域的技术合作。二是吸引东盟渔业出口大国在海南投资。用好利用 RCEP 通关便

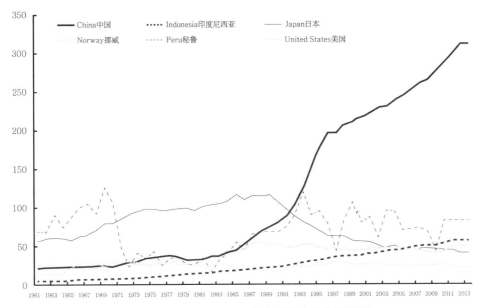

图 2-4-3 1961—2013 年主要国家渔业捕捞量

数据来源：联合国粮食与农业组织（FAO）。

利化规则及海南自由贸易港政策，吸引东盟渔业出口大国在海南投资以加工、包装、保鲜、物流、研发、示范、服务等为重点的渔业产业化项目，打造以海南为中心的海产品加工链。

开展现代渔业养殖技术援助与转让合作。支持海南本地海洋渔业龙头企业及国内企业根据自身业务需求和资源供给特点，在南海周边国家合作设立以捕捞、养殖为主题的渔业企业，共同发展远海、外海、远洋捕捞和现代化养殖；加强对南海周边国家生态健康养殖、深海网箱养殖、5G 海洋渔业养殖、养殖尾水治理等养殖技术、养殖模式的推广，合作发展水产养殖业，支持海南本地与国内具备条件的企业在相关海域与东盟国家企业合作建设大型深水网箱、深远海大型智能养殖渔场、养殖工船，发展生态型、高产值深远海装备养殖；抓住海南加快建设国家南繁科研育种基地重大机遇，向东盟推广海南育种产品。

（4）形成南海资源共同开发体制机制。支持海南以维护南海稳定形势为导向，探索建立包含利益分配与补偿机制、产业转移选择机制、资源开发合作资金保障机制等在内的利益共享机制与争端解决机制，并提供服务保障。

（5）探索构建"中国东盟南海经济合作区"。全面实行 RCEP 框架下的中国—东盟涉海商品与要素项下的自由贸易，推进海南自由贸易港与东盟涉海现代服务业规则对接。待条件成熟时，在海南构建形成包含资源开发、涉海投资与贸易、争端解决等在内的基于规则的"中国东盟南海经济合作区"。

3. 支持海南与东盟先行先试海洋生态环境保护合作

（1）保护海洋生态环境的共同需求。

南海海洋生态逐步恶化的共同挑战。根据加拿大不列颠哥伦比亚大学公布的数据，南海的海洋资源已经下降到了 1950 年水平的 5%—30%；南海海域的珊瑚礁数量以每 10 年下降 16% 的速度减少，海洋生物多样性衰退严重；南海得到有效保护的海域不足 5%。保护国际基金会发布的海洋健康指数显示，中国和东盟地区管辖海域海洋生物多样性健康指数均有不同程度的下降（表 2-4-2）。

表 2-4-2　2015—2021 年中国及周边国家海域海洋生物多样性健康指数

	2015 年	2016 年	2017 年	2018 年	2019 年	2020 年	2021 年	变动情况
菲律宾	80.37	80.7	80.62	80.15	79.81	79.84	79.84	-0.7%
泰国	86.72	86.98	86.95	86.89	86.75	86.55	86.55	-0.2%
马来西亚	85.15	85.41	85.61	85.1	84.99	84.62	84.62	-0.6%
越南	81.54	81.25	81.14	81.09	80.73	80.6	80.6	-1.2%
新加坡	76.78	76.34	77.45	76.58	76.67	76.31	76.31	-0.6%
印度尼西亚	81.59	81.25	80.94	80.78	80.86	80.73	80.77	-1.0%
文莱	83.95	83.85	83.72	83.58	83.41	83.14	83.14	-1.0%
中国	88.86	89.38	90.31	86.26	85.32	87.84	87.84	-1.1%

数据来源：保护国际基金会。

我国加强南海海洋生态治理的实际需求。根据《2021 年中国海洋生态环境状况公报》，2021 年我国南海海区未达到第一类海水水质标准的海域面积达11660 平方千米，同比增加 3580 平方千米，而同期渤海、黄海、东海未达到第一类海水水质标准的海域面积均比去年有所减少（表 2-4-3）。

表 2-4-3　2021 年我国管辖海域未达到第一类海水水质标准的各类海域面积

（单位：平方千米）

海　区	二类水质海域面积	三类水质海域面积	四类水质海域面积	劣四类水质海域面积	合计
渤　海	7710	2720	820	1600	12850
黄　海	6310	1830	720	660	9520
东　海	11450	3490	4720	16310	35970
南　海	5070	2920	890	2780	11660
管辖海域	30540	10960	7150	21350	70000

资料来源：《2021 年中国海洋生态环境状况公报》。

（2）强化海洋生态环境保护合作。

在海南自由贸易港建立南海海洋生态环境管理办公室。探索在海南建立常设的中国—东盟海洋生态环境管理办公室，承担南海海域跨区域海洋生态监测、提示、修复方案指导、人才培养等职能，并在《联合国海洋法公约》框架下推动泛南海国家签署海洋环境保护框架性议定书。在此基础上，逐步探索区域性统一的海洋生态环境治理框架。

共同开展跨界海洋生态系统和海洋生物多样性保护。开展海洋生物多样性调查与观测，恢复红树林、海草床、珊瑚礁等典型生态系统，逐步构建以珊瑚礁和红树林为代表的典型热带海洋生态系统保护和修复网络。

以海南为基地开展生态技术转让合作。发挥我国技术优势，推动海南与南海周边国家开展海洋环境监测、入海污染物处理技术、海洋生态灾害防治、海洋生态恢复等领域的新工艺、技术的研究和推广等合作。

推动构建地方间海洋环境保护合作机制。鼓励海南与南海岛屿地区率先探索海洋生态环境保护的合作机制，共同就岛礁及临海区域的使用标准及生态环境保护标准开展合作，取得早期收获。例如，形成包括通知制度、污染事故应急制度、信息共享制度、海洋环境标准制度、科学和技术合作制度、海洋环境监测制度、海洋环境影响评估制度、资金制度和纠纷解决制度等在内的制度体系。

（3）探索建立南海碳汇交易市场。

合作开展海洋碳汇市场研究。在《巴黎协定》与RCEP框架下，合作开展关于碳排放、碳汇、绿色产业等领域的认定监测标准研究，逐步建立区域内蓝碳监测和调查研究的技术方法和标准体系。围绕海洋碳汇标准体系、固碳机制、增汇途径、评估方法、交易规则、激励办法等开展联合研究，并在此基础上合作研究制定《南海海洋生态系统碳汇交易框架协议》。

发起设立蓝碳交易市场。争取国家能源集团支持，鼓励海南与南海周边国家合作开展蓝碳标准体系和交易机制研究，并争取在海南设立"南海海洋碳汇交易市场"，开展海洋碳汇跨国交易、抵押质押、融资租赁等业务。发展与之相配套的包含排污、能耗、循环和企业社会责任的涉海企业绿色认证标准体系，对经认证的绿色涉海企业提供绿色融资服务。

4. 支持海南与东盟沿海地区开展地方间海洋防灾减灾合作

支持海南加强对港口、信息系统、船舶等防灾减灾基础设施建设。聚焦防灾减灾和突发事件，共建海洋灾害预警预报中心，适时发布南海及周边地区海洋灾害及预警信息、航线建议及相关海洋气象服务。支持海南与东盟国家沿海地区开展海上搜救、应对极端气候挑战等海洋防灾减灾合作。

5. 支持海南与东盟国家沿海地区深化人文交流

（1）建立海南与东南亚国家渔民之间交流机制以及渔民冲突应急处理机制。建立渔民交流协会，降低渔民间纠纷层次，将渔民间纠纷影响范围限制在地方层面，最大限度降低渔民纠纷对海洋资源开发全局、外交全局的影响。

（2）在海南打造面向东盟的渔民教育培训基地。对东南亚各国渔民开展海洋渔业发展能力培训，推广我国渔业捕捞、养殖技术与标准；同时，围绕海洋生态环境保护、海上应急救援等领域开展面向东盟各国渔民的公益培训。

（3）条件成熟时牵头成立中国—东盟渔业发展委员会。借鉴国际经验，成立社会组织性质的泛南海渔业发展委员会，作为泛南海渔业发展及渔业资源治理主体，切实解决区域内非法捕捞等问题。随着双边合作实践的不断积累及合作成效的不断显现，在条件成熟时，构建区域性多边渔业合作机制，并探索建立南海区域渔业管理组织。

四、中国与东盟全面人文交流特区

1. 在海南放开面向东盟的劳务市场

（1）2019 年，中改院受海南省公安厅委托形成《海南引进外籍家政服务人员可行性分析》。课题组在报告中提出，尽快放开菲佣，不仅能形成人才吸引的独特优势，还将带动与东盟间的人文交流。建议：一是制定实施技术技能人才引进负面清单，出台《海南省外籍家政服务人员管理条例》及实施细则；二是构建政府层面的对接交流机制。例如，选择有较好国际声誉的外籍劳工输出国（菲律宾、印度尼西亚、马来西亚等），通过协商和谈判建立良好而长期的合作关系，在相关部委的支持下，签订《双边雇佣协议》或签署直接引进外劳的双边备忘录；三是强化外籍家政人员中介机构管理；四是严格实行中介雇员制方式引入、管理外籍家政服务人员，明确中介机构的管理与服务清单。

（2）以配额管理等形式支持海南有序放开家政服务市场。以配额管理的形式支持海南有序放开菲佣、印尼佣、柬佣等面向东盟国家的家政服务市场，为国际化人才和海南中高收入家庭提供优质家政服务。可率先开展与菲律宾方面的协商，以"备忘录＋年度计划"方式推动地方政府间劳务合作。例如，争取签订引进外籍劳工备忘录，在此基础上，根据海南外籍家政服务人员的数量需求和素质要求，提出年度引入的意向规模，协调具体事务和处理突发事件。

（3）合作建立跨境劳务管理服务平台。支持海南与菲律宾、印度尼西亚、柬埔寨等国家的地方政府建立跨境劳务合作管理协调机制与信息服务平台，并在海南建立跨境劳务合作管理服务中心，为跨境劳务人员和劳务用工企业提供"一站式"服务。

2. 把海南自由贸易港作为中国—东盟国际交流的特殊区域

（1）提升海南国际影响力。在海南放宽国际组织注册条件，大力发展以促进区域合作为导向的国际组织，并吸引经济合作与发展组织（OECD）、亚太经合组织（APEC）等在海南设立分支机构。借鉴达沃斯论坛经验，适当拓宽博鳌亚洲论坛秘书处的宗旨与功能，以正式代表或顾问等身份尝试参与中国与东盟区域合作事务。

（2）构建官民并举、多方参与的人文交流机制。发挥海南自由贸易港更加开放的人才和停居留政策优势，全方位开展与东盟各国的人文交流活动，构建官民并举、多方参与的人文交流机制。例如，支持双方高校、智库和研究机构间开展学术研讨活动，将海南作为以东盟为重点的国际学术交流特区。

（3）支持海南媒体与东盟媒体开展深度交流合作。推动海南自由贸易港国际传播的全球"在地化"运作；支持海南与东盟媒体深度交流合作。例如，合作建设海南与东盟国家媒体的视频内容资源库，实现内容共享；开展联合采访、联合拍摄等合作；与东盟国家主流媒体合作设立以海洋为主题的微视频传播基金，吸引社会各界参与南海海洋合作宣传。

3. 加快推进海南与东盟间的商务、青年等人员往来

（1）提升海南出入境便利度。在实施59国人员入境旅游免签政策基础上，尽快实现东盟国家免签全覆盖；借鉴APEC商务旅行卡的成熟模式，发起面向东盟的商务旅行卡计划，实现东盟国家高端商务人士入境免签。

（2）深化海南与南海周边国家青年交流。支持海南开设面向东南亚国家来华留学生学习、实习、就业绿色通道，吸引东南亚国家在琼留学生在海南居留就业。更加重视青年间交流，更大力度吸引东盟国家青年企业家来华考察等。

（3）支持海南将部分政府雇员岗位向东盟国家开放。在吸引东盟国家管理、专业技术人员担任海南自由贸易港内法定机构、事业单位、国有企业的

法定代表人的基础上，支持海南将部分政府雇员岗位向东盟国家开放。

（4）创新面向东盟高层次人才的引进政策。例如，对没有中国工作经验和用人单位工作邀请的东盟高端国际人才，方便其在境内申请人才类工作签证和永久居留资格。

4. 在海南建立面向东盟的能力提升与教育培训基地

（1）支持在海南建立东盟大学。中国与东盟互派留学生超过 20 万人。适应东盟国家青年到中国留学需求增长趋势，在海南建立东盟大学，作为国家的重点项目，以国际援助方式吸引东盟学生到海南留学。

（2）与云南等地合作设立面向东盟的国际职业教育学院。依托海南自由贸易港人员进出自由便利政策及教育开放政策，聚焦农业、数字经济、加工制造、可持续发展等，开展面向东盟中青年劳动力的职业培训。

（3）在海南建立 RCEP 能力建设中心。

强化 RCEP 成员国的官员能力建设。就 RCEP 文本解读、RCEP 规则利用、国内政策制定、RCEP 与更高水平经贸规则对接等开展专题培训，提高对 RCEP 相关政策落地实施的理解和利用能力，特别是提升 RCEP 欠发达成员国政府官员使用经贸规则的能力。

加强面向企业的 RCEP 知识宣介与培训。借鉴日韩经验，以海关部门为主导建立 RCEP 大数据库，实现规则精准推广，为重点企业提供"点对点"精准服务；为小微企业提供原产地证书申领程序、业务流程等公共培训项目，明显提升其对 RCEP 的利用能力。依托 RCEP 智库联盟，组建 RCEP 规则解读和实际操作指导的专家队伍。通过举办公益讲座、论坛、政府购买服务等方式，加大对中小微企业的培训力度。

（4）争取支持在海南开展面向欠发达成员国的能力建设援助。在国家层面设立援助项目，在海南自由贸易港开展面向东盟的数字技能、专业服务、科学技术等领域的专业教育与培训服务。

（5）推进与东盟国家职业资格互认。可参照新加坡职业资格制度，与我国的职业资格制度相对比，制定合理的职业资格认可制度。

5. 制定出台海南自由贸易港揽才计划

（1）制定出台海南自由贸易港揽才计划。参照香港经验，制定出台人才吸引行业清单，实行更低的个人所得税优惠政策。

（2）放宽东盟留学生就业门槛。支持岛内企业以开拓东盟市场为目标招聘东盟留学生，对其出入境、居留、就业等证件办理实行特批制度。

（3）赋予海南更大外国人管理权限。例如，向中央申请在海南暂停实施《外国人在中国就业管理规定》等外国人就业相关法律法规，把管理权下放到海南；对境外人才，参照《港澳台居民居住证申领发放办法》，为其颁发海南引进境外人才居住证，凭证依法享受海南居民的权利义务、公共服务和各方面的便利。可参考香港人才引进主要举措（表2-4-4）。

表2-4-4　香港人才引进主要举措

引才政策	政策内容	条件要求	备注
高端人才通行证计划	获得长达2年的签证，在这2年期间找到工作，就可以继续续签	1.过去一年年薪达港币250万元或以上的人士；2.毕业于全球百强大学并在过去五年内累积三年或以上工作经验的人士；3.不符工作经验要求但最近五年内毕业的百强大学毕业生	前2项不设名额限制，最后1项每年上限10000人
优秀人才入境计划	通过"综合计分制"或"成就计分制"的方式接受评核，获批准后可获发逗留香港的签证/进入许可		无年度配额限制
一般就业政策	—	1.雇主引入人才的职位属"人才清单"表列的13项本地人才短缺的专业；2.招聘的职位年薪达港币200万元或以上	政策实施对象为海外人士
输入内地人才计划	—		政策实施对象为内地人士
非本地毕业生留港/回港就业安排	在港非本地毕业生毕业后可无条件延长2年非本地毕业生签证，只要在这2年内找到工作，就可以续签直到拿永居	非本地应届毕业生只须符合一般的入境规定；非本地非应届毕业生须在提出申请时先获得聘用	政策拓展至大湾区校园毕业生

续表

引才政策	政策内容	条件要求	备注
科技人才入境计划	—	在递交申请时，聘用公司获创新科技署批出有效配额；申请人获聘用公司聘请在香港特区工作的全职雇员	—
延长工作签证年期	在现有和新增的输入人才计划下的人才，到港获聘后可获发最长三年的工作签证		
人才买房退税	向符合资格外来人才（居港七年并成为永居、首个住宅）退还在港置业额外的印花税，但需要按"第二标准税率"缴纳从价印花税		
人才服务窗口在线平台	提供一站式服务，统筹入境事务处处理输入人才计划的申请，提供支援服务，制订服务承诺，提升审批效率		
设立"招商引才专组"	—		
港澳人才签注	杰出人才、科研人才、文教人才、卫健人才、法律人才及其他人才等6类人才可申请有效期5年、3年或1年的人才签注，在有效期内多次往来香港，每次逗留不超过30天	—	2023.2.20起实施
大湾区青年就业计划	参与计划的企业须在香港以不低于月薪18000港元聘请目标毕业生，并派驻在大湾区内地城市工作及接受在职培训（6—12个月）。政府会按企业聘用的每名毕业生，发给企业每人每月10000港元的津贴，为期最长18个月	持有香港或香港以外的大学／大专院校在2019—2021年颁发的学士或以上学位，可合法在港受雇工作的香港居民可参加计划	2021年实施，名额2000个。恒常化的"大湾区青年就业计划"将于2023年上半年推出

资料来源：根据相关公开政策文件整理。

第三章

战略举措

——着力建设"两个总部基地"

当前，面对全球发展与冲突的突出矛盾，面对多种全球性危机叠加的严峻挑战，中国与东盟面临着如何在一个更加不确定、不稳定的世界中谋求发展的重大任务。在这个特定背景下，加快海南自由贸易港建设，要充分利用其独特地理区位与高水平开放政策优势，适应大势、主动有为，尽快采取一系列重大战略举措，打造"两个总部基地"、推动琼港经贸合作、与粤港澳大湾区联动发展、加快推进封关运作等。

第一节　以打造面向东盟的"两个总部基地"为重要抓手

面对当前全球政治经济格局变化的新形势，以打造"重要开放门户"为战略目标的海南自由贸易港，应利用 RCEP 生效契机，以打造建设"两个总部基地"（建设国内企业进入东盟投资合作的"总部基地"、建设以东盟国家企业为主的面向中国大市场的"总部基地"）为重要抓手，在区域合作中发挥战略枢纽作用。

一、以"两个总部基地"为抓手发挥重要枢纽作用

"总部经济"或"总部基地"的突出特征是，作为国际产业分工的高端形态，其产业关联度强、集聚辐射带动作用大。服务于中国与东盟全面战略合作大局，需要在"总部基地"建设上实现重要突破，形成全岛封关运作的重要发展条件。

1. 适应产业链供应链区域化的大趋势

（1）全球产业链供应链区域化基本趋势。1995—2008 年，以跨国公司为主体的产业链全球布局快速兴起。依据 WTO 发布的研究报告，以贸易为基础的全球价值链参与率从 35.2% 上升到 46.1%，以生产为基础的参与率从 9.6% 上升到 14.2%。2008 年全球金融危机后，供应链的回流导致了全球价值链短暂急剧下降，并在 2010 年出现了反弹，此后一直保持在大致平稳的状态。（图 3-1-1）

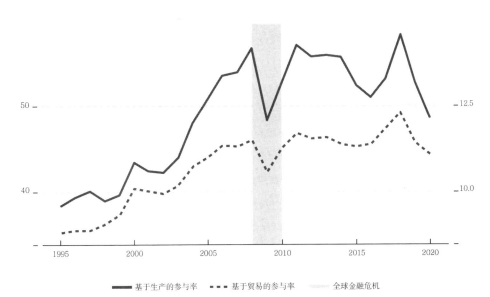

图 3-1-1　1995—2020 年全球价值链参与率变化情况（单位：%）

数据来源：WTO 数据库。

（2）多重因素加速产业链区域化进程。由于更为自由化的区域贸易环境、大国关系变化和新冠肺炎疫情冲击等多种因素交织，跨国公司基于安全、可控的产业链供应链布局意向进一步强化，以往基于低成本、零库存导向的全球产业链布局实现实质性转变。与此同时，各国宏观政策更加强调内向发展和自主发展，关键技术与核心环节技术管控力度进一步加大，全球供应链本地化、区域化、分散化的趋势更加明显。截至 2020 年底，全球贸易价值链参与率为 44.4%，全球生产价值链参与率为 12.1%。

（3）抓住亚洲区域内贸易逐步增长的重要契机。1995—2021 年，亚洲区域内贸易年均增长 7.7%，快于其整体贸易增速；占其贸易总额的比重由 55.35% 提升至 61.12%（图 3-1-2）。尽管近年来亚洲区域内贸易呈现波动态势，但内部贸易增长趋势并未发生实质性变化。特别是随着 RCEP 生效实施，区域内制度开放红利正不断显现，区域内贸易投资正呈现快速增长态势。据海关总署统计，2022 年，我国对 RCEP 其他 14 个成员国进出口 12.95 万亿元，增长 7.5%，占我国外贸进出口总值的 30.8%，对 RCEP 其他成员国进出口增速超过两位数的达到了 8 个，其中对印度尼西亚、新加坡、缅甸、柬埔寨、老挝进出口增速均超过了 20%。

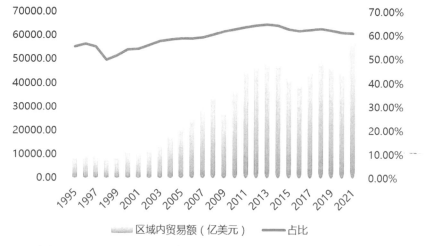

图 3-1-2　1995—2021 年亚洲区域内贸易规模及占比变化情况

数据来源：联合国贸易与发展会议（UNCTAD）。

2. 破解海南市场流量小的突出矛盾

（1）市场流量小制约海南地缘优势的发挥。从国际自由贸易港的成功经验看，"大进大出"的通道经济是其一般特征，也是其形成区域影响力、辐射力的重要基础。例如，2021年，新加坡货物贸易、服务贸易、进出资金分别占其GDP的224.2%、117.7%、38.0%。2021年，海南全省接待国内外游客8100.43万人次，仅相当于广东的31.5%；全省货运量28039万吨，仅相当于广东的7.0%；实际利用外资35.19亿美元，仅相当于广东的12.3%；货物贸易额1476.8亿元，仅为广东的1.8%；服务贸易额287.8亿元，仅为广东的2.9%。市场流量少既成为海南现代产业体系构建的突出掣肘，也难以形成对周边区域的辐射力与影响力。

（2）未来几年吸引欧美资本提升市场流量存在较大的不确定性。一方面，在大国关系与地缘政治安全格局深刻复杂变化的背景下，吸引欧美资本的难度明显增大。另一方面，东盟国家依托自身成本优势、开放政策和良好的发展势头，成为吸引全球投资的主要区域。2021年，东南亚吸引外资同比增长43.6%，总量已接近我国吸引外资总额。也就是说，海南自由贸易港吸引大规模外资进入不仅面临全球与区域大格局变化的不利影响，也需要面对与东盟的竞争，"一线"放开后外资能否大规模进来仍存在较大的不确定性。

（3）关键是用好中国与东盟这两个最具活力与潜力的市场。一方面，特殊政策叠加背靠国内大市场是海南吸引境外优质资源集聚的重要优势。境外企业落户海南自由贸易港的主要目的就是以此为平台，以更低成本、更自由便利地开拓国内大市场。另一方面，我国正处于企业"走出去"开展产业布局的关键时期。目前，我国对外直接投资额占GDP的比重仅为0.9%，低于1.1%的发展中国家水平，也低于1.3%的发达国家水平。到2025年，若我国与东盟双边贸易与直接投资有20%左右在海南实现，将带来1400亿美元的货物流与近50亿美元的资金流。

3. 以加快建设"总部基地"为战略抓手

（1）建设"总部基地"是提升市场流量与区域影响力的重大举措。总部基地不仅是经贸网络的重要依托，也是重要枢纽作用发挥的主体。从中国香港、新加坡等自由贸易港的发展经验看，吸引集聚全球或区域总部企业是一个普遍做法。例如，目前约有 2.6 万个国际公司立足新加坡，1/3 的财富 500 强公司选择在新加坡设立亚洲总部。2020 年，在香港设立的地区总部企业 1504 家，比 2002 年增长 59%（图 3-1-3）。大量的全球或地区总部企业集聚，不仅形成了商品要素配置集散的重要支撑，也为国际化服务体系构建提供重要条件。

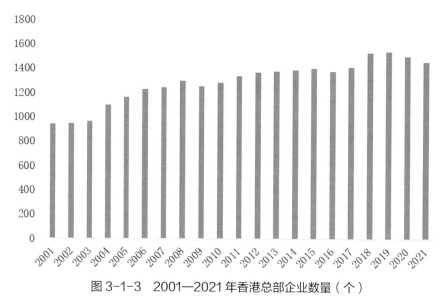

图 3-1-3　2001—2021 年香港总部企业数量（个）

数据来源：香港投资推广署及政府统计处。

（2）建设"总部基地"是实现总部企业数量与质量提升的重要任务。截至 2022 年底，在海南设立公司的世界 500 强企业为 30 家左右，且核心业务转移相对缓慢。截至目前，经认定的总部企业 70 家，但现有海南总部企业主要是为其在国内的业务服务，并不具有区域性市场（例如亚太区）的特点，突出表现在订单中心、投资中心设在自由贸易港境内，贸易中心、结算中心却在其他地区。

（3）关键是尽快实现"总部基地"政策体系的突破。从国际经验看，吸引集聚一批总部企业离不开政策体系的突破。以新加坡为例，为了吸引大量跨国公司入驻，新加坡经济发展局实施了总部计划，鼓励企业机构在新加坡设立总部，管辖其在本区域及全球的业务及营运。同时，积极与其他国家及地区签订贸易投资便利化协定（避免双重征税协定、投资保护协定和自贸或经济伙伴协议），使在新加坡开展跨国业务的总部公司享有最低税负。

二、率先实现中国企业进入东盟为重点的国际市场总部基地建设的突破

面对国际政治经济格局复杂严峻变化，出台相关举措支持国内有条件的企业到东盟投资合作，具有紧迫性。发挥好海南自由贸易港的优势，首要的在于打造国内企业到东盟投资的"总部基地"。未来2—3年，海南自由贸易港在率先形成国内企业进入东盟投资合作"总部基地"的政策制度安排方面要有重要突破。

1. 适应中国企业加快投资布局东盟的大趋势

《中国—东盟经贸合作企业信心与展望调研报告》显示，超过50%的受访中国企业将开拓东盟贸易作为重要的未来商业战略，有46%计划在3年内对东盟开展投资；在更长的时间跨度下，则有66%的受访中国企业表达了投资东盟的意向，获取东盟市场和战略多元化配置是相关意向的核心驱动力。（图3-1-4）

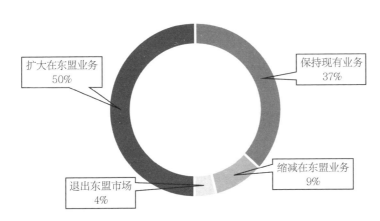

图 3-1-4　企业未来在东盟的经营计划

资料来源：《中国—东盟经贸合作企业信心与展望调研报告》。

适应国内企业加快到东盟投资布局的大趋势，在全面落实海南自由贸易港政策中形成对国内企业设立总部基地的吸引力与竞争力，并在此基础上带动东盟企业在海南自由贸易港落户经营，由此形成"两个总部基地"建设相互促进的发展格局。

2. 以第一个"总部基地"建设带动第二个"总部基地"建设

在大国关系与地缘政治安全格局深刻复杂变化的背景下，吸引欧美资本的难度明显增大。2021 年，我国来自美、英、法、德、澳国家的外商直接投资额仅占我国外商直接投资总额的 3.7%。东盟国家依托自身成本优势、开放政策和良好的发展势头，成为吸引全球投资的主要区域。在这个背景下，海南自由贸易港"两个总部基地"建设，需要以第一个"总部基地"建设的突破，带动东盟为重点的国外企业进入海南。

3. 打造国内企业进入东盟投资合作的"总部基地"具有战略性、迫切性、现实性

（1）战略性。新形势、新背景下，引导、鼓励国内企业尽快以海南自由贸易港为总部基地，到东盟国家投资布局，尤其是制造业企业、数字经济企业以及相关旅游文化企业等，以尽快增强中国与东盟经贸人文交流合作的凝合度，推进中国与东盟产业链、供应链的一体化。

（2）紧迫性。面对美国印太经济框架的干扰，特别是区域内以标准为导向的关键产业链"小院高墙"的逐步建立，迫切需要抓住未来两年的时间窗口，用足用好 RCEP 的重大机遇，努力打造中国企业进入东盟投资合作的总部基地，以此稳定并强化中国—东盟产业链供应链，并在增强与东盟国家间经贸融合度的过程中，有效排除单边主义的干扰。

4. 尽快实现特色产业总部基地建设的重要突破

（1）建立热带农业总部基地。在高水平开放背景下，海南农业面临着高成本、低价格的双重挤压，且以初级农产品生产销售为主的农业发展方式难以与东南亚国家形成优势互补与差异化竞争。例如，2020 年我国大米生产价格每吨 414 美元，比菲律宾高 22%，比泰国高 34%，比越南高 42%（表 3-1-1）；

芒果生产价格每吨 2174 美元，比澳大利亚高 15%，是印尼、泰国、越南、马来西亚等东盟国家的 3 倍多。为此，在支持国内农业企业以技术、资金进入东盟农业产业发展，通过长期租赁等方式开展农业种植或简单加工，并在海南建设热带农产品保鲜、储藏、加工、包装、营销、集散中心。

表 3-1-1 2020 年我国与 RCEP 部分成员国大米价格比较

（单位：美元／吨）

国家／地区	价格	国家／地区	价格
澳大利亚	529	泰国	310
文莱	906	越南	292
印度尼西亚	382	中国大陆	414
马来西亚	285	海南	475
菲律宾	338		

数据来源：联合国粮农组织（FAO）数据库。

（2）建立数字经济总部基地。东盟数字经济潜在群体庞大，数字消费者预计突破 3 亿人，劳动适龄人口数量超过 4.3 亿。从现实看，东盟数字经济发展总体上还处于早期阶段，数字经济价值占国内生产总值比重仅为 7%，但东盟发展数字经济，尤其是数字服务贸易的潜力巨大。到 2025 年，东盟数字经济规模将达到 3000 亿美元，约占东盟国内生产总值的 8%。依托海南"一线"放开、"二线"管住的特殊政策，取得同东南亚国家在跨境电商、数字支付等领域的"早期收获"；引导国内互联网企业在海南同东南亚国家共同建立跨境"数字自由贸易园区""数字经济合作园区""智能制造合作园区"等，积极开展数字技术、数字基础设施、数字服务等项下的自由贸易。

（3）建立海洋旅游总部基地。疫情前的 2019 年，中国与东盟及周边区域共接待国际游客 3.35 亿人次，占全球国际旅游总人次的 22.3%；实现国际旅游收入 3598.92 亿美元，占全球国际旅游收入的 21.2%。鼓励中资旅游企业加大对泛南海海滨地区旅游资源的投资力度，挖掘东盟沿海国家和地区独特的自然风光、人文景观和丰富的旅游资源，并与当地企业或政府共同规划、开发旅游线路，开发建设新旅游景区。

（4）建立海洋渔业总部基地。2021年，东盟向中国出口的鱼类等海产品占其出口总额的18%；其中，加工产品出口仅占其海产品出口的4.1%。RCEP生效后，仍有一部分海产品需要在未来几年内逐步实现零关税。未来5年，我国将从东盟进口1500亿美元农产品，其中很大一部分是海产品。从RCEP与海南自由贸易港的政策看，完全可以依托零关税及加工增值货物内销免征关税政策，进口东南亚国家的海产品在海南进行精深加工，使产品增值30%以上再免关税进入内地；以此为基础，逐步将海南自由贸易港打造成为面向东盟的海产品加工、保鲜、中转、交易基地。

三、构建与总部基地相适应的政策体系

1. 实现海南自由贸易港加工增值政策与RCEP原产地规则的叠加

（1）丰富价值增值计算公式。建议引入RCEP中的累加法和CPTPP中的净成本法，以便于各类企业根据自身业务特点自主选择不同计算方法提交加工增值证明（表3-1-2）。

表3-1-2　RCEP、CPTPP原产地规则中区域价值成分（RVC）的计算方法

RCEP	累加法	（原产材料价格＋直接人工成本＋直接经验费用成本＋利润＋其他成本）／出口产品之FOB价格×100%
	扣减法	（出口产品之FOB价格－非原产材料价格）／出口产品之FOB价格×100%
CPTPP	价格法	（货物价格－特定非原产材料价格）／货物价格×100%
	扣减法	（货物价格－非原产材料价格）／货物价格×100%
	增值法	原产材料价格／货物价格×100%
	净成本法	（净成本－非原产材料价格）／净成本×100%

资料来源：根据协定内容整理。

（2）实现与RCEP其他成员国间的完全累积。例如，若RCEP成员国实现35%的价值增值，经海南自由贸易港后再次增值15%，既享受不了RCEP原产地规则，也享受不了海南"零关税"政策。建议：方案一，根据海南自由贸易港高新制造业发展需求，选择珠宝加工、新能源汽车制造、中高端电子设备制造、石油化工新材料制造、生物医药制造等重点行业，允许来自RCEP成员国的相关产品及原材料，经海南自由贸易港内使用关键技术后增值达到10%—15%即可以"零关税"进入内地；方案二，允许经海南自由贸易港进入内地的相关商品适用RCEP累计规则。总体看，方案一更加精准有效，且便于风险防控。

（3）将服务纳入加工增值计算范围。一方面，海南工业发展相对滞后，仅限于加工环节的计算范围既使得增值超过30%的标准难以达到，也难以有效扩大政策惠企范围；另一方面，若能将加工环节的服务投入及增值纳入，将对海南自由贸易港现代产业体系构建产生重要利好。为此建议，将加工生产环节的生产性服务纳入加工增值计算范围。

2. 加大支持国内企业"走出去"的政策落地

（1）全面落实"两个15%"的所得税政策。一是允许在海南设立面向东盟区域性总部企业的相关人员，将其在东盟国家开展商务活动的时间视为在海南居住时间，享受最高不超过15%的个人所得税政策。二是明确"新增境外直接投资取得的所得，免征企业所得税"相关细则，支持企业采用投资办厂、控股参股、收购兼并等方式开展投资，并取消"2025年"的时间限制，以稳定企业预期。三是将享受15%企业所得税范围由正面清单向负面清单过渡。

（2）借鉴新加坡《区域/国际总部计划》（表3-1-3），出台《海南自由贸易港区域总部促进计划》。建议海南自由贸易港尽快形成中长期总部企业税收激励安排，在明确重点行业的总部企业自动享受"两个15%"所得税基础上，制定不亚于新加坡的税收激励计划，通过税收返还、加速折旧、财政补贴、人才激励等多种方式将总部企业的实际税负降至10%以下。海南、上海关于跨国公司地区总部的相关情况见表3-1-4。

表 3-1-3　新加坡地区总部／国际总部的认定与优惠

	地区总部计划（RHQ）	国际总部计划
企业需满足的条件	在新加坡拥有不少于50万新币的资本；在新加坡年度商业开支不少于500万新币	—
政府提供的税收优惠	对增量应税所得增收15%的所得税；3年免税，且可延长2年；对总部获得股息予以免税；对总部支付的股息免除预扣税	依据贡献，同新加坡经发局协商对应税所得缴纳0.5%或10%的税收；5—20年的免税期；对总部获得股息予以免税；对总部支付的股息免除预扣税

资料来源：根据相关公开政策文件整理。

注：地区总部和国际总部的应税所得是指来自管理、技术协助和其他支持性服务的所得，以及应税利息和许可费。

表 3-1-4　海南与上海关于跨国公司地区总部的认定标准与优惠政策比较

		海南	上海
认定标准	企业性质	外商独资企业	取消外商独资企业的限制
	母公司总资产	不低于4亿美元（服务业总部为3亿美元）	不低于2亿美元
	母公司在中国境内实缴注册资本	不低于1000万美元（且母公司授权管理的中国境内外企业数量不少于3个）	取消母公司实缴注册资本的限制
	母公司授权管理的中国境内外企业数量	不少于6个	取消地区总部被授权管理机构数量的限制
	注册资本	不低于200万美元	不低于200万美元
优惠政策	开办奖励	海口：300万元（一次性支付）三亚：根据实缴注册资本累进（5000万以内：1%；5000万—2亿：2%；超过2亿：3%；累计总额不超过2000万）（分5年支付）	500万元（分3年）

续表

		海南	上海
优惠政策	基础贡献奖励	按年地方财力贡献市级留成部分给予奖励 海口：前 3 年 60%、后 2 年 40% 三亚：前 3 年 70%，后 2 年 40%	国家级跨国公司地区总部：自认定年度起的年营业额首次超过 10 亿元的投资性公司，给予 1000 万元人民币的一次性奖励
	管理人员奖励	海口：年工资薪金所得达到 50 万以上的，按其缴纳的工资薪金所得地方财力贡献市级留成部分前 3 年 50%、后 2 年 30% 给予奖励 三亚：前 3 年按 60% 给予奖励，后 2 年按 40% 给予奖励	—
	其他	—	提高跨国公司投资便利度； 提高跨国公司资金使用自由度和便利度； 提高跨国公司贸易和物流便利度； 推动跨国公司研发便利化； 加强对跨国公司总部功能的配套保障

资料来源：根据相关公开政策文件整理。

（3）加大对"走出去"企业的金融支持。要以打造"总部基地"为目标，制定、调整、完善相关政策法规。一是允许以海南自由贸易港为总部基地的企业，根据对东盟国家投资的实际需求开展资金池业务，并对一定额度内资金进出实行信用监管[①]。二是设立海南自由贸易港对外投资基金，对到东盟开展农业种植、资源加工等投资成本高、风险大的企业，给予一定的财政贴息或一次性财政资金支持[②]。三是制定《海南自由贸易港对外投资救援办

[①] 迟福林：海南自由贸易港需着力建设"两个总部"［EB/OL］.中国网，2022-03-14。
[②] 迟福林：面向东盟建立区域性市场是建设海南自贸港的关键之举［EB/OL］.新华网思客，2021-04-17。

法》，对"走出去"企业遭受非商业风险给予资金补偿与维权援助，等。

（4）赋予总部企业境外投资自主权。一是研究制定出台《海南自由贸易港对外投资管理条例》，以正面清单方式引导总部企业对东盟投资，明确企业经海南自由贸易港对外投资的投资形式、管理制度、融资渠道、税收政策、管理部门等。同时，封关运作后的金融监管制度，也要便利内地企业以海南自由贸易港为平台开展国际融资、对外投资等活动。二是出台促进总部企业对外投资的便利化措施，取消农业、加工制造、数字经济、文化娱乐等领域企业境外投资核准制与备案制。三是参照RCEP规则，制定《海南自由贸易港对外投资与海外经营合规管理指引》，并形成定期更新机制，重点就当地的安全审查、行业监管、外汇管理、反垄断、劳工管理、环境保护等问题形成基础性规范。

3. 着力建设企业走向东盟市场的国际化服务体系

（1）建立企业"走出去"服务联盟。深入研究RCEP区域内产业发展转型趋势与供应链调整趋势，吸引专业的担保机构、会计与律师事务所、投资咨询公司、资产评估公司等，对走向东盟的企业提供法律援助、投资保险、直接融资、信用评级等一揽子专业服务，引导发展与之相适应的金融、会计、法律、认证等商务服务体系；吸引华侨、华人、东盟留学生等人才在海南自由贸易港开展企业"走出去"的相关服务；设立"走出去"专家咨询委员会，建立跨国经营案例资料库，建设海南自由贸易港总部企业能力建设中心。

（2）搭建综合信息服务平台。更加重视企业"走出去"的风险管理与合规建设，研究制定《海南自由贸易港对外投资与海外经营合规管理指引》，重点就当地的安全审查、行业监管、外汇管理、反垄断、劳工管理、环境保护等问题形成基础性规范，为"走出去"企业提供东盟当地政策与法律查询解读、国别投资环境评价、境外合作项目推荐、各类风险预警等相关服务。

4. 争取以央企为重点实现"总部基地"建设的突破

（1）央企对"总部基地"的需求加大。目前，中央企业在全球180多个国家和地区拥有的境外机构和项目超过 8000 个，资产总额约 8 万亿元[①]；其中，88 家中央企业在港设有 2300 多户经营单位，资产总额超过 4 万亿元[②]，占境外央企资产总额的近 50%。在外部环境进一步趋紧的情况下，境外央企的资金归集与国际业务管理需求明显增强。

（2）打造央企境外业务总部。要利用海南自贸港的政策，把海南作为央企"走出去"的重要基地，以降低风险为导向支持其集中统一管理央企境外业务，形成合力。具体来说：一方面，要支持央企按照国际通行规则开展对外投资业务，降低境外业务的风险，扩大境外优质资产规模。另一方面，要争取中央相关部委支持，协调在港央企带头投资布局海南自由贸易港，率先建立总部基地。

（3）打造央企境外资金归集总部。"十三五"期间，中央企业实现的海外营业收入超过 24 万亿元，利润总额接近 6000 亿元，对外投资收益率达到 6.7%[③]。目前，央企在境外的资金仍然处于分散管理状态中。这使得央企境外资金既不安全，也难以高效使用。有的央企在香港或者新加坡设立了境外资金归集中心，集中管理境外资金。要利用海南自由贸易港的政策，对接央企需求，打造央企境外资金归集中心；对其在境外的资金实行集中管理，提高资金的安全性与使用效率，支持其建立离岸业务性质的资金池。

（4）打造央企境外产业回流总部。利用海南自贸港政策，在海南打造央企境外产业回流总部，打造央企境外产业回流的重要平台。由此也可以推动海南产业的发展壮大。例如，吸引能源类央企在海南自由贸易港开展面向东盟的海上风电等可再生能源开发、能源互联互通项目建设等国际业务；吸引境外工程建筑央企回流至海南自由贸易港，开展面向东盟的交通、信息等基础设施工程承揽、工程设计等业务；适应中国与东盟蓝色经济伙伴关系构建需求，吸引海洋旅游、渔业等央企在海南自由贸易港布局。

---

①③"十三五"期间，中央企业资产总额年均增长 7.7%——央企这五年成绩单，真不错［N］. 人民日报海外版，2021-03-02。

② "一带一路"高峰论坛在港举行 冀促成绿色项目发展［EB/OL］. 中国新闻网，2019-09-11。

第二节　促进与粤港澳大湾区联动发展

建设海南自由贸易港与粤港澳大湾区，是习近平总书记亲自谋划、亲自部署的国家战略，分别在我国新时代改革发展全局中承担着新的战略使命。未来几年，推进实现海南自由贸易港与粤港澳大湾区联动发展的重要突破，有利于携手集聚全球优质资源要素，也有利于强化海南自由贸易港、粤港澳大湾区在现代化建设和新发展格局中的引领支撑作用，并形成重大国家战略的叠加放大效应。

一、促进与粤港澳大湾区联动发展的战略需求

1. 以联动发展强化对双循环新发展格局的重要支撑

（1）强化对国内大循环的重要支撑。当前，由于我国供给体系结构未能很好适应需求结构变化，产品和服务的品种、质量也难以满足多层次、多样化的市场需求，导致消费外流问题突出。以免税为例。据商务部统计，2019年我国免税品消费外流比例约为76.6%。当前，境外消费回流趋势开始显现。例如，2021年，海口海关监管海南离岛免税购物金额、购物人数分别同比增长80.0%、49.8%[①]，海南成为我国居民出境传统购物目的地的替代选择。然而，值得关注的是，由于现有消费服务体系、标准体系建设相对滞后，在一定程度上制约了国内居民消费潜力释放。为此，需要抓住未来2—3年的时间窗口期，把握消费升级趋势，推进海南、广东与港澳服务标准体系对接，拓展文化旅游、购物消费等国内合作空间，并在共同促进境外消费回流中提升对国内循环的重要支撑。

（2）强化我国参与国际大循环的支撑作用。一方面，海南自由贸易港是

---

① 数据来源：海口海关官网。

我国推进高水平开放的重大战略举措，具有内地省市难以比拟的高水平开放政策优势，但受制于海南有限的产业基础与薄弱的人才、资金现实，难以在短期内形成吸引集聚全球优质要素、布局区域产业链的基础。另一方面，大湾区不仅具有全国领先的经济发展水平，而且具有较为完备的产业体系。例如，珠三角初步形成了以战略性新兴产业为先导、先进制造业和现代服务业为主体的产业结构。[①] 但是，由于国际环境深刻复杂变化，粤港澳大湾区迫切需要在对外布局中赢得发展新空间。为此，需要发挥海南自由贸易港的政策、区位优势以及粤港澳的发展优势，通过强化琼粤在资本、产业、国际化等合作形成对国际大循环的重要支撑。

2. 以联动发展合作提升对东盟国家的影响辐射作用

（1）服务海南自由贸易港打造"重要开放门户"的战略目标。打造重要开放门户是中央在海南建立自由贸易港的战略目标，以建立面向东盟区域性市场为重点强化海南自由贸易港与东南亚国家交流合作，是实现战略目标的重大任务。从实际看，单靠海南自身的产业基础和资金、人才等，难以在短期内实现重要突破。例如，2022 年，海南与东盟货物贸易额为 395 亿元，仅占全国与东盟货物贸易额的 0.6%。

（2）粤港澳大湾区不仅是我国经济实力与市场活力最强的区域之一，也与东盟国家具有紧密的经贸往来。以广东为例。2022 年，海南 GDP、人均 GDP 分别只有广东的 5.3%、65.7%；市场主体规模只有广东的 14.6%；货物进出口额只有广东的 2.4%；广东自东盟进出口额达到 1.35 万亿元，同比增长 9.1%，占全国与东盟双边货物贸易额的 20.7%，是海南与东盟双边贸易额的 34.3 倍。两地主要经济指标对比见表 3-2-1。

---

①《粤港澳大湾区发展规划纲要》。

表 3-2-1　2022 年海南与广东主要经济指标对比

	海南	广东	海南相当于广东（%）
GDP（亿元）	6818.22	129118.58	5.3
人均 GDP（元）	66845	101796	65.7
市场主体数量（万户）	239.25	1633.88	14.6
货物贸易额（万亿元）	0.2	8.31	2.4

数据来源：海南省统计局、广东省统计局。

（3）在联动发展中共同开拓东盟市场。未来，发挥海南自由贸易港与东盟国家相连、地处"泛珠三角""泛北部湾"及中国—东盟自由贸易区核心位置等区位优势，借助广东制造业、数字经济等产业基础，香港遍布全球的商业网络、澳门作为中国与葡语国家商贸合作服务平台，以及两者在金融、贸易、商务及航运等领域的国际影响力，形成吸引总部企业、集聚全球优质资源的综合优势，在畅通国内国际经济循环的同时，共同开拓东盟市场，促进相关产业链向东盟区域延伸。

3. 在联动发展中促进地区发展

（1）破解海南产业基础薄弱的突出矛盾。产业基础薄弱是制约海南自由贸易港建设的突出矛盾，而缺乏产业集群、产业链条短是产业基础薄弱的症结所在。粤港澳大湾区不仅经济发展水平全国领先，而且产业体系完备，集群优势明显。例如，2021 年，海南省现代服务业增加值仅相当于广东省的4.4%；旅游收入相当于广东省的25.5%；高新技术产业增加值仅相当于广东省的8.6%，高新技术企业1202 家，仅相当于广东全省的2%（表3-2-2）。依托海南自由贸易港土地资源及区位、政策优势，吸引大湾区及粤西地区相关企业转移至海南或在海南设立总部、分部，将明显加速海南现代产业体系建设。

表 3-2-2 2021 年海南与广东主要产业发展指标对比

	海南	广东	海南相当于广东（%）
现代服务业增加值（亿元）	2004.51	45443.9	4.4
旅游收入（亿元）	1384.34	5433.73	25.5
高新技术产业增加值（亿元）	961.96	1.2 万	8.6
高新技术企业数量（家）	1202	超 6 万	2.0

数据来源：海南省统计局、广东省统计局。

（2）拓展广东对外投资贸易空间。《广东省国民经济和社会发展第十四个五年规划和 2035 年远景目标纲要》提出"不断扩大广东与周边国家贸易规模""加快高质量'引进来'和高水平'走出去'步伐"。深化琼粤合作，不仅将带动广东新一轮对外开放进程，也将发挥海南区位优势，在琼粤联手打造国内企业走出去的"总部基地"中，助力广东企业扩大东盟布局，从而拓展广东对外投资贸易发展空间。

（3）促进港澳更好融入国家发展大局。受综合成本高、发展空间受限等因素制约，港澳企业、人才等要素有着外流倾向。例如，根据《2022 年 IMD 世界人才竞争力报告》，香港在"人才"这一指标的排名由第 11 位下降至第 14 位。尽管中央在前海设立对接平台，但港澳发展空间受限的问题依然存在。例如，横琴粤澳深度合作区总面积为 106 平方千米，前海深港现代服务业合作区面积为 120.56 平方千米，且可利用建设面积分别只有几十平方千米。海南拥有 3.5 万平方千米的土地面积，将为香港开展产业布局、延伸产业链供应链提供巨大空间。

二、推动形成与大湾区产业协同发展的新格局

1. 推动形成分工合理、错位发展的高新技术产业合作发展格局

（1）合作构建数字经济产业链供应链。

合作基础。2021 年，广东数字经济增加值达 5.9 万亿元，连续 5 年居全国首位，数字经济发展指数达到 201.9，同样位居全国第一；海南全省数字经济增加

值450亿元，占全省GDP的比重仅为7%，比广东（47.3%）低40个百分点。

合力打造跨区域信息制造产业链。以深圳、东莞为重点，积极吸引珠江东岸信息技术领域制造企业在海南开展高端半导体元器件、物联网传感器、第三代芯片、光纤光缆等的原材料进口加工、组装包装、研发设计、模拟实验等环节布局在海南，重点发展智能穿戴、智慧旅游、智慧海洋、智能汽车、智能游艇等加工制造。

合作开展对东盟国家的数字贸易。例如，探索在海南自由贸易港内合作建立数字贸易试验区，吸引广东数字贸易与电商企业在海南建立海外仓性质的保税仓储基地；合作建立数字贸易大数据平台，推动两地口岸数据互联、单证互认、监管互助互认；强化两省在数字贸易领域的技术合作，利用区块链等技术开展数据确权、数据认证、数据定价、数据监管、数据交易、数据安全等标准规则制定，共同向东盟国家推广，打造面向东南亚的数据定价交易服务中心。[①]

（2）合力打造绿色石油化工新材料研发制造产业链。例如，依托南海油气资源和洋浦经济开发区，吸引广东企业参与芳烃、烯烃、新材料三大产业链深化。支持两省油气化工企业围绕补链强链组建企业联盟，开展技术研发、重大项目建设、重大基础设施改造。向石化产业链下游延伸，大力发展高性能合成树脂、特种工程塑料、高性能纤维等高端石化产品和精细化工产品。以广州、珠海、惠州、江门为重点，积极吸引珠三角地区精细化工产品加工、绿色化工产品制造等行业的企业在海南围绕原材料供给、仓储分销、简单加工、中间试验等环节布局海南。

（3）合力打造跨区域现代生物医药研发制造产业链。例如，以广州打造粤港澳大湾区生命科学合作区和研发中心、深圳建设全球生物医药创新发展策源地为契机，发挥海南博鳌乐城国际医疗旅游先行区"国九条"等政策优势以及海口高新技术产业开发区医药产业集聚优势，聚焦精准医学与干细胞、新药创制、生物安全、生物制造等关键核心技术，加强研发合作，共同

---

① 迟福林，郭达，郭文芹.构建新发展格局下的海南自由贸易港 [J].行政管理改革，2022（1）。

开发新型生物技术药物；以广州、深圳、珠海、佛山、东莞、中山等医药制造产业为基础，吸引广东相关企业重点围绕特色中药开发，高端仿制药生产，高端化学药、海洋生物药等的新药创制、采购、试验、安全评价，高端医疗器械、康复医疗器械、生物医用材料、手术辅助机器人等研发、生产、试验，干细胞技术研发、试验等环节布局在海南。

2. 合作发展农产品加工业，服务国内大市场

（1）合作需求。目前，海南主要以初级鲜活农产品交易为主，每年出岛的绿色鲜活农产品达1000多万吨，但农产品加工远远滞后。2022年，海南农产品加工产值与农业总产值之比仅为0.21∶1，低于2020年全国（2.4∶1）的平均水平，与广东2021年水平（4.43∶1）差距更大。2021年，海南规模以上农产品加工企业83家，广东有1185家。根据中国农业产业化龙头企业协会发布的《2021年中国农业产业化头部企业100强》，海南并无企业上榜，而山东、广东、河北、四川等地则分别有16家、10家、9家、8家企业上榜（图3-2-1）。

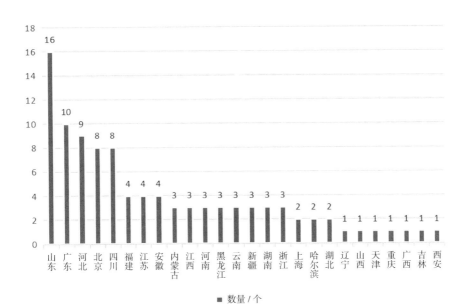

图 3-2-1 2021年各省市农业产业化头部企业100强数量

数据来源：中国农业产业化龙头企业协会《2021年中国农业产业化头部企业100强》。

（2）合作发展农产品转口贸易与精深加工。依托东盟国家丰富的农业资源，发挥海南自由贸易港"零关税"及加工增值货物内销免征关税等政策优势，吸引广东农业加工贸易企业到海南发展农产品和热带水果国际转口贸易、进口原料加工和本地农产品深加工产业，使农产品加工增值超过30%后以"零关税"进入广东并向全国分销。

（3）合作建立一批农业产业化项目。合作打造集加工、包装、保鲜、物流、研发、示范、服务等相互融合和全产业链的农业产业化集群[1]，使农产品加工增值超过30%后"零关税"进入内地，共同服务全国大市场；引导广东热带农业龙头企业与罗牛山共建农业产业化合作示范园，集中开展进口、加工、包装、保鲜、物流、研发、示范、服务等业务。

（4）合作打造面向东盟的农产品保鲜加工储藏基地。围绕保鲜、加工、储藏等短板领域，吸引农业龙头企业在海南开展相关产业化项目，合作开展面向东盟的农产品保鲜、加工、储藏、物流等业务。率先合作打造面向东南亚的热带农产品储藏保鲜中心，谋划建设1—2个十万吨级冷链物流基地项目，实质性地提升海南农产品储藏保鲜能力。

（5）推动共建面向东盟的热带农产品交易中心。以天然橡胶、咖啡、槟榔等为重点，引入国际化的技术与管理人才，采取国际化质量与标准，建设涵盖热带农产品信息、交易、定价、价格指数发布、金融保险等功能在内的，以人民币计价的国际化、数字化国际热带农产品现货期货交易所。同时，支持琼粤共同打造中国亚热带特色产品出口电商平台和海外仓。

3. 服务南海合作开发的实际需求，合作打造跨区域海洋工程装备研发制造维修产业链

（1）在合作中提升海南海洋经济发展水平。广东海洋经济总量已连续27年居全国首位。2021年广东海洋生产总值达1.99万亿元，且具有较为完整、较强竞争力的海洋产业体系。与之相比，海南具有开发深海、发展蓝色经济

---

[1] 迟福林. 推进海南自由贸易港建设 建立面向东盟的区域性市场 [EB/OL]. 中国发展门户网，2021-04-16.

的先天资源优势，但海洋经济规模较小。2021 年海南海洋生产总值仅 1989.6 亿元，相当于广东的 10%。

（2）加强海洋工程装备研发制造合作。聚焦海洋油气开采需求，加强与广州、深圳、珠海、湛江等地海洋工程装备技术科研机构、海工装备制造企业合作，提升关键技术装备开发制造能力。

（3）加强海洋工程装备服务合作。发挥海南自由贸易港深海资源优势，在广州、深圳、珠海、中山、湛江等地研发制造基础上，在海南建设深海装备安装、测试和维修服务中心，发展海上平台、海底管道安装、海底电缆铺设以及仪器、设备测试、维护和维修等服务。

（4）探索在琼建立"海洋经济产业园"。争取支持，聚焦渔业合作、油气资源勘探开发合作、农产品合作等领域，在海南设立"海洋经济飞地产业园"，明确不同园区产业发展重点、环保标准、投入规模要求等，明确资金投入机制、财税分成机制与利益共享机制，严格限制产能过剩行业以及高污染、高耗能、高排放项目。

（5）共建深远海海洋资源开发利用基地。支持海南省政府、广东省政府、中石油集团、中海油集团等联合建设具有规模产能的天然气水合物勘查开发示范基地，加快推进天然气水合物产业化进程；鼓励两地企业或渔民组建不同形式的远洋捕捞船队，与阳江、茂名、湛江等地共建远洋渔业资源开发和服务基地、远洋渔业海外基地，共同开发南海渔业资源和西、南、中沙渔场；加强两地在深水抗风浪网箱养殖、海水苗种生产、技术推广等领域的合作，共同打造海水养殖重点产业区域；吸引明阳风电集团、金风科技等大型风电企业在洋浦经济开发区等重点园区投资布局，打造海上风电装备制造基地和运维基地。

（6）合作建设国家级深海试验场。借鉴珠海国家海洋试验场建设经验，充分发挥南海深海优势，加快推进三亚国家级深远海试验场建设，围绕海洋科技创新发展、高端海洋装备发展、海洋环境观测调查等需求，加大资金、用海、用地支持力度，加快建设功能完备、设施齐全的国家级深远海试验场，打造集科学观测、技术装备试验、方法研究、模式检验等多种功能的深远海综合试验/实验场，支撑我国深海、远海、极地等战略实施。

三、促进与粤港澳大湾区基础设施互联互通

2023年4月10日，习近平总书记在徐闻视察时的讲话中提出，"琼州海峡是国家经略南海的战略通道，也是海南自由贸易港建设和发展的咽喉要道，要把'黄金水道'和客货运输最佳通道这篇大文章做好"。要充分利用粤港澳大湾区基础设施完备的优势和海南自由贸易港运输往来自由便利政策优势，推进区域内重大基础设施协同建设和规划衔接，形成高效便捷的基础设施互联互通新格局。

1. 合力推进琼州海峡港航一体化

（1）加快推进琼州海峡南北两岸港航资源整合。在当前基本完成琼州海峡南岸航运资源整合、北岸港口资源整合的基础上，加快推进琼州海峡南岸港口资源整合、北岸航运资源整合进程以及南北两岸港航资源整合，加快实现琼州海峡两岸港航资源的"统一规划、统一建设、统一运营、统一管理、统一标准"；加快完善琼州海峡港航一体化协调运作机制，省级层面以协调为主，地方层面以协作为主，企业层面以合作为主。

（2）完善疏港交通与城市交通衔接。按着"人车分离""客货分离""进港和出港的车辆旅客分流"的原则，提前谋划各类公共交通规划，打造"三位一体"的现代化水陆交通运输综合枢纽；在实现港口、船舶资源统一调度、统一作业的前提下，不断优化窗口服务和监管体系，提高港口及船舶作业效率和智能化水平，完善进出海南客滚运输航线布局，提高船舶准点率。

（3）推进陆岛快速互联互通。加快推进湛江至海口高速铁路前期工作，争取尽快开工建设，融入国家高速铁路网，做好配套码头工程的规划建设，尽可能缩短跨越海峡的时间。推进沈海高速公路粤西部分扩容升级和海口段工程项目建设，提升跨界高速公路通道能力。

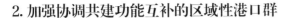

2.加强协调共建功能互补的区域性港口群

（1）优化沿海港口功能布局。巩固提升香港国际航运中心地位，加快发展高端航运服务业，并为海南企业提供服务；增强广州、深圳国际航运综合服务功能；加快推进洋浦港国际集装箱枢纽港建设，着力提升洋浦港集装箱码头和航道等级能力，增强洋浦港国际中转业务功能，推动公共码头资源整合，完善洋浦国际物流和冷链物流设施，与香港、广州、深圳形成优势互补、互惠共赢的港口、航运、物流和配套服务体系。

（2）加强与粤港澳的航运合作。探索将海南部分港口交付粤港澳大湾区实力雄厚的港口集团进行统一开发管理；以海南洋浦港为平台，开展以洋浦港为中转站的内外贸同船、沿海捎带业务；推进海南所有港口与香港、广州、深圳、澳门的大港合作，实现"单一窗口"标准与功能统一、数据共享，加密并优化海南与粤港澳大湾区之间的班轮航线，探索建立大宗散货经海口、洋浦和湛江港中转的港口运输合作机制，开展多式联运合作，建设"中国洋浦港"船籍港，支持广东船舶在海南自由贸易港开展船舶登记。探索开展海南重点港口交由香港方面运营。

（3）打造衔接有序、协同联动的航运集疏网络。加快推进海口新海港区、徐闻南山港区等港口设施、综合客运枢纽和集疏运体系建设。优化港口公路运输网络，强化徐闻港、海口港等重要港口与高速公路网络的对接，提升港口的快速集疏能力。推动湛海高铁引入徐闻港区南山作业区，支持湛江在雷州港区布局对接海南的专业货运通道。发展以港口为枢纽的物流体系，开展集装箱物流、热带农产品冷链物流、国际粮油物流、石化物流等专业物流服务。加快琼州海峡两岸客滚运输基础设施统一规划和建设，密切与重要节点城市和物流枢纽的联系。强化琼粤港澳港口物流信息化体系建设，实现琼粤港澳四地航运信息互通共享，提升航运集疏效率。

3.合作共建以航空为重点的城际快速交通网络

（1）加密优化区域内航线网络。加强海口美兰机场、三亚凤凰机场与广州白云机场、深圳宝安机场、香港机场、澳门机场的航线互联互通。加密直飞或与粤港澳大湾区相互中转的国际航线；继续打造琼港空中快线，持续增加琼港间航线往来密度，方便更多国际游客通过香港中转来琼；优化完善海口美兰机场、三亚凤凰机场与广州白云机场、深圳宝安机场等的航线网络，实现机场航班公交化。探索建立枢纽运营一体化、行业数据一体化、票务清分一体化、航运政策国际化合作机制。

（2）吸引粤港澳机场管理集团参与海南机场建设与管理。借助粤港澳大湾区机场管理集团合作建设儋州机场、东方/五指山机场、琼海机场等小型机场或市支线机场，加快三亚新机场等机场建设，加快研究论证推动香港机场管理局参与海南省机场管理合作的路径、方式。例如，探索借鉴香港机场和珠海机场的代理经营模式对海南新建机场进行运营管理。

4. 推动共建以东盟为重点的对外综合运输通道

（1）推动共建泛南海区域港口联盟。协同推进海南、广东、香港、澳门与东南亚国家和地区在国际中转、运输航线、物流配送等方面的密切合作，推动共建泛南海区域航运标准体系、管理制度体系等；强化海上航线联合开发、共享，联合组织开行至新加坡、越南等国家主要港口的国际航线，形成放射性、网络化、便捷化的航运交通网络布局；建立并完善区域港口物流合作协调机制，组建21世纪海上丝绸之路货运物流合作网络，打造泛南海区域海上运输大通道。

（2）推动共建泛南海区域空中运输大通道。在强化广州白云国际机场、深圳宝安机场国际枢纽机场功能的同时，加强海口美兰机场、三亚凤凰机场与粤港澳区域国际枢纽机场、区域枢纽机场的合作，联合加密或新开通面向东南亚国家和地区的直飞、中转国际航线，助力海南构建与泛南海区域各国家间通达通畅的航线网络，推动海口美兰机场由区域枢纽向国际枢纽转型。

5. 探索封关运作后便利化通关新模式

（1）借鉴粤港澳大湾区便利通关举措，创新海南自由贸易港便利通关模式。对从广东、香港、澳门口岸入境的人员，实施"一地两检""合作查验、一次放行"通关模式；加强海南国际贸易单一窗口与粤港澳国际贸易"单一窗口"交流合作，探索实施琼粤、琼港、琼澳海关跨境快速通关对接项目，提升货物通关效率；借鉴"粤港澳大湾区组合港"业务模式，试点实行"琼粤港澳组合港"，对琼粤港澳沿海和沿江不同关区的港口共享沿海港口代码，各相关海关按照协同监管理念，实行"一次报关、一次查验、一次放行"；联合制定通关标准，推动通关检验检疫互认。

（2）实行以信用管理为核心的便捷通关制度。借鉴国际经验，实行以信用管理为核心的便捷通关制度，如"认可经济营运商计划""企业自主申明＋规定期限备案＋抽检"等管理模式。同时，依托"单一窗口"系统，对载运工具、上下货物、物品实时监控和标记处理。

（3）建立反走私联防联控机制。建立自由贸易协定（FTA）项下货物识别机制，实现FTA项下货物零关税与海南自由贸易港零关税政策的衔接，对海南自由贸易港零关税政策进口的产品，并进入到内地（非FTA零关税产品），建立跟踪识别机制，加强重大风险识别防范。建立反走私联防联控联席会议机制和海上打击走私联合行动机制。

四、共建广东·海南（徐闻）特别合作区

2018年10月，习近平总书记在视察广东时强调，"现在海南全岛是自由贸易区了，海峡对岸的湛江要把握机遇、相向而行"。2023年4月10日，习近平总书记在考察徐闻港时指出，把徐闻港打造成连接粤港澳大湾区和海南自由贸易港的现代化水陆交通运输综合枢纽。

服务海南自由贸易港建设，推动湛江"与海南相向而行"，高起点、高质量共建广东·海南（徐闻）特别合作区（简称特别合作区），是推动海南自由贸易港与粤港澳大湾区两大国家战略联动发展的关键之举。

1. 共建特别合作区的重大举措

（1）发挥特别合作区在联动发展中的战略支点功能。特别合作区所在的徐闻地处连接内陆与海南的咽喉要道，是海南自由贸易港、粤港澳大湾区、北部湾城市群、西部陆海新通道等国家四大重大战略的交会处。共建特别合

作区，将打通琼州海峡两岸经济联通的堵点，畅通国际国内经济循环，并以此为平台率先实现海南自由贸易港与粤港澳大湾区之间资源要素的联结，形成我国华南地区面向东盟开放的合力。2018—2021年琼州海峡轮渡运输情况见表3-2-3。

表3-2-3　2018—2021年琼州海峡轮渡运输情况

		2018年	2019年	2020年	2018—2020年平均值	2021年
进出岛客流量（万人）	进岛客流量	735	725.1	591	683.7	627
	出岛客流量	760	759.8	582.1	700.6	635
	小计	1495	1484.9	1173.1	1384.3	1262
进出岛车流量（万台次）	进岛车流量	166	168.6	177.9	170.8	192
	出岛车流量	163	166.6	170.6	166.7	185
	小计	329	335.2	348.5	337.6	377
进出岛实航（含危险品）（航次）	进岛实航	25312	26080	28846	26746	32367
	出岛实航	25232	26461	28735	26809	32358
	小计	50544	52541	57581	53555	64725
进出岛载重量（万吨）	进岛载重	3054	3517	3917	3496.0	–
	出岛载重	2878	2759	2880	2839.0	–
	小计	5932	6276	6797	6335.0	–

数据来源：2017年前数据未统计，2018—2020年数据来源海南省琼州海峡轮渡运输管理办公室《琼州海峡轮渡运输2018—2020年情况小结报告》，2021年数据来源交通运输部珠江航务管理局《2021年珠江水运经济运行和琼州海峡客滚运输情况简述》。

（2）促进湛江与海南相向而行的重大举措。尽管近几年海南自由贸易港与粤港澳大湾区联动发展进程不断加快，但由于在地理上并不直接相接，相互之间的要素流通和政策体制上的对接都需要形成相应的载体。徐闻拥有对接海南较长的海岸线资源和土地资源，在临港经济、农业、旅游业、制造业等方面与海南形成优势互补的配套产业链。同时，由于历史与区位等原因，徐闻及所在的湛江经济长期难以充分发展。以对接融入海南自由贸易港为主题共建特别合作区，有利于充分发挥海南自由贸易港的外溢效应，进一步释放湛江经济增长潜力。（表3-2-4、表3-2-5）

表3-2-4　徐闻、海南等地土地、海洋资源比较

	土地面积 （平方千米）	海岸线长 （千米）	海域面积 （公顷）	年末耕地面积 （万亩）
徐闻县	1979.6	371.5	403200	108.31
湛江市	13262.8	1243.7	2000000	699.07
海口市	2284.49	136.23	86144	73.42
海南省	35400	1823	200000000	1084.5

资料来源：根据海南省统计局、湛江市统计局统计资料整理。

表3-2-5　2020年徐闻、海南等地旅游业、农产品加工业指标比较

	徐闻	湛江	海南	全国
旅游总收入（亿元）	6.2	147.60	865.24	22286
旅游业占GDP比重（%）	3.53	4.76	15.64	2.2
农产品加工业产值（亿元）	8.67	358.24	418.83	—
农产品加工业总产值与农业总产值的比值	0.06:1	0.36:1	0.23:1	2.31:1

资料来源：根据海南省统计局、湛江市统计局统计资料整理。

（3）共建特别合作区的时机条件成熟。

省级层面的共识基本形成。2020年以来，共建特别合作区不仅成为广东与海南两省层面的决策，也写进了国家发展改革委《北部湾城市群建设"十四五"实施方案》。

琼州海峡港航一体化有序推进。全球最大的客货滚装码头徐闻港开航运营，湛徐高速徐闻港支线同步开通，琼州海峡航程由24海里缩减至12海里，

通航时间由 3 小时缩至 1.5 小时，琼州海峡 2 小时生活圈已经形成。

广东、海南两省产业合作进入快车道。广东自由贸易试验区（湛江）联动发展区设立，支持湛江发展临港产业，鼓励广东企业与海南加强业务往来。湛江积极建设面向海南的"菜篮子"基地和物资加工基地，大力推动湛江钢铁、中科炼化等在海南拓展钢铁、石化上下游产业链，联动海南推进文旅开发、健康医疗、科学研究、农业深度合作。

广东、海南两省形成常态化互动交流机制。广东省委、省政府成立与海南相向而行工作领导小组，印发实施意见及工作方案。广东、海南两省的合作进入常态化，湛江与海口市、三亚市等签署了战略合作框架协议、应急服务联动协议等 24 份。

2. 明确特别合作区的功能定位

（1）海南自由贸易港联通国内大市场的门户枢纽。放大徐闻港的地缘、交通等区位优势，积极融入海南"四方五港"，围绕打造琼州海峡半小时经济圈建设临港经济区，做大做强枢纽经济，打造琼州海峡北岸的立体综合交通枢纽；承接海南自由贸易港政策的外溢效应，与海南形成错位发展，打造我国内地企业参与海南自由贸易港建设的重要平台；共同建设琼州海峡经济带，成为国际国内资源要素集聚的重要载体。

（2）海南自由贸易港主导产业发展的后援基地。围绕海南"两个总部基地"做文章，有利于跳出徐闻看徐闻，围绕海南自由贸易港所需，找准自身产业定位；利用特别合作区的土地资源优势，将海南自由贸易港所需与徐闻所能有机结合，围绕为海南自由贸易港主导产业作配套，构建"海南总部＋徐闻基地、海南前端＋徐闻后台、海南研发＋徐闻制造"的产业协同发展模式，将特别合作区打造成为琼州海峡经济带重要的产业集聚区、海南自由贸易港拓展主导产业发展的后援基地。

（3）海南自由贸易港的综合服务保障区。围绕"海南自由贸易港所需，徐闻所能"，在特别合作区共建海南自由贸易港重要物质供给保障基地，在缓解海南岛内供给难题中发挥积极作用；抓住机遇、突出自身优势，在为国内企业以海南自由贸易港为总部基地走向东盟提供综合配套服务上发挥重要作用。

（4）海南自由贸易港与粤港澳大湾区联动发展示范区。更好发挥琼粤两地区位优势和产业互补优势，推动实现两个国家重大战略的政策叠加放大效应，积极承接粤港澳大湾区制造业转移，打造海南自由贸易港与粤港澳大湾区之间人流、物流、资金流、信息流、技术流互动流通的重要平台，努力形成跨区域联动发展的"试验田"，为构建新发展格局、推动高水平对外开放、推进中国式现代化提供强劲动能，为打造成为广东与海南跨省合作典范筑牢坚实基础。

3. 建立与海南自由贸易港相衔接的政策体系

（1）实行高水平开放政策。以产业服务海南自由贸易港为重点，打造法治化、国际化、便利化营商环境，以政策协同带动产业协同，在扩大海南自由贸易港经济腹地上取得实质性进展。同时，参照横琴粤澳深度合作区海关监管设置模式，特别合作区与海南自由贸易港之间设为"一线"，特别合作区与我国关境内其他地区之间设为"二线"。货物"一线"放开、"二线"管住；"一线"在双方协商一致且确保安全基础上，积极推行合作查验、一次放行通关模式，"二线"对人员进出不作限制。在特别合作区核心区范围内，基本实行海南自由贸易港政策。

专栏 3-2-1　横琴粤澳深度合作区海关监管设置模式

按照中共中央、国务院《横琴粤澳深度合作区建设总体方案》，横琴粤澳深度合作区的海关监管设置模式在几个方面可以为广东·海南（徐闻）特别合作区提供借鉴。

1. 合作区作为海关监管区域。合作区实施范围为横琴岛"一线"和"二线"之间的海关监管区域，总面积约 106 平方千米。

2. "一线"和"二线"的划定。横琴与澳门特别行政区之间设为"一线"；横琴与中华人民共和国关境内其他地区之间设为"二线"。

3. 分类施策管理。根据横琴全岛客观现实情况，对合作区进行分区分类施策管理。澳门大学横琴校区和横琴口岸澳门管辖区，由全国人大常委会授权澳门特别行政区政府管理，适用澳门有关制度和规定，与其他区域物理围网隔离；粤澳双方共商共建共管共享区域采用电子围网监管和目录清单方式，对符合条件的市场主体，实施特殊政策。

资料来源：中改院课题组整理。

（2）建立高度便利的市场准入制度。例如，实施市场准入承诺即入制。除涉及国家安全、社会稳定、生态保护红线、重大公共利益等国家实行准入管理的领域外，全面放开投资准入；在具有强制性标准的领域，实行"标准制＋承诺制"管理。

（3）实行税收优惠政策。参照海南自由贸易港税收政策，出台鼓励类产业目录，对注册在特别合作区并实质性运营的鼓励类产业企业，减按15%的税率征收企业所得税；对在特别合作区工作的境内外高端人才和紧缺人才，其个人所得税负超过15%的部分予以免征；实行加工增值内销免关税政策；等。

（4）实行与海南自由贸易港联动的投融资政策。鼓励国际国内总部企业在海南注册和纳税，在特别合作区设立分支机构，通过"海南总部＋徐闻基地""海南研发＋徐闻制造""海南孵化＋徐闻产业化"等多种形式共同打造区域总部基地。同时，借助自由贸易港政策促进境外融资，并支持特别合作区企业发展融资租赁。

（5）实施更加开放的船舶运输政策。强化与海南"四方五港"的互联互通，将徐闻港口纳入海南组合港，实施与海南一体化船舶运输自由便利政策；实行交通运输工具及游艇零关税等政策。如对在特别合作区注册登记并具有独立法人资格并从事交通运输、旅游业的企业，进口用于交通运输、旅游业的船舶、航空器、车辆等运营用交通工具及游艇，免征进口关税、进口环节增值税和消费税；取消船舶境外投融资限制。

4. 打造专业、高效的建设管理体制

（1）组建特别合作区管委会。加快形成由两省共同派员参与的特别合作区管委会，作为两省派出机构。形成两省合作共建协调机制，主要履行特别合作区的国际推介、招商引资、产业导入、土地开发、项目建设等职能。组建特别合作区党工委。做好特别合作区的属地管理，特别合作区管委会主要负责经济开发管理，徐闻县履行社会管理与公共服务职能，在征地等事务上提供支持。国内几大合作区管理模式比较见表3-2-6。

表3-2-6 国内几大合作区管理模式比较

名称	合作区范围	管理机构	备注
前海深港现代服务业合作区	120平方千米（2021年前为15平方千米）	前海管理局（法定机构）（后加挂自贸区前海片区管委会）	由深圳市委常委任局长，企业化管理
横琴粤澳深度合作区	106平方千米	2021年组建联合管委会（加挂自贸区横琴片区管委会）	由广东、澳门两地行政首脑作为双主任；常务副主任由澳门出任
粤桂合作特别试验区	140平方千米（广东肇庆、广西梧州各70平方千米）	在各自区域分设管委会（内有保税区）	市政府派出的正处级机构
深汕特别合作区	468平方千米另：海域1152平方千米	设立党工委、管理委员会（作为深圳市委、市政府派出机构）	由深圳全面管理，副厅级派出机构
长三角生态绿色一体化发展示范区	2300平方千米	两省一市联合成立一体化示范区理事会，下设一体化示范区执行委员会	工作人员由两省一市共同选派或聘任

资料来源：中政院课题组根据资料整理。

专栏3-2-2 特别合作区管理体制的方案选择

参照国内合作区管理体制，广东·海南（徐闻）特别合作区管理体制有如下三种方案可供选择：

1. 方案一：组建特别合作区管委会，作为正厅级派出机构。形成由两省共同派员参与的特别合作区管委会，作为正厅级派出机构。主要履行特别合作区的国际推介、招商引资、产业导入、土地开发、项目建设等职能。组建特别合作区党工委，党工委书记由广东派员担任；党工委副书记由海南派员担任，并兼任特别合作区管委会主任。特别合作区管委会主要负责经济开发管理，徐闻县履行社会管理与公共服务职能，在征地拆迁等事务上提供支持。

该方案的优点是在两省层面可以尽快决定，有利于两省形成紧密合作、强有力的协调推进机制，能够以海南为主高效推动重大合作事项的落实。

2.方案二：借鉴横琴粤澳深度合作区模式组建两省省级层面联合管理机构。

（1）组建由广东省和海南省派员组成的特别合作区管理委员会。实行双主任制，由广东省省长和海南省省长共同担任。海南委派一名常务副主任，其他副主任则由广东与海南双方协商确定，成员还包括由广东省和海南省有关部门，以及湛江市政府等单位派出的人员共同组成。

（2）管理委员会下设执行委员会。主任由广东省政府委派，副主任则由海南省政府、广东省及湛江市政府委派。执行委员会依法履行国际推介、招商引资、产业导入、土地开发、专案建设、民生管理等职能。

（3）成立广东省委和省政府派出机构，集中精力抓好党的建设、国家安全、刑事司法、社会治安等工作，履行好属地管理职能，积极主动配合合作区管理和执行机构推进合作区开发建设。

该方案的优点是两省形成紧密合作、强有力的协调推进机制，能够高效推动重大合作事项的落实，但由于特别合作区在起步阶段还带有一定的不确定性，而且尚未和横琴粤澳深度合作区一样上升为国家决策，待时机条件成熟时可以考虑采用该方案。

3.方案三：借鉴长三角生态绿色一体化发展示范区的模式组建两省省级层面的联合理事会。

（1）组建由两省联合成立的特别合作区理事会，作为特别合作区建设重要事项的决策平台，研究确定合作区发展规划、改革事项、支持政策，协调推进重大项目，理事长由两省政府主要领导轮值兼任。

（2）理事会下设执行委员会。执行委员会成员由两省共同选派或聘任，执行委员会作为合作区开发建设管理机构，负责合作区发展规划、制度创新、改革事项、重大项目、支持政策的具体实施，执委会主任由两省发展改革委主任轮值兼任。

该方案的优点是按照一体化的思路建立两省协调推进机制，能够有效推动重大合作事项的落实，但由于特别合作区尚处在谋划阶段，待时机条件成熟时可以考虑采用该方案。

考虑到特别合作区涉及到海南自由贸易港和粤港澳大湾区两个国家战略的联动发展，重大决策和执行项目均需要从省级层面合作推动，并且从省级层面统筹协调更有利于实现特别合作区的快速启动。建议选择方案一，组建特别合作区管委会，作为正厅级派出机构；待特别合作区上升为国家决策之后，采取方案二或者方案三。

资料来源：中政院课题组设计。

（2）组建专门的投资开发公司和产业投资基金。由两省财政共同出资设立琼州海峡经济带产业投资基金。作为政府产业引导基金，围绕琼州海峡经济带重大产业合作项目，撬动更多社会资本在特别合作区进行创业投资。以股权投资的方式策划孵化一批市场前景好、附加值高、产业链长、带动能力强的产业合作项目。

（3）建立健全收益共享机制。以支持特别合作区发展为目标，五年内特别合作区产生的地方收入全部用于特别合作区再投资。后续财税分成根据开发建设投资收益合理分成，并依据特别合作区建设资金情况和两地政府财力条件进行优化。同时，争取中央财政对合作区给予适当补助。

第三节　推进以金融为重点的"双港"经贸合作

当前，推进琼港经贸合作，将实现地缘优势与发展优势的叠加放大，使得琼港两地在服务国家对外开放全局中扮演更加重要的角色。未来几年，在世界政治、经济、安全格局调整重塑的背景下，适应中国企业投资东盟的大趋势，以合力建设"两个总部基地"为重点促进琼港经贸合作，有利于海南自由贸易港地缘优势的发挥，有利于香港金融服务范围的拓展，是海南自由贸易港发挥战略枢纽作用的重要抓手，是香港更好融入国家发展大局的务实行动。

一、共同服务中国与东盟全面战略合作

海南的面积是香港的 35 倍。随着海南自由贸易港开放水平与香港逐步接近，3.5 万平方千米的土地面积不仅为香港开展多元化产业布局提供巨大空间，也将为香港各类业态拓展发展空间、融入国家发展大局提供重要条件。着眼长远，琼港经贸合作的空间巨大。

1. 合力推进与东盟的经贸合作

（1）从香港看，需要强化与东盟间经贸联系的质量和广度。过去 10 年，香港与东盟经贸合作逐步深化。2011—2021 年，香港与东盟贸易额年均增长 3.7%，香港对东盟直接投资年均增长 10.4%（图 3-3-1）。但这主要得益于香港在中国与东盟经贸合作的快速增长大趋势下，依托自身金融及专业服务优势，发挥了"中间人"的特殊角色。但随着中国与东盟贸易投资自由化便利化

水平的不断提升，特别是 RCEP 生效实施，香港需要更加关注东盟市场，在强化与东盟之间联系的质量和广度过程中，保持并增强自身地位。

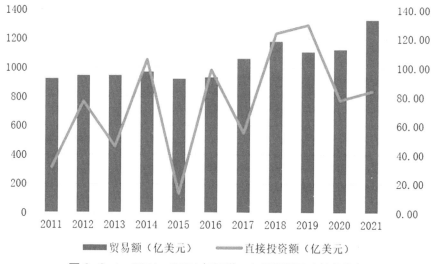

图 3-3-1　2011—2021 年香港—东盟贸易及直接投资额

数据来源：香港特别行政区政府统计处。

（2）从海南看，努力成为中国与东盟全面战略合作的重要枢纽。海南地处 RCEP 中心位置，也是我国面向东盟的最前沿。依托区位优势，做好自由贸易港政策制度与 RCEP 的叠加集成，使海南自由贸易港在中国与东盟的市场联通、产业融合、规则衔接、要素配置中发挥枢纽作用，成为两个市场的重要交会点（图 3-3-2）。

（3）在服务全局中实现琼港的发展与转型。一方面，海南面临着如何尽快使自身在区域合作中发挥枢纽作用。例如，2021 年海南与东盟贸易额占中国东盟贸易总额的比重仅为 0.43%，海南对外投资额仅占全国的 1.92%[①]。另一方面，香港需要实现由欧美合作为主向亚太地区合作为主的转移。2021 年，香港资金净流入为 2049.68 亿港元，但扣除大陆流入外，资金净流出 1695.60 亿港元，其中向美国净流出 185.94 亿港元、英国 757.02

---

① 数据来源：根据国家统计局及海南省统计局相关数据计算得出。

亿港元（图3-3-3）。

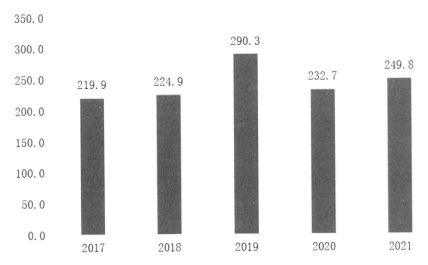

图 3-3-2 2017—2021年海南—东盟贸易额（亿元人民币）

数据来源：海南省统计局。

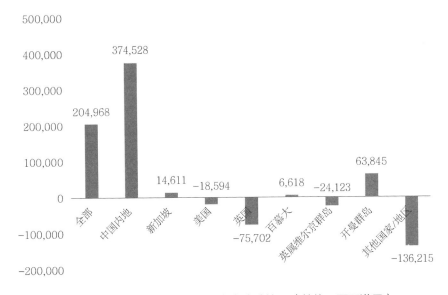

图 3-3-3 2021年香港跨境资金流动情况（单位：百万港元）

数据来源：香港特别行政区政府统计处。

2. 促进香港金融服务体系与海南自由贸易港"总部基地"的融合

（1）以"两个总部基地"为抓手加强与东盟合作。2016—2021年，中国对东盟直接投资额年均增长6.4%[①]，成为东盟第二大外资来源国。有调查数据显示，56%的中国受访企业正计划进入东盟市场；60%的企业有意愿扩大与东盟的投资合作。在此背景下，需要将加强与东盟合作的着力点放在"两个总部基地"上。

（2）海南自由贸易港"总部基地"建设面临着金融开放度低、服务体系滞后的突出短板。与一般企业相比，总部企业更关注资金的低成本和结算的便利性。从现实情况看，目前海南自由贸易港既未能形成跨境资金进出自由便利的条件，也缺乏高效、完善的国际化金融服务体系。截至2022年底，在海南设立总部的企业共有70家[②]，但主要为其在国内的业务服务，并不具有区域性市场（例如亚太区）的特点，突出表现在订单中心、投资中心设在自由贸易港境内，贸易中心、结算中心却在其他地区。

（3）促进香港金融服务与海南自由贸易港"总部基地"的融合。作为全球第三大国际金融中心，2021年香港金融服务业占本地生产总值的21.3%，从业人员约27.3万人[③]，不仅具备全球最开放的金融政策，也有能力为各类市场主体提供全类别的金融服务。与此同时，在面对东盟经济与地理中心——新加坡竞争的情况下，香港"总部基地"也面临重要挑战。2019—2022年，香港总部企业数量下降8.5%（图3-3-4）。通过引入香港金融机构与相关服务体系，合力满足国内企业以海南自由贸易港为总部基地投资东盟的各类需求，不仅将加速海南自由贸易港"总部基地"建设进程，也将明显拓展香港金融服务范围。香港金融业行业体系及主要业务见表3-3-1。

---

① 数据来源：根据历年《中国统计年鉴》数据计算得出。

② 数据来源：《2022年海口市国民经济和社会发展统计公报》。

③ 数据来源：香港特别行政区政府统计处。

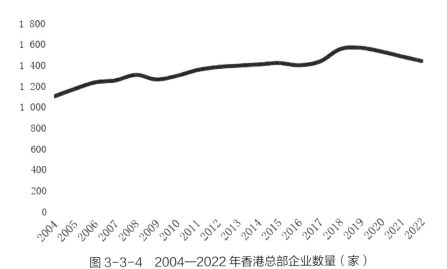

图 3-3-4　2004—2022 年香港总部企业数量（家）

数据来源：香港特别行政区政府统计处。

表 3-3-1　香港金融业行业体系及主要业务

行业	主要业务
银行业	在亚洲，银行是最重要的集资渠道之一。香港银行业体制完善，服务范围远超本土，在区内举足轻重。香港的银行提供各类零售及商业银行服务，并为企业提供投资银行服务
基金管理业	基金管理业由资产管理、顾问业务、私人财富管理及其他银行活动构成。截至 2020 年底，共有 2789 项证监会认可集体投资计划，当中包括 2194 项单位信托及互惠基金、300 项与投资有关的人寿保险计划、270 项退休 / 强积金相关基金，以及 25 项其他类别投资计划
证券业	在一级市场，投资银行及证券公司提供首次公开招股（IPO）服务。二级市场主要用作买卖在香港交易所上市的证券
保险业	保险业的两大主要业务为一般保险及长期保险业务。以毛保费计算，意外和健康业务、一般法律责任业务及财产损坏等是一般保险业务的三大范畴。长期保险业务方面，个人人寿保险最为重要，占 2019 年该业务保费的 86.1%
债务市场业	银行及经纪行等金融机构提供债务证券（如债券）发行及买卖服务，这些债务证券主要是政府债券及企业债券

续表

行业	主要业务
私募基金业	截至 2019 年底，香港是亚洲第二大私募基金中心，管理的资产总值约 1600 亿美元，仅次于中国内地。投资管理服务通过创业投资及杠杆收购等各种投资策略，投资于初创企业的私募股权或经营公司

数据来源：香港金融管理局。

3. 促进香港更好融入国家发展大局

（1）为香港更好融入国家发展大局提供新平台、新通道。更深程度融入国家发展大局，既是中央对香港的基本要求，也是增强香港发展动能、实现新飞跃的最大条件。海南自由贸易港致力于对标世界最高水平开放形态，具备承载香港更好融入国家发展大局的平台功能。特别是全岛封关运作后，贸易、投资、金融、人员、财税、海关等政策制度将进入全面落实阶段，这将为琼港提供基础条件。

（2）明显提升海南自由贸易港产业国际化水平。2022 年，海南三次产业结构为 20.8：19.2：60.0[①]，其中四大主导产业占比 70%[②]。但从产业发展质量与国际化水平看，仍面临突出矛盾。从最新公布的服务商关联度指标（体现会计、咨询、金融、保险、法律等高端现代服务业竞争力）看，新加坡为 361 分，海口仅为 31 分；在 2022 年全球城市排行榜中，海口位列第 9 个档次（倒数第二）。

（3）实现琼港发展需求的有效对接。依托海南自由贸易港高水平开放的基础性条件，着眼于香港拓展发展空间、增强服务业发展动力和海南自由贸易港做大现代服务业的实际需求，在市场对接中实现琼港现代服务业的差异化布局与产业链供应链协同，有利于在促进香港更好融入国家发展大局中，为香港优化产业布局、延伸产业链供应链提供空间，也有利于释放琼港产业

---

① 数据来源：2022 年海南省国民经济和社会发展统计公报。

② 高举新时代改革开放旗帜—书写高质量发展新篇章——海南全面深化改革开放座谈会发言摘登 ［N］.海南日报，2023-04-14（002）。

发展的新动力，合力做大产业规模，提升现代服务业国际竞争力。

二、以"总部基地"为导向实现"双港"优势互补

海南自由贸易港政策优势明显，与香港经贸互补性强，且具有开拓东盟市场的共同需求。推进琼港经贸合作，需要充分整合利用双方在产业、资源要素、区位等方面的优势，率先实现合作共建总部基地的重要突破，关键在于破解琼港经贸合作的制度型壁垒。

1. 促进香港发展优势与海南自贸港地缘资源优势叠加

（1）产业优势互补。总体看，与粤港澳大湾区相比，琼港互补性更加明显。2021年，香港服务业占比90%；截至2021年底，全球100家规模最大的银行中，78家在香港设行，且具有全类别金融服务；由约120家航空公司连接全球超过150个航点；法庭裁决水平位列全球第三，且是全球5大首选仲裁地之一。也就是说，海南所需正是香港所长。2021年，海南新设立外商投资企业有1936家，其中来源于香港的占43.8%，全年实际使用外资35.2亿美元，其中港资占比77.2%。以免税购物为例，若琼港能够联手共建免税供应链，将促进海南年免税消费额由目前的600亿元上升至1600亿元，成为全球最大免税消费市场。

（2）资源要素互补。2020年，香港与东盟贸易额1607亿美元，东盟是香港第二大贸易伙伴，香港是东盟第三大直接投资来源地；2021年，境外企业在港设立总部达1457家。与此同时，随着香港综合成本高、发展空间受限等因素制约，目前香港企业、人才等要素有外流倾向。海南拥有3.5万平方千米的土地面积，但单位土地生产总值仅为香港的0.72%。若海南土地资源利用效率达到香港的5%，将释放数千亿元的资本需求。

（3）放大海南自由贸易港地缘优势。海南位于RCEP成员国中心，向北通过海陆空与中国内地紧密相连，向东、向南与东亚两国、东盟10国、澳大利亚和新西兰通过航空与海运便捷连接。香港是国际金融、航运、贸易中心，内地与东盟贸易的重要转口港。琼港经贸合作，就是要促进海南地缘优

势与香港以金融为重点的发展优势相结合。

2. 破解琼港经贸合作的制度性壁垒

（1）破解市场联通的壁垒。市场联通是琼港经贸合作的基础性条件。从现实情况看，相较于香港，海南自由贸易港以服务业为重点的市场开放水平相对滞后。例如，香港—澳大利亚自贸协定中，香港跨境服务贸易负面清单共16项限制措施（不含金融），金融领域跨境服务贸易限制措施5项；海南自由贸易港跨境服务贸易负面清单共70项限制措施。促进琼港经贸合作，需要在市场开放中使得各类市场主体在更加充分的合作竞争中实现联动发展。

（2）破解规则差异的壁垒。琼港合作涉及两套法律、两种规则。特别是推进以现代服务业为重点的经贸合作中，迫切需要加快推进琼港服务业规则、规制、管理、标准的对接。香港具备高度自由开放、同国际规则顺畅衔接的优势。推进海南自由贸易港制度型开放，打造世界最高水平开放形态，最有条件的就是率先推进面向香港的制度型开放，在规则、规制、管理、标准对接中实现琼港服务业深度合作、服务体系的全面对接和市场体系的直接融合。

（3）破解体制机制的壁垒。由于受到两种制度、两个关税区等因素的影响，经济领域的各种要素仍然难以实现自由流动。香港自由开放雄冠全球，营商环境世界一流。推进以经济管理体制为核心，社会与行政管理为保障的体制机制对接，既是海南自由贸易港建设的重大任务，也将形成经贸融合的重要保障。

三、推动以金融为重点的"双港"合作进程

总的来说，在推进琼港经贸合作的过程中，需要以服务业市场开放和服务贸易为重点，面向东盟国家，加快促进双方在金融服务、法律服务、专业服务、免税购物产业链供应链以及医疗健康等领域实现重大突破。

1. 率先实现合作共建总部基地的重要突破

（1）建设中国企业投资东盟的总部基地有相当强的迫切性。面对国际政

治经济格局复杂严峻变化，出台相关举措支持国内有条件的企业到东盟投资合作，具有紧迫性。特别是在亚太地区产业链供应链加速重构、区域经贸安全格局加速重塑的情况下，海南自由贸易港要适应全球与我国投资合作大势，首要在于打造国内企业到东盟投资的"总部基地"。未来2—3年，要有重要突破。

（2）形成琼港"总部基地"的差异化布局。琼港联手共建海南自由贸易港"总部基地"，不仅不会降低香港总部经济吸引力，还将形成服务衔接、功能互补的整体优势。例如，利用香港开放优势，重点吸引企业设立资金管理、研发设计、对外营销等总部基地；依托海南充裕的地理空间和与东南亚距离最近的优势，重点吸引企业设立中高端加工、销售、交易、运输等总部基地。

（3）打造"海南承接＋香港服务"的合作模式。着眼于香港发展空间有限、综合成本较高等短板和海南自由贸易港资源丰富、与内地更为紧密等不同特点，积极吸引国内企业在海南自由贸易港建立投资东盟的"总部基地"，并通过规则对接、市场联通、要素畅通等多种方式促进香港国际化服务体系向海南及内地延伸。

2. 促进琼港金融服务合作

（1）在海南自由贸易港设立服务"总部基地"的人民币—港币的双币资金池。适应国内企业"走出去"的趋势与海南自由贸易港"总部基地"建设的需求，在海南自由贸易港设立人民币与港币的双币资金池，共同向中央申请设置较高额度，在额度范围内实现人民币与港币的自由兑换。例如，内地企业可以在海南自由贸易港设立地区总部，在香港设立"走出去"总部，允许这些双总部企业通过双币资金池实现资金自由进出，并在资金池内自由调配并开展融资，降低企业财务成本。

（2）合作搭建面向国内企业的金融服务平台。例如，支持在港央企、在港金融服务机构与海南合作建立服务国内和东盟企业的能源、航运、大宗商品、产权、股权、碳排放权等国际交易场所，并通过委托符合条件的香港金融机构管理运营等方式，全面引入香港交易标准。共推自贸港国际财资中心建设，聚焦跨境财富管理和跨境资金运营，以自贸港账户体系资金池试点为切入口，推动跨国公司和"走出去"央企在海南设立跨境资金运营机构。

（3）合作开拓面向东盟的特色金融市场。未来，东南亚基础设施投资的加大，以及商业生态系统的改善让私人投资涌进当地市场。特别是在数字经济、绿色发展等新的增长点领域，蕴藏着巨大的金融服务需求。区域内的主要金融中心新加坡也无法全部满足。这为琼港金融服务范围的拓展提供重要机遇。例如，合作开拓面向东盟的绿色金融与 ESG 金融市场，聚焦"碳达标、碳中和"的目标和绿色金融的细分领域，对标国际先行探索，共建覆盖内地与东盟的碳汇交易中心。

（4）率先实现"海南承接＋香港服务"的金融合作模式突破。发挥香港金融市场主体多、服务体系完善、交易便捷高效等的优势，以企业为主体，探索打造"海南承接＋香港服务"的金融合作模式。例如，选择海南自由贸易港优质总部企业，支持其与香港金融机构签订合作协议，允许在港金融机构为合作企业直接提供与香港相同的国际金融服务业务，实现企业项下的金融服务直通，并探索合作协议框架下的跨境金融服务直接提供模式。同时，政府放松对试点企业的外汇管制及监管规则。

3. 合作共建面向总部企业的法律服务体系

（1）促进琼港法律服务市场的对接。争取将海南自由贸易港作为不同法律制度对接试点，以务实举措实现法律服务市场对接的突破。例如，支持两地律所订立合作协议，在海南组建一个合伙联营律师事务所，并以该所的名义对外提供法律服务，允许合伙联营律师事务所及其香港律师在内地全面提供涉港、涉外法律服务，允许合伙型联营律师事务所及其内地律师在香港全面提供涉及国内法律服务。

（2）香港立法团队以多种形式参与海南自由贸易港法规体系建设。例如，组建由香港立法会议员组成的海南自由贸易港立法顾问团，为海南自由贸易港提供立法智力支持服务；招录香港知名法律专家与司法界人士，参与海南自由贸易港消费、金融、会计等领域的立法，提升海南自由贸易港立法质量。

（3）合作打造以仲裁为重点的多元化纠纷解决机制。吸引香港国际仲裁中心在海南设立分支机构，支持其按照香港惯例和做法对国际商事纠纷案件开展仲裁服务；探索聘请港籍法官、律师在海南自由贸易港担任公证员、司法鉴定员、法官助理等，开展涉外民商事纠纷解决辅助工作；合作建立琼港司法服务联盟，开展对"走出去"企业的涉外法律、合规等服务。

4. 合作共建面向总部企业的专业服务体系

（1）引进香港国际中介服务机构。充分利用海南自由贸易港政策优势，加快引进更多国际知名会计、审计、信用评级、资产评估、投资咨询等专业中介服务机构，为总部企业提供国际化的服务体系。

（2）合作共建国内企业投资东盟的专业服务联盟。组建由专业的担保机构、会计与律师事务所、投资咨询公司、资产评估公司等参与的服务联盟，合作对走向东盟的企业提供法律援助、投资保险、直接融资、信用评级等一揽子专业服务。发挥香港信息中心的优势，为"走出去"企业提供东盟当地政策与法律查询解读、国别投资环境评价、境外合作项目推荐、各类风险预警等相关服务。

（3）合作共建国内企业投资东盟的指引中心。参照RCEP及东盟规则，制定《对外投资与海外经营合规管理指引》，并形成定期更新机制，重点就当地的安全审查、行业监管、外汇管理、反垄断、劳工管理、环境保护等问题形成基础性规范。

（4）条件成熟时，制定实施琼港跨境服务贸易负面清单。在《关于内地在广东与香港基本实现服务贸易自由化的协议》的基础上，对标CPTPP等经贸协定，制定实施限制措施30项左右的跨境服务贸易负面清单。破除跨境交付境外消费、自然人移动等服务贸易模式下存在的各种壁垒，给予在港服务提供者全面的国民待遇。

四、关键是实现"双港"服务标准对接

海南自由贸易港有条件在推进面向香港的制度型开放上实现重要突破。促进琼港经贸合作，需要立足现实、着眼中长期，推进规则、规制、管理、标准等对接。

1. 逐步建立琼港金融"单一通行证"制度

（1）建立琼港总部企业金融服务直通机制。发挥香港金融人才与信息服务业发达优势，允许在港金融机构通过跨境服务、自然人移动等方式为在海南自由贸易港设立总部基地的企业提供金融及信息服务，并在一定范围内允许其在海南自由贸易港内使用港币。

（2）借鉴欧盟经验，实施琼港金融机构牌照和资格"单一通行证制度"。共同商定"单一通行证"认证标准，对经认证的金融机构，经备案后无需单独申请准入即可为两地企业提供相关金融服务。在起步阶段，可率先在银行、保险等领域开展探索，并逐步向外汇交易、期权期货、证券发行、货币经纪、资产管理等领域拓展。

专栏 3-3-1　欧盟单一通行证制度简介

1. 基本情况

"单一通行证"制度是指欧盟成员国内金融机构可在他国境内设立分公司或不设立分公司直接提供金融服务，而无需经过东道国许可的制度安排。该制度安排主要涉及九类金融机构，包括银行、贷款公司、保险与再保险公司、保险经纪、投资公司、支付机构、电子钱包、另类投资基金和可转让证券投资基金的欧盟"单一通行证"。制度发展至今，其具体表现形式是，只要金融机构所在成员国批准，该金融机构便可在欧盟其他成员国自由开展业务，其他成员国原则上不能施加额外监管要求。作为欧盟单一金融市场的核心制度，其主要通过减少成员国之间提供跨境金融服务的壁垒，大幅推动了欧盟国家间金融服务的一体化。

2. 实施效果

从实践看，欧盟"单一通行证"制度消除了金融机构在欧盟境内的跨境展业障碍，促进了资金自由流动，推动了欧盟金融市场一体化进程。比如，卢森堡作为欧洲的金融中心之一，是很多国际机构包括中资机构设立地区总部的优先选项。其最大的吸引力是，在卢森堡申请金融业务牌照后，即可在整个欧元区内通行。

从市场发展看，根据英国金融行为监管局（FCA）统计，实施"单一通行证"制度后，英国约有5500家机构在欧盟其他国家开展金融活动，同时约有8000家注册在欧盟其他国家的机构在英国开展金融业务。与此同时，欧盟内部并购活动迅猛增长，金融市场集中度显著提升，金融业竞争加剧。

资料来源：中政院课题组整理。

（3）建立粤港澳金融风险共同防范机制。成立琼港金融协调监管委员会，协调处理两地之间有关互设金融机构、货币互换和汇兑机制、互相信用支持、金融信息交换、金融风险防范和合作监管机制等金融事务；建立琼港金融调解与仲裁、诉讼的对接机制，依法维护金融消费者合法权益；建立琼港反洗钱和反恐怖融资监管合作机制，防范非法资金跨境、跨区流动。

2. 赋予港资、外资企业适用法律自主选择权

（1）尽快推进琼港仲裁规则的衔接。参照《香港国际仲裁中心机构仲裁规则》，出台《海南自由贸易港国际商事仲裁条例》。尝试推进海南自由贸易港的临时仲裁制度。进一步强调商事仲裁裁决的法律效力，杜绝司法机关对仲裁程序的不当干预，谨慎撤销仲裁裁决，确保仲裁结果的权威性。

（2）允许港资、外资企业在商事领域自主选择法律适用。出台《海南自由贸易港总部企业商事法律适用指引》，赋予在海南自由贸易港注册或设立总部的港资、澳资、台资及外商投资企业对法律适用的选择权。例如，支持诉讼方要求海南法院采纳内地或香港法律作为审理争议的适用法律，或支持合作方协议约定在海南法院以香港法律审理日后争议等。

（3）为在港法律服务机构在琼营业提供更大便利。进一步扩大香港律师事务所驻海南代表机构业务经营范围，逐步实现由非诉讼领域向民商事诉讼领域拓展；条件成熟时，允许在港律师事务所在海南自由贸易港设立分支机构，专司涉港、涉外法律服务；支持在琼律师事务所聘请香港律师，开展面向国内企业的国际法律业务。

3. 推进琼港会计等专业服务标准对接

（1）合作制定专业服务业管理标准。学习借鉴香港高水平专业服务管理

标准，加快建立海南自由贸易港会计、审计等专业服务业管理标准体系，积极推进海南相关行业企业开展国际标准认证，提升专业服务国际化及专业化水平。

（2）制定实施认可会计服务商计划。允许符合香港标准的会计、审计等服务机构，在海南自由贸易港经备案审核后直接开展相关经营与业务活动。允许具备国际执业资格的在港会计师、审计师等，经海南主管部门备案后，直接为海南非居民企业提供记账报税、审计验资、资产评估等会计服务。

4. 促进琼港人才管理的制度对接

（1）全面扩大对香港人才的单向认可。一是推进对香港人才的单向认可制度创新。取消认定人员"已被海南自由贸易港用人单位聘用"的限制；允许取得香港职业资格的相关技术人员免试在海南自由贸易港范围内提供跨境服务。二是明显拓宽对香港人才的单向认可。适应琼港金融、法律、会计、免税、医疗健康等服务需求，实行海南自由贸易港对香港人才单向认可动态调整机制，逐步实现认可范围全覆盖。对经认可的香港人才，在海南自由贸易港备案后，即可开展已具备资质的相关业务。三是支持琼港合作共建专业协会。例如，支持琼港合作共建律师协会、医师协会、会计师协会等，作为社会团体法人，制定相互认可的管理标准，共同对两地律师事务所及律师进行管理。

（2）推进以青年人才为重点的琼港人文交流。一方面，为琼港创业青年及商务人员提供进出自由便利政策。对在海南自由贸易港从事科研、文教、卫健、金融、法律、税务、高新技术等领域的人才实施3—5年不等的签注政策，促进琼港两地人才便捷高效有序流动、提高两地人才交流便利水平。条件成熟时，实行琼港人员进出免签政策。另一方面，互设青年人才服务机构。琼港在两地互设以青年为重点的人才服务机构，为两地人才交流及创新创业提供政策咨询、就业信息发布引导、政务事项代办、法律咨询和培训等服务。

（3）开展多层次人才培训合作。例如，在海南自由贸易港设立"琼港律师学院"，作为律师培训的合作基地，通过邀请知名专家、仲裁院、律师等授课，举办模拟法庭、仲裁庭、律师论坛、竞赛等多种方式，加快培养通晓普通法、国际仲裁规则、国际商业习惯等方面的律师。同时，建立政府间公务人员交流培训机制，推动实现琼港公务人员定期挂职交流等。

5. 推进以税收为重点的琼港政策协同

（1）促进琼港税收优惠政策的对接协同。例如，对在海南自由贸易港的香港人才，允许其与海南共享"居住满183天"的时限，只要其在海南与香港居住时间之和超过183天，即可享受海南自由贸易港特殊税收政策。

（2）对在琼香港人才实施"港人港税"。鉴于海南自由贸易港15%所得税政策仅限于工资薪金、劳务报酬、稿酬、特许权使用费四项所得，香港则包含全部所得。建议，允许在琼香港人才对其综合所得自主选择海南自由贸易港或香港的税收政策。

第四节　放开"一线"、管好"二线"

《总体方案》提出"在实现有效监管的前提下，建设全岛封关运作的海关监管特殊区域"。《中华人民共和国海南自由贸易港法》第十一条明确"国家建立健全全岛封关运作的海南自由贸易港海关监管特殊区域制度。"全岛封关运作意味着海南全岛由"境内关内"向"境内关外"的实质性转变，将形成全面深化改革和试验最高水平开放政策的重要条件。全岛封关运作不仅要强调风险防控、二线管住，更要着眼于"放得开"这一最终目标。基于经济全球化的变化趋势与海南自由贸易港建设的实际需求，要支持海南将主要精力放在放开"一线"、管好"二线"上，以境内关外的独特优势集聚全球资源。

一、统筹封关运作与"总部基地"建设

不管是从国际知名自由贸易港的发展经验来看，还是从海南自由贸易港建设的现实需求来看，重中之重都在于"一线放开、二线管住"。要着眼于未来5年将海南自由贸易港打造成为"国内国际双循环重要交会点"的重要目标，按照有利于吸引集聚优质要素、配置全球资源、服务国内需求的具体要求，形成封关运作的总体思路。

1. 以打造最高水平开放形态为基本要求

自由贸易港是当今世界最高水平开放形态。海南建立自由贸易港，就是要加快建立一套相对独立的、与最高水平开放形态相适应的、具有国际竞争力的开放政策和制度体系安排。全岛封关运作，就是要充分利用海南相对独立的地理单元优势，打造与内地相对分隔的"境内关外"性质的海关监管特殊区域，由此保障海南自由贸易港全面深化改革和最高水平开放政策得以全面贯彻实施。

2. 发挥封关运作对打造"总部基地"的促进作用

（1）发挥封关运作对内外市场连接的重要促进作用。全岛封关运作后，自由贸易港政策与制度将进入全面落实阶段，实施范围将由目前的重点园区"点状"布局向全岛范围的"面域"布局过渡。一方面，通过"二线"管理制度有效保障海南与国内市场的连通性；另一方面，通过"一线"开放政策与制度的落实，明显提升海南与国际市场，尤其是东盟市场的连通性。

（2）发挥封关运作对商品要素双向流动的促进作用。全岛封关运作后，海南贸易、投资、金融、人员、财税、海关等政策制度将进一步升级，以贸易投资自由化便利化为重点的自由贸易港政策与制度体系更加全面、高效落地。例如，全岛封关运作后，海南自由贸易港"零关税"清单将由"正面＋负面"向"负面清单"过渡，投资制度将由"极简审批"向"标准制＋承诺制"过渡，服务贸易制度将由减少限制措施向"既准入又准营"过渡，这将为促进国内国际市场更好联通、商品要素双向流动等提供重要动力；税收将

由以"免征"为主要方式的差异化政策向"简税制、低税率"为特征的普惠制转变，这将为吸引优质要素集聚提供重要条件。

（3）发挥封关运作对内外规则对接的重要促进作用。从国际经验看，中国香港、新加坡、迪拜等全球知名高水平自由贸易港均体现了"一线放开、二线管住、区内自由"的一般特征。按照《总体方案》要求，启动全岛封关运作，就是要充分利用海南相对独立的地理单元优势，通过清晰的"境内关外"制度边界，在实现有效监管的同时，更大力度开展国际经贸规则的"压力测试"，更好发挥海南自由贸易港对区域内其他国家与地区的影响辐射作用。

3. 按着既有利于放开"一线"，又有利于用好国内腹地市场的封关运作格局

（1）发挥重要枢纽作用的关键在放开"一线"、用好"一线"。以"总部基地"建设为例。目前，海南自由贸易港"总部基地"建设的大势尚未形成的主要掣肘在于"一线"尚未放开。截至2020年底，在海南设立公司的世界500强企业为30家左右，且核心业务转移相对缓慢；经认定的总部企业49家，但面临着国际贸易合作网络相对较小等问题，主要为其在国内的业务服务，并不具有区域性市场的特点，受制于资金、信息、人员等进出成本高的掣肘，其突出表现在订单中心、投资中心设在自由贸易港境内，贸易中心、结算中心却在其他地区。

（2）以有利于用好国内大市场为目标合理设置"二线"。"二线"设置要使得海南充分利用东南亚国家不具备的超大规模市场优势，形成自身最大的吸引力与竞争力。尤其是要便利内地企业及相关要素自由便利地进入海南自由贸易港。"二线高效管住"并不是管死，而是要加快推进"放、管、服"改革，以不降低与内地连通性为底线，实现与内地间的物畅其流、人便于行。例如，"二线"的金融监管制度，不仅要有效防范境外资金冲击内地金融市场、影响全国金融稳定，也要服务于海南自由贸易港与内地资金的自由便利流动及内地企业以海南自由贸易港为平台开展国际融资、对外投资等活动的

便利。

（3）切实防范因不合理的"二线"监管造成"外资不愿进，内资进不来"的问题。一方面，特殊政策叠加背靠国内大市场是海南吸引境外优质资源集聚的重要优势。境外企业通过海南自由贸易港这个平台，更低成本、更自由便利地进入内地市场。若全岛封关运作后因"二线"监管制度过严阻碍海南与内地市场的有效流通，海南对境外要素的吸引力将大打折扣。另一方面，做大市场流量，不仅要依托国际市场，更离不开巨大的国内市场支撑。若全岛封关运作后的监管方案设计，过度强调风险防控而造成海南与内地货物、资金等要素双向流动的制度性壁垒，不仅将影响国内资源要素的流入，也难以实现打造双循环重要交会点的目标。

二、新形势下放开"一线"、管好"二线"要有新思路

新形势下，既需要充分估计海南自由贸易港"一线"放开后的各种不确定性，也要立足海南自身实际，按照服务于打造国内国际双循环重要交会点的目标要求，谋划"一线"放开、"二线"管好的方案设计，关键是要处理好"一线"与"二线"的关系，以"一线"与"二线"的合理安排，建立与具有国际竞争力和影响力的海关监管特殊区域相适应的海关监管制度与模式。

1. 立足海南市场流量小与风险防控能力弱的现实情况

（1）市场流量小制约海南地缘优势发挥。从国际自由贸易港的成功经验看，"大进大出"的通道经济是其一般特征，也是其区域影响力、辐射力的重要基础。例如，2021年，新加坡货物贸易、服务贸易、进出资金分别占其GDP的224.2%、117.7%、38.0%。2021年，海南全省接待国内外游客8100.43万人次，仅相当于广东的31.5%；全省货运量28039万吨，仅相当于广东的7.0%；实际利用外资35.19亿美元，仅相当于广东的12.3%；货物贸易额1476.8亿元，仅为广东的1.8%；服务贸易额287.8亿元，仅为广东的2.9%。市场流量少既成为海南现代产业体系的突出掣肘，也难以形成对周边区域的辐射力与影响力。

（2）未来几年吸引欧美资本提升市场流量存在较大不确定性。一方面，在大国关系与地缘政治安全格局深刻复杂变化的背景下，吸引欧美资本的难度明显增大。2021年，我国来自于美、英、法、德、澳国家的外商直接投资额仅占我国外商直接投资总额的3.7%。东盟国家依托自身成本优势、开放政策和良好的发展势头，成为吸引全球投资的主要区域。2021年，东南亚吸引外资同比增长43.6%，总量已接近我国吸引外资总额。也就是说，海南自由贸易港吸引大规模外资进入不仅面临全球与区域大格局变化的不利影响，也需要面对与东盟的竞争，"一线"放开后外资能否大规模进来仍存在较大不确定性。

（3）监管能力弱使得海南难以同时管好"二线"，又制约"一线"放开。以金融为例。目前普遍思路是，由于怕管不住，所以不敢放、放不开，金融监管大多数采取合规性监管和限制性监管，且主要侧重于市场准入行为监管、现场监管以及传统的业务监管，这些举措与自由贸易港"宽进严管"的通行做法相悖，不仅制约了金融市场主体进入，也制约了海南金融业的多元化发展。此外，在海南实现岛内和境外资金自由流动后，若未能形成健全的海南与内地金融风险隔离机制，海南本岛金融风险可能向国内市场传导，冲击内地金融市场、影响全国金融稳定。

2. 借鉴香港模式形成"积极放、高效管"的成功经验

（1）"境内关外"的单独关税区。香港地区作为全域自贸港，且为独立关税区，香港与香港关境之外的国家和其他地区的关系为"一线"关系，不存在"二线"。

（2）推进"一线"高水平开放。香港通过实施并不断更新贸易投资自由化便利化政策，确保各类市场主体在法律范围内能够享受到最大程度的自由空间。例如，海关只对涉及食品卫生、国家安全、环境保护等方面物品实施最低限度的行政许可，进行进出口配额管制和许可证管理；除金融、电信、公共交通、公共设施及部分传媒行业受政府管控外，投资者可以进入各领域投资和经营；实行自由汇兑制度，外汇、黄金和钻石在香港自由进出，各种

货币在香港自由交易和交换，货币市场和资本市场高度开放。

（3）实现"一线"高效管理。除开展国际合作外，香港通过律政司保安局下设的香港海关根据《香港海关条例》，开展防走私、防贩毒与毒品滥用、征收关税、促进贸易、战略物品管制及保障知识产权、保障消费者权益等监管职能。

（4）香港模式的主要优势。

有利于加快高水平开放进程。自由贸易港是当今世界最高水平开放形态，其实质是立足于跨境经济关系，推动贸易便利化和各类要素流通便利化，削减双向市场障碍。"一线""二线"由同一主体管理，会造成由于怕管不住，所以不敢放、放不开的情况，从而制约"一线"放开进程。香港模式则不同，其集中精力管理"一线"及境内模式，有利于主动适应全球经贸规则新趋势，有利于根据实际发展与转型需要制定并不断更新开放政策，且确保了境内安全。

有利于形成更大吸引力与竞争力。"一线"与"二线"的适度分离，不仅可以促进削减关境要素流通阻碍，也可以与境内其他地区形成落差，能最大程度形成区域性经济竞争优势，吸引集聚优质生产要素。例如，过去十几年，香港根据国际贸易规则变化及自身转型需求，灵活制定相关贸易投资政策，吸引资金运营商、新型贸易商和高端商贸人才集聚，其国际竞争力逐步提升。2019 年，香港世界经济竞争力排名由 2007 年的第 12 名上升至第 3 名；2021 年，由于多种因素排名有所下降，但仍居前五名。

有利于更加灵活地开展国际合作。自由贸易港的区域影响辐射作用，也体现在其面向全球的经贸网络。香港依托其独立关税区的特殊地位，不断拓展国际网络，不仅在全球经贸规则重构中占据一席之地，也使得自身通过高水平经贸协定提升开放水平。截至目前，香港已与 8 个国家或地区签署自由贸易协定。

专栏 3-4-1　香港海关设计及监管模式

1. 香港海关组织架构

香港海关隶属于保安局（政务司下属的九局之一），是保安局的纪律部队，属于公务员序列。截至 2020 年 4 月 1 日，海关的职员编制达 7317 人，其中包括 9 名首长级人员、6142 名海关部队人员、493 名贸易管制职系人员，以及 673 名一般及共通职系人员。

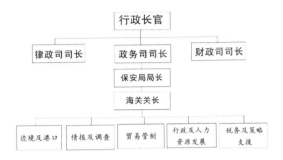

2. 香港海关主要职能

除开展国际合作外，重点就进出香港的"一线"及境内消费市场进行监管。根据《香港海关条例》，主要职责为：

保护香港特别行政区以防止走私。即：实施许可证制度；检查经海、陆、空途径进出口货品；出入境管制站检查旅客和行李；搜查抵港和离境飞机、船只、车辆；打击有关犯罪。

保障和征收应课税品税款。即：征收应课税品税收；打击与应课税品有关的犯罪。

侦缉和防止贩毒及滥用毒品。执行禁毒相关法例；调查、打击、监视贩毒集团；对有关化学品进行管制。

保障知识产权。即：执行有关知识产权的条例；调查侵权活动，包含网络侵权；就特定商品发出许可证书。

贸易管制。执行产地来源证和进出口签证制度；防止及调查虚报产地等有关违法行为；执行食米发牌管制工作；执行《进出口（战略物品）规例》。

保障消费者权益。即：执行保障消费者权益的相关法例，包括《度量衡条例》《玩具及儿童产品安全条例》《消费品安全条例》《商品说明条例》。

保障和便利正当工商业及维护本港贸易的信誉。

履行国际义务。包括：与世界海关组织及其他国家、地区海关组织展开合作；检取违规物品（例如违禁药物、走私货物等）；就犯罪行为进行检控。

3. "一线"监管模式

对大部分货物豁免报关。根据《进出口条例》，对转运货物、过境货物、船舶补给品、私人行李、邮件、运输工具等共 16 类商品豁免报关。

其他货物报关。除豁免物品外，输入、输出香港的物品需按照相关管理规定，向海关提交报关单。

特殊物品实行许可管理。任何人士如欲进口或出口禁运物品，必须事前向有关的政府部门申领牌照、许可证或证明书，并须受海关监管。禁运物品主要包括烟、酒、爆炸物、危险药物、野生动物、武器、毒品等。

对消费品实行管理。防止经销商在经营中对提供的货品作出虚假商品说明以及虚假、具误导性或不完整的数据及错误陈述，以保障消费者权益。

资料来源：中改院课题组整理。

3.支持海南集中精力放开"一线"、用好"一线"

（1）海南的主要职责在"一线"。无论是加强与东盟交流合作、努力打造国内国际双循环的重要交会点，还是自身建设发展，海南自由贸易港海关监管的主要精力都应放在如何在安全前提下更好推动"一线"高水平开放。封关运作的主要目标就是要在相对安全的前提下实现高水平开放政策与制度高效落地，形成相对于内地的开放与发展环境差异，吸引内地企业在海南自由贸易港内交易、配置、集聚各类商品要素，开展面向东盟的经营、管理、投资等各类业务。

（2）放开"一线"建立高水平"境内关外"的自由贸易港。放开"一线"需要按照中央提出的"打造最高水平开放形态"的基本要求，加快落实《总体方案》确定的贸易投资自由化便利化政策，推进"零关税"清单由"正面+负面"向"负面清单"过渡；服务贸易制度由减少限制措施向"既准入又准营"过渡；投资制度由"极简审批"向"标准制+承诺制"过渡；税收政策将由以"免征"为主要方式的差异化政策向"简税制、低税率"为特征的普惠制转变。与此同时，对接国际高水平经贸规则，做好高水平开放压力测试，逐步打造与最高水平开放要求相适应的政策体系。

（3）海南仍需承担管好"一线"的任务。在"一线"放开的同时，海南承担着市场准入（出）、口岸公共卫生安全、国门生物安全、网络和信息安全、产业安全、生态安全等领域的监管职责。同时，在坚持岛内自由的情况下，重点提升投资、商务、市场、生态环境保护、意识形态等领域的监管有效性与专业性，以维护岛内市场稳定、意识形态安全及重大公共利益等。

4.以"二线"高效监管避免某些局部问题影响海南自由贸易港建设全局

2021年，湛江全年查处的套代购涉案金额为2.45亿元，占离岛免税销售额的 0.4%。从趋势看，未来 10 年，RCEP 区域内 90% 以上的货物将逐步实现"零关税"。此外，随着电子锁等现代信息技术的广泛应用，再加上海南相对独立地理单元的突出优势，有条件在高度开放背景下有效防范货物走私风险。与此同时，在各方高度关注海南自由贸易港的情况下，仍需要高度重视现实中出现的某些走私风险对自贸港建设全局的影响与破坏。为此，需要在"一线"放开中实施必要的监管，守好第一道防线；同时，科学设置"二线"，实行严格、科学、高效的"二线"监管体系，保障"一线"放开后的安全性，并形成"一线"放开的有效支持。

三、放开"一线"、管好"一线"

放开"一线"是建设海南自由贸易港的基本要求与重大任务。需要按着打造世界最高水平开放形态的基本要求，在推进高水平开放压力测试中形成"一线"放开的制度安排。同时，"一线"放开不是不管，而是"宽进"基础上的"严管"。需要客观估计封关运作后"一线"高水平开放可能带来的各类风险，并承担起管好"一线"的主体责任。

1. 明确海南自由贸易港管好"一线"的主体责任

在"一线"放开的同时，海南需要强化安全准入（出）监管，加强口岸公共卫生安全、国门生物安全、食品安全、产品质量安全管控。一是对进出口货物查验，有效监管禁止、限制进出口的货物、物品，对进口征税商品目录内商品征税，强化出入境检验检疫；二是履行 WTO、RCEP 等协定规则，遵循我国已签署的《世界海关组织公约》等；三是与岛内职能部门配合，加强涉及国家安全、社会稳定、生态保护红线、重大公共利益等海南岛内的投资与经营行为监管。

2. 支持海南推进"一线"领域的充分放开

（1）货物。以"零关税"为特征的自由便利安排。出台精简的《海南自由贸易港禁止、限制进出口的货物、物品清单》；对标国际自由贸易港出台《海南自由贸易港进口商品征税目录》，率先在海南自由贸易港全面实行

RCEP "零关税" 清单，并逐步向全面 "零关税" 过渡；实行全链条式的国际贸易 "单一窗口" 管理制度；实行以信用管理为核心的便捷通关制度。例如，率先在海南自由贸易港 "一线" 口岸对易腐货物和快件、空运货物、空运物品实行 6 小时内放行便利措施。

（2）服务。以准入即准营为特征的自由便利安排。制定更加精简的跨境服务贸易负面清单，将限制措施缩减至 40 项以内；对标 CPTPP 形成跨境服务贸易的境内规制，明确细化国民待遇标准、跨境服务贸易市场准入及当地存在标准；探索实行服务贸易 "认可经济营运商计划"。

（3）投资。以 "非禁即入" 为特征的自由便利安排。精简外商投资准入负面清单，逐步实现外商投资准入负面清单与跨境服务贸易负面清单的合并，并形成与国际接轨的外商投资准入负面清单基本框架；大幅降低市场准入门槛，实行内外资一致的市场准入负面清单，对清单外投资实行 "准入即准营"，对清单内非禁止事项实施 "承诺即入"；建立自由贸易港公平竞争制度。组建法定机构性质的公平竞争委员会，全面清理业绩要求的相关规定。

（4）资金。服务总部企业的自由便利安排。一是进一步放宽资金自由进出限制。例如，探索对总部企业跨境支付领域实行法人承诺制；对个人资金支付和转移需求，进一步放开汇兑。二是进一步扩大金融开放水平。例如，全面取消外资金融机构与内资不同的资格条件限制，进一步放宽外资金融机构业务范围。三是适应总部企业业务需求进一步拓展 FT 功能。在封关运作前，支持银行开发更多 FT 投资产品；争取央行支持，针对 FT 账户建立一套相应的清算账户体系和业务系统，在此基础上，按照 "最终实现海南自由贸易港非金融企业外债项下完全可兑换" 的目标要求，尽快建立服务总部企业对外投资合作需求的境外人民币债券发行办法。

（5）人员。出入境自由便利的安排。进一步扩大免签范围，率先实现东盟国家入境旅游免签全覆盖，同时在现有 59 国免签基础上制定商务人员临时入境政策；尽快发布实施《海南自由贸易港外国人工作许可特别管理措施（负面清单）》；借鉴新加坡经验，完善中高层次人才工作签证制度；扩大对 CPTPP 成员国职业资格单向认可范围；放宽境外人员参加职业资格考试范围，尽快将旅游、交通运输、租赁和商务服务、科学研究和技术服务、文化体育娱乐等领域纳入允许参加职业资格考试范围。

（6）数据。安全有序流动的安排。一是逐步扩大电信市场开放。稳步放宽基础电信业务牌照管理限制；全面放开增值电信业务市场准入。二是放松互联网访问限制，允许海南自由贸易港内人员、企业经实名备案后自由查阅访问国外数据库、网站等。

3. 在"一线"放开中防范可能带来的各类风险

（1）防范货物贸易自由化便利化可能带来的走私风险。如违规货物入关，主要就是防止禁止类的货物进入海南自由贸易港；"零关税"货物在港内流通时违规改变用途；等。

（2）防范投资"非禁即入"可能引发的市场风险。全岛封关后，除特定领域实行准入管理外，海南将全面放开投资准入，且严格落实"非禁即入"。需要防范外资企业以负面清单外行业备案后，违规通过各种方式进入禁止、限制外资进入的行业，或通过虚假承诺从事非法经营；防范外商企业从事非法集资、经济诈骗等非法经济活动。

（3）防范跨境资金自由便利可能引发的金融风险。一是防范海南成为国内外资金洗钱的通道和恐怖融资的平台。二是防范放宽金融市场准入带来的投机风险。例如，金融新业态新模式可能会增加投机行为；混业经营带来的套利风险。三是对外举债引发的债务风险。可能抬高整体外债水平，影响国际收支平衡。四是防范境内资金不合理外流。

（4）防范数据流动可能引发的网络安全风险。如国家重大国防和安全信息泄密风险；网上传播和开展不利于国家安全和民族团结的信息和活动的风险；网上传播和开展黄、赌、毒等违法违规的信息和活动的风险。

（5）防范人员自由流动可能引发的风险。一是非法入境，伺机从事违法犯罪活动。例如，海南对外国人入境审查程序减少，但公安和边防、交通等部门若不能实现数据及时地互联互通，会导致不法境外人士利用管理漏洞通过海南进入内地，伺机从事违法犯罪活动。二是外籍人员非法就业，可能会对本地劳动力市场、社会稳定带来一定的影响。

（6）防范公共生态安全与卫生风险。一是生物安全风险。海南要建设全球动植物种质资源引进中转基地，境外入境的生物材料可能带来生物安全风险，也可能导致境外非法获得野生动植物物种、南繁种质资源等。二是资源环境风险。随着自由贸易港建设的深入推进，经济活动将日益活跃，可能存在资源承载力和环境污染的潜在风险。三是公共卫生风险。在疫情防控常态化的情况下，人员、货物进出自由便利可能带来传染病、流行病等风险。

四、形成管好"二线"的新思路

根据《海南自由贸易港建设总体方案》的具体要求，"二线"管住是建设海关监管特殊区域的重要职责，需要以"二线"后撤的创新思路，积极创新相关体制机制，为实现贸易投资自由化便利化创造良好的制度环境。

1. 明确"二线"监管职责

（1）货物领域。《海南自由贸易港建设总体方案》明确"在海南自由贸易港与中华人民共和国关境内的其他地区（以下简称内地）之间设立'二线'"。因此，管住"二线"是海南自由贸易港外境内其他地区海关的重要职责。建议海关总署制定"二线"监管办法、标准、模式等，待运作成熟时出台"二线"管理条例。

（2）投资领域。我国境内投资、境外投资管理主体在海南自由贸易港投资"二线"监管中承担主要监管职责，并根据企业投资项目所属领域由各主管部门强化对企业投资项目的监管。

（3）资金领域。"二线"资金管理的重点强化内地经海南自由贸易港对境外的投资活动。

（4）人员领域。研究制定国内居民、外国人在海南自由贸易港与内地之间往来的管理办法、相关基础设施建设方案、人员配置等。

（5）数据领域。在促进海南自由贸易港数据安全有序流动中，需要对经

由海南自由贸易港流向内地的信息数据进行监管，也需要对内地经海南自由贸易港出境的数据进行监管。

2. "二线"后撤至徐闻具有可行性

（1）"二线"后撤至徐闻具有多方面有利影响。从海南自由贸易港封关运作筹备看，"一线"和"二线"划定绕不开徐闻港。"二线"后撤，将对海南自由贸易港建设十分有利。第一，这是落实习近平总书记提出的"湛江与海南相向而行"指示要求的一项重要举措；第二，有利于海南全岛实行自由贸易港政策，并使海南集中精力放开"一线"；第三，有利于发挥内地海关的专业性，提升"二线"反走私的有效性，并且能避免"一地两检"或"两地两检"的重复监管，保障海南与内地连通性不会因封关而降低；第四，有利于打通琼州海峡两岸经济联通的堵点，促进与粤港澳大湾区联动发展，形成我国华南地区面向东盟开放的合力。

（2）从历史看，作为大陆最南端，在地缘关系上海南与徐闻两岸同根同源，曾互相接壤，本为一体。徐闻古港最早可追溯至秦汉时期，也是汉代海上丝路的始发港。文字记载中，海南与徐闻关系密切，而早期的商贸往来活动可追溯至汉朝。建省办全国最大经济特区之初，在建立海南特别关税区的研讨过程中曾提出将"二线"后撤徐闻的设想。现在看来，当时的设想是符合实际的。例如，海南90%左右的生产生活物资通过徐闻进出海南岛。

（3）从现实看，"二线"后撤至徐闻，有利于实现"相向而行"的战略部署，也有利于调动海南与广东方面的积极性，尽快实现"一线"放开、"二线"管好的重要突破。"二线"后撤至徐闻后，海南自由贸易港海关等监管部门与内地相关部门实现情报互换、信息共享、联合调查、办案协作等，提升"二线"监管的精准性；同时，根据海南自由贸易港发展需要，及时提出"二线"监管方式改善、重点调整等的建议等。

3. 实现"二线"的高效管理

（1）货物。重点强化对"零关税"货物的监管。根据货物状态实行分类监管，主要包括免税、保税、混合状态的货物等；建立FTA项下货物识别机制；根据"二线"的货物流向实行分类监管。

（2）投资。按照投资方向与投资主体实行内外资有别的投资管理制度。对外资经海南自由贸易港进入内地的投资活动，按我国外商投资相关规定执行；对内地进入海南自由贸易港的投资活动执行国内投资相关管理规定；对内地经海南自由贸易港向境外投资活动，按照海南自由贸易港境外投资管理办法执行。

（3）资金。以建立自由贸易港账户实现对资金的监管。建立与内地相对隔离的基于数字货币的自由贸易港账户系统，并重点强化内地经海南自由贸易港对境外的投资活动。内地投资海南自由贸易港活动按照境内资金管理办法管理；内资经海南自由贸易港向境外投资活动，按照自由贸易港"一线"流出侧的相关规定管理。

（4）人员。对不同人员实行分类监管。对持中华人民共和国居民身份证的国内居民，允许其经"二线"口岸自由进出；对持有海南自由贸易港工作签证的外国人，实行备案制管理；对经入境免签进入海南自由贸易港的旅游人员，按照内地现行管理办法管理。

（5）数据。以数据跨境流动安全综合监控系统实现对数据的分类监管。一是建立数据跨境流动安全综合监控系统，实现"合法行为可证明、非法行为可追溯"，紧急情况下可"秒级切换"。二是按数据流向实行分类监管。境外信息通过国际通信业务出入口，按照现行"防火墙"模式经过审查后再进入内地；境内信息在海南自由贸易港与内地间自由流动；内地信息经海南自由贸易港出境，根据海南自由贸易港数据出境等级安全管理制度进行监管。

五、学习借鉴国际成功自由贸易港的管理经验

建立高水平"境内关外"的海南自由贸易港，需要根据《海南自由贸易港建设总体方案》"一线"放开、"二线"管住的具体要求，对标国际知名自由贸易港，解放思想、大胆创新。

1. 新加坡：少干预、法治化、专业高效监管

（1）海关监管。新加坡海关隶属于财政部，其职能主要包括税收征管和通关管理。新加坡自由贸易区园区内建立了特殊通关制度，同时以TradeFIRST 系统为平台，建基于风险管理提供差别化的通关便利措施。以建立智能化一站式贸易监管平台系统（Networked Trade Platform）、GeTS 全球电子贸易服务平台等方式，实行高度信息化的贸易监管。

（2）市场监管。很少直接干预市场，主要通过完善的法律法规体系、行业协会等行业自律组织来规范和约束企业行为，且对内外资监管一视同仁。市场监管机构主要由法定机构组成，具有较大行政权力，且监管主体没有日常行政管理职能。

（3）税收征管。新加坡主要有关税与国内货物税局、国内税务局两大税务征收与行政管理机构，分别负责关税和国内货物税的征收管理业务、其他税种的征收管理业务。实行纳税人诚信管理制度，并建立纳税数据采集及信息库。

（4）金融监管。实行高度集中的金融监管体制，由法定机构性质的新加坡金融管理局统一执行货币政策、金融监管与促进金融市场发展的职能，并对国内金融机构和境内外金融市场实行差异化的监管策略。高标准制定了相关管理办法从严管理，并建立风险分析系统、监管信息处理系统。

（5）互联网及跨境数据流动管理。设立媒体发展局、国内安全部，强化互联网管理，设立个人数据保护委员会作为新加坡数据跨境流动的主要监管责任部门。通过分类许可证制度、严格的检查制度对互联网内容进行分类管理。通过立法在便利个人数据流动的同时加强个人数据保护。通过签订对外贸易协定等积极推动数据跨境流动规则国际互认。

（6）人员出入境管理。对外国人才实行严格的等级分类管理制度，有针对性和策略性地引入外国人才。对外籍工人实行配额制度。制定相关法律及规章制度，规范外国人的入境和出境、雇主和员工的权利和义务，以及外国人才招聘机构的权利和义务。设立移民局，负责出入境人员、货物、空中、海上、旅行证件、身份证等检查和办理，禁止非法移民及非法就业。

2.中国香港：低干预、安全、集约监管

（1）海关监管。香港海关职能主要包括口岸执法、便利商贸、旅客清关、货物清关、消费者保护和贸易管制等六大职能。通过实行对特定货物豁免报关、建立便捷的报关制度、实行以信用管理为核心的便捷通关计划等，构建起便捷的货物通关制度。实行严格的安全管制制度。主要包括对战略物品、跨境金钱服务、钻石贸易开展贸易管制；对活鸡实行进口总量限制；对消耗臭氧层物质进行配额管控；对碳氢油、烟草、酒和甲醇实施进出口许可证管理。

（2）市场监管。未对各行业的进入设置统一法定的进入条件，而是采取各行业专门立法方式加以监管。对电信、广播、交通、能源、酒制品销售、餐厅、医药和金融等事关公共安全的行业，除商事登记外，实行牌照管理。

（3）税收征管。税务征管实行征、管、查"三分离"，税法由律政司制定，税务局作为全港税务最高行政机关负责执行。实行通知申报及评税制度。加强税收征管国际协调，与多个税务管辖区签订全面性避免双重征税协定／安排。

（4）金融监管。实行混业经营、分业监管，采取政府监管及行业自律的两级监管模式；金融监管架构由金融管理局、证券及期货事务监察委员会、保险业监理处三大监管机构及相应的行业自律协会构成。实行牌照管理、分类监管；采取国际监管标准，实行审慎、风险为本的银行监管制度。实施有效的风险管理，而非简单地规避风险。

（5）互联网及跨境数据流动管理。实行与互联网行业组织 HKISP 共同管理的方式。主要以《个人资料（私隐）条例》《跨境资料转移条例》为基础，配套以成熟的律师、顾问团队，保护数据在跨境传输中的安全。设立香港个人资料私隐专员公署，专门负责监督《个人资料（私隐）条例》的执行。

3.对海南的启示

（1）监管要有利于促进要素流动自由化便利化。有利于促进投资便利自由，实施高水平的产业开放和投资自由政策；有利于促进货物贸易及服务贸

易自由便利；有利于促进资金流动自由；有利于促进人员往来自由，实行更大范围的免签政策。

（2）突出事中事后监管。以香港的食品安全领域为例。虽然香港90%以上的食品需要从外地运入，但是香港食品安全合格率一直维持在99%以上，实现了高度开放下的有效监管。究其原因，就在于香港通过不断完善相关法律条例，形成了完善的事中事后监管标准、规则及执法队伍。

（3）注重信用监管和风险监管。例如，新加坡借助第三方非官方评估机构的力量，对所有企业进行信用风险甄别与画像，提示可能出现的信用风险，帮助市场参与者规避潜在的信用风险。

（4）注重形成与国际接轨的监管法律法规、监管规则标准体系。例如，新加坡继承了相对完整的英国法体系，并在此基础上，采取因需立法的原则，制定了一系列监管的法律条例及司法判例，由此构成了完整的监管法律体系。

（5）注重形成统一高效的监管体制。通过建设信息口岸，提升监管效能，实现综合监管与专业监管有机结合，是新加坡、中国香港监管体制创新的重要经验。海南自由贸易港监管也应逐步形成统一高效的监管体制。

六、形成"二线"管住的制度安排

以明确海南省级监管主体责任为重点，加强省级统筹协调，在"一线"放开中逐步探索形成适合海南自由贸易港实际情况的"二线"管住的高效、精准监管制度安排，由此为全面封关运作后的有效监管提供体制保障。

1.明确封关运作后政府的监管主体责任

封关运作涉及海南自由贸易港中长期建设成效。从现实情况看，在"一线""二线"监管的主体责任尚未明确的情况下，海南将主要精力放在如何实现"二线"有效管理方面。特别是在"一线"放开面临更大不确定性的情况下，需要各方支持海南更好地放开"一线"、用好"一线"，并借助"二线"的连通性形成吸引要素的独特优势。建议，在中央层面尽快明确"由内地海关负责'二线'管理"等主体责任，并赋予海南在"一线"放开中的更大改革开放自主权。

2. 做好封关运作的立法保障

海关、海事、边检、公安都属于执法部门，若立法滞后则极大影响封关运作后的"一线"与"二线"通关便利化进程。从香港经验看，通过《进出口条例》《应课税品条例》《危险药物条例》《化学品管制条例》《有组织及严重罪行条例》等具体法律赋予出入境管理部门的法定职责。从海南自由贸易港的现实情况看，若不能在未来两年内出台相关法律，封关运作后相关执法部门将面临无法可依的局面。

建议充分利用海南自由贸易港立法权开展"一线""二线"领域的立法。例如，修订《反走私条例》，尽快制定出台《海关监管条例》《检验检疫条例》《出入境管理条例》《税收征收管理条例》《禁止、限制进出口货物管理条例》等。联合制定"二线"后撤后的监管办法、标准、模式等；待运作成熟时，争取全国人大授权制定《"二线"管理条例》。充分借鉴香港等自由贸易港的成熟做法，尽可能提升立法质量与法律可操作性，减少自由裁量空间。

3. 在强化省级统筹协调的基础上提升监管效能

（1）在省级层面建立海南自由贸易港监管工作领导小组。适应海南自由贸易港封关运作后监管任务全面增强的需要，建议在省级层面成立海南自由贸易港监管工作领导小组，由省委省政府主要领导担任小组组长，海口海关、公安厅、地方金融监管局、网信办、商务厅、市场监管局、税务局等相关监管机构领导为领导小组成员。领导小组负责统筹协调推进海南自由贸易港监管工作，承担监管的重大政策制定、综合指导、统筹协调和督促检查等工作。

（2）建立海南自由贸易港监管联席会议制度。一是发挥海南省在"一线"监管中的统筹协调作用，建立多层次的广东与海南联席会议机制。二是在监管工作领导小组基础上，建立领导小组成员单位协调联席会议制度。联席会议主要职责包括贯彻落实省委省政府关于海南自由贸易港监管工作的重大部署，承担重大政策制定、综合指导等职能，加强统筹协调和相互配合，形成职责明确、分工合理、部门协同、上下联动、有机衔接的工作机制，协调解决监管工作中跨部门、跨区域的重大问题。三是根据实际需要，成立相应的执行联席会议机制，就监管工作中的突出问题，定期或不定期召开会议，研究解决办法，制定相关配套政策措施或提出政策建议。

（3）以统筹推进政府机构改革提升监管效能。一是推进监管领域的"大部门制"改革。按着《海南自由贸易港法》的要求，适应"一线全面放开、二线高效管好"的要求，率先推进海关、金融、商贸、社会、生态等领域的"大部门制"改革，最大限度整合分散在不同职能部门相同或相似的监管职责，有效降低监管领域的协调成本。二是推进专业部门的科室、事业单位法定机构化改造。率先对规划、研究、评估评价、会计审计服务、信息采集监测等专业性较强的行政科室或事业单位法定机构化改造，通过政府采购等经费支持方式实现企业化运营，为监管部门的监管活动提供技术支撑。

4. 开展专业监管能力培训

（1）分类开展监管与执法人员专业培训。根据"一线""二线"具体职责和查验内容，重点开展公共卫生、生物安全、食品安全、产品质量安全及走私、违禁物品进出口等领域的专业化培训。

（2）争取支持开展琼港监管与执法人员交流。例如，通过互相派驻人员，在提升人员监管执法水平的同时，学习借鉴香港成熟的监管经验。

（3）继续开展大监管模式的演练。例如，在省级层面成立海南自由贸易港"一线"管理委员会、市场监管委员会、"二线"管理委员会等，试验并逐步形成成熟的运作模式。

（4）在监管领域全面推行市场化的专业人员聘任制。封关运作前，在保证薪资水平与福利待遇一致的前提下，对监管领域的新进公务员实行市场聘任制，并实现分类管理。逐步扩大聘任制公务员数量，形成更大带动示范效应。待封关运作后，通过实行身份"封存管理"、工龄连续计算、工资适当提升、优先提拔重用等多种方式，鼓励监管领域在编公务员转换为聘任制公务员。在探索基础上，逐步完善聘任制公务员管理制度，待时机成熟时，除党政机关以外，全部取消编制管理，在预算管理前提下，实行全员聘任制。

第四章

战略任务

——推动服务贸易高质量发展

我国进入新发展阶段,高水平开放有着鲜明的时代特征,其中之一就是以服务贸易高质量发展为重大任务。推动服务贸易高质量发展,离不开更高水平开放的大环境,这既要着力打造以服务贸易为重点的制度型开放新高地,还要推进以服务贸易为重点的自由贸易进程。

适应全球服务贸易发展大趋势,充分利用我国在高水平对外开放中服务贸易发展的潜力,海南自由贸易港建设需要推动服务贸易高质量发展,进而形成以服务贸易为重点的高水平开放新格局。

第一节 海南自由贸易港发展服务贸易的特定背景

我国正处于经济转型升级的关键时期,对服务贸易需求明显加大。服务贸易已成为我国高水平对外开放的重点,成为全面促进消费的客观需求,成为国内与国际市场的重要连接点。这对海南自由贸易港服务贸易发展提出了新的要求。

一、全球服务贸易发展的大趋势

服务在全球价值链中的地位日益凸显，服务贸易成为新一轮全球自由贸易的重点，成为全球经贸规则重构的焦点。

1. 服务贸易成为全球自由贸易的重点、焦点

（1）全球服务贸易呈现较快发展的趋势。随着全球经济服务化，全球产业深度分工和加速融合，特别是大数据、物联网、云计算和移动互联网等信息技术的快速发展，服务的可贸易性不断增强，服务贸易总额快速增长。尽管新冠肺炎疫情对全球服务贸易发展产生严重冲击，但尚未改变服务贸易快速发展趋势。2022 年，全球服务贸易额达到 13.8 万亿美元，比 2019 年增长 11.4%。到 2040 年，服务贸易在全球贸易中的占比将大幅提升 50%[1]（图 4-1-1）。

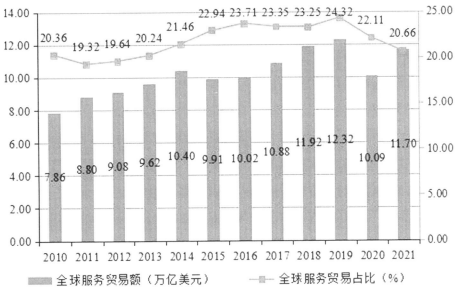

图 4-1-1　2010—2021 年全球服务贸易额及占比

数据来源：联合国贸易和发展会议数据库（UNCTADstat）。

---

[1] 赵瑾 . 推动服务贸易跨越式发展［N］. 经济日报，2022-04-03。

（2）服务贸易成为全球经贸规则重构的重点。一方面，服务贸易议题明显增多。2007年年底前签订的区域双边自由贸易协定中，涉及服务贸易内容的仅有56个，占同期区域贸易协定数量的33.9%；2008—2020年签订的区域双边自由贸易协定中，涉及服务贸易内容的增加至998个，占比71.7%（表4-1-1）。另一方面，跨境服务贸易负面清单成为规则重构的核心。从CPTPP、USMCA等高水平的经贸协定看，都以负面清单方式推进服务贸易开放；RCEP生效6年后，也将过渡到全面的负面清单管理。

表 4-1-1　服务贸易协定数量对比

1958—2007年以前			2008—2020年		
总数	涉及服务贸易	占比（%）	总数	涉及服务贸易	占比（%）
165	56	33.9	138	99	71.7

数据来源：WTO RTA 数据库。

（3）服务贸易成为全球经贸规则竞争的焦点。一方面，区域自贸协定成为参与经贸规则竞争的主要载体。在以国际服务贸易协定（TISA）为代表的多边服务贸易谈判长期未能实现突破性进展的情况下，各个国家和地区更加积极地在区域和双边层面推出符合自身利益的服务贸易规则，在国际规则制定中抢占制高点。另一方面，发达国家设置服务贸易隐性壁垒的趋势增强。例如，美国通过限定关键技术、新兴产业等外商准入，加大安全审查力度，限制人员跨境流动等方式，形成了一系列服务贸易隐性壁垒。

2. 数字技术重塑全球服务贸易发展生态

（1）数字贸易成为全球服务贸易发展的突出亮点。一方面，服务贸易交付方式的数字化转变。2005—2021年，全球数字传输服务出口规模由1.20万亿美元增长至3.81万亿美元，年均增长约7.5%，远高于同期服务贸易出口额

5.2% 的增速，占服务贸易出口额的比重由 44.67% 提升至 62.77%[①]。特别是在新冠肺炎疫情冲击下，服务贸易数字化转型趋势明显增强。2019—2021 年，全球数字交付的服务出口占服务出口总额的比重由 52.3% 提升到 62.8%，提升了 10.5 个百分点（图 4-1-2）。另一方面，服务贸易载体的数字化转变。数字旅游、数字教育、数字医疗、数字金融等数字服务贸易快速发展，改变了以往以商业存在、自然人流动等为载体的服务贸易模式。

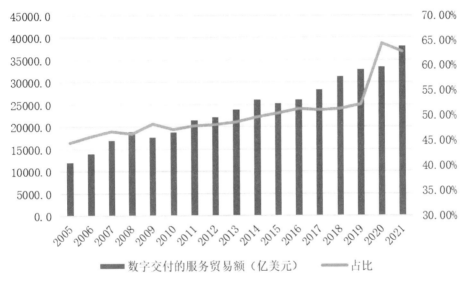

图 4-1-2　2005—2021 年全球数字交付的服务出口及占比

数据来源：联合国贸易和发展会议数据库（UNCTADstat）。

（2）数字技术拓展服务贸易发展空间。一方面，信息技术在服务业领域的广泛应用，使教育、健康、医疗、文化等传统不可贸易的"服务"逐渐变得可贸易，并逐渐成为服务贸易的重要内容。另一方面，科技革命为全球产业分工的进一步细化提供技术支撑，众多服务型企业只将核心服务保留，而将非核心服务或中间服务通过服务外包、自然人流动、服务资本的流动等方式进行全球再布局，由此将众多发展中国家纳入全球服务贸易进程中，进一

---

① 根据联合国贸易和发展会议数据库（UNCTADstat）相关数据计算得出。

步拓展全球服务贸易发展空间。

（3）数字技术改变全球服务贸易结构与格局。一方面，跨境数字服务贸易快速增长。数据显示，2021年，全球跨境数字服务贸易规模达到3.86万亿美元，同比增长14.3%，在服务贸易中的占比达到63.3%[①]。另一方面，发展中国家服务贸易地位和作用不断提升。2005—2021年，发展中国家服务出口占全球服务贸易出口的比重由21.16%提升至27.19%[②]。

3.服务贸易已成为全球自由贸易港的发展重点

从国际上知名的自由贸易港发展经验看，中国香港自由贸易港大致经历了转口贸易型、加工贸易型、综合型和跨区域综合型4个发展阶段。新加坡自由贸易港经历了从以转口贸易为主的完全自由贸易港向具有综合功能的有限自由贸易港的过渡。2005—2021年，新加坡服务业增加值占GDP的比重由64.07%提高至69.45%[③]，服务贸易额占贸易总额的比重由18.98%提高至34.43%，服务贸易额占GDP的比重由78.76%提高至114.22%[④]。可以看出，绝大多数自由贸易港的起步阶段都以转口贸易或加工贸易为主，随着发展水平的提升，大多都向综合型的服务贸易转型升级。中国香港、新加坡自由贸易港的发展历程及主要特征见表4-1-2、表4-1-3。

表4-1-2　中国香港自由贸易港的发展历程及主要特征

发展阶段	主要特征
转口贸易型 （1841—1949年）	1841年英国占领香港后，在香港推行自由贸易港政策，允许外国船只自由进出港口，对进出口货物免征关税，将其作为一个自由通商的港口门户和货物集散地，吸引外来船舶向中国市场倾销物品

①《数字贸易发展与合作报告2022》发布，推动全球数字贸易深化合作与共同发展［N］.中国经济时报，2022-09-03。

②④根据联合国贸易和发展会议数据库（UNCTADstat）相关数据计算得出。

③数据来源：世界银行数据库，2023年3月1日。

续表

发展阶段	主要特征
加工贸易型 （1950—1978 年）	充分运用来自内地和东南亚国家的大量资金和技术，凭借大量廉价劳动力资源和自贸港地位所提供的免税优惠条件以及加入《关税与贸易总协定》享有"最惠国待遇"和英联邦成员获得联邦特惠优势，大力发展本地加工业。由于自贸港货物进出口自由，外汇不受管制，税率低，水陆交通便利，港口仓库设备先进，航运业货柜化，加工贸易型自贸港高速发展
综合型 （1979—1990 年）	随着我国实行对外开放政策以及亚太区域经济一体化发展，粤港地区经济一体化发展趋势显著，香港及时抓住机遇，将劳动密集型行业向珠江三角洲地区转移，在工业化的带动下，香港形成了以工业、外贸、金融、旅游、运输与通讯及建筑等行业为支柱的多元化经济结构。同时，自贸港所提供的自由通商、自由通航、自由通心、自由兑换和人员进出的便利等，为工业、贸易、金融、房地产、旅游、信息等行业提供优质的贸易服务
跨区域综合型 （1991 年至今）	香港和内地特别是珠三角地区区域分工合作深入发展，二者相互成为最大的外商投资来源地，香港成为首个境外人民币结算中心。在跨区域发展方面，香港于 1995 年成为 WTO 的创始成员之一，是亚太经济合作组织的积极参与者，是亚洲发展银行和世界海关组织的正式会员

表 4-1-3　新加坡自由贸易港的发展历程及主要特征

发展阶段	主要特征
以转口贸易为主的完全自贸港 （1819—1959 年）	英国取得了新加坡的租借权，宣布将新加坡的全境开辟为自贸港。这个时期的新加坡是完全意义上的自贸港，各国船只可以自由进出港口，除了烟、酒和殖民地政府专卖的鸦片烟外，其他的进出口货物一律免征关税
以加工制造业为主的有限自贸港 （1959—1970 年）	新加坡发展"替代进口工业化"阶段，面向国内市场的加工制造业发展迅速。其间新加坡开始建立工业区，1961 年底设立了当时最大的裕廊工业区。为了降低关税保护对转口贸易的影响，1966 年新加坡颁布了《自由贸易区条例》，并于 1969 年在裕廊港码头设立第一个自由贸易区。商家可以免费把本来应征关税的货物存放在区内，进行重新分类、包装和陈列等，然后再转运出口或在有利的销售时机到来时运转到新加坡的关税区，缴纳关税后再销往新加坡国内市场

发展阶段	主要特征
制造业与服务业并举的有限自贸港（1970—1990年）	1967年底，新加坡转而实行面向出口的工业化政策，颁布了"经济拓展奖励（豁免所得税）法案"，突出鼓励出口工业。从1980年代开始，新加坡政府重点发展高新技术产业、积极推动现代服务业等发展和输出，在依托港口的自由贸易方面，除了保留一些基本的激励政策外，还制定了针对不同产业部门的具体优惠便利政策，促进服务业各产业的繁荣
多功能自贸港（1990年至今）	1990年，新加坡港口集装箱吞吐量跃居世界第一位。目前，全球超过90%的货物可以自由进出新加坡而不需要缴纳关税。除了完善基础设施、重点发展金融服务业外，科技在新加坡国家发展战略中的地位逐渐上升。目前，新加坡是世界上最大的电脑磁盘驱动生产国和第五大半导体生产国。此外，新加坡还是软件业的"总部经济"所在地，吸引了全球80%的顶尖软件和服务公司

资料来源：王胜，等.新加坡自贸港发展策略探析［J］.今日海南，2018（5）。

二、我国服务贸易发展的趋势与潜力

以服务贸易为重点加快推进高水平开放，不仅是我国经济转型升级的重要动力，也是我国经济在中长期持续释放巨大内需潜力、保持高质量可持续增长的重要动力，更是在全球化新变局下积极参与全球经济治理的迫切需求。

1.我国服务贸易快速发展的大趋势

（1）服务贸易规模不断扩大。2014—2019年，我国服务进出口总额由37120.9亿元增长至54153.0亿元，年均增长7.8%，是货物进出口总额增速的2.2倍，是外贸整体增速的1.9倍，占我国外贸总额的比重由12.3%提高至14.6%。服务贸易在拉动我国外贸平稳增长中做出了重要贡献。2021年，我国服务进出口总额接近5.3万亿元，接近疫情前水平。2022年，我国服务进出口总额约为6万亿元，比上年增长12.9%。预计到2040年，我国服务进出口总额在外贸总额中的占比将提升到50%。（图4-1-3）

（2）我国服务贸易结构不断优化。一方面，知识密集型服务贸易快速增长。2021年，我国知识密集型服务进出口23259亿元，2013—2021年年均

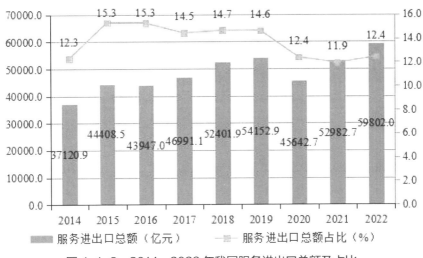

图 4-1-3　2014—2022 年我国服务进出口总额及占比

数据来源：2014—2021 年数据来源于《中国统计年鉴 2022》，2022 年数据来源于《中华人民共和国 2022 年国民经济和社会发展统计公报》。

增长 9.3%，占服务进出口总额的比重由 2012 年的 33.6% 提升至 2021 年的 43.9%[1]。另一方面，数字服务贸易快速发展。2015—2021 年，我国数字传输服务出口由 933.13 亿美元增长至 1948.45 亿美元，年均增长约 13.1%，约是全球平均增速的 1.85 倍；占服务出口的比重由 42.68% 提升至 49.68%[2]。

（3）我国为全球服务贸易发展做出重要贡献。"十三五"时期，我国服务进出口累计 3.6 万亿美元，规模连续 7 年居世界第二位；党的十八大以来，中国服务进出口对全球的贡献率达 31%[3]。2014—2021 年，我国服务进出口总额占全球服务进出口总额的比重由 6.27% 提升至 7.02%[4]，成为全球服务贸易发展的重要推动力量。未来几年，如果我国服务贸易占比能提高到世界平均水

---

① 党的十八大以来经济社会发展成就系列报告：服务业释放主动力 新动能打造新引擎 [EB/OL].国家统计局网站，2022-09-20。

② 根据联合国贸易和发展会议数据库（UNCTADstat）相关数据计算得出。

③ 服贸会直击综合篇：中国服务进出口对全球贡献率达 31%[N].中国经济时报，2021-09-03。

④ 根据联合国贸易和发展会议数据库（UNCTADstat）和《中国统计年鉴 2022》相关数据计算得出。

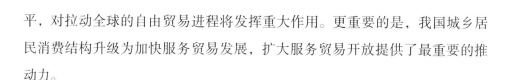
平，对拉动全球的自由贸易进程将发挥重大作用。更重要的是，我国城乡居民消费结构升级为加快服务贸易发展，扩大服务贸易开放提供了最重要的推动力。

2. 服务贸易仍是我国对外开放的突出短板

（1）服务贸易占比偏低。目前，我国已成为全球第二大服务贸易国，但从总量来看，与排名第一的美国仍有较大差距。2021年，我国服务进出口总额仅为美国的61.05%（按美元计）。从占比来看，2021年，我国服务进出口总额占外贸总额的比重仅为11.94%，不仅低于世界平均水平（20.66%），也远低于欧盟（25.72%）、美国（22.29%）、英国（36.24%）等发达国家和地区水平。（图4-1-4）

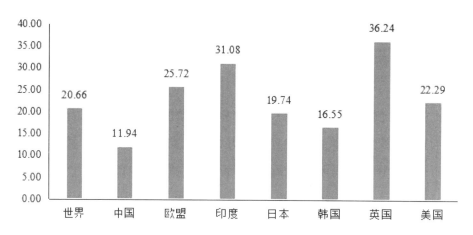

图4-1-4　2021年部分国家（地区）服务进出口总额占外贸总额的比重（单位：%）

数据来源：中国数据来源于《中国统计年鉴2022》，其他国家和地区数据来源于WTO数据库。

（2）服务贸易数字化水平低。近年来，我国服务贸易经历了快速的数字化转型。2005—2021年，我国数字交付的服务出口由173.5亿美元增长至1948.5亿美元，年均增长16.3%，占我国服务出口额的比重由22.1%提升至49.7%。2021年我国数字交付的服务贸易占比低于世界平均水平13个百分点，低于发达经济体20个百分点以上。（图4-1-5）

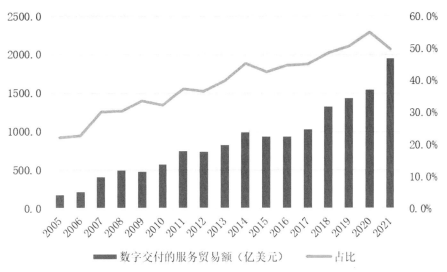

图 4-1-5　2005—2021 年中国数字交付的服务出口及占比

数据来源：联合国贸易和发展会议数据库（UNCTADstat）。

（3）服务贸易国际竞争力不高。自 2009 年我国服务贸易由顺差转为逆差以来，服务贸易逆差规模不断扩大。2018 年以来，受多种因素影响，我国服务贸易逆差明显下降；其中，主要是因为旅行服务逆差大幅缩减。2022 年，我国服务贸易逆差 2757 亿元，同比增加 30.5 个百分点（图 4-1-6）。未来，

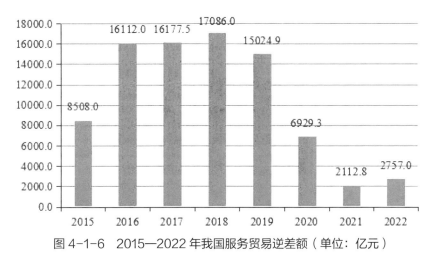

图 4-1-6　2015—2022 年我国服务贸易逆差额（单位：亿元）

数据来源：2015—2021 年数据来源于《中国统计年鉴 2022》，2022 年数据来源于《中华人民共和国 2022 年国民经济和社会发展统计公报》。

随着我国经济结构转型，服务贸易逆差仍有反弹的可能。

（4）服务贸易区域发展不平衡。相对于货物贸易而言，服务贸易东强西弱的格局更加明显。2021年，我国东部地区服务进出口总额为7202.9亿美元，同比增长27.8%，占全国服务进出口总额的87.7%，占比较上年提高2.6个百分点；中西部地区服务进出口总额为760.3亿美元，同比增长3.6%，占全国服务进出口总额的9.3%；东北地区服务进出口总额为201.2亿美元，同比增长7.1%，占全国服务进出口总额的2.4%[①]。

（5）服务贸易规则制定话语权不足。在我国已签署的19个自贸协定中（含内地与港澳更紧密经贸关系安排），14个未涉及金融服务，13个未涉及电子商务；从服务贸易自由化便利化程度来看，目前我国仅在中韩自贸协定第二阶段谈判中首次使用负面清单方式开展服务贸易和投资谈判。参与度不足、自由化便利化水平不高直接制约了我国在全球服务贸易规则制定中的话语权。

3. 我国经济结构转型释放巨大的服务贸易发展潜力

（1）制造业服务化带动生产性服务贸易较快发展。发达国家中，生产性服务业占服务业的比重达到70%，生产性服务贸易占服务贸易的比重达到70%；我国生产性服务业与服务贸易占比均比发达国家低10—15个百分点左右。预计到2025年，我国生产性服务业占GDP的比重将由目前的30%左右提升至40%，新增21万亿元人民币的市场需求，其中很大一部分依赖于服务进口。

（2）服务型消费带动生活性服务贸易较快发展。伴随着经济社会转型升级，我国居民服务型消费增长空间巨大。预计到2025年，我国14亿多人口的50%的消费将会集中在教育、医疗、健康、信息等服务领域。预计到2035年，居民服务型消费占比有可能从2020年的42.6%提升到60%左右，由此带来数万亿美元的消费增量。随着我国城乡居民服务型消费的快速增长以及

[①] 数据来源：商务部《中国服务贸易发展报告2021》。

扩大进口政策效应的逐步释放，我国生活性服务贸易仍具有巨大潜力。预计到 2025 年，我国累计旅行服务进口额将达到 1 万亿美元左右。

（3）数字化转型带动数字服务贸易较快发展。我国数字方式实现的服务出口占比低于世界平均水平 8.6 个百分点。预计 2025 年，我国数字经济规模将由 2021 年的 45.5 万亿元[①]增至 60 万亿元以上。预计到 2025 年，可数字化的服务贸易进出口总额将超过 4000 亿美元，占服务贸易比重将达到 50% 左右。

4. 2025：初步形成以服务贸易为重点的高水平开放新格局

（1）2025：服务贸易规模达到 1 万美元左右。随着旅行等服务贸易的持续恢复和我国结构转型蕴藏的服务贸易发展潜力的持续释放，估计到 2025 年我国服务贸易规模将由目前的 8891 亿美元增长到 1 万亿美元左右，占贸易总额的比重提升至 15% 以上。

（2）服务贸易结构不断优化。目前，全球知识密集型服务贸易额占贸易总额的比重为 52.5%，发达国家占比为 60% 左右[②]。预计未来 2—3 年，我国知识密集型服务贸易年均增速仍有很大可能在 10% 以上，到 2025 年占服务贸易总额的比重达到 50% 左右，基本接近全球平均水平。

（3）优势服务的国际竞争力不断增强。总的来看，我国在电信计算机服务、商品相关服务、其他商业服务、建筑服务、维护与维修服务等领域仍具有一定的比较优势和国际竞争力。预计到 2025 年，我国电信与计算机信息服务出口将增长到 1000 亿美元左右，可以超过美国，成为全球最大的电信、计算机与信息服务出口国。

三、海南自由贸易港发展服务贸易的机遇与挑战

全球服务贸易发展的大趋势，加上我国经济转型升级以及高水平对外开

---

① 数据来源：国务院新闻办公室《携手构建网络空间命运共同体》白皮书，2022 年 11 月 7 日。
② 根据 WTO 相关数据测算得出。

放的现实需求，为海南自由贸易港发展服务贸易带来了新机遇和新挑战。

1. 海南自由贸易港发展服务贸易的机遇

（1）以服务贸易为主导符合中央对海南自由贸易港的产业发展定位。《海南自由贸易港建设总体方案》明确提出，充分发挥海南自然资源丰富、地理区位独特以及背靠超大规模国内市场和腹地经济等优势，抢抓全球新一轮科技革命和产业变革重要机遇，聚焦发展旅游业、现代服务业和高新技术产业，加快培育具有海南特色的合作竞争新优势。以旅游业、现代服务业与高新技术产业为主导既符合国家战略需求，也是海南这一岛屿经济体实现跨越式发展的现实选择。

（2）国内居民对海南服务需求全面快速增长。我国居民国际化服务型消费需求全面快速增长。2012—2019 年，我国出境旅游人数从 8318 万人次增至 1.55 亿人次，年均增长 10.49%，高出同期全球平均水平 4.9 个百分点，占全球出境旅游人次的比重从 7.1% 提高至 10.3%。2023 年 3 月 15 日起，我国试点恢复全国旅行社及在线旅游企业经营中国公民赴有关国家（第二批）出境团队旅游和"机票+酒店"业务，将会对国际旅游消费带来重大需求。

（3）区域服务贸易发展空间巨大。以旅游为例，2014—2019 年，泛南海区域接待国际游客数量及实现国际旅游收入的年均增速分别达到 4.49%、3.64%[1]。2022 年，随着东盟成员国旅行限制的放宽，东盟的国际游客人数也同比增长近 1300%。与 2021 年相比，酒店入住率增长了 16%。疫情结束后，若保持这一增速，到 2030 年，泛南海区域国际游客规模将达到约 4.4 亿人次，国际旅游收入将达到约 4500 亿美元。2019 年"泛南海旅游经济合作圈"旅游业情况见表 4-1-4。

---

① 根据相关统计数据测算得出。

表 4-1-4　2019 年"泛南海旅游经济合作圈"旅游业情况

国家 （地区）	国际入境旅游 人数（万人次）	国际旅游收入 （亿美元）	国家 （地区）	国际入境旅游 人数（万人次）	国际旅游收入 （亿美元）
海南省	143.59	9.72	缅甸	436.4	25.01
广西壮族 自治区	623.96	35.11	马来西亚	2610.1	221.99
广东省	3731.39	205.21	新加坡	1911.6	204.16
福建省	958.28	102.43	印度尼西亚	1610.7	184.04
中国香港	5591.3	326.97	文莱	33.3	1.9
中国澳门	3940.6	397.14	菲律宾	826.1	114.81
中国台湾	1186.41	144.11	东帝汶	7.48	0.78
越南	1800.9	118.3	澳大利亚	946.6	479.53
老挝	479.1	9.74	印度	1791.4	316.61
柬埔寨	661.1	53.12	孟加拉国	32.3	3.91
泰国	3991.6	650.82	斯里兰卡	202.7	46.63

数据来源：海南、广西、广东、福建数据来自各省份统计年鉴；中国台湾数据来自《统计年鉴 2020 年》；其他国家和地区数据来自世界银行。

2. 有效应对复杂多变的国际服务贸易发展环境

（1）世界经济复苏乏力。受疫情、地缘政治等多重因素的影响，全球经济增速持续放缓。2011—2021 年，全球 GDP 年均增速仅为 2.6%，低于 2000—2010 年间 3.5% 的水平[1]；国际货币基金组织（IMF）预测，全球经济增速将从 2022 年的 3.4% 下滑至 2023 年的 2.8%；发达经济体的增速放缓预计将尤为明显，从 2022 年的 2.7% 下降至 2023 年的 1.3%[2]。世界银行报告指出，如果不采取措施推动经济增长，2022—2030 年的全球潜在 GDP 增长率均值预

---

① 根据世界银行数据库相关数据测算。
② IMF. 世界经济形势报告［R］. 2023-04。

计将比本世纪第一个十年的年均 3.5% 下降约 1/3，降至年均 2.2%；发展中经济体的降幅同样巨大，预计将从 2000—2010 年的年均 6% 下降到 4%[①]。

（2）单边主义、保护主义举措持续增加。2013—2022 年，全球各国采取的不利于贸易的政策措施不断增长，由 289 项提升至 1235 项（图 4-1-7）。特别是在地缘政治等因素的叠加影响下，主要发达经济体泛化经济安全，不断采取边境后市场壁垒，使得全球贸易增速持续低于 GDP 增速。2008—2021年，全球货物与服务出口占 GDP 的比重由 30.8% 下降至 27.9%。未来，在世界主要发达国家采取"脱钩断链""小院高墙"等政策的影响下，全球服务贸易发展不确定性仍然较大。

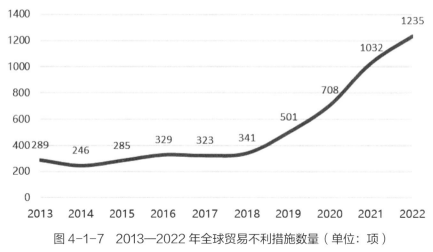

图 4-1-7　2013—2022 年全球贸易不利措施数量（单位：项）

数据来源：www.globaltradealert.org. 访问时间为 2023 年 5 月 25 日。

（3）服务贸易发展仍面临非经济因素干扰。例如，美国推出基于价值观导向的 IPEF，通过公平和弹性贸易、供应链弹性、基础设施和清洁能源、税收改革和反腐败等四大支柱，试图构建一个排除中国的产业链供应链，实现"规锁"中国发展的目标。这不仅将对亚太地区既有的经济活动、产业分工和经济秩序造成冲击，并有可能促使区域内分别形成基于 IPEF 和 RCEP 的产业

① 面临"失去的十年"，世界经济出路何在？（环球热点）[N].人民日报，2023-04-08。

链，在分割市场中抑制贸易潜力的充分释放。

3. 充分发挥海南自由贸易港服务贸易发展的优势

（1）以"准入即准营"为特征的服务贸易自由便利政策。《海南自由贸易港建设总体方案》明确提出，对服务贸易实行以"既准入又准营"为基本特征的自由化便利化政策举措，推进服务贸易自由便利。2021年7月，海南自由贸易港实行我国内地第一张跨境服务贸易负面清单，统一列出国民待遇、市场准入、当地存在、金融服务跨境贸易等方面对于境外服务提供者以跨境方式提供服务的特别管理措施。同时，在服务贸易项下的人员、资金等领域初步形成了自由便利的政策支持体系。

（2）高水平开放的法治保障。2021年6月10日，十三届全国人大常委会第二十九次会议表决通过《中华人民共和国海南自由贸易港法》，不仅将"跨境服务贸易实行负面清单管理制度"等以法律形式固定下来，具有法律的强制性、权威性和稳定性，并赋予海南更大改革开放自主权，蕴含海南自由贸易港发展服务贸易较大的政策与制度创新空间。

（3）优美生态环境与开放政策相结合将释放巨大服务型经济发展潜力。一是海南拥有良好的生态环境优势。例如，2022年，海南全省空气质量优良天数比例为98.7%，主要污染物细颗粒物（PM2.5）浓度为12微克/立方米[①]，再创历史新低，森林覆盖率居全国前5位，海南PM2.5比全国平均水平低17微克/立方米[②]。二是海南已在医疗健康、旅游等领域开放方面走在全国前列，并率先实行跨境服务贸易负面清单和更加精简的外商投资准入负面清单。三是依托优美的生态环境与海南自由贸易港开放政策与制度优势，积极吸引全球优质要素在海南集聚，海南完全有条件成为我国服务型经济发展新高地。例如，若到2025年，海南吸引30%左右的医疗健康消费回流，将形成400亿美元的医疗市场。

---

① 去年我省PM2.5浓度为12微克/立方米，空气质量优良天数比例为98.7%，海南好"气"质持续提升［N］.海南日报，2023-02-01。

② 生态环境部.PM2.5浓度实现"十连降"［EB/OL］.经济参考网，2023-03-29。

第二节 以服务贸易为主导的海南自由贸易港建设

在当前服务贸易快速发展趋势和我国经济结构转型升级交汇融合的新形势下，海南自由贸易港形成以服务贸易为主导的突出特色，形成以服务贸易为主导的扩大开放新格局，将在未来中国服务贸易发展和服务业市场开放中发挥重要先导作用。

一、形成以服务贸易为主导的产业体系

习近平总书记指出，海南发展不能以转口贸易和加工制造为重点，而要以发展旅游业、现代服务业、高新技术产业为主导。因此，海南自由贸易港建设的突出特色应表现在以服务贸易为主导，关键在于把发展服务贸易作为对外开放的重点，应加快形成以旅游业为龙头、以现代服务业为主导、以服务型经济为主的产业结构，建设符合国际标准、具有海南特色的服务贸易新体系。

1. 海南自由贸易港产业基础薄弱的突出矛盾

（1）海南服务型经济规模小、难以形成较大的区域影响力。

一是服务业规模小。2021年，海南服务业增加值为3982亿元，在全国排名倒数第四，仅相当于北京的12.11%、浙江的9.93%、山东的9.07%、江苏的6.65%、广东的5.76%（图4-2-1）。

二是服务贸易规模小。2021年，海南服务进出口总额为287.79亿元，仅相当于苏州的17.42%、广州的8.92%、北京的3.22%、上海的1.94%以及杭州服务出口额的29.25%，与中国香港、新加坡等地的差距更大（图4-2-2）。

（2）产业结构不优，难以形成较强的区域竞争力。一是现代服务业发展滞后。2022年，海南信息传输、软件和信息技术服务业、租赁和商务服务业、科学研究和技术服务业、文化体育娱乐业、金融业等现代服务业增加值为2124.70

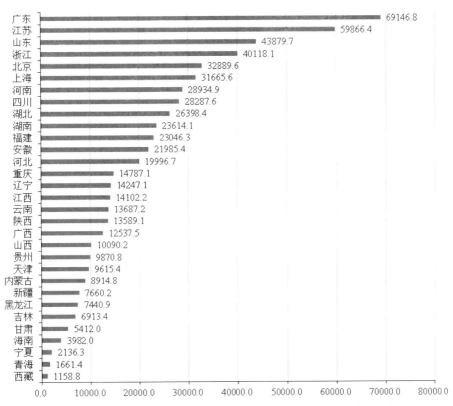

图 4-2-1 2021 年海南服务业增加值与其他省区的比较（亿元）

数据来源：《中国统计年鉴 2022》。

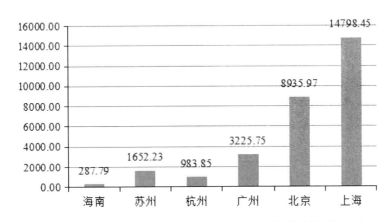

图 4-2-2 2021 年海南与部分城市服务贸易规模比较（亿元）

数据来源：海南数据来源于《海南统计年鉴 2022》，其他数据来源于各城市统计局和商务厅。注：其中苏州为服务出口额。

亿元，占全省 GDP 的比重仅为 31.2%[①]，与上海 50% 左右、北京 60% 左右的水平差距较大。二是服务贸易逆差较大。2021 年，海南服务贸易逆差 116.43 亿元，占服务贸易总额的比重达到 40.46%[②]，远高于全国 3.99%[③] 的平均水平。

（3）政策效力与生态资源潜力远未释放。以医疗健康为例，调查数据显示，2021 年仅有不足 1% 的过夜游客是以健康或疗养为主要目的；博鳌乐城

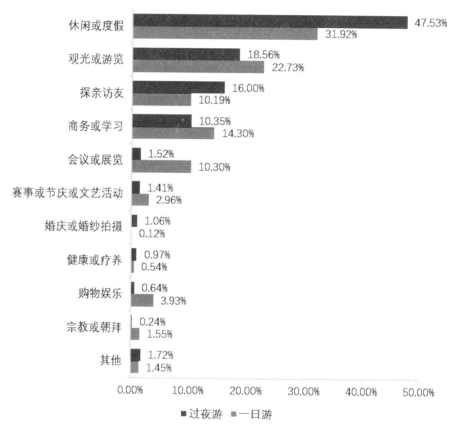

图 4-2-3　2021 年全省国内游客旅游目的构成

数据来源：海南北斗天绘科技有限公司 . 2021 年海南省国内游客花费专项调查报告［R］. 2022-01。

---

① 罗玲 . 现代服务业总体延续发展态势运行情况良好——解读 2022 年全省现代服务业数据运行情况［EB/OL］. 海南省统计局网站，2023-02-24。

② 数据来源：《海南统计年鉴 2022》。

③ 数据来源：《中国统计年鉴 2022》。

国际医疗旅游先行区接待医疗旅游人数 12.73 万人，仅相当于 2017 年我国出境医疗旅游规模的 10% 左右，我国九成以上居民医疗旅游需求被境外吸收（图 4-2-3）。2018—2021 年，全省医疗健康产业增加值占全省 GDP 的比重维持在 3.0% 左右，低于全国 2019 年水平（7.08%），与发达国家存在 10 个百分点以上的差距[1]。

（4）国际化服务体系建设滞后。一是服务标准缺失。例如，相比中国香港、韩国、日本等地，海南免税购物市场的规范管理和标准化经营仍处于起步阶段，免税购物标准体系尚属空白。二是服务贸易发展主体少。由于未能形成与之相配套的高效、完善的服务体系，导致贸易中间商聚集所需的产业链条不够完整。截至 2022 年底，海南省共认定总部企业 70 家[2]，但面临着国际贸易合作网络相对较小等问题，主要为其在国内的业务服务，并不具有区域性总部的特点。三是服务贸易发展平台少。以金融服务为例，2018 年海南省成立了省级综合金融服务平台——海南省智慧金融综合服务平台，截至 2023 年 3 月，平台服务企业数目约 34.4 万家，企业申请融资额逾 226.7 亿元，实际放款 40.7 亿元[3]；截至 2022 年 12 月 20 日，平台入驻金融机构 344 家[4]；截至 2022 年 11 月 23 日，平台上架金融产品 240 款[5]。总的来说，与浙江、江苏等省级金融服务平台相比，海南省级综合金融服务平台仍存在较大的差距（表 4-2-1）。

---

① 海南探索多元化产业模式发展医疗健康产业［EB/OL］.中国新闻网，2022-06-01。

② 数据来源：《2022 年海口市国民经济和社会发展统计公报》。

③ "蓬勃兴起正当时——海南全面深化改革开放五年来进展成效"首场新闻发布会 全岛封关运作各项准备工作任务均已取得阶段性进展［N］.海南日报，2023-03-30。

④ 海南智慧金融平台已累计成功撮合放款超 20 亿元［EB/OL］.海南日报客户端，2022-12-20。

⑤ 海南省"智金平台"融资撮合实现放款破 10 亿元！［EB/OL］.海南省地方金融监督管理局，2022-11-23。

表 4-2-1 海南、浙江、江苏省级金融服务平台情况

	注册 / 服务企业 （家）	金融产品 （项）	累计解决需求 （亿元）
江苏	1278098	3076	30916.85
浙江	6338119	1374	53619.4423
海南	344033	240	40.7

资料来源：根据江苏省综合金融服务平台——江苏省信易贷平台、浙江省金融综合服务平台——浙里金融以及海南省智慧金融综合服务平台官方网站相关信息整理。

注：时间截至 2023 年 3 月 31 日 10:00。

2. 关键是以大开放促进产业大发展

（1）没有产业大开放就没有产业大发展。以开放促发展是海南建省办经济特区 30 多年的基本经验。从 GDP 增速变化看，开放程度决定发展进程。例如，建省办经济特区初期，海南积极探索区域大开放之路。1992 年、1993 年海南 GDP 增速分别达到 41.5% 和 20.6%。20 世纪 90 年代中期后，海南开放步伐逐步放缓。1996—2008 年海南人均 GDP 年均增长 8.4%。2009 年 12 月 31 日，中央赋予海南建设国际旅游岛的重要使命，海南由此开启了以产业开放带动区域开放发展的步伐。5 年间，海南全省地区生产总值年均增长 5.3%，先后跨越 5000 亿元、6000 亿元两个台阶。从 32 年的发展实践看，什么时候开放有重大突破，什么时候海南的改革和发展步伐就快。

（2）服务业市场开放度不足成为制约海南服务型经济发展的主要原因。海南作为一个岛屿型经济体，开放是产业发展的根本出路。2018 年以来，海南经济外向度提高 15 个百分点，2022 年达到 34.7%。但由于多方面因素，与国际知名自由贸易港相比仍有较大提升空间。2021 年，海南服务贸易占 GDP 的比重仅为 4.44%，远低于北京（22.19%）、上海（34.24%）等服务贸易发达地区的水平，更远低于中国香港（37.51%）、新加坡（17.05%）等国际知名自由贸易港的水平（图 4-2-4）。

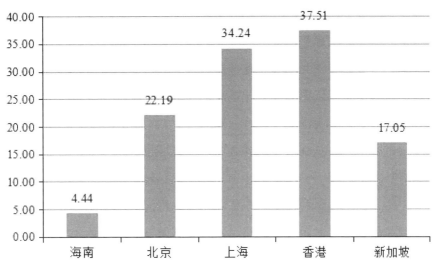

图 4-2-4 2021 年海南与部分城市及国家（地区）服务贸易占比（%）

数据来源：海南数据来源于《海南统计年鉴 2022》，北京、上海、香港数据来源于《中国统计年鉴 2022》及各市统计局，新加坡数据来源于外交部网站。

（3）加快形成服务业市场全面开放的政策与制度安排。对标中国香港、新加坡、迪拜等国际公认的自由贸易港，按着"境内关外"的基本要求，在海南实行高水平贸易和投资自由化便利化政策，实施"准入前国民待遇+负面清单"管理制度、承诺即入制及准入即准营制度，实现服务业项下的资金、技术、人员、商品、信息等要素的自由流动，带动海南自由贸易港海关、财税、金融等关键性制度创新的重要突破。

3. 形成海南自由贸易港特色的服务贸易发展体系

（1）推进"大旅游"产业高质量发展。未来几年，抓住我国居民消费升级的重大机遇，依托国内近 14 亿人与泛南海旅游消费大市场，推进旅游与医疗健康、文化体育娱乐、教育等加速融合，加快形成"大旅游"的供给体系、服务体系与市场体系。

（2）推进现代服务业市场主体集聚。未来几年，吸引跨国服务业企业在海南设立区域总部，积极吸引国内国际资本在海南注册，开展现代服务业与服务贸易相关业务，打造医疗健康、文化、旅游、教育培训、金融、数字经济、高新技术、体育娱乐、商务服务等现代服务业集聚地。

（3）加快高新技术产业发展进程。抓住新一轮科技革命与产业变革的历史机遇，聚焦平台载体，积极发展数字服务贸易，推动物联网、人工智能、区块链、大数据、云计算等新兴业态发展；构建完善海南高新技术产业政策体系，引导生产要素向高新技术产业领域集聚，推动高新技术企业集群式发展；加快布局重大科技基础设施和平台，促进科技创新与服务业深度融合，推进海南服务业向产业链、价值链、供应链中高端迈进。

4.打造RCEP区域服务业合作与服务贸易促进中心

（1）打造RCEP区域服务型产业管理对接中心。提升海南服务业能级，强化与RCEP区域内国家和地区间的服务业产业对接，重点开展数字经济、研发设计、金融保险、法律经纪、物流保鲜、登记交易等在内的知识密集型服务业，提升对RCEP区域服务业产业链、供应链管理服务能力；抓住新一轮全球服务贸易规则重构的历史机遇，依托国内大市场，加快探索提出包括跨境交付、境外消费、自然人移动及数字服务贸易领域的标准和规则框架，为我国参与全球新一轮国际贸易规则与数字贸易规则制定积累经验。

（2）RCEP服务贸易中转、交易和促进中心。依托中央赋予的特殊政策，积极开展连接国内与RCEP其他成员国的服务外包对接业务；加快在海南设立面向东南亚的产权、股权、数据等交易所，引入国际化的技术与管理人才，采取国际化标准，实行国际化管理；实行与服务贸易自由化便利化相适应的资金支付与转移制度，积极开展服务贸易定价交易、企业资信评估认证、服务贸易信息服务、服务贸易标准制定等各环节业务，打造服务全国、面向东南亚、辐射RCEP的服务贸易中转、交易、促进中心。

（3）RCEP区域服务业与服务贸易优质要素集聚高地。依托优美的生态环境优势与自由贸易港政策优势，以促进国内外人才自由流动为目标，以吸引各类服务贸易国际人才为重点，加快推动国际人才聚集；搭建知识产权认证、交易、运营等平台，面向以东盟为重点的RCEP区域，建设知识产权聚集、评估、交易、转化服务基地，积极吸引技术要素在海南集聚。

（4）RCEP服务贸易规则升级策源地。适应全球及区域服务贸易快速发展的大趋势，在告知、资格要求、技术标准、透明度、监管一致性等方面，提出适合海南及区域服务贸易自由化便利化的相关规则，形成区域性的影响力或主导力；抓住数字化、网络化、智能化的信息通信技术深刻改变国际贸易规则的历史机遇和大部分国家基本处于同一起跑线的时机，提出包括实体产品、数字产品，以及跨境物流、跨境支付、电子认证、在线交易、信用体系、数字贸易争端解决机制等在内的标准和规则框架，为我国参与全球新一轮国际贸易规则与数字贸易规则制定积累经验。

二、推进服务业市场全面开放

当前，服务贸易发展与服务业市场开放高度融合。海南自由贸易港要形成服务贸易主导的突出特色和独特优势，重点、难点和焦点在于服务业市场对内对外的全面开放。建议按着"分类推进、重点突破"的思路，赋予海南在医疗健康、会展、文化体育娱乐、电信、信息、教育、商业服务、金融等产业开放上的特殊政策，为全国服务业市场开放提供实践案例和压力测试。

1. 进一步拓展医疗健康等具有发展基础的服务业市场开放

（1）实现海南医疗健康产业的全面开放。实现海南医疗健康产业的全面开放，必须处理好局部发展与全岛发展的关系。

一方面，加快把博鳌乐城国际医疗旅游先行区打造成为国际化高端医疗合作中心。这就要求在博鳌乐城国际医疗旅游先行区实行更加开放的医疗健康产业政策。例如，允许国内外有专利技术、有研发资源的企业与个人通过独资、合资、合作等多种方式在先行区开展基因诊断治疗、干细胞、新药及仿制药等研发活动，将先行区打造成为高端医疗研发基地；简化药物、技术临床试验申请与审批程序，允许先行区内健康医疗机构与国外相关机构合作，同步开展国外药品与医疗技术的临床试验，打造国际新药、新医疗技术试验与应用基地。

另一方面，要尽快把国家赋予博鳌乐城国际医疗旅游先行区的政策实施范围扩大到全岛，并进一步拓展政策深度。例如，进一步取消境外资本设立医疗机构的股比限制；取消对进口药品"急需、少量"的限制，允许海南在安全评估与适用范围限定的前提下，自主确定进口药品与医疗器械的数量与种类；将进口药品审批权限下放给海南省。这样不仅能够保持海南医疗健康产业在全国的优势，而且能够满足本岛居民多元化的健康医疗需求，使人民共享开放红利。

（2）放开会展企业业务经营限制。

一是实行国际会展与国内会展、境内机构与境外机构同等的准入条件与审批程序，以此吸引境外参展商赴琼参展，扩大展出面积。在内容合法的前提下，允许国内外商业机构和贸易组织自主开展会展业务，无需与国内会展企业合作；取消境外会展机构在海南办会的人员构成、场地面积等额外限制。

二是简化在海南举办国际会展的审批程序，条件成熟时取消审批制度，改为备案制。例如，对主题为非敏感领域、参与人员为外国现任正部长级及以下官员，经费来源为非财政资金投入的学术性会议、经济技术展览会等实行备案制。

三是推动会展商品通关便利化。对会展活动所需的陈列或使用的物品，提供暂准进口证，实现不报关、不检验，利用电子锁等技术将监管行为后撤至市场监管范围。

（3）高质量高标准建设国家对外文化贸易基地。

一是引进国际知名的大型文化体育娱乐项目。引入国内外有实力的文化体育娱乐集团和世界通行的体育娱乐项目，以大企业带动资源整合，加快建设一批具有重要影响力和重大示范作用的文化体育娱乐产业项目，形成一批融旅游与文化体育娱乐于一体的国际知名文化品牌。

二是推动文化服务出口。积极组织具有国际影响力的文化娱乐交流活动与体育赛事，招徕海南与全国、海南与东盟之间各种形式的文化娱乐体育交流与合作；抓住"一带一路"倡议实施机遇，在"一带一路"沿线国家主导举办"丝绸之路艺术节"，举办文化艺术、科学教育、体育旅游等专业展会与项目，塑造国际化文化品牌；打造全球文化艺术展示交流交易平台、国际文化贸易跨境电子商务平台等交流合作平台，拓宽文化"走出去"渠道。

（4）推动以职业教育为重点的教育市场开放。海南的教育质量是制约海南招商引才的突出短板。一方面，全面放开职业教育。允许境内外具备条件的研发机构、教育组织、高水平企业在海南独立举办健康、旅游、文化创意等职业院校。另一方面，支持社会资本与外资投资教育领域。取消学前、普通高中、本科及以上院校的股比限制，支持各类投资者以独资、合资、合作等多种形式办学。在政府主导基础教育供给的前提下，满足社会多元化、个性化教育需求，允许外资以独资、合资形式开设基础教育学校，并实行与社会资本同等的准入资格与审批程序。将外资办学审批权全部下放给海南，并报教育部备案，赋予社会资本及外资投资的教育机构在招生数量、费用收取、外籍教师聘用等方面的自主权。

2. 推动电信、商务服务等领域市场开放

（1）放宽电信市场准入。

一是稳步放宽基础电信业务牌照管理限制。采用国际招标等方式引进国际电信运营商在海南经营固定通信、移动通信、网络接入等基础电信业务；允许国际电信运营商投资建设基站。

二是全面放开增值电信业务市场准入。取消增值电信业务外资股比限制，取消除跨区域服务外的增值电信业务牌照管理，实行注册制；允许民营、外资等社会资本与三大运营商以完全平等的身份进入电信市场竞争，经营国内国际呼叫中心业务、国际通信服务业务、信息搜索查询服务、因特网接入服务业务等。条件成熟时，允许外资企业与境内企业以合资形式在海南自由贸易港内经营互联网视频播放业务。

三是充分利用海南自由贸易港法规制定权突破上位法的限制。我国电信市场准入条件主要来自《外商投资电信企业管理规定》，且上海自贸试验区、北京等地均通过暂停实施等方式突破了增值业务外资股比限制的要求。建议海南自由贸易港制定实施"电信市场管理条例"，突破原管理规定股比限制，

并借鉴 CPTPP、DEPA（《数字经济伙伴关系协定》），就电信市场透明度、竞争保障、安全监管等方面形成法律安排。

（2）实现跨境互联网数据安全有序流动。

一是实行"一线"入境信息内容分类审查制度。一方面，采取技术手段对影响国家主权、公共安全以及与公共利益、公共道德、公共秩序和国家统一相违背的不良境外网络信息实施内容过滤；另一方面，对提供给家庭与公司企业、儿童与成年人、公共大众与个人消费者的互联网内容区别对待，进行不同程度的审查。即：对进入家庭的资料检查应严于对进入公司企业的检查；针对青年人的信息利用要严于对成年人的信息利用；对公共消费信息的检查要严于对个人消费信息的检查。

二是建立"一线"数据出境等级安全管理制度。一是将数据泄露、篡改或滥用对国家安全和社会公共安全影响程度作为标准划分"重要数据""敏感数据"出境的风险等级，在实施风险评估后确定高中低风险下完全限制出境、审批后限制出境和出境后备案等不同的监管方式。二是针对数据出境主体的风险高低制定特别管理要求，对于如外资企业、合资企业、境外组织机构等高风险主体，制定差异化数据出境管理要求，加强数据出境安全保障。三是建立数据出境白名单制度，禁止向数据保护水平低于我国的国家或地区转移个人数据。按照出境国家、地区政治环境、国际关系、数据保护水平等因素，划分数据出境风险等级，制定对低风险国家地区的数据出境白名单，减少数据流动障碍。

三是强化对自由贸易港流向内地的"二线"数据监管。境外信息通过国际通信业务出入口，按照现行"防火墙"模式经过审查后再进入内地，避免非法数据信息"倒灌"。

（3）进一步放宽商务服务业的市场准入与经营范围。降低外商设立特殊普通合伙会计师事务所、有限责任会计师事务所的准入条件，实现和内资同等准入标准；允许具备国际执业资格的会计师，经海南主管部门备案后，直接为海南居民和企业提供记账报税、审计验资、资产评估等会计服务。充分利用海南自由贸易港政策优势，加快引进更多国际知名会计、审计、信用评级、资产评估、投资咨询等专业中介服务机构，形成完整的服务体系，为离岸贸易相关企业、金融机构营造稳定、高效的发展环境和公平竞争环境。

3. 有序推进金融业市场开放

（1）加快形成以外资、社会资本为主体的金融体系。对外资金融机构准入实行与内资同等标准、审批程序与期限。引进境内外银行、证券、保险等各类金融机构，促进多元化金融机构发展。鼓励各类资本依法设立商业银行、消费金融公司、证券投资公司、基金管理公司、期货公司、财产保险公司等，尽快补齐海南自由贸易港金融体系短板。进一步放宽外资金融机构业务范围。例如，允许外资银行在海南自由经营人民币存贷款业务，取消外资银行分行吸收单笔人民币定期零售存款的金额限制与经营年限限制；全面取消对外商独资证券公司业务单独设限规定；允许符合条件的外资保险公司在海南开展含寿险在内的法定保险业务，允许外资保险公司在海南境内销售标准化商业保险产品。

（2）逐步实现非金融企业外债项下完全可兑换。

一是积极发展与服务贸易相配套的资金支付与转移业务。探索在服务贸易企业跨境支付领域实行法人承诺制，推进银行真实性审核由事前审查转为事后核查；推广跨境人民币结算在区域内服务贸易中的使用，打造便捷的服务贸易支付通道；在个人跨境交易领域，进一步放开汇兑环节，满足居民个人投资和用汇需求。

二是拓展海南自由贸易港账户功能。以"分账核算"为基础，强化海南自由贸易账户离岸功能，通过金融账户隔离，建立资金"电子围网"，为海南自由贸易港与境外实现跨境资金自由便利流动提供基础条件；争取央行支持，针对FT账户建立一套相应的清算账户体系和业务系统，建立对接商业银行和金融机构的清算基础设施，以及针对跨境交易的数据采集、监测和监督管理系统。

三是扩大跨境人民币资金池业务试点。借鉴新加坡经验，吸引国际资金业务汇聚，做大离岸市场资金业务池。用足用好《海南自由贸易港建设总体方案》提出的"支持建设国际能源、航运、产权、股权交易所"以及《关于金融支持海南全面深化改革开放的意见》提出的"在海南开展本外币合一跨境资金池业务试点"等政策，着眼于尽快吸引总部企业、跨国公司进驻的需要，研究分析跨境人民币资金池、外汇资金池的管理细则、准入标准、业务流程等，扩大本外币合一跨境资金池业务试点，允许自由贸易港内注册的企业根据业务需要开展资金池业务。

（3）探索发展离岸金融业务。

一是鼓励与支持内外资金融机构在海南自由贸易港开展离岸业务。在离岸业务与在岸业务基本隔离的前提下，海南自由贸易港内实行相对独立的、与国际规则相衔接的离岸金融制度，与境外金融往来自由，与境内的往来实行跨境管理。

二是支持优质市场主体发行离岸人民币债券。允许在海南自由贸易港内注册的新型离岸国际贸易主体，在离岸银行发行人民币计价的债券等产品实现融资。积极支持符合条件的海南企业在银行间市场和交易所市场发行公司信用类债券，进一步提高直接融资规模。支持新型离岸国际贸易主体扩大在受托管理机构、交易场所等方面的自主选择空间。支持新型离岸国际贸易通过资产证券化盘活存量、拓宽资金来源。

三是鼓励与支持各类金融机构开展离岸业务。支持金融机构经批准开展跨境融资、投资、贸易结算等离岸金融业务。支持建设离岸保险中心。探索建设离岸人民币金融中心，为协调人民币回流机制与体外循环机制提供金融服务平台，服务于海南自由贸易港率先实现人民币国际化。

4. 积极推进数字服务贸易发展

（1）高标准谋划建设中国（海口）跨境电子商务综合试验区、中国（三亚）跨境电子商务综合试验区。例如，要以"线上集成＋跨境贸易＋综合服务"为主要特点，以"物流通关渠道＋跨境电商综合服务监管信息系统＋金融增值服务"为核心竞争力，推动"关""税""汇""商""物""融"一体化，把中国（海口）跨境电子商务综合试验区建设成为跨境电子商务创新创业中心、跨境电子商务服务中心、跨境电子仓储物流集散示范中心。

（2）推动传统服务贸易数字化转型。重点发展远程教育、远程医疗诊断、远程研发、远程培训等业务；聚焦游戏、动漫、演艺、网络视听、数字阅读等领域，集聚一批全球领先的数字内容平台和在线应用商店；加快培育专业化的垂直搜索平台以及满足用户细分需求的社交媒体平台；推进文化与数字贸易融合，大力推动文化创意产业应用数字化技术，发展流媒体、电子竞技内容分发、微交易、视频点播、订阅式音乐流等新领域、新模式、新业态；通过数字化手段推动海南特色文化品牌建设，提升原创内容的海外影响力。

（3）高标准建设数字服务贸易交易促进平台。依托互联网信息产业园，建立国际数据交易所，打造数字贸易交易促进平台，拓展与国际标准相接轨的数字版权确权、估价、交易、结算交付、安全保障、数据资产管理等服务功能，建设数字内容和产品资源库。开展与国际标准相接轨的数字版权确权、估价、数字企业资质评估认定等业务；加大区域内服务贸易信息汇集，积极开展跨境服务贸易交易流程服务、供需匹配、信息个性化定制、数字内容和产品资源库等服务。

三、推进服务领域规则、规制、管理、标准等制度型开放

与货物贸易依赖于"边境上"开放不同，服务贸易开放直接依赖于"边境内"规则、规制、管理、标准等与国际衔接，依赖于以公平竞争为重点的市场环境制度创新。

1. 率先推进重点行业管理标准与国际接轨

（1）率先全面引进欧美日医疗药品管理标准。例如：对已在日本、美国和欧盟通过标准评估的药品与医疗器械，可自动获得认证，无须开展临床试验直接在海南使用；采用欧美的医药标准，逐步实现已经上市但未达到新标的药品退市。

（2）制定与国际接轨的仲裁制度。参考联合国国际贸易法委员会仲裁规

则，建立海南自由贸易港的仲裁规则。对离岸国际贸易案件，允许当事人自主选择两大法系仲裁模式裁决。尽快以"仲裁地"标准取代"仲裁机构所在地"标准，建立海南自由贸易港临时仲裁制度。明确商事仲裁的法律效力，限制司法机关干预仲裁程序、推翻仲裁裁决等行为，确保仲裁结果的权威性。

（3）加快建立与国际接轨的专业服务业管理标准体系。学习借鉴高水平专业服务管理标准，加快建立海南自由贸易港会计、审计、金融等专业服务业管理标准体系，积极推进海南相关行业企业开展国际标准认证，提升专业服务国际化及专业化水平。允许具备国际执业资格的会计师、审计师等，经海南主管部门备案后，直接为海南非居民企业提供记账报税、审计验资、资产评估等会计服务。对标美国、欧盟、日本、新加坡、中国香港等发达国家和地区在会计、审计等服务业行业管理标准，允许符合当地标准的服务业企业经备案审核后直接开展相关经营与业务活动。

（4）推进海南自由贸易港职业教育标准与国际对接。一方面，在职业教育领域引入国际标准。例如，主动与国外教育和培训机构互商共议，就双方互相认证的问题达成共识，相互认可毕业文凭和专业技能证书，扫除认证障碍。同时，吸引境内外具备条件的研发机构、教育组织、高水平企业在海南独立举办健康、旅游、文化创意等职业院校。另一方面，加强教育国际合作与交流。开展中外联合培养项目；通过教师互访、学生互换、学分互认和学位互授等形式，加强教育国际合作与交流，鼓励优势学科"走出去"。

2. 制定实施服务业"认可经营商制度"

（1）以"认可经营商制度"实现标准单向认可。在航运、物流、医药研究、健康疗养、临床试验、职业教育、创意设计、工程建设、会计法律等行业，联合制定基于标准的"认可经营商制度"，对经认可的服务业企业经备案后在海南根据其当地作业程序习惯等自由开展相关服务，海南参照国际通行做法对其实施监管。

（2）逐步实现服务业监管标准互认。通过对特定国家和地区企业差异化豁免等多种方式，在保证公共安全的前提下，允许境外企业在海南提供相关服务，最大限度减少因标准差异而产生的企业成本。例如，在科学评测双方标准基础上，允许特定国家和地区的服务业企业在符合当地标准、具备相关职业资格的情况下，在海南备案审核后直接开展相关经营与业务活动。

（3）鼓励企业开展国际标准认证。在旅游、教育、健康医疗、文化娱乐、金融等服务业领域开展标准认证工作，对在海南注册并取得官方或国际协会认证的企业给予优先推介、税收减免等。

3. 全面实施服务业人才职业资格单向认可

（1）逐步放宽职业资格单向认可范围。制定服务业单向认可专业资格清单，取得境外职业资格或公认的国际专业组织资质的专业人员，通过技能认定后，可直接为海南企业和居民提供专业服务，其在境外的从业经历视同国内从业经历。

（2）制定更加开放的商务人员临时入境政策。建立服务贸易重点领域中高端人才认定标准，对符合条件的外籍人才投资创业、经贸活动方面提供出入境便利。放宽外籍专业技术技能人员停居留政策，取消对专业技能人才申请永久居留的最短居住时间限制。允许在华外国留学生学习期间来海南实习和勤工助学，取消就业许可限制。突破外籍人才只能在一家单位工作的限制，在有效管理前提下，允许外籍人才在签证有效期内自由选择兼职与创新创业，并享受与本地人才相应的同等待遇。

（3）放宽境外人员参加职业资格考试范围。尽快将旅游、交通运输、租赁和商务服务、科学研究和技术服务、文化体育娱乐等领域纳入允许参加职业资格考试范围。

4. 在服务业领域强化竞争政策的基础性地位

（1）在海南自由贸易港内全面对接 CPTPP 竞争政策。明确提出"竞争中性"原则，并在竞争立法、调查执法、消费者保护、监管透明度等方面对标 CPTPP 开展压力测试。

（2）减少行政力量对市场资源的直接配置。按照"非禁即准"的原则，清理与法律法规相抵触、制约各类市场主体进入各行业的规定和程序。全面实施普惠化的产业政策。减少选择性补贴、投资补助等举措，将产业政策严格限定在具有重大外溢效应或关键核心技术的领域；建立功能性补贴的第三方评估体系。

（3）加强服务业领域的公平竞争审查。突出权威性和专业性，由市场监管机构制定公平竞争政策的审查标准和审查程序；重点强化要素获取、准入许可、经营运行、政府采购和招投标等方面的公平竞争审查。

5. 以制度型开放带动服务业监管体制变革的重要突破

（1）以建立统一的市场监管协调机构为重点理顺综合监管与专业监管的关系。从初步的实践看，综合性的市场监管与专业性的部门监管还难以统筹协调，难以形成合力。例如，医药领域的监管需要综合的市场监管部门与专业监管部门的有效配合。没有这种协调配合，有些问题是难以及时发现和解决的。建议海南省级政府层面建立统一权威的市场监管协调机构，统筹监管资源，提升市场监管，尤其是特殊服务业领域监管的有效性。同时，依托互联网、大数据技术，打造全国统一的市场监管与药品监管大数据平台，实现部门间信息共建共享。

（2）以明确职责权限为重点理顺省级与省以下监管体制。以药品监管为例，《国务院机构改革方案》规定，"市场监管实行分级管理，药品监管机构只设到省一级，药品经营销售等行为的监管，由市县市场监管部门统一承担"。从现实情况看，市县难以有效履行药品监管职能。这就需要尽快理顺省级以下的药品监管机构职能。建议：其一，明确各级政府市场监管机构的事权和责权划分，尤其是要明确省级与省级以下市场监管机构的职权分配。例如，对高风险类食品药品的监管权责保留在省市场监管局，并在省级层面制定监管细则。其二，实行省级市场监管的垂直管理。海南探索建立自由港，需要也有条件在这方面先行先试。

（3）要强化监管队伍的能力建设。我国经济转型尤其是服务业市场走向全面开放，对市场监管队伍及其监管能力建设提出较高要求。建议将海南作为全国市场监管队伍能力建设的试点，可考虑试行公务员职务与职级并行、职级与待遇挂钩制度，突出职级在确定干部工资、福利等方面的作用；探索建立政务官和事务官的两套管理制度；探索监管部门预算管理新模式，下放人事管理权，在预算约束的前提下允许监管部门自主聘任监管技术人才。

第三节 推动跨境服务贸易负面清单制度创新

2021 年 11 月 4 日，习近平主席在第四届中国国际进口博览会开幕式主旨演讲中指出，中国将坚定不移维护真正的多边主义，坚定不移同世界共享市场机遇，坚定不移推动高水平开放，坚定不移维护世界共同利益。当前，以高水平开放推进服务贸易创新发展，是我国加快建立高水平开放型经济新体制、构建新发展格局的重大任务。

一、服务贸易创新发展需要对标国际高水平经贸规则

由正面清单向负面清单的转变是全球服务贸易规则变革的基本特征。按照打造当今世界最高水平开放形态的基本要求，海南自由贸易港推进服务贸易创新发展，需要主动适应全球服务贸易规则演变大趋势，充分学习借鉴国际自由贸易港的先进经营方式、管理方法和制度安排，形成具有国际竞争力的服务贸易开放政策和制度。

1. 把握全球服务贸易规则重构大趋势

（1）负面清单成为服务贸易规则的核心要素。"负面清单"和准入前国民待遇是新一代贸易协定中服务业开放的主要特征。WTO《服务贸易总协定》（GATS）以正面清单为主。但从全球区域性自贸协定看，服务贸易已成为区域自贸协定的标配。例如，CPTPP、USMCA 等在服务贸易和投资领域均采用了负面清单模式；RCEP 在兼顾各方利益和承受度的前提下，实行了正面清单＋负面清单管理的混合模式，但要求采取正面清单开放模式的成员国，在六年内转变为负面清单。

（2）数字贸易规则成为全球经贸规则重构的焦点。

一是数字议题成为全球主要国际组织的关注点。随着数据流动、人工智能、数字贸易等议题的兴起，G20（二十国集团）、G7（七国集团）、OECD、APEC等国际组织均已常设数字议题，涉及发展、监管、治理等6大类、22个方向。（表4-3-1）

表4-3-1　全球主要国际组织常设数字议题情况

议题	WTO	G20	OECD	G7	APEC	一带一路
人工智能		√	√	√		√
区块链			√			
加密资产		√	√			
宽带/数字基础设施		√			√	√
消费者政策		√	√	√	√	
数字经济		√	√	√	√	√
数字政府		√	√			√
数字税		√	√			
数字隐私						
跨境贸易/电子商务	√	√	√	√	√	

资料来源：根据各协定公开内容整理。

二是跨境数据流动是国际经贸协定的关注重点。最初的数据跨境流动规则，明确在重视个人信息保护的基础上，尽量不对商业活动中的跨境数据流动进行限制；在CPTPP、DEPA中，要求除公共管理目的外不对数据的跨境流动和计算机设施的位置采取限制措施，同时相关措施需满足合理、必要、非歧视等要求；在更高水平的美墨加、美日协定中，首次在计算设施本地化条款中去除了数据本地化措施的例外条款，进一步提升了贸易活动中数据存储和流动的自由水平。（表4-3-2）

表 4-3-2 全球数字经贸规则内涵外延不断丰富

背景	核心问题	典型协定	涉及主体	主要条款
跨境电商高速发展	确保跨境电子商务合法性地位、保护消费者权益	WTO 电子商务宣言、美智 FTA、美新 FTA	跨境电子商务及相关服务提供者	电子传输免征关税
				无纸化贸易
				数字产品非歧视待遇
				电子签名
				在线消费者保护
				非应邀电子信息
				电子交易框架
数字贸易全球化发展	去除数字贸易壁垒、促进"自由贸易"	美韩 FTA、CPTPP、美墨加、美日	数字内容、社交媒介、搜索引擎等数字产品服务提供者	跨境数据自由流动
				计算设施位置
				源代码、使用密码术的
				信息通信产品
				互联网接入和使用
				交互式计算机服务
				个人信息保护
				政府数据开放
数字经济协同发展	促进新兴产业发展、维护技术标准和系统兼容、释放数字经济潜能	DEPA、新澳、英新、韩新数字经济协定	数字服务上下游产品、数字化转型企业、各类中小企业	数字身份
				数据交换和系统兼容
				电子发票
				电子支付
				金融科技
				数据创新和监管沙盒
				人工智能
				数字包容性

资料来源：根据各协定公开内容整理。

三是全球跨境数据流动规制日益分化。例如，美国打造符合自身利益的跨境数据流动规则体系，对涉及国防和国家安全的数据采取限制性措施。同时，凭借已有技术经济和数据市场优势，对全球数据实施基于"自由秩序"、国家利益的"长臂管辖"。欧盟《通用数据保护条例》《关于非个人数据自由流通的规定》以及一揽子数据战略，加强成员国之间的数据共享。（图4-3-1）

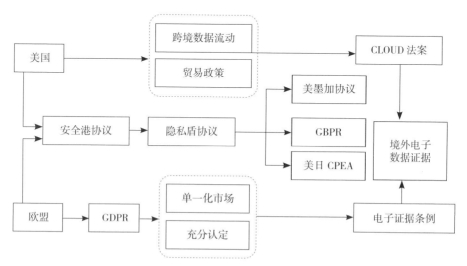

图4-3-1　美欧主导及参与建立的部分跨境数据流动规则

资料来源：根据各协定公开内容整理。

（3）规则措施由"边境上"向"边境内"转移。从最新签订的区域贸易协定内容看，不仅涵盖传统的关税、配额、数量限制、海关监管等"边境上"措施，也更多强调知识产权、国有企业、政府采购、劳工标准、环境标准、竞争中性等"边境内规则"。（表4-3-3）

表4-3-3　WTO+ 与 WTO-X 条款议题

分类	涉及议题或条款
WTO+ 条款	工业产品、农业产品、海关程序、出口税、卫生和植物检疫、国营贸易企业、技术性贸易壁垒、反补贴、反倾销、公共补助、政府采购、与贸易有关的投资措施协议（TRIMS）、服务贸易（GATS）、与贸易有关的知识产权（TRIPS）协议

续表

分类	涉及议题或条款
WTO-X 条款	反腐败、竞争政策、环境法规、知识产权、投资、劳动市场管制、资本流动、消费者保护、数据安全、农业、国内立法和国际法的对接、音像产品、文化保护、创新政策、文化合作、经济政策对话、教育培训、能源、金融支持、健康、人权、非法移民、反毒品、产业合作、信息传播、采矿业、反洗钱、核安全、政治对话、公共行政、区域合作、研究与技术、中小企业、社会事务、统计、税收、恐怖主义、签证与政治庇护

数据来源：根据 2011 年 WTO《世界贸易报告》整理得到。

2. 主动对接 CPTPP 服务贸易规则

（1）精简的跨境服务贸易负面清单。CPTPP 通过附件 1 详细列明各国将会对跨境服务贸易采取的相关限制措施。同 RCEP 对比看，CPTPP 缔约国均采取了更加精简的跨境服务贸易负面清单。例如，日本在 CPTPP 中的承诺比在 RCEP 中少 16 项，澳大利亚少 11 项，新加坡少 7 项，马来西亚少 3 项。负面清单限制措施数量最多为日本，共 41 项，最少为新西兰，仅 4 项（表 4-3-4）。

表 4-3-4　CPTPP 与 RCEP 跨境服务贸易负面清单限制措施数量

	日本	加拿大	新西兰	澳大利亚	新加坡	马来西亚	文莱	智利	秘鲁	越南	墨西哥
CPTPP	41	16	4	8	25	17	20	20	25	5	31
RCEP	57	–	–	19	32	20	–	–	–	–	–

资料来源：根据 CPTPP、RCEP 协定内容整理。

（2）具体可操作的"边境内"规制大幅降低跨境服务贸易壁垒。CPTPP 通过国民待遇、最惠国待遇、国内规制、承认、透明度等相关条款，确保跨境服务贸易自由便利（表 4-3-5）。例如，CPTPP 明确对境外服务提供者的待遇不得低于本国，不得以数量配额、垄断、专营服务等形式限制服务提供者的数量，不得以当地存在作为跨境服务提供的条件；要求一缔约方对服务提供者在另一缔约方领土内或一非缔约方领土内获得的学历、经历和职业资格等以自主、协调或其他方式予以承认；等等。

表 4-3-5 CPTPP 跨境服务贸易相关条款分类

第10章 跨境服务贸易	准入条款	准入后条款	其他条款
10.1 定义			√
10.2 范围			√
10.3 国民待遇	√	√	
10.4 最惠国待遇	√	√	
10.5 市场准入	√		
10.6 当地存在	√		
10.7 不符措施			√
10.8 国内规制		√	
10.9 承认		√	
10.10 拒绝给予利益			√
10.11 透明度		√	
10.12 支付和转移		√	
10.13 其他事项			√

资料来源：根据 CPTPP 协定内容整理。

（3）以"棘轮机制"等措施确保服务贸易开放度只能越开越大。一方面，CPTPP 对负面清单的约束规则形成了严格约束，避免各方对负面清单的滥用。如不符措施的修正，应当保证与该措施紧接修正前的情况相比未降低该措施开放度，并给予越南 3 年的过渡期。另一方面，以附件 2 方式详细列明未来可能采取的不符措施，给予服务提供主体以明确的预期。

3. 明确完善跨境服务贸易负面清单的重点任务

（1）跨境服务贸易负面清单数量较多。《海南自由贸易港跨境服务贸易特别管理措施》共有 70 项限制措施，其中金融 17 项，与 CPTPP 中缔约国承诺

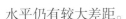

水平仍有较大差距。

（2）国内规制限制措施较严。从跨境服务贸易限制措施的内容看，主要以"不得""经批准"等表述，与CPTPP中的国民待遇、市场准入、当地存在等有所冲突。例如，"未经中国政府批准，任何外籍船舶不得以任何方式经营中国港口之间的拖航"，与CPTPP"如为许可程序，则此类程序本身不成为对服务提供的限制"的要求不符。

（3）认可制度有待进一步优化。海南自由贸易港实行境外人员参加职业资格考试、境外人员执业管理等是一项重大制度创新，有利于大幅降低服务贸易壁垒。从实际看，这项制度仍有待进一步完善。例如，参加职业资格考试的境外人员需"已被海南自由贸易港用人单位聘用且已取得境外职业资格"，且放开的职业资格考试行业仍然较少；认可境外职业资格数量较少，特别是对日本、澳大利亚、新加坡等CPTPP成员国等的职业资格认可数量严重偏低。

（4）与服务贸易相配套的资金支付与转移制度差距较大。目前，我国居民每人每年对外汇款额度为5万美元，与CPTPP提出的"应允许所有与跨境服务提供相关的转移和支付自由进出其领土且无迟延"的要求相比，有巨大差距；由于资本项目尚未完全开放，实现CPTPP中"每一缔约方应允许与跨境服务提供相关的转移和支付使用自由流动货币按转移时的现行市场汇率进行"等要求仍有较大困难。

4. 形成海南自由贸易港的自身特色跨境服务贸易负面清单

按照有利于促进四大主导产业的要求，大幅减少旅游、教育、文化体育娱乐、医疗健康、热带特色高效农业等领域的限制措施，进一步弱化限制强度，大幅降低上述领域的边境内壁垒。服务于打造中国东盟全面战略合作重要枢纽的战略需求，在数字经济、金融等领域开展高水平开放压力测试。同时，明确环保底线与安全底线，更多采用牌照管理、保留优先股权利、明确高级管理人员和董事会任职资格等方式，实现开放与安全的有效平衡。

二、建立更加精简透明的跨境服务贸易负面清单

在海南自由贸易港，对标新加坡、中国香港等自由贸易港，制定实施与CPTPP服务贸易开放水平基本相近的跨境服务贸易负面清单。同时，在海南自由贸易港探索实行外商投资准入负面清单与跨境服务贸易负面清单的一体化管理。

1. 体现"精简、透明、可操作、可预见"的基本要求

（1）适应海南自由贸易港建设进程。按着自由贸易港建设进程要求，需要在2025年初步建立以"既准入又准营"为基本特征的服务贸易制度。未来1—2年内跨境服务贸易负面清单管理制度很大可能会在全国自贸试验区推广。建议在2025年前，形成与国际高标准经贸规则大体相当的30项左右的跨境服务贸易负面清单，并通过完善国民待遇、标准互认、监管一致性等措施，破除各类模式下的边境内壁垒，成为我国融入全球服务贸易规则体系的最前沿。

（2）推进跨境服务贸易负面清单与国际接轨。详细列明跨境服务贸易负面清单的管理措施与相关描述，及其所对应的正面义务、不符措施详细描述、现行不符措施的法律依据、政府层级，完善负面清单的附件体系，为关键领域及未来新业态预留空间。

（3）强化跨境服务贸易负面清单的稳定性与可预期，提升海南版负面清单的法律效力。对跨境服务贸易负面清单实行政府政策承诺诚信制度，凡是与负面清单的开放承诺相冲突的部门现行规章，一律按照负面清单执行；建立定期调整机制，逐步拓展服务贸易开放范围；建立"棘轮机制"，明确负面清单限制措施"只减不增"。

2. 缩减海南自由贸易港跨境服务贸易限制措施数量

（1）按照于法有据的原则清理部分限制措施。对照国内相关法律，建议删除"境外服务提供者不得提供建筑及相关工程服务""跨境交付方式计算机订座系统服务""境外企业或个人不得成为证券交易所的普通会员""境外个

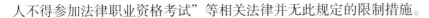

人不得参加法律职业资格考试"等相关法律并无此规定的限制措施。

（2）按照有利于发挥海南自由贸易港战略作用的要求清理或弱化部分限制措施。例如，适应"总部基地"建设对以会计、审计、法律为重点的国际化商务服务体系的需要，取消"只有中国公民才可担任公证员""只有中国公民才可从事司法鉴定业务""只能以商业存在模式提供法定审计、代理记账服务"等；在明确外国律师只能从事国际商事法律服务的前提下，取消"境外律师事务所驻华代表机构及分支机构不得聘用中国执业律师""不得派员入驻中国律师事务所从事法律服务活动"。

（3）适应海南自由贸易港产业发展需要清理或弱化部分限制措施。例如，适应旅游业发展需要，取消"境外个人不得报考全国导游资格考试"限制。适应教育发展需要，取消"境外个人教育服务提供者须具有学术学位"限制，实行内外资统一管理，允许境外教育服务提供机构举办职业类学历考试，并逐步实现职业资格与国际接轨。适应医疗健康产业发展需要，放宽"外籍医师在琼执业"时间限制，将执业期限延长至3年，并增加取得停居留资格的境外医师。

（4）弱化金融、电信等领域限制强度。例如，将"货币经纪业务""非金融机构支付业务"由商业存在模式放宽至跨境交付模式，探索跨境资金自由便利流动管理制度。将"区域性股权市场运营机构不得超过1家"调整为"海南自由贸易港根据市场情况对区域性股权市场运营机构实行总量控制"。《海南自由贸易港跨境服务贸易负面清单》调整建议见表4-3-6。

表4-3-6　《海南自由贸易港跨境服务贸易负面清单》调整建议

	特别管理措施	调整方法	原因
修改某些与海南自由贸易港建设现实要求不相适应的规定	境外个人不得报考全国导游资格考试	删除	不符合《海南自由贸易港法》第四十七条的规定
	境外服务提供者不得提供建筑及相关工程服务	删除	与《海南自由贸易港建设总体方案》表述不一致

	特别管理措施	调整方法	原因
修改某些与海南自由贸易港建设现实要求不相适应的规定	只允许境外服务提供者在对境外船舶开放的港口从事国际运输	删除	适应海南自由贸易港2025年前全岛封关运作的需求，海南全岛港口升级为对外开放口岸，允许境外服务提供者在海南全省各港口从事国际运输
	境外个人教育服务提供者受海南自由贸易港内学校和其他教育机构邀请或雇佣，可入境提供教育服务，须具有学士以上学位，且具有相应的专业职称或证书	删除	实行内外资一致规定
参考新加坡、中国香港等做法，取消或降低某些跨境服务贸易的限制	跨境交付方式下计算机订座系统服务的限制	删除	参考《中国—新加坡自由贸易协定》中新加坡服务贸易承诺减让做法
	在外国取得合法行医权的外籍医师，应邀、应聘或申请来华从事临床诊断、治疗业务等活动，注册有效期不超过一年，注册期满需要延期的，可以按规定重新办理注册	删除；仅对服务提供者居住地作出要求	参考新加坡在CPTPP中的做法，仅对服务提供者的居住地提出要求，规定在海南自由贸易港范围内从事临床诊断、治疗业务等活动，需通常居住在海南自由贸易港
	只有通过中国司法考试或统一法律职业资格考试的中国公民才可担任公证员	删除；允许在海南自由贸易港的任何人可申请中国司法考试	借鉴中国香港"允许任何人向公证人协会申请参加考试，考试合格可申请获委任为公证人"的做法
	境外个人不得参加国家统一法律职业资格考试取得法律职业资格证书	删除；针对境外个人设立"海外律师"资格考试	借鉴中国香港做法，针对境外个人设立"海外律师"资格考试，允许具有境外法律职业资格的个人申请资格考试，考核通过后即可在海南自由贸易港范围内执业

续表

	特别管理措施	调整方法	原因
落实国家相关法律规定，降低跨境服务贸易的限制强度	中国籍船舶的船长应当由中国籍船员担任	删除	按照《中华人民共和国海船船员适任考试和发证规则》的规定，对在海南自由贸易港的中国籍船舶，允许雇佣外籍船员担任船长，但需按要求取得承认签证
将关于商业存在的限制措施合并表述	第 24、26、27、28、31、32、33、35、44、46、47、50 条	合并	相关特别管理措施均为商业存在模式下的服务提供

资料来源：中改院课题组整理。

3.推进跨境服务贸易负面清单内容与国际接轨

（1）实现限制措施描述由"行"到"表"的拓展。建议借鉴 CPTPP、USMCA 等的通行做法，针对每条限制措施补充违背义务（国民待遇、市场准入、最惠国待遇、本地存在、高管与董事会）、政府层级（中央、地区、地方）、措施来源等要件，并进一步细化描述措施。特别是尽可能将"等""符合我国相关法律法规"等话语以举例方式详细列明，以减少投资者对负面清单的理解偏差。

（2）区分时态增加未来可能施加限制措施的兜底条款。例如，海南省政府保留对影响国家安全、生态环境的相关投资与跨境服务贸易业务增加限制措施的权利，但应遵循必要性原则；在金融、电信等领域保留对未来可能出现的新业态增加限制措施的权限。

（3）实现产业分类与国际通行分类的对接。海南自由贸易港跨境服务贸易负面清单采用《国民经济行业分类》（GB/T4754—2017）标准，可能会因国内国际分类标准不同而引起纠纷。建议在现有分类基础上，进一步具体化至具体业务；同时，制定国内国际分类转换表，明确与国际通行分类间的转换关系，尽可能做到与国际接轨。

4. 合并投资准入负面清单与跨境服务贸易负面清单

CPTPP 的 11 个缔约方都采用了投资与服务贸易一体化负面清单形式。从海南自由贸易港跨境服务贸易负面清单内容看，金融、租赁商务服务业、文化体育娱乐业等领域的限制措施大多与投资相关或重叠。建议将其合并，并在法律、会计、专利、咨询、调查、测绘、统计、建筑设计、教育、医疗、公证、出版、广播、电视、互联网信息服务等领域率先实现商业存在模式下的开放，并逐步向跨境服务开放过渡。建议逐步推进外商投资准入负面清单、放宽市场准入特别措施（清单）、跨境服务贸易负面清单等的一体化管理；对标 CPTPP 制定海南自由贸易港商务人士临时入境清单，实现商业存在、境外消费、跨境交付、自然人移动的清单制管理全覆盖。

三、逐步完善跨境服务贸易负面清单配套管理体系

1. 对标 CPTPP 形成跨境服务贸易的境内规制

（1）明确细化国民待遇标准。明确海南自由贸易港范围内，对境外服务提供者的待遇不低于在相似情况下给予本国服务和服务提供者的待遇；以清单形式列明国民待遇的具体权利，包括准入阶段的管理权力、要素供给、融资方式、进出口权、税收政策、法律保护、司法救济等一系列细化的待遇标准。

（2）明确跨境服务贸易市场准入及当地存在标准。例如，明确提出"除负面清单内规定的措施外，在海南自由贸易港内不得以数量配额、垄断、专营服务提供者的形式，对服务提供者的数量、交易额、人员数量等进行限制"；除负面清单内规定的措施外，不得要求另一缔约方的服务提供者在海南自由贸易港内设立或维持代表处或任何形式的企业或成为居民，作为跨境提供服务的条件；等。

2. 制定实施更加便利的资金支付和转移制度

（1）依托 FT 账户，对实体企业对外投资，除开展事中事后真实性审查和

额度管理外，按照最大限度便利服务贸易企业开展跨境服务业务，探索在服务贸易企业跨境支付领域实行法人承诺制。

（2）对区域性总部企业的资金汇出需求，按照余额管理模式，允许其一定比例的投资增量资金自由汇出。对基金类企业对外投资，在合格境内有限合伙人（QDLP）制度框架下管理，并在强化对其高管、金融资产实时监管的条件下逐步放宽认证条件与额度上限。

（3）对个人资金支付和转移需求，大幅提升额度上限，对超出额度的情况实行真实性审查。

3. 开展海南自由贸易港服务贸易立法

（1）充分利用海南自由贸易港立法权，制定出台《海南自由贸易港服务贸易条例》，就跨境交付、境外消费、商业存在、自然人移动等不同服务贸易模式作出详细法律安排。

（2）确立海南自由贸易港跨境服务贸易负面清单的法律效力，明确凡是与负面清单相冲突的各类规章，一律按照负面清单执行，提升投资负面清单的稳定性与可预期性。

4. 建立海南自由贸易港服务贸易救济制度

（1）成立海南自由贸易港投资与贸易救济评估委员会。统筹对自由贸易港开放政策实施与压力测试相关的投资、货物贸易、服务贸易等对产业的影响进行评估。

（2）建立海南自由贸易港贸易投资救济基金。在明确退出机制的前提下，对经评估会对岛内造成严重冲击的产业实行资金补偿；明确补偿标准与程序，确保内外资企业可获得一致待遇。

5. 建立与跨境服务贸易负面清单相适应的风险防控体系

（1）针对服务贸易四类模式实施分类监管。例如，对跨境交付模式下强化境外服务贸易内容监管；对境外消费模式下强化跨境资金流动监管；对商业存在模式下强化市场主体经营行为的监管；对自然人移动模式下强化对人员资格的监管。

（2）尽快完善服务贸易及服务业监管体制机制。强化专业监管与综合监管的协调，建立跨部门联合审查、监管、执法机制；发挥行业协会作用，建立服务业企业"吹哨人"制度，强化对"吹哨人"的司法保护与救济。

（3）实现靶向性、智能化信用监管。建立企业健康状况评级系统与风险智能预警系统，并通过实施"白名单""黑名单"计划等，提升监管的有效性、针对性。

专栏4-3-1　海南自由贸易港跨境服务贸易特别管理措施（负面清单）（建议稿）

序号	特别管理措施
一、批发和零售业	
1	境外服务提供者不得在国内从事经营烟叶、烟草制品的批发、零售、进出口
二、交通运输、仓储和邮政业	
2	除游艇外的外籍船舶进出海南自由贸易港或者在其内河航行、港口航行、移泊以及靠离港外系泊点、装卸站等，应当向当地的引航机构申请引航。如中国与船籍所属国另有协定，则先遵守相关协定规定
3	境外个人不得注册成为引航员
4	境外服务提供者须通过与中方打捞人签订共同打捞合同的方式，参与打捞沿海水域沉船沉物。境外服务提供者为履行共同打捞合同所需船舶、设备及劳务，在同等条件下，应当优先向中方打捞人租用和雇佣
5	境外服务提供者不得从事包括空中交通管制、通信导航监视、航行情报等中国民用航空空中交通管理服务，不得从事民用航空空中交通管制、航空情报培训服务
6	境外个人不得申请民用航空情报员、民用航空空中交通管制员执照
7	境外服务提供者不得经营信件的国内快递业务。境外服务提供者不得提供邮政服务
三、信息传输、软件和信息技术服务业	
8	从事国际通信业务，必须通过中国信息产业主管部门批准设立的国际通信出入口局进行。国际通信出入口局应当由国有独资的电信业务经营者申请设置、承担运行维护工作，并经工业和信息化主管部门批准设立
9	境外组织或个人不得进行电波参数测试或电波监测

序号	特别管理措施
10	境外单位向中国境内单位提供通信卫星资源出租服务，应在遵守中国卫星无线电频率管理的规定，并完成与中国申报的卫星无线电频率协调的前提下，将通信卫星资源出租给境内具有相应经营资质的单位，再由境内卫星公司转租给境内使用单位并负责技术支持、市场营销、用户服务和用户监管等。不允许境外卫星公司未经中国政府批准直接向境内用户经营卫星转发器出租业务
11	境外服务提供者不得从事互联网新闻信息服务、互联网公众发布信息服务
12	未满足设立商业存在和相关股比要求的，境外服务提供者不得提供互联网信息搜索服务
四、金融业	
13	未经中国银行监督管理机构批准境外服务提供者不得以跨境交付方式从事银行业金融机构、金融资产管理公司、信托公司、财务公司、金融租赁公司、消费金融公司、汽车金融公司以及经中国银行监督管理机构批准设立的其他金融机构的业务活动
14	仅经批准在中国境内设立的货币经纪公司可从事货币经纪业务
15	仅依中国法在中国设立的证券公司经批准可经营下列证券业务：（1）证券经纪；（2）证券投资咨询；（3）与证券交易、证券投资活动有关的财务顾问；（4）证券承销与保荐；（5）证券融资融券；（6）证券做市交易；（7）证券自营；（8）其他证券业务
16	以下情形不得通过跨境交付方式提供：（1）仅依中国法设立的基金管理公司或者中国证券监督管理机构按照规定核准的其他机构可担任公开募集证券投资基金的管理人；（2）仅符合法定条件的在中国境内设立的公司或者合伙企业可申请登记为私募证券基金管理人；（3）仅依中国法设立并取得证券投资基金托管资格的商业银行或中国证券监督管理机构核准的其他金融机构可担任证券投资基金托管人；（4）经批准的合格境外机构投资者投资境内证券期货，应当委托符合要求的境内机构作为托管人托管资产。经批准的境内机构投资者开展境外证券投资业务，应当由境内商业银行负责资产托管业务；（5）仅依中国法设立并经中国证券监督管理机构及其派出机构注册取得公募基金销售业务资格的机构（含公募基金管理人）可以从事基金销售业务；（6）未经批准或登记，境内机构、个人不得从事境外有价证券发行、交易
17	仅在中国境内设立的商业银行可申请期货保证金存管银行资格
18	仅依据中国法成立的期货公司、其他期货经营机构可以从事期货投资咨询业务。在海南自由贸易港居住的境外个人可以申请取得期货投资咨询从业资格
19	企业年金法人受托机构、托管人、投资管理人应当经中国金融监管部门批准，并为中国法人。企业年金账户管理人应当经中国政府批准，并为中国法人

序号	特别管理措施
20	海南自由贸易港内设立的区域性股权市场运营机构根据市场运行情况实行总量控制
五、租赁和商务服务业	
21	境外律师事务所、境外其他组织或个人，在当地取得律师执业资格后，不得在海南自由贸易港经营除涉外民商事法律服务外的其他法律服务，所在代表处、分支机构可以聘用中国执业律师
22	境外组织或个人不得直接进行社会调查，不得通过未取得涉外调查许可证的机构进行社会调查。境外服务提供者经资格认定，取得涉外调查许可证的可进行市场调查
23	境外服务提供者不得提供人力资源服务(包括但不限于人才中介服务、职业中介服务)，不得直接招收劳务人员赴国外工作
24	境外个人不得担任保安员从事保安服务，境外服务提供者只能通过商业存在方式提供保安服务
六、科学研究和技术服务业	
25	境外服务提供者可提供除总体规划以外的城市规划服务，但须与中方专业机构合作。法定规划以外的城市设计和法定规划编制的前期方案研究，可不受此限制
26	未经批准，境外组织或个人不得在中国领域和中国管辖的其他海域从事测绘、气象、水文、地震及生态环境监测、海洋科研、铺设海底电缆和管道、自然资源勘查开发、渔业资源调查等活动
七、教育	
27	境外教育服务提供机构除与中方教育考试机构合作举办面向社会的非学历的教育考试外，不得单独举办除职业教育外的其他教育考试
八、卫生和社会工作	
28	在外国取得合法行医权的外籍医师，应邀、应聘或申请来华从事临床诊断、治疗业务等活动，注册有效期不超过三年，注册期满需要延期的，可以按规定重新办理注册
29	境外服务提供者不得从事图书、报纸、期刊、音像制品、电子出版物的编辑、出版、制作业务，不得从事网络出版(含网络游戏)服务。中国加入世贸组织承诺内容除外，中外新闻出版单位进行新闻出版合作项目须经中国政府批准并确保中方的经营主导权和内容终审权，并符合中国政府批复的其他条件。网络出版服务单位与境内外商投资企业或境外组织、个人进行网络出版服务业务的项目合作，应当事前报中国政府批准。未经审核许可，境外服务提供者不得复制音像制品、电子出版物

序号	特别管理措施
30	放映电影片，应当符合中国政府规定的国产电影片与进口电影片放映的时间比例。电影院年放映国产影片的时长不得低于年放映电影片时长总和的2/3。境外服务提供者不得从事电影引进业务
31	国产故事片、动画片、科教片、纪录片、特种电影等，其主创人员一般应是中国境内公民。因拍摄特殊需要，经批准可聘用境外主创人员，但主要演员中聘用境外的主角和主要配角均不得超过主要演员总数的1/3。对外合作摄制的故事片、动画片、纪录片、科教片等，因拍摄特殊需要，经中国电影主管部门批准可聘用境外主创人员。除已有特别协议规定的国家和地区外，境外主要演员数量不得超过主要演员总数的2/3。 中国对对外合作摄制电影实行许可制度。境内任何单位未取得批准文件，不得与境外单位合作摄制电影。未经批准，境外单位不得独立摄制电影
32	境外服务提供者不得从事网络视听节目服务。单个网站年度引进专门用于信息网络传播的境外电影、电视剧总量，不得超过该网站上一年度购买播出国产电影、电视剧总量的30%。引进用于信息网络传播的境外电影、电视剧及其他视听节目，必须经省级以上广播电视行政部门审查批准
33	用于广播电台、电视台播放的境外电影、电视剧，必须经中国广播电视行政部门审查批准。用于广播电台、电视台播放的境外其他广播电视节目，必须经中国广播电视行政部门或者其授权的机构审查批准。广播电台、电视台以卫星等传输方式进口、转播境外广播电视节目，必须经中国广播电视行政部门批准。中国对引进境外影视剧进行调控和规划。引进境外影视剧和以卫星传送方式引进其他境外电视节目，由指定单位申报。播出按规定引进的境外广播电视节目，须符合有关时间比例、时段安排等规定
34	境外服务提供者不得跨境从事网络文化产品进口业务。中国加入世贸组织承诺内容除外
35	境外服务提供者不得从事广播电视节目制作经营(含引进业务)服务，但经批准，境内广播电视节目制作机构可与境外机构及个人合作制作电视剧(含电视动画片)。中外合作制作的电视剧主创人员(编剧、制片人、导演、主要演员)中中方人员不得少于25%。聘用境外个人参加境内广播电视节目制作，由广播电视行政部门审批
36	境外服务提供者不得从事新闻服务，包括但不限于通过通讯社、报纸、期刊、广播电台、电视台提供的新闻服务，但是(1)经中国政府批准，境外新闻机构可设立常驻新闻机构，仅从事新闻采访工作，向中国派遣常驻记者;(2)经中国政府批准且在确保中方主导的条件下，中外新闻机构可进行特定的业务合作。经中国政府批准，境外通讯社可向中国境内提供经批准的特定新闻业务，例如，向境内通讯社供稿

序号	特别管理措施
九、所有行业	
37	海南自由贸易港保留对威胁公众生命安全和资源环境质量的相关服务，采取限制措施的权利

资料来源：中改院课题组。

第四节　建设具有世界影响力的国际旅游消费中心

建设具有世界影响力的国际旅游消费中心，既是促进海南产业转型升级的重大举措，也是提升海南国际化水平的首要关键，更是加快推进海南自由贸易港建设、推进海南高质量发展的基本要求。特别是在我国加快构建新发展格局的背景下，充分依托海南地理区位优势和自由贸易港高水平开放政策与制度优势，适应我国居民消费结构升级的大趋势，以加快建设国际旅游消费中心发挥海南在吸引消费回流、释放消费潜力、促进消费升级等方面的特殊作用，助力海南成为国内国际双循环的重要交汇点。

一、以提升国际化供给为核心目标

2018 年至今，海南国际旅游消费中心在服务国家新发展格局构建和自由贸易港建设中取得一定成效，但仍面临有需求、缺供给的突出矛盾。抓住我国居民消费升级的重大机遇，立足国内近 14 亿人的全球最大的国际旅游消费大市场，充分利用海南自由贸易港高水平开放政策与制度优势，不断提升旅游消费要素的国际化、标准化水平，努力打造国内居民消费回流的重要承接地和国际化旅游消费的重要目的地。

1. 海南国际旅游消费中心建设取得一定成效

（1）离岛免税购物政策红利不断释放。一方面，自海南实行离岛免税购物政策以来，2018 年海南离岛免税商品年销售额才突破首个 100 亿元；而离岛免税购物新政实施 1 年，海关监管离岛免税购物金额 468 亿元，同比增长 226%。另一方面，2018—2021 年，海关监管离岛免税购物金额、购物人次、人均花费年均增速分别达到 71.89%、32.60%、29.63%，越来越多的品牌商积极布局海南，促进免税品品牌与国际同步、免税品种类与国际同步、免税品价格与国际同步，吸引大量境外消费回流。2022 年，受疫情影响，离岛免税购物金额、购物人次分别同比下降 29.5%、37.1%，但人均花费同比增长 12.1%，离岛免税购物增长态势并未改变。

（2）旅游及相关产业融合发展进一步深化。例如，近年来，海南积极推进"旅游＋医疗健康"，并取得重要成效。2021 年，博鳌公共保税仓进口特许药械货值 2.71 亿元，同比增长 58.5%；2022 年上半年，博鳌公共保税仓进口特许药械货值超 2 亿元，同比增长 66.67%。2021 年特许药械使用患者 9963 人次，同比增长 483.31%[①]，2022 年全年特许药械使用患者达到 1.8 万人次，同比增长 58%[②]。

（3）旅游消费环境逐步提升。例如，丰富住宿业态，酒店、旅馆、民宿、露营等多元化住宿服务体系初步形成。截至 2021 年底，全省共有五星级酒店 25 家；评定省级"金银铜宿"级民宿 61 家（其中，金宿 11 家、银宿 20 家），认定共享农庄 20 家；同时，旅游消费市场监管体系逐步完善，政府监管、行业自律相结合的管理方式初步形成。

2. "有需求、缺供给"的矛盾依然突出

（1）海南人均旅游消费与发达地区仍有差距。从 2021 年全省国内游客的旅游偏好地分布情况来看，游客主要偏好以自然风光、海滨沙滩为主题的旅游模式。2021 年全省过夜游客人均浏览景点 1.35 个，比 2018 年减少了 0.37 个。2022 年上半年，海南游客人均花费 1855.07 元，虽然比全国平均水平（804 元）高，但与广东 2021 年水平（2037.8 元）相比，仍有一定差距。

---

① 海南省 2021 年使用未在国内上市创新药械达 200 种［N］.海南日报，2022-02-14。
② 海南博鳌乐城先行区新建平台推动医疗科创项目转化落地［N］.中国新闻网，2023-02-06。

（2）旅游消费新业态竞争力不足。从 2021 年全省国内游客旅游目的来看，仍以"休闲 / 度假""观光 / 游览"为主，以"健康或疗养""赛事 / 节庆 / 文艺活动"为旅游目的的分别仅占 0.97%、1.41%。这从侧面反映出海南健康旅游、体育文化旅游、邮轮游艇旅游、会展节庆旅游等特色旅游产品的国际国内影响力尚未形成。由此导致海南旅游消费结构不合理，高附加值的新型旅游消费增长有限。2021 年，海南过夜游客的人均天花费支出中，娱乐服务花费占比仅 1.46%，有较大提升空间。

（3）核心是国际化旅游服务体系建设滞后。由于旅游、文化、健康、娱乐等领域的国际化人才资格认定机制、入境免签制度等与国际旅游消费中心建设相适应的人才机制尚未健全，海南国际化旅游人才短缺严重。例如，旅游饭店业作为旅游业的一大支撑，其中具有基本英语会话能力的服务型人才仅占 32%；外语导游，尤其是印尼语、泰语等小语种导游严重缺乏。一到旅游旺季，一些国际旅行社面临着无外语导游可用的情况。①

3. 关键是提升海南国际化旅游消费产品与服务供给能力

（1）把握新时期旅游消费国际化的新内涵。长期以来，接待国际游客数量，实现国际旅游收入规模是衡量旅游国际化水平的一个核心指标，国际游客是国际化旅游消费的主要人群。当前，在内外条件明显变化的背景下，旅游消费国际化呈现出新内涵、新要求。一方面，14 亿人国际旅游消费大市场是海南扩大旅游消费、吸引国际旅游要素、提高自身旅游国际竞争力的最大优势和依托。另一方面，新冠肺炎疫情冲击下，全球旅游业进入二战以来最为关键的产业重塑期，国际各旅游城市大多以本地市场为抓手恢复旅游，"国际化"旅游消费主体主要由国际游客向国内游客转变。

（2）用好国际旅游消费市场的深度调整期实现旅游及相关服务业高水平制度型开放的重要突破。一方面，国内居民出境旅游消费很难在短期内恢复，海南将成为开展国际旅游消费的优先选择。另一方面，国际旅游市场格

---

① 海口将出台举措缓解小语种导游"荒"［N］. 海口日报，2019-01-20。

局深度调整，旅游企业经营状况大幅恶化，旅游业从业人员仍处于待业状态。在此背景下，以旅游消费市场为依托，以高水平制度型开放为重点，实现吸引国际优质企业、人员等旅游发展要素的实质性突破，并推进旅游及相关服务业的规则、规制、管理、标准等与国际一流旅游消费目的地的对接衔接，明显提高自身适应国内居民旅游消费需求的国际化产品与服务供给能力，并为中长期建设具有全球影响力的旅游消费目的地奠定重要基础。

（3）2025 年：基本形成旅游消费国际化新格局。争取到 2025 年，在旅游及教育、医疗、健康、文化娱乐等国内需求强烈的领域实现高水平制度型开放的重要突破，基本形成与国际接轨的标准体系；依托自由贸易港政策与制度优势，积极吸引培育一批适应国内居民旅游消费需求的旅游消费内容与国际化的市场主体，以免税购物、医疗健康和教育为重点，实现吸引国内居民境外旅游消费 30% 回流至海南。

二、打造全球最大的免税购物市场

当前，在我国加快构建新发展格局背景下，适应国内居民消费结构升级趋势和扩大内需的战略要求，持续扩大免税购物消费，更好满足国内居民中高端消费需求，使海南在吸引海外消费回流、促进形成强大国内市场、支撑消费内循环体系中发挥重要作用。

1. 海南有条件成为全球最大的免税购物市场

（1）用好海南自贸港离岛免税购物政策。在中央支持下，2020 年 7 月 1 日，财政部、海关总署、税务总局对海南离岛免税购物政策进行了史上最大力度的调整，在免税额度、品种、单次消费额度等方面实现了重大突破；2023 年 4 月 1 日起，海南离岛旅客免税购物政策增加了"担保即提"与"即购即提"方式提货。在离岛免税新政等的推动下，海南离岛免税商品销售额实现高速增长。自 2011 年 4 月海南实行离岛免税购物政策以来，2018 年海南离岛免税商品年销售额才首次突破 100 亿元；离岛免税购物新政实施 1 年，海南海关监管离岛免税购物金额 468 亿元、同比增长 226%，件数 6072 万件、同比增长 211%，购物旅客 628 万人次、同比增长 102%。海南与部分岛屿离岛免税购物政策对比见表 4-4-1。

表 4-4-1　海南与部分岛屿离岛免税购物政策对比

	海南	中国香港	济州岛	台湾岛	冲绳岛
额度	10 万元人民币	无限制	240 万韩元 / 年（约合 1 万元人民币）	100 万新台币 / 年（约合 23.4 万元人民币）	1.5 万元 / 次
品种	45 类	除烟、酒、碳氢油及甲醇四类商品外	16 个大类商品	10 个大类	除烟草外
次数	不限	不限	6 次	不限	不限
免除税种	免征关税、进口环节增值税和消费税	免关税、附加税、增值税、一般服务税	免征增值税、个别消费税、酒税、关税及烟草消费税	免征关税、货物税、烟酒税及烟品健康福利捐	免征关税

资料来源：根据各地区相关公开政策文件整理。

（2）把握国内居民中高端消费快速增长。以奢侈品消费为例。2016—2019 年，我国境内个人奢侈品市场规模由 1170 亿元增长至 2340 亿元，年均增长 26%；2020 年，在全球奢侈品市场销售额跌 23% 的情况下，我国境内奢侈品市场规模同比增长 48%，达到 3460 亿元人民币。预计到 2025 年，我国境内奢侈品市场规模仍将保持较快增长，占全球奢侈品市场规模的比重将由目前的 1/3 提升至 50% 左右，成为全球最大的奢侈品市场。

（3）2025 年：全球最大的免税购物市场。未来，若海南在建立完善一流服务体系方面实现重大突破，将有效带动免税购物渗透率和客单价的不断提升，以此形成海南免税购物市场的动力、活力和竞争力。到 2025 年，海南离岛免税购物市场规模预计将突破 1600 亿元，约合 230 亿美元（按 2020 年平均汇率计算），届时海南离岛免税销售额将超过韩国 2019 年规模，成为全球最大的离岛免税购物市场。

2. 全面放开免税购物市场限制

（1）放宽市场准入限制促进免税消费市场充分竞争。在封关运作前，参照日本冲绳、韩国济州岛等引进竞争机制的做法，在明确标准的前提下，采用公开竞标等方式，吸引日上免税集团有限公司（日上）、中国华侨旅游侨汇服务总公司（中侨免）、DFS集团、瑞士DUFRY集团等免税品经营企业共同参与海南免税市场。封关运作后，在明确海南免税经营主体业务范围、监管规则的前提下，允许包括免税品制造商、零售商、品牌运营商、跨境电商等主体在内的各类市场主体进入海南免税市场。

（2）丰富国际品牌的同时增加国内名优品牌商品。增加电子产品、皮具、箱包、珠宝和服饰等国际畅销品类。借鉴韩国经验，加大对本土名优品牌的支持力度。在免税店设立一定面积的国产商品销售区，引导相关企业开发专供免税渠道的优质特色国产商品。

（3）推动免税品范围由中高端商品向日用消费品拓展。尽快实施岛内居民购买进境免税商品正面清单，将正面清单作为封关运作前日用消费品免税区的过渡举措，待封关运作后开展全面调整。

3. 建立与国际接轨的海南免税购物服务标准体系

（1）对标国际制定海南免税购物服务地方标准体系。目前，海南免税购物服务标准仍属空白。建议收集、梳理与免税购物领域有关的国际、国家和行业标准，在《消费者权益保护法》等的框架下，制定出台《海南免税购物服务标准与规范》《海南免税购物服务标准体系表》及与之相配套的指引文件，对免税店的资格要求、从业人员服务规范、安全评价标准、商品描述及商标规范、供应商要求及交易规范、快递与售后服务标准、权益保护内容、交易纠纷处理等作出详细规定，为岛内免税店提升服务规范标准化水平提供基础性制度。在此基础上，适应免税购物消费发展趋势，逐步形成重点免税品的细分标准。同时，适应线上免税购物快速发展的实际需求，制定《海南线上免税购物服务管理办法》，对在线免税购物交易方、平台商、辅助服务提供商及相关的发货、物流、库存、售后维权等内容作出具体安排。

（2）鼓励免税店经营企业采用国际标准或国外先进标准。率先在免税购物领域对接国际标准，并以此实现服务业制度型开放的重要突破。建议鼓励中等免税购物龙头企业参照世界免税协会及 Dufree、乐天和新罗等全球免税龙头企业免税购物服务标准，支持各免税店或经营企业开展国际标准认证工作，对取得世界免税协会等认证的给予优先推介、税收减免、租金补贴等。建立免税店服务标准等级评定机制与服务水平评价机制，定期就 10 个免税店的服务规范、人员素质、售后服务、权益保护等开展系统性评价，适时向社会发布，促进企业提高自身服务的规范化、标准化水平。支持岛内零售领域相关企业适用免税店服务标准，为后续更多日用消费品免税店的建立发展提供示范。同时，建立服务标准比对与报告制度，加强对中国香港、新加坡、日本、欧盟等重点国家或地区的标准分析研究，实现海南标准与国际标准的同步。

（3）发挥企业在服务标准制定与执行中的主体作用。率先在现有 10 个离岛免税店实施企业产品与服务标准自我声明机制，将企业服务标准纳入企业自我声明公开范围；企业在销售产品或提供服务之前，通过自我声明公开企业产品与服务标准，对其所执行的标准类型（如国际标准、国家标准、行业标准、地方标准）、质量评价进行公开承诺，在承诺内容符合基本要求的前提下，市场监管部门或专业职能部门只对其承诺事项进行监管。支持中免牵头成立免税购物协会，与海关、发改、旅文等部门合作制定团体标准，填补国内免税购物市场标准的空白。

4. 推动琼港联手共建免税购物产业链、供应链、服务链

（1）尽快建立琼港免税购物合作园区。支持在海南设立"琼港免税购物合作园区"，重点合作开展免税消费品保税物流、保税展示、免税消费品包装制造与加工维修等业务。以琼港合作合力做大免税购物市场。比如香港开展招商引资、免税商品采购、免税购物市场推介策划、供应链金融与品牌建设等业务；海南开展免税商品的分拨分拣、加工配送、保税仓储与中转、商品测试、检验、物流配送等增值服务。

（2）实现海南与香港免税市场监管互认。推进琼港免税商品海关监管标准互认、执法互助、快速通关、信息互换、数据共享、实时监控，简化清关手续，加快货物转关流程。推进免税商品市场监管标准互认，在保证国家安全前提下，允许在香港已经销售且符合海南免税购物政策的相关商品制造商、供应商，经备案后为海南免税商店供货。推进琼港免税商品质量安全管理体系对接。比如加强琼港在免税购物服务标准、认证认可、检验检测、行业管理等领域规则对接，促进免税商品贸易自由化。

（3）强化免税购物人才培训领域的合作。例如，鼓励省内职业院校与香港教育机构合作举办免税购物人才培训机构，打造覆盖国内、面向东南亚的国际化免税购物服务人才培训基地；吸引香港免税购物经营企业或经济组织在海南注册经营性培训机构，加强对香港品牌培训机构的引进力度，支持其以远程服务等方式为海南免税购物人员提供培训、资格认定等服务；强化琼港免税购物领域从业人员的交流，建立免税购物领域管理、财务、物流、培训等领域的人才单向认可制度，大幅降低香港免税购物的高层次、国际化人才参与海南免税购物市场建设和管理的制度性壁垒。

5. 放大消博会效应

依托香港交易、金融、商务等服务与人才优势和海南政策资源优势，以中高端免税商品与日用消费品为重点，与香港合作在海南建立国际消费品交易中心，引入国际商品交易规则，积极开展消费品信息发布、交易、展示、集散、金融、保险、会计、法律等业务，在促进政策、金融、渠道、仓储物流、信息技术等各类资源的高效整合的同时，提高海南对消费品的国际定价权和免税购物领域的规则制定话语权。

三、积极开拓 14 亿人医疗旅游大市场

1. 抓住岛内外居民医疗健康消费需求快速增长的重大机遇

（1）国内居民医疗健康消费需求快速增长。2013—2019 年，我国居民人均医疗保健消费支出从 912.1 元增长到 1902.3 元，年均增长 13.0%，比同期全

国居民人均消费支出年均增速（8.5%）高 4.5 个百分点；占居民人均消费支出的比重从 6.9% 提高到 8.8%，占居民服务型消费支出的比重从 17.4% 提高到 19.2%。从总量看，2019 年我国国民医疗健康支出达到 6.5 万亿元，预计到 2030 年将达到 17 万亿元。

（2）岛内居民医疗健康消费需求快速增长。2013—2019 年，海南城镇居民人均医疗保健消费支出从 734.3 元增长到 1597.3 元，年均增长 13.8%，居民人均消费支出的比重从 4.7% 提高到 6.3%；农村居民从 362 元增长到 918 元，年均增长 16.8%，占居民人均消费支出的比重从 4.5% 提高到 4.9%。

（3）东盟国家蕴藏着巨大的医疗健康消费潜力。WEF 预测在未来十年，东盟将成为世界第四大经济体，届时 70% 的东盟人口会成为中产阶级，消费市场的规模将成长为 4 万亿美元。若其医疗健康消费占比达到 10%，将形成 4000 亿美元的医疗健康大市场。

2. 努力打造面向全国、辐射东盟的医疗健康消费高地

（1）海南具备打造医疗健康消费高地的基础条件。一方面，海南生态环境独特，天然医疗健康资源丰富，森林覆盖率和空气质量优良天数比例全国领先，且素有"天然药库""南药之乡"之称，资源禀赋特色突出；另一方面，中央赋予海南博鳌乐城国际医疗旅游先行区九条优惠政策，并支持海南创新医药卫生领域市场准入方式。在此背景下，国内国际游客对海南医疗健康消费的刚性需求全面快速增长。

（2）海南资源与政策优势远未转化为医疗健康产业发展优势。调查数据显示，2020 年仅有 1% 的过夜游客是以健康或疗养为主要目的；博鳌乐城国际医疗旅游先行区接待医疗旅游人数 8.39 万人，仅相当于 2017 年我国出境医疗旅游规模的 10% 左右，我国九成以上居民医疗旅游需求被境外吸收。2018—2020 年，全省医疗健康产业增加值从 148.18 亿元增长到 194.88 亿元，年均增长 14.7%，占全省 GDP 的比重从 3.0% 提高到 3.5%，但仍低于全国 2019 年水平（7.08%），与发达国家存在 10 个百分点以上的差距。

（3）重要原因在于高质量多样化医疗健康服务供给体系建设滞后。从国际医疗健康产业发展经验看，形成了优质医疗、廉价医疗、特色专科三种医疗旅游模式。从海南目前的医疗健康旅游发展看，海南医疗健康产业发展仍处于培育起步阶段，市场主体、产品体系和服务质量等与优质医疗模式的国家差距较大，医疗价格与东亚、东南亚地区相比缺乏竞争力，特色专科仍处于培育期。例如，海南拥有三甲医院 13 家，仅占全国的 0.9%，相当于广东的 10.7%；2019 年，海南通过 JCI 认证的医疗机构只有 3 家，而浙江有 17 家，广东有 10 家。

3. 对标国际建立国际化医疗健康服务标准体系

（1）率先在常见药品中采用日本医药标准。例如，对已在日本通过标准评估的药品与医疗器械，在海南可自动获得认证；采用日本的医药使用标准，对已在日本上市的药品无须开展临床试验直接在海南使用；允许海南健康医疗机构与日本相关机构合作，同步开展国外药品与医疗技术的临床试验，打造国际新药、新医疗技术试验和应用基地。

（2）对标国际先进标准制定医疗健康服务标准体系。一是加快制定医疗服务标准体系，如公立医院与基层医疗机构医疗服务质量评估标准、医疗资源配置标准、医疗安全管理及医疗技术使用标准等；二是对标欧美日等发达国家水平，尽快制定旅游、文化娱乐、住宿餐饮、养老健康等行业的卫生标准；三是在研究梳理美国、欧盟、日本等国家和地区的动植物检验检疫、卫生检疫相关标准基础上，研究制定海南自由贸易港相关领域检验检疫标准，并推动海南检验检疫标准与发达国家标准的对接与互认。

4. 以海口、三亚、博鳌为重点打造医疗健康消费集聚区

以海口为重点，覆盖"海澄文定"经济圈，重点推进高端医疗服务，互联网智慧健康，以"富硒""长寿"为特色的康养服务等；"大三亚"旅游经济圈重点推进中医药健康旅游、海上特色健身休闲、健康管理服务和以温泉、沙疗、热带雨林为特色的康复疗养、健康农业田园综合体等产业发展；集聚国内外优质医疗资源和高端要素，加快在博鳌发展国际健康旅游业和高端医疗服务。

5. 强化医疗健康服务的国际化人才支撑

（1）实现医疗健康领域的职业资格单向认可。加快建立面向发达国家的技术人员职业资格互认制度，实现内外技能人才的资格互认、工龄互认；在旅游、医疗健康、金融、教育等领域，允许取得美国、欧盟、日本、新加坡等发达国家相关职业资格的人员，在海南经备案审核后直接开展相关经营与业务活动；设立综合的职业技能打分制度，综合评估申请人的职业技术能力，不再单纯以学历或职称作为审核标准。

（2）支持经认可的境外医疗健康人才通过跨境服务方式提供医疗健康服务。争取支持，取消海南自由贸易港跨境服务贸易负面清单中跨境服务仅限于邀请的限制，允许其经过对关键资格审核后为岛内居民和游客提供相应的医疗健康服务。

（3）加强医疗健康领域服务人才的培养。例如，鼓励各类特殊教育学校、职业教育学校及其他培训机构开展多层次医疗护理养老等职业教育培训，加强订单式培训、定向培训、定岗培训。扩大医疗健康养老护理等职业教育市场开放，允许境内外具备条件的研发机构、教育组织、高水平企业在海南独立举办医疗健康、康复疗养、养生保健、养老等职业院校；支持符合条件的境外企业或经济组织在海南注册经营性培训机构，引进一批国（境）外医疗健康旅游品牌培训机构。

四、优化国际旅游通道布局

1. 优化国际航空网络布局，推进空中互联互通

借鉴日本经验，对入境游客来源地、年龄、收入构成及其航班乘坐需求进行科学分析，加密境外游客较为集中国家的直飞航线，增加需求量较大的航班补贴；优化直飞航班时刻，提升区域可达性。近期，可率先实现面向东盟各国首都及热点城市的全覆盖，然后拓展日韩、中亚、南亚、澳新及俄罗斯航线。

2. 开辟和加密海上国际交通网络

开辟以海南为中心的泛南海邮轮旅游航线，加快开通海南到东南亚国家和21世纪海上丝绸之路沿线国家和地区"一程多站"的跨国邮轮旅游航线；推动三亚开展公海游航线试点；促成海南与台湾互为母港航线；支持海南与台湾、济州等地区邮轮游客互换、资源共享、资格互认；简化国际邮轮人员进出境联检手续，实施与国际接轨的邮轮旅游通关便利化政策。借鉴APEC商务旅行卡的成熟模式，探索发起泛南海岛屿旅游卡计划，实现泛南海岛屿经济体之间旅游互通免签；率先建立海南岛—巴厘岛、海南岛—济州岛海洋旅游经济合作体，加快推进旅游业项下的自由贸易进程。

3. 进一步提升国际游客入境便利程度

争取国家移民管理局支持，在保留团队"旅行社邀请接待模式"的同时，建立面向个人的免签预申报信息系统，增加免签游客自主申报信息渠道。在此基础上，适时取消"旅行社邀请接待模式"，进一步增强免签手续的便利化水平，扩大政策实施效果。动态调整免签国家名单并逐步扩大免签国家范围，在现有59国免签政策基础上，在严控风险的前提下，适时将有潜力的客源国列入免签国家范围，并逐步放宽免签政策实施范围。例如，将已开通直达航线的柬埔寨、老挝、缅甸等东盟国家，以及向往热带岛屿的乌兹别克斯坦等中亚国家列入海南免签国范围。

4. 超前布局新型基础设施

例如，加快建设5G低频广域覆盖网络，实现全岛"一张网"覆盖。率先对5A级景区实行智能化改造，充分运用虚拟现实（VR）、4D、5D等人工智能技术打造立体、动态展示平台，为游客提供线上体验和游览线路选择。加快部署智慧交通基础设施，推进基于大数据人工智能、5G、车联网和区块链等新一代信息技术的智慧交通融合应用，推动道路、港口、机场、口岸等交通设施及运载工具智能化升级，加快构建智能化、网络化现代交通体系。构建国家级车联网先导区，推动实现车联网频率使用地域扩展至海南全境，打造自动驾驶示范线和交通网。

第五章

制度集成创新

——对标世界最高水平开放形态

海南自由贸易港本质在于对标世界最高水平的开放形态，加快建立与之相适应的一整套比较完整的、具有国际竞争力的开放政策和制度体系安排。海南自由贸易港要强化竞争政策基础性作用，努力在行政、立法、司法体制改革创新方面取得重大突破，加快建立法治化、国际化、便利化的营商环境和公平开放统一高效的市场环境。

第一节 建立适应高水平开放的制度体系

习近平总书记强调："要把制度集成创新摆在突出位置，解放思想、大胆创新，成熟一项推出一项，行稳致远，久久为功。"加快推进海南自由贸易港建设进程，需要把制度集成创新摆在突出位置，对标当今世界最高水平开放形态，尽快形成既有中国特色又有较强国际竞争力的自由贸易港开放型经济新体制。

一、把制度集成创新摆在突出位置

2018 年以来，海南逐步推进以贸易投资自由便利为主线的制度创新进程。但总体看，仍然存在制度创新成果"碎片化"、改革创新整体效应不高的突出矛盾。在这个背景下，需要按照习近平总书记的要求，强化改革的系统集成，尽快形成高水平开放新优势。

1. 海南自由贸易港制度创新进程取得初步成效

（1）自由贸易港政策体系逐步建立。以"零关税、低税率、简税制"和"五自由便利一安全有序流动"为主要特征的 180 多个自贸港政策文件落地生效，《中华人民共和国海南自由贸易港法》颁布实施，"零关税"清单、企业和个人 15% 所得税、加工增值货物内销免关税等政策使经营主体受益。

（2）制度创新取得初步成果。累计发布制度创新案例 134 项，其中 8 项被国务院向全国复制推广，6 项得到国务院大督查表扬，"中国洋浦港"船籍港、"南繁种业"知识产权特区等成为海南独有创新成果。极简审批成为全国标杆。率先探索"承诺即入制""准入即准营"改革，告知承诺数量全国第一。建立"土地超市"制度，破解"项目等土地"难题。

（3）高水平开放压力测试积极推进。锚定 2025 年底前全岛封关运作的总目标，制定实施全岛封关运作准备工作任务清单、项目清单、压力测试清单"三张清单"。31 个封关硬件项目将在 2023 年底主体完工。加快推动"封关画像"，启动海关监管办法、进口征税商品目录、销售税改革方案等 30 多项封关制度设计工作。第一批 27 项政策压力测试事项有序推进，洋浦保税港区相关政策逐步扩大到洋浦经济开发区，压力测试力度不断加大。

2. 以制度集成创新提升高水平开放政策的整体效益

（1）部分已出台政策难以有效落地，容易贻误开放窗口期。从实践调研看，由于多种原因，海南自由贸易港开放政策效应原位释放，特别是由于配套制度缺失导致部分政策由发布到落地周期偏长。例如，在教育、会计等领域，虽然经营性教育机构、执业教育培训、合作会计事务所未列入负面清单，但主管部门仍要求在实际操作中实行审批，由此降低了外资预期。

（2）制度创新"碎片化"问题逐步显现，制约改革创新整体效益发挥。由于海南自贸港改革自主权有限，自主创新、自主改革的空间也有限。比如，在准入限制实现重大突破后，服务贸易开放水平主要取决于人员、技术的自由流动程度。但目前自贸试验区的人员流动政策，都遵循全国统一的签证制度与就业许可制度，居留时间较短、审批复杂、相关管理制度还不完善；在技术流动方面，仍存在标准难以与国界对接及标准建设滞后等问题。此外，在自贸试验区《总体方案》中未能明确下放相关权限及改革容错机制尚未完善的条件下，自贸试验区推进更大力度的开放、改革举措只能通过一一对接的方式进行，既加大了其自主改革的掣肘，也容易导致实验内容碎片化。

（3）政策效应未能充分释放，制约开放优势形成。例如，2021年版的国内自贸试验区外商投资准入负面清单正式发布，限制措施为27项，与海南自由贸易港相同。这表明，随着全国自贸试验区开放进程的不断提速，海南自由贸易港以缩减负面清单限制措施数量为重点的实验探索使命已基本完成，迫切需要加快推进与外商投资相适应的制度集成创新，建立自由便利的投资制度，以此形成开放水平高于自贸试验区的开放优势。

3. 在制度型开放中形成制度集成创新的重要动力

（1）更加强调"边境后"领域。总的来看，改革开放以来，我国对外开放的制度安排主要集中在"边境上"领域，而在公平竞争、贸易和投资便利化、标准化对接等边境内方面的制度安排明显滞后。流动型开放向制度型开放转变，主要体现为开放措施从边境措施向边境内措施延伸。如当前受关注度较高的产业政策、知识产权保护、环境政策、投资政策、竞争政策等都属于"边境后"措施。

（2）更加强调制度系统集成。从国内自由贸易试验区的实践看，虽然在制度创新的某些方面取得明显成效，但也面临着制度创新成果碎片化、集成度不高等共性问题。当前，加快推进制度型开放进程，依赖于整体性的制度创新，具有集成创新的鲜明特点。例如，推进服务贸易自由化便利化，包括投资贸易、跨境资金流动、人员进出、海关监管以及以提升政府效率为重点优化营商环境等方面，这不仅依赖于投资贸易体制改革，也依赖于行政体制与社会体制改革进程。

（3）更加强调国内国际规则标准的联动。习近平总书记强调，"要牢牢把握国际通行规则，加快形成与国际投资、贸易通行规则相衔接的基本制度体系和监管模式，既充分发挥市场在资源配置中的决定性作用，又更好地发挥政府作用。加快在促进投资贸易便利、监管高效便捷、法制环境规范等方面先试出首批管用、有效的成果。"在以制度型开放为主要特征的高水平开放新阶段，需要跟踪研究能够代表未来发展方向的国际经贸规则演变趋势和主要内容，明晰其可能的运行环境和需要的基础条件，在保证风险可控的条件下，更加注重对照高标准国际经贸规则，以此为目标导向倒逼国内改革。

二、服务于建立具有国际竞争力的开放政策和制度

把握制度集成创新的着力点，核心是"集成"。这不仅涉及内外贸、投融资、财政税务、金融创新、出入境等经济领域，更涉及高效率行政体制与专业、高效、权威的立法司法体制等领域的制度创新。

1. 对标世界最高水平开放形态

（1）对标国际自由贸易港的一般规则。对标中国香港、新加坡、迪拜等国际公认的自由贸易港（表 5-1-1），按照"境内关外"的基本要求，在海南实行高水平贸易和投资自由化便利化政策，保障货物、服务、资金、人员、信息等要素流动自由化和便利化。海南自由贸易港立法，要以对标国际自由贸易港的一般规则为基本要求。

表 5-1-1　中国香港、新加坡自由贸易港特征

具体体现		中国香港	新加坡
高度自由	投资自由	1. 赌博业受管制最严格；电信、广播、交通、能源、酒制品销售、餐厅、医药和金融等少数行业实行有条件进入 2. 外资可 100% 控股	1. 对外国投资禁止或限制的行业主要包括新闻媒体、法律服务和住宅行业（组屋） 2. 对银行、新闻、广播、公共事业等有外资股比限制

具体体现		中国香港	新加坡
高度自由	贸易自由	1.除因履行国际义务及维护安全原因（武器、毒品、食品卫生等）等需要，对贸易实行必不可少的管制外，没有其他进出口贸易管制 2.没有企业进出口经营权限制 3.没有主动的进出口配额限制 4.除烟、酒、甲醇和若干碳氢油类4类商品外，实行零关税	1.允许企业自由开展进出口贸易业务 2.没有进出口配额限制 3.除石油、酒类、烟类和机动车辆等4大类商品外，其他进入自由贸易区的货物实行零关税
	金融自由	1.没有外汇管制，资金自由进出 2.资本项下完全开放 3.贸易结算自由 4.融资汇兑自由	
	人员进出自由	1.约170多个国家和地区可免签赴港 2.国际化人才流动便利，允许双国籍	1.对旅游签证实行负面清单管理制度 2.实施工作签证制度
	信息自由	电信市场完全放开	电信市场完全放开
高度便利	投资便利	1.企业注册条件少 2.自主选择企业注册形式 3.企业注册简单快捷	1.企业注册条件宽松 2.自主选择企业注册形式 3.企业注册手续简单 4.企业可自由经营任何业务，可自行变更经营范围，无须审批
	贸易便利	1.进出口手续简便。除少数受贸易管制的商品需要事前申请外，一般商品进口无须报批 2.报关便利，设有豁免报关商品 3.通关便捷	1.建立贸易交换网系统 2.报关便利 3.通关效率高
	融资便利	1.具有成熟稳健的金融系统 2.对银行提供信贷融资并不订立任何准则 3.金融机构对借贷没有额度限制	1.众多金融机构集聚 2.只要符合条件，企业都可以在新加坡交易所发行股票或债券 3.针对不同类型贸易企业提供不同融资业务模式 4.融资成本低。基础贷款利率为5.35%

资料来源：中改院课题组整理。

（2）对标世界最新及未来最高水平的经贸规则。把握全球经贸规则变化升级的趋势，率先在海南探索实施"零关税、零壁垒、零补贴"（三零），提升全球资源配置能力和全球服务能力；大胆借鉴并率先实施国际最新投资贸易协定的相关条款，尽快开展电信、环保、劳工、政府采购、透明度等敏感领域的先行先试；全面引入欧美日等服务业管理标准与人才互认标准，在服务贸易、数字贸易等重点领域加快探索形成"中国版"经贸规则。海南自由贸易港立法，要以对标全球未来最高开放水平预留制度空间。

专栏 5-1-1　国际高水平经贸协定的趋势与特点

1."三零"（即"零关税、零壁垒、零补贴"）成为国际经贸规则变革的重要趋势

以"三零"为主要特点的国际经贸规则不仅要求消除关税壁垒，还要求各国在市场准入、技术标准、环境标准、劳工政策、知识产权保护等规则方面基本一致，营造公平竞争、法制化、国际化、便利化的营商环境。

2.围绕"三链"的知识产权保护、服务业开放和数字贸易规则成为重点[1]

（1）知识产权保护。新一轮国际经贸规则中的知识产权保护条款扩大了商标、专利等知识产权保护对象的范围，且规定了严格的执法措施。

（2）服务业开放。TPP、CPTPP在服务贸易和投资领域均采用了负面清单模式，并在服务业部门实行准入前国民待遇。此外，新贸易协议还对因提供跨境服务而形成的自然人流动进行了更为明晰的规定。

（3）数字贸易规则。目前数字贸易规则要求数据跨境传输免征关税，强调网络安全和个人信息保护，允许数据跨境自由流动和禁止数据强制本地化要求逐步成为共识。

3.经贸规则由边境外向边境内转变，更加强调营商环境的趋同化

（1）劳工条款规范了核心和经济性劳工标准。例如，CPTPP将经济性劳工标准纳入自贸规则中。

（2）环保条款标准和执法更为严格。例如，CPTPP对环境法的执行、信息公开、公众参与、环境评价等方面进行严格的规定。

（3）以"竞争中立"原则规范国有和指定垄断企业行为。新的贸易协定对竞争政策、补贴以及国有企业进行规范，确保市场主体公平竞争的地位。

资料来源：中改院课题组整理

（3）对标具有一流国际竞争力的营商环境。适应国际经贸规则由边境上向边境内深化的大趋势，在海南尽快推动竞争中性的落地，以竞争政策全面

---

[1] 赵硕刚.国际经贸规则变化趋势对我国的影响及对策 [J].海外投资与出口信贷，2019（03）。

取代产业政策，保障市场主体的"四个自主"：自主注册、自主经营、自主变更、自主注销；实施具有国际竞争力的税收制度和政策，确立"简税制、低税率、零关税"的税制体系；构建"最大自由＋最严格法治"治理模式，为全世界投资者、创业者打造一个开放层次更高、营商环境更优、辐射作用更强的开放新高地。海南自由贸易港立法，要把推动法治化、国际化、便利化的营商环境和公平开放统一高效的市场环境作为重要内容。

2. 开展全方位、大力度的制度创新

（1）以高度自由、高度便利为主要特点的经贸领域的制度集成创新。核心是充分发挥市场在资源配置中的决定性作用，更好发挥政府作用。建立与自由贸易港高度自由、高度便利、高度法治相适应的经济治理体系，建立专业、高效、独立的监管体系，使海南成为我国高标准市场经济体制的先行区，并为我国参与国际经贸规则制定创造重要平台。海南自由贸易港立法，要把形成有效的经济治理体系作为重要内容。

（2）以精简、高效、统一、灵活为主要特点的行政领域的制度集成创新。世界自由贸易港成功的经验表明，自由贸易港政府管理要区别于一般行政管理，高度强调"精简、高效、统一、灵活"，兼具政府管理和商业开发的性质，保障资源调动的权威性和适应国际市场变化的灵活性。海南自由贸易港要通过立法加快重构政府治理体系建设，按照精简、高效、统一、灵活的要求，实行不同于其他省市的、特殊的行政体制安排、行政区划安排。

（3）以共建共治共享为基本目标的社会领域的制度集成创新。自由贸易港是一个多元化经济主体、多元化文明交汇的中心。构建一个由政府、社会组织和个人参与支持配合的立体式、协作式治理模式，成为海南自由贸易港最大限度吸引全球中高端要素、跻身全球竞争力前列的重要因素。海南自由贸易港立法，在借鉴香港宝贵经验做法的同时也要吸取香港社会发展与社会建设的经验教训，统筹考虑社会治理的相关制度安排及其法治化保障。

3. 适应海南自由贸易港建设进程

中央要求，"到 2025 年，初步建立以贸易自由便利和投资自由便利为重点的自由贸易港政策制度体系""到 2035 年，自由贸易港制度体系和运作模式更加成熟"。与此进程相适应，需要分步骤、分阶段推进海南自由贸易港的制度集成创新进程。争取到 2025 年，与高水平开放相适应的贸易投资自由化便利化制度体系初步建立，开放水平居于国内前列；到 2035 年，与高水平开放相适应的行政体制、立法体制、司法体制运作更加成熟，现代社会治理格局基本形成，成为我国参与全球经济治理、促进区域自由贸易进程的前沿地带。

三、赋予海南更大改革自主权

作为国家重大战略，需要在中央层面明确海南自由贸易港制度创新红线的前提下，允许海南根据承载的国家战略开展更大力度的改革创新，尽快把相关权限下放给海南，做到"真放、真改、真支持"。

1. 打破现行体制与政策的突出矛盾

（1）海南建省办经济特区 35 年实践证明，如果没有体制创新的重大突破，中央赋予的改革举措和开放政策既难以落地，也难以产生相应的效果。海南建省办经济特区以来，中央赋予海南很多特殊政策。但从实践看，很多政策并未真正落地。在体制未能破题的情况下，即使赋予海南特殊的开放政策，其实施效果也比较有限，与政策预期目标有较大差距。

（2）从实践看，海南现行的行政体制与自由贸易港这一最高水平开放形态建设需求不相适应。仅靠优惠政策支持，加快推进自由贸易港建设的诸多目标难以实现。例如，目前国内自贸试验区建设中，30% 的投资自由化措施、35% 的贸易自由化措施、50% 的金融自由化措施需要中央、国务院相关部门批复；《中华人民共和国立法法》规定"财政、海关、金融和外贸的基本制度的调整只能制定法律或特殊授权"，但目前还没有这些方面的明确授权。由于海南自由贸易港涉及到的开放、金融、税收、海关、司法等事项均属于中央事权，开放政策与制度创新在落实阶段往往触碰到法律与政策红线。

（3）理顺中央部委与海南经济行政关系。从国际知名自由贸易港建设经验看，除赋予特殊的经济政策支持外，大都采取特殊的体制机制设计和制度安排。例如，韩国政府为促进济州岛开放发展，专门出台《关于成立济州特别自治道及打造国际自由城市的特别法》，以保障其行政高度自主权。海南作为一个相对独立的岛屿地理单元，其自身基础差、经济外向度低。"加快推进海南自由贸易港建设"，开放政策与制度创新同等重要。落实习近平总书记一再强调的"加快推进"要求，迫切需要授权实行特殊的行政体制安排，赋予海南自由贸易港比其他省区更大的改革开放自主权，进一步理顺中央部委与海南的关系，使自由贸易港各项开放政策得以尽快落地、建设进程得以加快。

2. 用好《海南自由贸易港法》的重要条件

（1）《海南自由贸易港法》是全国人大首次为内地某一经济区域单独立法。《海南自由贸易港法》是全国人大常委会行使国家立法权开展的立法实践，从国家立法层面确定了海南自由贸易港的法定地位，在海南自由贸易港建设中居于除宪法外的最高法律位阶和法律效力，一切与海南自由贸易港建设相关的主体、行为等都应遵守本法。

（2）《海南自由贸易港法》为海南高水平开放和中国特色自由贸易港建设提供了原则性、基础性法治保障。一是将《海南自由贸易港建设总体方案》（以下简称《总体方案》）明确的自由贸易港政策和制度安排以法律形式固定下来。二是确定了自由贸易港法律体系的"四梁八柱"，在为海南自由贸易港建设提供制度供给的同时，予以海南自由贸易港法治体系建设充分的空间。三是在保障国家法治统一的前提下，赋予海南新的更大立法权限。四是赋予海南省更大的改革自主权，极大扩展海南自由贸易港改革开放和发展的空间。（表5-1-2）

表5-1-2 《中华人民共和国海南自由贸易港法》涉及授权的部分条款内容

领域	条款	具体内容
行政管理体制	第6条	国家建立海南自由贸易港建设领导机制，统筹协调海南自由贸易港建设重大政策和重大事项 国家建立与海南自由贸易港建设相适应的行政管理体制，创新监管模式

续表

领域	条款	具体内容
行政管理体制	第8条	海南自由贸易港构建系统完备、科学规范、运行有效的海南自由贸易港治理体系，推动政府机构改革和职能转变，规范政府服务标准。 国家推进海南自由贸易港行政区划改革创新，优化行政区划设置和行政区划结构体系
	第21条	海南自由贸易港按照便利、高效、透明的原则，简化办事程序，提高办事效率，优化政务服务
	第44条	海南自由贸易港深化人才发展体制机制改革，创新人才培养支持机制，建立科学合理的人才引进、认定、使用和待遇保障机制
司法体制	第54条	国家支持探索与海南自由贸易港相适应的司法体制改革。 海南自由贸易港建立多元化商事纠纷解决机制，完善国际商事纠纷案件集中审判机制，支持通过仲裁、调解等多种非诉讼方式解决纠纷
自主权	第7条	国家支持海南自由贸易港建设发展，支持海南省依照中央要求和法律规定行使改革自主权。 国务院及其有关部门根据海南自由贸易港建设的实际需要，及时依法授权或者委托海南省人民政府及其有关部门行使相关管理职权
	第10条	海南省人民代表大会及其常务委员会可以根据本法，结合海南自由贸易港建设的具体情况和实际需要，遵循宪法规定和法律、行政法规的基本原则，就贸易、投资及相关管理活动制定法规（以下称海南自由贸易港法规），在海南自由贸易港范围内实施

资料来源：根据《中华人民共和国海南自由贸易港法》整理。

（3）《海南自由贸易港法》对海南自由贸易港长远建设中涉及的重大关系作出相关法律规定。一是协调中央和地方的关系。作为国家层面的立法，《海南自由贸易港法》的落实主体不仅包括海南省，还包括与自由贸易港建设的中央相关部门。二是明确海南自由贸易港建设的领导机制，赋予其统筹协调的法律地位，并就具体事项形成了包含发改、财政、商务、金融、海关等中央部门与海南省的职责分工。三是协调政策法规与法律的关系。《海南自由贸易港法》明确"海南自由贸易港建设和管理活动适用本法"，这意味着本法是聚焦海南自由贸易港建设的特别法，具有优先适用权。

3.中央对海南自贸港的更大授权

（1）以充分授权打破现行体制与政策的矛盾。海南建省办经济特区35年来，中央赋予海南特殊政策，从实践看并未真正落地。这其中有海南执行落实政策能力的问题，更是因为体制与政策的不协调已成为突出矛盾。例如，受制于现行中央与地方的财税体制，海南离岛免税购物政策实施以来，政策效应远未释放，距离建设具有世界影响力的国际旅游消费中心的目标差距甚大；《立法法》规定"财政、海关、金融和外贸的基本制度的调整只能制定法律或特殊授权"，但目前还没有这些方面的明确授权。建议以《立法法》为依据，对海南自由贸易港以法律法规明确授权。

（2）对海南实行一揽子授权。目前，在自贸试验区实行的包括暂停法律实施和地方立法等，所需时间长，难以尽快实现制度创新的实质性突破。在《中华人民共和国海南自由贸易港法》的基础上，建议由全国人大及国务院适时对海南实行一揽子法律法规授权，以使海关、财税、金融等重要制度创新尽快取得重大突破。

（3）促进改革与法制衔接提高制度创新的整体效益。一方面，实现海南自由贸易港政策落实与制度集成创新的实质性突破，需要充分利用《海南自由贸易港法》赋予海南的改革开放自主权、立法权与协调机制，突破现有法律法规的束缚；另一方面，高效贯彻《海南自由贸易港法》，既需要以本法为基础的法律法规体系相配套，也需要推进行政、立法、司法体制的制度集成创新，明显提升行政、立法、司法能力。未来，需抓住海南自由贸易港建设中的重大关键问题，系统谋划、协调推进改革决策与法制建设，实现重大改革举措与立法实践的相互促进、"双轮驱动"，形成自由贸易港法治环境建设新格局。

第二节　推进贸易投资自由便利制度集成创新

《总体方案》形成了以贸易投资自由化便利化为重点的政策体系。与此同时，政策体系的高效落实仍有待海南积极探索建立适应自由贸易港建设的更加灵活高效的法律法规、监管模式和管理体制，下大力气破除阻碍生产要素流动的体制机制障碍。

一、对标最高水平开放形态的政策体系

从长远发展来看，中央要求海南自由贸易港对标世界最高水平的开放形态，加快建立与之相适应的一整套比较完整的、具有国际竞争力的开放政策和制度体系。《总体方案》中提出的"五大自由便利"＋"数据安全有序"＋"零关税、低税率、简税制"，基本反映了"最高水平开放形态"的一般特征。

1. 以"零关税"为特征的货物贸易自由便利的政策安排

"一线放开、二线管住、岛内自由"是国际自由贸易港海关制度的首要特征。从海南自由贸易港实际看，在有效防范风险的前提下，海关制度设计既要面向国际市场，又要服务国内14亿多人口的内需大市场；既要保证海南与境外市场在各要素流动上的自由和便利，又要保证海南与内地市场在各要素流动上的自由和便利。例如，要实行以"零关税"为基本特征的货物贸易自由化便利化制度安排。制定海南自由贸易港进口征税商品目录，实行正面清单管理，对目录外的货物进入自由贸易港免征进口关税。同时，确定海南自由贸易港原产地规则，即对鼓励类产业企业生产的不含进口料件或者含进口料件在海南自由贸易港加工增值超过一定比重的货物，进入内地免征进口关税。这无论对海南建设国际旅游消费中心，还是对我国构建国内国际双循环相互促进的新发展格局，都具有重大战略意义。与此同时，实行以"既准入又准营"为基本特征的服务贸易自由化便利化制度安排。全面实行跨境服

务贸易负面清单制度，破除跨境交付、境外消费、自然人移动等服务贸易壁垒。同时，明确国民待遇标准。

2.以大幅放宽市场准入为重点的投资自由化便利化的政策安排

全面放宽市场准入，最大限度降低准入后壁垒，实质性降低企业制度性交易成本，以产业大开放推动产业大发展，是海南自由贸易港制度创新的重大任务。第一，实行更加精简的准入前国民待遇加负面清单管理制度。在确保除少数领域外市场准入阶段内外资标准一致的基础上，大幅缩减外商投资准入负面清单限制措施数量；管理措施描述尽可能细化到具体业务，以提高负面清单可操作性。第二，全面实行市场准入承诺即入制。按照"非禁即入"的原则，在明确相关标准的前提下，市场主体承诺符合相关要求并提交相关材料进行备案，即可开展投资经营活动。第三，创新完善投资自由配套制度。例如，对内外投资者一视同仁，对其经营活动，政府既不干预，也不制定和实施歧视性政策；在法律范围内和有效监管下，保障市场主体自主注册、自主经营、自主变更、自主注销，最大限度提高企业的自主权。

3.以分阶段开放资本项目为重点的跨境资金流动自由便利的政策安排

资金自由进出是自由贸易港的基本要素，是实现投资贸易自由化便利化的重要条件。建设海南自由贸易港，实现跨境资金流动的自由便利至关重要。首先，分阶段开放资本项目。要进一步完善自由贸易账户体系，构建海南金融对外开放基础平台；适应贸易与投资自由化便利化的需求，逐步放宽跨境融资、贸易结算等政策，提高货币兑换便利性，最终实现海南自由贸易港内非金融企业外债项下完全可兑换。其次，扩大金融业对内对外开放。在率先取消金融业外资股比限制的基础上，进一步放宽外资金融机构业务范围，支持金融机构立足重点产业发展需要，创新金融产品，提升服务质效，发展相关的场外衍生品业务。同时，支持在海南设立国际能源、航运、大宗商品、产权、股权、碳排放权等交易场所，加快发展总部经济和结算中心，加快发展海南自由贸易港住房租赁业务。第三，要创新金融监管的体制机制。例如，建立混业金融监管体制，强化海南自由贸易港的宏观审慎管理和系统性风险防范；运用大数据、人工智能、区块链等技术手段发展监管科技，进一步强化创新监管与功能监管，提高海南自由贸易港的金融风险识别能力和系统性风险防范能力。

4.以实行更加便利的出入境管理政策为重点的人员进出自由便利的政策安排

聚集优质人才资源，尤其是现代服务业与高新技术产业领域人才资源，是推进海南自由贸易港建设的关键因素。吸引人才、留住人才、用好人才，最好的环境是良好的体制机制。首先，要实行更加开放的人才和停居留政策，打造人才集聚高地。例如，率先在旅游业、现代服务业与高新技术产业领域内对主要发达国家实行更加开放的停居留政策，并最大限度便利高层次人才来海南就业创业；加快制定符合产业发展需求的高层次人才认定标准，通过法定机构等平台吸引各类人才，建立市场导向的人才引进和认定机制。其次，建立健全人才移民服务管理制度，统一管理协调外籍人才事务，制定与国际接轨的工作签证分类管理政策，放宽对获得工作签证的外籍人员就业限制。第三，实施更加便利的出入境管理政策。在现有59国免签政策基础上，尽快取消"旅行社邀请接待模式"，适时调整增加免签入境国家，拓展入境海南免签事由范围，进一步延长免签停留时间等。

5.以实施高度自由便利开放的运输政策为主要标志的运输来往自由制度安排

以"中国洋浦港"为船籍港，积极开展船舶进口、登记、交易、经纪与管理、信息咨询、技术鉴定、海事仲裁等业务；进一步拓展国际航线，加快建设具有较强服务功能和辐射能力的国际航运枢纽，不断提高全球航运资源配置能力；进一步放宽空域管制与航路航权限制，加快试点第七航权，取消船舶登记主体外资股比限制，取消船舶和飞机境外融资限制；深化与东南亚沿线岛屿地区在机场、港口、码头等方面的合作；发展多样化的船舶租赁、航运保险、航运衍生品等航运金融业务。

6.以低税率、简税制为特征的特殊税收政策安排

（1）实行"低税率"。《总体方案》明确提出，从本方案发布之日起，对注册在海南自由贸易港并实质性运营的鼓励类产业企业，按15%减征企业所得税。对在海南自由贸易港设立的旅游业、现代服务业、高新技术产业企业，其2025年前新增境外直接投资取得的所得，免征企业所得税。对企业符合条件的资本性支出，允许在支出发生当期一次性税前扣除或加速折旧和摊销。对在海南自由贸易港工作的高端人才和紧缺人才，其个人所得税实际税负超过15%的部分，予以免征。

（2）探索推进"简税制"。结合我国税制改革方向，探索推进简化税制。海南在税收制度改革上肯定会走在全国的前列。一方面，海南自由贸易港税种要有明显减少；另一方面，要明显降低间接税的比重，提高直接税的比重，税负水平会明显降低。

二、推进与贸易投资自由化便利化相适应的制度集成创新进程

与《总体方案》提出的"五大自由便利 + 数据安全有序流动 + 零关税、简税制、低税率"的政策安排相适应，通过推进与之相适应的制度集成创新，使得高水平开放政策高效落地。

1.以提升通关便利化水平为重点的货物贸易自由便利的制度创新

（1）尽快制定精简透明的禁止、限制类货物进出口清单。制定出台《海南自由贸易港禁止、限制进出口的货物、物品清单》。一方面，在不违反禁止类货物进口目录的基础上，实现禁止类货物进口目录的一定突破，最大限度减少或取消非安全准入类贸易管制；另一方面，聚焦许可类、配额类等限制类货物，结合海南自由贸易港产业发展和实际需要，在部分货物的许可审批程序上简化；服务于岛内生产、消费需要的货物配额上适当放宽。

（2）实行全链条式的国际贸易"单一窗口"管理制度。一是推动单一窗口功能由口岸通关执法环节向前置和后续环节拓展，以贸易供应链的各个参

与方为对象，提供贸易便利化与增值服务。二是率先采用国际普遍适用的数据协调和技术标准，以确保平台各项数据的录入和使用能够畅通无阻，同时引入移动互联技术，实现移动单一窗口等。三是实行舱单申报，承运人通过国际贸易"单一窗口"的运输工具申报功能，申报一线进出境舱单信息，并由货物收发人作出货物状态声明，一般不再履行其他申报手续、不递交纸质单证。

（3）实行以信用管理为核心的便捷通关制度。借鉴新加坡、中国香港经验，实行以信用管理为核心的便捷通关制度，如"认可经济营运商计划""企业自主申明＋规定期限备案＋抽检"等管理模式。同时，依托"单一窗口"系统，对载运工具、上下货物、物品实时监控和标记处理。新加坡经验见表5-2-1。

表5-2-1　新加坡贸易网、商贸通讯平台、互联贸易平台比较

	平台定位	平台工作重点	平台功能	实施效果
贸易网（1989年）	国际贸易单一窗口（政务服务系统）	处理贸易相关的申请	实现企业注册、进口许可证业务、原产地证办理、通关申报、海关与港务部门数据交换等功能	连接35个政府部门，与进出口（包括转口）贸易有关的申请、申报、审核、许可、管制等全部手续均通过该系统进行，实现从接收、处理到审单、批准全程电子化24小时运行，90%以上的申报数据无须人工干预，用户可在10分钟内查收并打印相关单证。Trade Net 每年处理超过7000亿新元的贸易量，平均可减少10亿美元的贸易成本
贸易通讯平台（2007年）	企业服务系统	连接贸易和物流领域	对贸易、物流企业和政府部门的IT系统进行流程与数据信息的处理	集装箱通过大门仅需2秒

续表

	平台 定位	平台工作 重点	平台功能	实施效果
互联贸易平台 （2018年）	科技资讯 平台	推动整个 贸易与供应 链的数字化 转型	进出口许可证申请、海关申报、货运安排和追踪、融资申请等所有手续均可在该平台完成，是集企业对政府（B2G）、企业对企业（B2B）于一体的综合贸易平台	—

资料来源：中政院课题组整理。

2. 以完善跨境服务贸易负面清单为重点的服务贸易自由便利的制度创新

（1）大幅缩减跨境服务贸易负面清单限制措施数量。建议到2025年前，跨境服务贸易负面清单限制措施缩减至40项以内。2030年，形成与国际高标准经贸规则大体相当的跨境服务贸易负面清单，并通过完善国民待遇、标准互认、监管一致性等措施，破除各类模式下的边境内壁垒，成为我国融入全球服务贸易规则体系的最前沿。

（2）体现"精简、透明、可操作、可预见"的基本要求。以精简透明的跨境服务贸易负面清单（内含投资负面清单）实现服务贸易高水平开放。以国民待遇、最惠国待遇、国内规制、承认、透明度等可操作的"边境内"配套措施大幅降低跨境服务贸易边境内壁垒。以"棘轮机制"确保开放进程"不可逆"，并以附件和说明给予各类市场主体明确预期。

（3）大幅降低服务贸易边境内壁垒。破除跨境交付、境外消费、自然人移动等服务贸易模式下的边境内壁垒，率先在金融、教育、医疗、养老等国内急需的服务领域给予境外服务提供者国民待遇，实行"准入即准营"；加强同中国香港、欧盟、日本、韩国等发达经济体专业技术人员的资格互认及服务业监管标准对接，加快开展服务贸易"经认证的经营者"试点，尽快实现人员、资金等要素自由流动。

3. 以投资准入负面清单为重点的投资自由便利的制度创新

（1）进一步提升投资准入负面清单透明度。参照国际经贸谈判负面清单模板，详细列明负面清单管理措施与相关描述，建立健全外资投诉机制；管理措施描述尽可能细化到具体业务，以提高负面清单的可操作性；更多采取比例限制、岗位限制、差别待遇等方式，降低负面清单的行业限制强度；完善负面清单的附件体系；为关键领域及未来新业态预留空间。

（2）提升投资准入负面清单的法律效力。通过立法明确规定，凡是与负面清单的开放承诺相冲突的部门规章，一律按照负面清单执行，提升负面清单的稳定性与可预期性；建立"棘轮机制"，明确负面清单限制措施"只减不增"。

（3）全面清理各种"隐性壁垒"。在全面清理审批事项的同时，在中央层面制定准入后审批事项负面清单，将涉及国家安全、公共安全的资格事项纳入负面清单，给各方投资者明确市场预期。明确审批负面清单只减不增的制度约束，并由此倒逼政府职能转变。同时，在自贸试验区、海南自贸港等便于管理、相对集中的区域实行负面清单外无审批试点。

（4）明确并细化国民待遇标准。进一步细化准入阶段的管理权力、要素供给、融资方式、进出口权、税收政策、法律保护、司法救济等一系列待遇标准，给内外企业明确预期。

4. 推进与服务贸易投资自由化便利化相适应的跨境资金自由便利的制度创新

（1）制定实施更加便利的资金支付和转移制度。依托 FT 账户，对实体企业对外投资，除开展事中事后真实性审查和额度管理外，按照最大限度便利服务贸易企业开展跨境服务业务，探索在服务贸易企业跨境支付领域实行法人承诺制。对个人资金支付和转移需求、大幅提升额度上限、超出额度的情况实行真实性审查。

（2）大幅放宽流入侧管理。在贸易领域，依托 FT 账户及信息管理系统，对跨境货物、服务和新型国际贸易主体进行分级管理，对其出口的资金管理实行信用监管；在投资领域，对境外资本在海南自由贸易港投资，在自由贸易港账户建立前，依托 FT 账户与人民币跨境支付系统（CIPS），进一步拓展跨境合格境外有限合伙人（QFLP）制度，将适用 QFLP 制度的主体由基金向境外企业与个人领域拓展，取消经 QFLP 对自由贸易港内投资需由国家发展改革委审核的规定，将其下放至海南省投资主管部门。短期内可通过设置投资期限、明确投资用途、投资真实性审查机制等条件防范投机性短期资本流入风险。

（3）逐步放宽资金流出侧管理限制。对货物、服务及新型贸易出口，实现真实性审查基础上的全面开放。对实体企业对外投资，依托 FT 账户，除开展事中事后真实性审查和额度管理外，按照最大限度便利企业境外收购、获取关键性资源要素等投资活动，取消其他类型的金融监管。对区域性总部企业的资金汇出需求，按照余额管理模式，允许其一定比例的投资增量资金自由汇出。对基金类企业对外投资，在合格境内有限合伙人（QDLP）制度框架下管理，并在强化对其高管、金融资产实时监管的条件下逐步放宽认证条件与额度上限。对个人对外投资，建立个人对外投资指导目录，对目录内的投资行为实行真实性审查与额度管理。

（4）探索非金融企业外债管理新模式。按照"最终实现海南自由贸易港非金融企业外债项下完全可兑换"的目标要求，尽快建立以企业信用评级为基础的境外人民币债券发行办法。发挥中介组织在外债风险防控的重要作用，吸引集聚一批具备相应资质的中介机构积极发展发债代理业务。

5. 以完善临时入境免签政策为重点的人员进出自由便利的制度创新

（1）借鉴新加坡经验，完善中高层次人才工作签证制度。例如，对认定的高端专业人才或急需人才，对其个人及家属签发不少于 5 年的多次出入境有效签证及居留许可；对认定为中等技能人员和技师的，对其个人及家属签发不少于 2 年的多次出入境有效签证及居留许可。

（2）建立外国人入境免签动态调整机制。借鉴新加坡、中国香港等国家和地区动态调整免签国家名单的做法，根据我国国家战略发展和双边发展需要、外国经济发展情况、安全形势、外国人在琼违法指标等综合因素，经第三方定期和不定期评估，动态调整免签国家范围。

（3）实行外籍劳务人员配额管理。例如，适应海南自由贸易港国际人才及本岛中高端收入家庭需求，对菲佣等高技能外籍劳务人员实行配额管理制度，明确年度引进数量，避免对本地劳动力市场产生冲击。新加坡外劳比例上限见表5-2-2。

表 5-2-2 新加坡外劳比例上限

工作准证类型	行业	外劳比例上限（%）
S 准证 （S Pass）	S Pass（服务业）	15
	S Pass（不含服务业）	20
劳务准证	制造业	60
	服务业	40
	建筑业	有 MYE 指标
		无 MYE 指标
	加工行业	有 MYE 指标
		无 MYE 指标
	海事业	81.8

资料来源：《对外投资合作国别（地区）指南 新加坡（2020版）》。

6. 建立分类、分级、分流向的数据跨境传输安全有序流动的制度创新

（1）按数据内容划分。将数据区分为不同类型，如政府数据、技术数据、商业数据和个人数据，采取绝对禁止流动、一定限制流动和无限制流动等不同的规制措施，以实现数据安全、有条件、有秩序地跨境流动。对事关国家经济、社会安全、个人基本权利的重要数据、个人数据等特定数据的跨境流动进行规制，保障网络安全；对不妨害国家安全和个人利益，不影响网

络安全的数据则予以放开，促进自由流动。

（2）按不同区域划分。在洋浦经济开发区、博鳌乐城国际医疗旅游先行区、海口江东新区、三亚科技新城等外资企业和外国人集聚的主要产业园区，允许直接接入国际互联网；其他区域可借鉴前海经验，开发海南自由贸易港公共网络平台，符合条件人员可通过专门通道接入国际互联网。

（3）按照行业和信息主题分类。借鉴国外数据分类经验，按照重要行业和信息主题分类标准，合理确定海南自由贸易港"重要数据""敏感数据"内涵和范围，开展风险评估和梯度管理。

7. 以信用体系建设为重点提升企业享受税收优惠的便利度

（1）实行企业税务审批承诺制，实现"无税不申报"及多税种综合申报"一张表"。将"无税不申报"税种适用范围扩大到企业所得税；借鉴上海经验，探索实行多税种综合申报"一张表"制度，对企业所需申报缴纳各税种的报税日期、申报流程、填写要素等进行梳理整合，实现"一张报表、一次申报、一次缴款、一张凭证"。

（2）对税务核定、核准、审批事项实行企业法人承诺制。依托纳税服务平台及数据分析系统，在符合一定条件的情况下（如年纳税额低于500万元的），对纳税人变更纳税定额、最高开票限额等审批事项实行企业法人承诺制，待纳税人提交申请书并签署法人承诺书后，由税务机关在一定期限内予以行政确认或许可。

三、适应贸易投资自由便利的监管制度创新

适应将海南自由贸易港打造成为国内国际双循环重要交汇点的现实需求，服务于以服务贸易为重点的监管转型，充分借鉴中国香港、新加坡等国际公认高水平自由贸易港的监管制度安排，以低干预、高效、精准为目标构建自由、便利、安全的监管制度。

1. 推进以"零关税"货物为重点对象的海关监管制度创新

（1）根据货物状态实行分类监管。主要包括免税、保税、混合状态的货物

等。对于免税货物从"一线"经海南自由贸易港进入内地，实施提前申报、便捷通关；对保税货物，从"一线"经海南自由贸易港进入内地，实施常规的申报清关程序，按规定进行监管，照章征税；对混合状态货物，依托海关等多部门数据共享形成的跨境贸易大数据平台，根据加工增值水平（≥30%）确定是否转为"免税状态货物"，低于30%的情况下根据料件成分确定关税。

（2）建立 FTA 项下货物识别机制。借鉴 RCEP 做法，实现 FTA 项下货物零关税与海南自由贸易港零关税政策的衔接；对海南自由贸易港零关税政策进口并进入到内地的产品（非 FTA 零关税产品），建立跟踪识别机制。

（3）强化对禁止类、限制类货物进出监管。一是违规货物入关，主要就是防止禁止类的货物进入海南自由贸易港。例如毒品、"洋垃圾"等。二是"零关税"货物在港内流通时违规改变用途，例如，擅自将"零关税"货物交给"零关税"申请人以外的人或单位使用。

（4）推进海关监管体制创新。建立以法定机构为主体的海关监管支撑体系。对海口海关承担的卫生检疫、动植物检疫、进出口食品安全和商品检验、统计分析等专业性较强的职能，对原有处室进行法定机构化改造，提升监管专业性。

（5）建立适应海南的贸易调整救援机制。随着海南贸易自由化便利化水平的提升，岛内受冲击的产业、企业与个人将会明显增多。因此，加快建立适应我国开放的贸易调整救援机制的全局性作用凸显。借鉴美国、韩国、欧盟等经验，一是尽快在省级层面建立贸易调整救援制度，明确援助对象和标准；二是确定差异化援助方式，针对不同援助对象、不同援助时段，尝试从宽泛的信息指导、就业培训等咨询服务，到具体的融资、税收等优惠手段的不同援助方式，并确保支持方式与内容符合 WTO 的例外条款。

2.适应服务贸易不同模式实行服务贸易监管制度创新

（1）跨境交付模式下强化境外服务贸易内容监管。在全面实施海南自由贸易港跨境服务贸易负面清单基础上，根据不同服务贸易内容确立对境外服务的认可标准。允许经认可的服务贸易提供商远程为自由贸易港内居民和企业直接提供服务。同时，强化以互联网、电话及其他媒体为载体对海南自由贸易港内居民和企业提供服务的内容监管，确保内容合法合规。

（2）境外消费模式下强化跨境资金流动监管。适应国内居民国际化旅游、教育、医疗等服务消费的现实需要及国内企业技术研发、维修设计等业务需要，依托资金流信息监测管理系统，充分利用大数据等现代科技手段，在最大限度便利个人及企业境外消费、投资等活动的同时，强化对不合理资金外流行为的事中事后监管。

（3）商业存在模式下强化市场主体经营行为的监管。在推进服务业市场全面开放基础上，把商业存在模式下的监管重点放在确保境内外服务贸易企业公平竞争、税费缴纳、质量安全等经营行为环节上。

（4）自然人移动模式下强化对人员资格的监管。在放开境外商务人员入境限制的基础上，全面实行境外人才单向认可制度，并强化对医生、教师、律师、会计及其他国内实行资质认证的行业领域的资格条件管理。

3. 以提升金融监管能力为重点的跨境资金管理制度创新

（1）建立金融市场宏观审慎管理框架。借鉴新加坡经验，对银行、证券、保险等业务实行内外资一致的牌照管理。制定严密的非现场核查制度，制定特色监测报表，设立相对独立的统计和监测体系，建立动态跟踪监测制度；借鉴新加坡经验，根据金融机构的资本、杠杆、资产负债、流动性、跨境融资风险等情况，建立金融机构、金融市场风险分析系统，结合统计数据及实时监测数据，对金融市场风险进行实时监测分析，并按宏观审慎评估结果实施分级管理。建立对金融机构完善的信息披露制度，制订与国际银行信息披露原则相一致的实施计划，明确信息披露的格式与具体内容。鼓励银行主动聘请中介机构进行审计，主动公布更多的内部信息，自觉接受社会监督。

（2）在海南设立国家金融稳定发展委员会特派机构，强化宏观监管。协调中国人民银行、银保监会、证监会、外汇局对海南自由贸易港金融行业的综合统一监管，强化"反洗钱、反恐怖融资、反逃税"三反监管，维护海南自由贸易港金融秩序；加强对国内其他省份资金进出海南的监管，避免海南成为资金"大进大出"的平台，避免冲击国内金融市场。

（3）在海南建立混业金融监管体制。整合海南省"一行二会两局"（中国人民银行海口中心支行、海南银保监局、海南证监局、海南省外汇管理局、海南省地方金融监督管理局）的监管职能，建立综合型的海南金融监管局，实行混业监管。同时，探索推进海南金融监管局法定化改造，赋予海南金融监管局法定职责权限，实现决策执行分开，成为独立的行政执行机构。

专栏 5-2-1　新加坡金融监管局基本情况

新加坡金融监管局（MAS）具有两个身份：一是央行；二是金融业监管机构，是新加坡的金融监管主体。其职能主要包括：统一执行货币政策、金融监管与促进金融市场发展，并对国内金融机构和境内外金融市场实行差异化的监管策略。

MAS属于法定机构性质，具有极高的独立性和权威性。

MAS承担的金融监管职能由"金融机构监管组团"实施，由银行署、保险署、证券期货署、市场体系与风险顾问署、监管政策署、监管法律服务署组成。

作为新加坡金融监管主体，MAS对新加坡所有金融机构和领有资金市场服务执照的公司履行管理职能，其管理的对象范围除了涵盖目前中国"一行两会一局"所监管对象范围的总和之外，还包括对财富管理、信用评级等准金融类机构的管理。

资料来源：中改院课题组整理。

4. 以完善外籍人才服务为重点的人员进出监管制度创新

（1）设立海南自由贸易港移民管理局。整合现有公安出入境管理、边防查验管理、外事侨务事务及涉外执法等相关职能，成立海南移民管理局，统一管理协调外国人签证、居留、就业、保险、福利待遇、案事件处理、入籍等事务。

（2）设立外国人居留服务机构。探索租售同权等房地产政策，为引进的国际高端人才提供住房保障；完善交通、医疗、生活等基础设施；为国际创新创业人才的子女提供优质教育。

专栏 5-2-2　新加坡、中国香港外国人事务主管机构

1. 新加坡移民局（ICA）。负责出入境人员、货物、空中、海上、旅行证件、身份证等检查和办理。

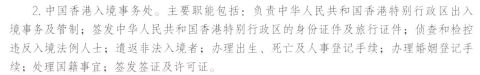
2.中国香港入境事务处。主要职能包括：负责中华人民共和国香港特别行政区出入境事务及管制；签发中华人民共和国香港特别行政区的身份证件及旅行证件；侦查和检控违反入境法例人士；遣返非法入境者；办理出生、死亡及人事登记手续；办理婚姻登记手续；处理国籍事宜；签发签证及许可证。

资料来源：中政院课题组整理。

（3）防范外国人经海南自由贸易港非法进入内地。对持中华人民共和国居民身份证的岛内居民，允许其经"二线"口岸自由进出。对持有海南自由贸易港工作签证的外国人，实行备案制管理，即经"二线"口岸备案后免签证进入内地，并通过人脸识别系统及限定其在内地居留时间期限等方式管理。对经入境免签进入海南自由贸易港的旅游人员，按照内地现行管理办法管理。

（4）完善对临时入境人员的动态监管。在各交通口、港口码头、机场海关及公安卡口、小区等地安装无感身份证采集设备、人脸采集设备、手机信息采集设备、车牌采集设备，结合 AI 算法和大数据挖掘核心技术，整合多维度数据，运用智能关联分析实现监管。

5.以保护国家数据安全为重点的跨境数据进出监管制度创新

（1）实行入境信息内容分类审查制度。一方面，采取技术手段对影响国家主权、公共安全，与公共利益、公共道德、公共秩序和国家统一相违背的不良境外网络信息实施内容过滤。另一方面，借鉴新加坡经验，对提供给家庭与公司企业、儿童与成年人、公共大众与个人消费者的互联网内容区别对待，进行不同程度的审查。即：对进入家庭的资料检查应严于对进入公司企业的检查；针对青年人的信息利用要严于对成年人的信息利用；对公共消费信息的检查要严于对个人消费信息的检查。

专栏 5-2-3　采用技术手段过滤封堵不良网络信息内容的国际经验

1.美国

美国对网络色情等有害信息的控制采取"以技术手段为主导、网络素养教育为基础、政府立法为保障、积极寻求国际合作的综合管理模式"。

针对网络色情和暴力信息对未成年人存在的危害，美国政府采取"疏"和"堵"两种手段。"疏"是指政府帮助公众回避不良信息，为公众提供其他可供选择的信息来源。"堵"是利用技术手段及法律对网络内容"把关"，将不良内容阻截到特定群体的视线之外。

2. 法国

法国1986年9月通过的法律规定，有线通信服务供应商必须告诉用户通过何种技术手段自主选择通信服务的内容；2004年6月，该法律增加了"互联网服务供应商必须向用户介绍并推荐使用内容过滤软件"的条款。在法国政府看来，网络公司、网站、网络协会和网络从业人员在保护未成年人上网方面负有不可推卸的责任。

法国主要有两个保护儿童免于不良网站毒害的组织，一个是"电子·儿童"协会，一个是"无辜行动"协会。它们的主要任务都是向学校和家长免费提供家用网络管理软件，指导学校和家长对儿童进行"防毒"保护。"无辜行动"和"电子·儿童"与其他合作伙伴联合开发了一系列过滤软件和设备，并免费提供给使用者。

资料来源：国外治理网络不良信息的经验与启示［EB/OL］.中国互联网协会，2012-12-28。

（2）建立数据出境等级安全管理制度。一是将数据泄露、篡改或滥用对国家安全和社会公共安全影响程度作为标准划分"重要数据""敏感数据"出境的风险等级，在实施风险评估后确定高中低风险下完全限制出境、审批后限制出境和出境后备案等不同的监管方式。二是针对数据出境主体的风险高低制定特别管理要求，对于如外资企业、合资企业、境外组织机构等高风险主体，制定差异化数据出境管理要求，加强数据出境安全保障。三是建立数据出境白名单制度。借鉴新加坡经验，对数据跨境流动方向进行限制，禁止向数据保护水平低于我国的国家或地区转移个人数据。按照出境国家、地区政治环境、国际关系、数据保护水平等因素，划分数据出境风险等级，探索制定对低风险国家地区的数据出境白名单，减少数据流动障碍。

（3）"二线"。重点强化对自由贸易港流向内地的信息数据监管。境外信息通过国际通信业务出入口，按照现行"防火墙"模式经过审查后再进入内地，避免非法数据信息"倒灌"。

（4）探索成立海南自由贸易港数据安全委员会。适应海南自由贸易港数据安全有序流动的要求、数字经济发展对跨境数据传输的现实需求以及重要数据保护的要求，成立法定机构性质的海南自由贸易港数据保护委员会，作为海南数据跨境流动的主要监管责任部门，负责建立数据保护机制、进行监管和政策实施。

专栏 5-2-4　新加坡个人数据保护委员会

根据新加坡《个人数据保护法令》，新加坡专门设立了个人数据保护委员会。其主要职能是：

提升新加坡的数据保护意识；提供有关数据保护的咨询、建议、技术、管理或其他专业服务；对任何关于数据保护的事宜向政府提供意见；代表政府处理有关数据保护的国际事务；开展研究、调查，促进有关数据保护的教育活动，包括组织、举办相关研讨会、讲习班及专题研讨会，并支持开展该类活动的其他机构；自行或代表政府同其他机构（包括外国数据保护机构、国际或政府间组织）开展关于数据保护领域的技术合作和交流；执行其他任何成文法律授予个保委的职能；以及从事或履行部长通过《政府公报》可能批准或委派个保委行使的其他活动或职权。

资料来源：中改院课题组整理。

6.以建立信用为基础的投资安全监管制度创新

（1）健全外商投资安全审查制度。按照《外商投资法》"建立外商投资安全审查制度，对影响或者可能影响国家安全的外商投资进行安全审查"的要求，制定海南自由贸易港外商投资安全审查实施细则，明确安全审查主管部门、审查内容、标准及程序，重点加强网络与信息、金融、意识形态与文化、国防等领域的安全审查。

（2）实行内外资有别的投资管理制度。对外资经海南自由贸易港进入内地的投资活动，按照我国外商投资相关规定执行；对内地进入海南自由贸易港的投资活动执行国内投资相关管理规定；对内地经海南自由贸易港向境外投资活动，按照海南自由贸易港境外投资管理办法执行。

（3）建立与国际衔接的信用监管制度。努力探索构建"事前信用联动承诺、事中信用联动评估分类、事后信用联动奖惩"的全链条信用监管体系，建立企业信用信息采集共享机制，实现跨部门、跨区域的协同高效管理。借鉴新加坡等经验，以政府为主导建立企业与个人信用风险管理的基本体系，将经营行为与个人信用相结合；通过政府购买、授权发布等多种方式引入第三方信用风险评级机构，对企业经营状况及信用信息进行评估，不断提升信用评价结果的公信力。将市场主体信用评价结果与行业准入、融资信贷、税收、产品推介乃至企业负责人信用等挂钩，探索实施失信"黑名单"制度，加强对"黑名单"企业经营活动的重点监控，对再次发生违法行为的企业，依法从严从重处罚，构建对市场主体失信行为的全方位约束机制。

（4）组建海南自由贸易港投资促进委员会。整合发改系统的投资管理职能，组建升级投资促进委员会，主要负责制定全省投资促进发展战略，负责重大投资促进项目的安全审查及投资监管，组织开展与大企业、大集团和境内外知名机构的投资促进战略合作，研究旅游业、现代服务业和高新技术产业领域内的投资促进政策。

7. 基于自由贸易港税收征管系统的税收监管制度创新

（1）搭建海南自由贸易港税收征管平台。提前谋划，尽快委托国内软件开发企业开发与海南简税制、低税率相匹配的税收征管信息系统，并实现与现行税收征管信息系统的接口、标准等对接，为防范逃税奠定基础。

（2）建立专项税源档案库。细化企业在境内外银行、金融、保险等机构的资料信息，结合企业信用评级和企业投资或贸易额总量，对企业信息进行分类管理，将纳税人编码与企业在境外的经营情况、境外涉税项目、税收优惠享受等情况相联系，并定期对企业信用等级有关资信情况进行重新检查，充分了解企业产出构成、经营变化、征税情况等，对于停产、合并、非正常户等特殊税源动态跟踪，防止税源流失。

（3）建立税收风险预警机制。充分利用大数据、人工智能等信息技术，按照实质经济活动所在地和价值创造地原则，加强涉税信息的对比、挖掘、分析，对纳税行为进行评估和预警，实现监控、风险预警、风险应对等全过程管理。对纳税行为异常的企业、个人提供预警服务，并实施重点监管，对严重违法失信的，予以取消享受税收优惠资格，并对其已经享受的税收优惠予以追缴和处罚。依托企业纳税信用评级制度，对轻微失信纳税人提供"一对一"企业纳税信用预警和提醒服务。

（4）强化海南与境内外税收部门的协调合作。成立由国家税务总局牵头的跨部门、跨省市的税收"联席协调"特别机制。从征税对象、纳税地点、纳税环节、信息沟通等方面，对税收征收管理中遇到的地方性差异问题进行统筹协调。在国家税务总局协调下，联合制定防逃税监管标准体系。建立与内地联通的税务信息共享机制。在海南与内地之间实现企业、个人纳税信用联动、涉税信息互换、联合税收稽查等。充分利用大数据、区块链等信息技术，实现税收征管的精细化，准确识别企业逃税行为，并有效防止重复征收。

第三节　推进与高水平开放相适应的行政管理体制制度集成创新

《总体方案》提出："着力推进政府机构改革和政府职能转变。"海南建设自由贸易港，既需要按照党和国家的决策部署，进一步优化政府职责体系和政府组织结构；又需要从加快推进海南自由贸易港建设的现实需求出发，对现行行政管理体制进行大胆创新设计，率先建立与自由贸易港建设相适应的更高效率、更富活力、更高专业的行政管理体制。

一、推进与最高水平开放形态相适应的行政管理体制改革创新

行政高效运转是实现经济高度开放的内在要求。加快海南自由贸易港建设，要按照"经济高度开放、行政高效运转"的基本要求，充分借鉴国际自由贸易港的成功做法，加大政府机构和部门设置的制度集成创新力度，优化行政组织结构和职责体系。

1. 贯彻落实《海南自由贸易港法》的重大要求

《海南自由贸易港法》第六条明确提出，"国家建立与海南自由贸易港建设相适应的行政管理体制"。贯彻《海南自由贸易港法》的主体是政府。目前，海南行政管理体制的效率和专业性与自由贸易港建设不相适应的矛盾比较突出。这就需要按着《海南自由贸易港法》要求，加大政府机构和部门设置的制度集成创新力度，优化行政组织结构和职责体系。例如，建立以法定机构为主体的高效专业执行系统等。

2. 实现政府效能最大化的现实需求

以政府效能最大化为目标深化行政管理体制改革，着力打造高效运转的决策执行系统，明显提升自由贸易港的政策承接与执行力。一方面，以政府效能最大化为目标优化行政权力结构，尽快形成与自由贸易港相适应的精简、高效、统一、灵活的行政管理体制新框架。另一方面，以政府效能最大化为目标推进法定机构改革，形成以法定机构为主体的高效执行体系。

3. 以行政管理体制改革带动治理体系变革

（1）以行政体制改革带动政府治理变革。多方担心和疑虑的焦点集中在海南现行的政府管理体制与政府工作效率能否担起自由贸易港建设的重任。海南的行政体制改革不是一般的修修补补，而是要以优化行政权力结构为重点重构行政体制，尽快形成与自由贸易港相适应的精简、高效、统一、灵活的政府治理体制。

（2）以行政体制改革带动经济治理变革。从现实情况看，仅靠优惠政策支持，按照现行的行政体制难以实现中央赋予海南的重大战略使命，需要在经济治理上有重大突破和创新。为此，要从打造当今世界最高水平开放形态的大目标和建设全球面积最大自由贸易港的基本特点出发，以高效的行政管理体制机制支持最高开放型经济治理体系建设。

（3）以行政体制改革带动社会治理变革。"保基本、重多元""少干预、重自律"是当前国际社会治理的共同思路，也是国际自由贸易港社会治理的共同特征。从海南现实情况看，在推进最高水平开放的同时创新社会治理体制，打造一个多元主体共建共治共享的社会治理格局，实现社会充满活力又和谐有序的目标，根本上取决于行政体制改革的突破，以行政体制改革拓宽社会组织、社区等发展空间，以特殊行政体制安排尽快形成共建共治共享的现代社会治理格局。

4. 学习借鉴国际自由贸易港成功经验

（1）新加坡。新加坡是国际公认的自由贸易港，形成了机构精简高效的政府部门和法定机构。政府的主要组成部分是 16 个政府部门和 65 个法定机构（图5-3-1）。较少的行政部门保证了决策的统一高效，较多的法定机构保证了政策执行的专业性和高效率。

图5-3-1　新加坡政治架构与政府组织结构示意图

资料来源：新加坡政府网站。

（2）中国香港。香港特别行政区是国际知名的自由贸易港。其政府架构，在决策层面，主要包括政务司、财政司和律政司3个司，并形成13个决策局；在执行层面，形成56个执行部门，它们大部分以"署""处"来命名。

其中，"处"是负责执行行政事务，但不具体制定政策的行政部门，如香港警务处、入境事务处、公务员培训处、消防处、海事处、劳工处、公司注册处等。"署"是一些具有特定职权，且工作性质较为独立的部门，如食物环境卫生署、社会福利署、法律援助署、民政事务总署、工业贸易署、知识产权署、土木工程拓展署等。（图5-3-2）

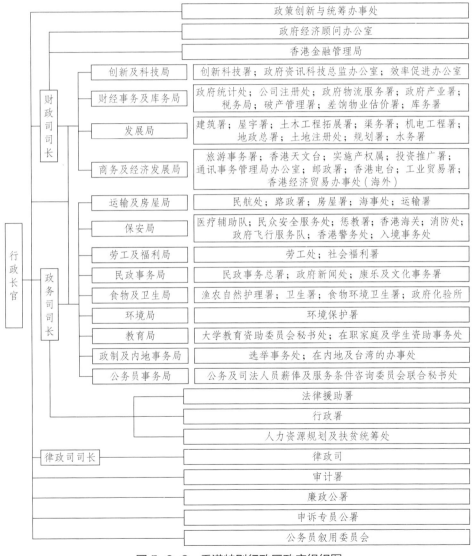

图 5-3-2　香港特别行政区政府组织图

资料来源：根据 GovHK 香港政府一站通网站资料绘制。

香港特别行政区大量与政府有关的法定组织，也是香港特别行政区行政体系的重要组成部分，如公务员叙用委员会、公务员薪俸及服务条件常务委员会、平等机会委员会、申诉专员公署、廉政公署、医院管理局、香港出口信用保险局等。

（3）迪拜。迪拜是阿联酋乃至整个中东地区最大的自由贸易港。迪拜自由贸易港行政管理体制的重要特征是实行政企合一的运营和管理机制。例如，杰贝阿里自贸区管理局实行政企合一的运营方式，以市场为导向，为企业提供一站式高效服务。该管理局是拥有政府职能的实体公司，通过优质服务网络提供国际"单一窗口"管理，迪拜贸易门户、杰贝阿里自贸区手机APP和综合服务网络承担全部招商、管理和服务工作。

二、建立海南自由贸易港经济委员会

适应自由贸易港建设对海南行政体制改革的总体要求，学习借鉴新加坡等自由贸易港的先进做法，当务之急是尽快建立海南自由贸易港经济委员会，打造专业、高效、灵活的法定机构执行系统，并以增量带动存量，逐步带动形成大部门的特殊行政体制安排。

1. 成立法定机构性质的海南自由贸易港经济委员会

（1）海南自由贸易港经济委员会承担自由贸易港的开发经营职能。建议在省级层面建立海南自由贸易港经济委员会，其性质为法定机构，主要负责内外贸易、国际经济合作、招商引资、总部经济、产业促进和口岸运营等。

（2）海南自由贸易港经济委员会权责法定。该机构的法定职能确定，建议分两步走：第一步，由省人大出台《海南自由贸易港经济委员会条例》，明确其法律地位、职能权限、运行机制、人事管理、财务监管、考核评价及与相关机构的关系、主要负责人的产生和免职、经费来源、活动管理、监督、变更和撤销等内容。第二步，争取全国人大《海南自由贸易港法》予以明确或授权海南省人大决定，建立海南自由贸易港经济委员会。海南自由贸易港经济委员会不属于行政序列，在法定职权范围内依法开展相关业务，独立承担法律责任，不受行政机关及其他机构的干涉，在经费总额控制与职责明确的前提下享有充分的管理、人事聘用和财务自主权。

（3）海南自由贸易港经济委员会实行严格的法人治理结构。海南自由贸易港经济委员会实行"理事会—职能部门"的扁平层级组织架构。其中，理事会为法定机构的决策机构，直接对省委省政府负责；按照因需设立、突出专业性的原则，设立若干职能部门，在明确相关职责的前提下负责开发营运的具体事务。

2. 加快建立以法定机构为主体的高效执行系统

（1）加快推进法定机构化重构。省级现有的经济、社会、行政管理部门尽可能推进法定机构化改造，全省形成法定机构体系。法定机构拥有相对独立的财政管理权；管理人员实行聘任制，工作人员实行聘用制，不按公务员管理，采用企业化、市场化的用人制度；建立奖优罚劣、能上能下、能进能出的绩效考核评价体系，打造一套高效、灵活的执行体系。

（2）按照因需设立、经济优先的原则，逐步形成法定机构为主体的执行体系。当前，要聚焦贸易投资自由化便利化，尽快在专业性要求比较强、自由贸易港建设需求急迫的领域设立法定机构，作为海南自由贸易港经济委员会的具体执行部门，实行企业化管理、市场化运作，但不以营利为目的。例如，设立贸易与投资促进局，负责推行贸易与投资自由化便利化的相关政策，并赋予其行政审批、投资审核、资质认定、准入条件设置等职能。设立旅游业发展促进局，负责全省旅游产业规划、标准制定、旅游企业监管及国际旅游消费中心建设规划与基础设施建设等。设立公平竞争促进局，负责全省公平竞争审查、垄断认定等。

专栏 5-3-1　法定机构概念、特征

1. 法定机构的概念

法定机构是指依照法定程序设立、承担公共政策执行职能或者公共服务职能、按照市场化模式灵活自主运作、独立于政府序列之外的公共机构。

2. 法定机构的基本特征

总结国内外的实践经验看，法定机构主要有以下 8 个维度特征：

（1）机构法定。法定机构多是"一机构一立法"，即其职能、工作性质和资助模式都以专门的法规条文作为依据。

（2）与政府机构相对独立。法定机构是一种新型法人组织形式，通常不列入行政机构序列。

（3）执行专业技术职能为主。法定机构多承担执行、技术支撑等功能。法定机构被授予的行政职能一般为规范性、程序性的监管和服务等职能。

（4）组织架构。法定机构通常由有关部门和社会各方面代表组成理事会，负责对所属重大事务的决策，其下再到执行层，负责机构日常具体的运营。

（5）人事关系。法定机构人员身份一般不是公务员，而是受聘职员。

（6）经费来源。法定机构经费来源形式多样，包括财政支付、由政府资助部分日常经费、服务收费、交易收费、基金收益等。

（7）运作管理。通常采用企业化的管理模式。

（8）运营监管。法定机构通常都有健全的责任机制和监督机制，围绕立法机构、决策部门、董事会、执行层四个权力单元设计比较清晰的责任关系脉络。

3. 法定机构的治理模式

法定机构采用决策层＋管理层模式。

（1）决策层

理事会是决策层的组织形式，由法定机构职责任务对应的主要政策部门、相关政策部门、服务对象、行业组织等利益相关方的代表，法律、财会等专业人士以及法定机构行政负责人组成。审议和决定法定机构的基本制度和重大事项，监督管理层执行理事会决议，对公共利益负责。理事会设立专门委员会。

（2）管理层

管理层由行政负责人及其副职组成，负责执行理事会的各项决议，组织开展各项业务活动，管理法定机构的人事、财务、资产等日常事务。

资料来源：中政院课题组整理。

3. 按照《总体方案》要求推动"大部门制"改革

（1）打造精简、扁平的政府机构。《总体方案》提出"进一步推动海南大部门制改革，整合分散在各部门相近或相似的功能职责，推动职能相近部门合并"。鉴于很大一部分经济职能由海南自由贸易港经济委员会承担，建议以公共服务与社会管理为重点，最大限度地整合分散在不同部门相近或相似的职责，推进"大部门制"改革，打造精简、扁平的政府机构与决策、执行职能相对分离的行政运作模式。

（2）推动决策、执行职能相对分离。一方面，适应海南自由贸易港建设需求，深化"大部门制"改革，目的是提高决策的科学性、运作的高效率，关键是实现决策与执行职能相对分离，使得政府部门决策时超越部门利益束缚，更多从发展全局而非具体业务出发谋划本部门任务。另一方面，与建立海南自由贸易港经济委员会相适应，需要重构政府职责体系，重点是整合各部门相近或相似职能并推进具体经济执行职能向外转移。从国际自由贸易港的经验看，依托庞大的法定机构执行系统，精简扁平的政府机构设置，在激发市场活力的同时，能够有效避免政府职能交叉和多头管理，提高行政效率。借鉴新加坡等的做法，结合建立海南自由贸易港经济委员会的实际情况，按照精简扁平的原则，以公共服务与社会管理为重点，整合分散在各部门相近或相似的功能职责，推动相近部门合并。

（3）尽快形成"大部门制"的行政架构。建立高效率的行政体制，重点是推动部门相近职责整合，推动职能相近部门合并。例如，整合多个部门的社会发展职能，实行社会发展的"大部门制"。整合相关部门的职能，实行自然资源和环境保护的"大部门制"。

4.实行开放、灵活的人事管理制度

（1）以公务员聘任制推动建立更加灵活开放的用人机制。总体看，海南公务员聘任制仍处于探索阶段，且聘任制公务员与委任制公务员在招聘、考核、奖惩与晋升等方面基本一致，工资待遇水平也基本接近相近职位的委任制公务员，公务员聘任制的鲇鱼效应远未充分发挥，灵活性与开放性优势难以真正体现。建议对聘任制公务员实行多元化市场招聘、市场化薪资、市场化考核。

（2）拓展公务员聘任制实施范围。在保证薪资水平与福利待遇一致的前提下，通过实行身份"封存管理"、工龄连续计算、工资适当提升、优先提拔重用等多种方式，鼓励在编公务员转换为聘任制公务员。建议在卫生、规划、发改、教育、监管等专业性较强的领域推出更多高级技术类或领导职务岗位，吸纳体制外优秀人才，激发体制内干部队伍活力。

（3）强化公务员分类考核。按照不同类型（横向综合管理类、行政执法类、专业技术类）与不同职级，分类制定符合各职能特点的管理办法与考核

指标体系，并尽可能将指标量化，增强考核的可操作性与客观性。例如，对专业技术类公务员，应以专业能力评价为核心，重点考查被考核人在专业工作中发现、研究和解决问题的能力；对行政执法类公务员，更加强调考核日常执法效果与突发事件处置中的应对能力。在此基础上，待公务员分类完成后，根据实际业务情况，进一步调整细化形成不同的职组和职系的考核指标。

三、推进海南行政区划体制改革创新

《海南自由贸易港法》提出"国家推进海南自由贸易港行政区划改革创新，优化行政区划设置和行政区划结构体系"。3.54 万平方千米范围内探索建设中国特色自由贸易港是海南与其他自由贸易港最显著的特征。在这个背景下，海南的资源要素配置、城乡关系、行政区划结构等要与全岛建设自由贸易港相适应。

1. 稀缺的土地资源是海南最大的后发优势

海南自由贸易港作为国家重大战略，土地等重要资源的价值进一步提升。但受 19 个市县分割分治的行政格局等因素制约，全省土地资源利用效益较低。从岛屿比较看，海南与台湾的土地面积差不多，海南约 2/3 是平原，台湾约 2/3 是丘陵和山地，海南资源禀赋总体优于台湾。2022 年海南每平方千米土地产出的 GDP 为 0.19 亿元，只等于中国广东全省的 26.4%、台湾的 13.4%、香港的 0.87% 以及国外如新加坡的 0.44%。

2. 以行政区划体制改革创新充分释放海南自由贸易港资源价值潜力

通过加快全省土地利用统一，盘活存量土地资源，优化土地资源配置，由此显著提高土地等重要资源利用效益。优化海南行政区划结构，对抑制部分市县最高地价、提高全省平均地价，进而提高全岛土地及相关资源综合利用效益将产生重要作用。若海南土地资源利用效益达到中国香港 2022 年的 5%，估计将会有近 4 万亿元的资本需求；若达到新加坡 2022 年的 5%，估计将会有近 8 万亿元的资本需求（表 5-3-1）。

表5-3-1 海南、中国香港以及新加坡土地资源利用效率对比

	2022年	2030年（预测）	
		达到香港2022年的5%	达到新加坡2022年的5%
海南土地资源利用效率	0.19	1.1	2.14
海南省GDP	6818.22	38889	75658
相当于2022年海南省GDP（倍）	—	5.7	11.1

数据来源：根据各地区统计局公布数据计算预测。

3.尽快形成"六个统一"的整体格局

（1）统一土地资源利用。强化海南省级政府对全省土地的统筹利用，将分散在不同部门管理的耕地、林地、国有农场等土地资源统一到一个部门管理；严格执行土地统一收购储备、统一开发管理、统一公开供应、统一规划海岸线资源；严格土地审批，把稀缺土地资源配置到产业发展好的重点项目上，限制最低地价，提高平均地价，提高土地资源综合利用效益。

（2）统一基础设施建设。统筹推进海南全省公路、机场、码头等交通、供水供电供气、排污、电信等基础设施的互联互通，加快构建快速、便捷、高效、安全、大容量、低成本的互联互通综合基础设施网络。

（3）统一产业布局。坚持"规划衔接、突出特色、发挥优势、集群集聚"的原则，扬长避短，优势互补，优化产业布局，推动形成海南全省统一、合理的产业分工协作关系，避免因行政壁垒造成遍地开花、同质竞争和资源的低效利用。

（4）统一城乡发展。强化海南省级政府在推进城乡融合发展中的作用，在城乡空间规划、市场要素资源配置、公共服务资源配置、社区管理等方面打破城乡分治局面，实现城乡经济、社会发展制度上的统一。例如，率先取消城乡二元户籍制度，建立以身份证号为唯一标识、全省统一的居住证管理制度，促进人口自由流动；推进城乡社区管理体制一体化，加大对社区的放

权，加快推进社区自治。

（5）统一环境保护。建立海南省环保"大部门制"，整合分散在各职能部门的环境行政权，统一集中到环境保护行政主管部门；实现城乡环境保护体制一体化；与国际接轨，建立最严格的生态环境保护指标评价体系；实施最严格的生态环境问责制。

（6）统一社会政策。在全省重点推进城乡义务教育、公共卫生和基本医疗保险、基本社会保障、公共就业服务、公共文化服务体制一体化；做好省内与省际间社会保障制度的衔接。

4. 过渡时期，构建省下辖东、西、南、北、中、海上六大区域中心城市的行政格局

（1）调整省与市县行政格局。按照"全岛一个大城市"的思路，打破现行 19 个市县的行政区划格局，合并区域中心城市周边相关市县，构建省下辖东、西、南、北、中、海上六大区域中心城市的行政格局。

（2）调整市、县行政格局。岛内的五大区域中心城市"撤县（及县级市）改区"，建立统一的市辖区格局；在行政区划调整的同时，少数民族地区享受的扶持优惠政策保持不变。

（3）海口、三亚率先突破。发挥海口省会城市经济相对发达的优势，在推进海口、文昌、澄迈行政一体化方面率先突破；发挥三亚国际化旅游城市的优势，以市联县，统一三亚与陵水、乐东、保亭四个市县旅游资源开发，在以旅游业国际化带动城乡一体化上率先走出一条新路子。

第四节　推进与高水平开放相适应的立法、司法制度创新

《总体方案》明确要求，到 2025 年适应自由贸易港建设的法律法规逐步完善，到 2035 年法律法规体系更加健全。为此，要对标全球最高水平开放形态，解放思想、大胆创新，探索适应海南自由贸易港建设的立法体制与司法

体制改革。

一、建立海南自由贸易港立法、司法体制的现实需求全面增强

适应自由贸易港建设的需要，一方面要提高海南立法、执法的效率与专业化水平；一方面要实施与国际惯例接轨的司法规则和制度。为此，需要探索推进立法与司法体制改革，并在《海南自由贸易港法》中赋予海南充分的行政体制改革自主权与特殊的立法权和司法权。

1. 专业、高效是海南自由贸易港建设对立法、司法体制改革的基本需求

从国际经验看，构建专业高效的立法团队，打造高度法治的营商环境是国际知名自由贸易港的一般特征。例如，新加坡以适用一系列成熟的商事法律规范为主要立法模式，有效维持法律体系的稳定和法律适用的统一，避免了自贸区规则过于烦琐或碎片化，赢得了投资者的信任。又如，迪拜经授权在自由区内民商事领域采用普通法的法律体系，地方政府立法权限足、空间大、灵活性高。在立法周期上，一部法律从有立法意向到形成草案再到最终生效，最快只需要六个月，最慢不超过一年，修法周期不超过半年。根据《2021 年国际仲裁调查报告》，90% 的受访者认为，国际仲裁是解决跨境纠纷的首选方法。香港法庭裁决水平位列全球第三，且是全球 5 大首选仲裁地，香港国际仲裁中心是全球第三最受青睐的仲裁机构。

2. 海南现行的立法与司法体制难以适应自由贸易港建设需求

完善的法规体系是自由贸易港的基本要求。例如，中国香港条例和附属立法有 1000 多件，而经济法规约占总数的 45%；新加坡除《自由贸易区法》和《自由贸易区条例》外，通过适用一系列成熟的商事法律规范，为市场主体提供全方位、无盲区、高位阶的法治保障；迪拜国际金融中心层面发布的法律 29 项、条例 26 项。其中，2019 年 6 月新颁布的《破产法》，在破产管理和债务重组上的制度创新已处于全球最前沿。

随着《中华人民共和国海南自由贸易港法》的正式实施，组建一支专

业、高效立法团队的需求将更为迫切。为此，需要着眼长远，加快推进海南自由贸易港立法体制改革的相关研究，在坚持人民代表大会制度这一根本政治制度的框架内，探索立法体制的改革，并争取尽快取得某些重要突破，以专业高效立法强化海南自由贸易港建设法治保障。

3. 按照《海南自由贸易港法》的要求实现立法与司法体制创新的重要突破

（1）推进立法体制改革。专业、高效是海南自由贸易港建设对立法体制改革的基本需求。从现实情况看，现行的立法体制难以适应自由贸易港建设需求，建议在坚持人民代表大会制度这一根本政治制度的框架内，探索立法体制的改革。

（2）推进司法体制改革。随着海南贸易投资自由化便利化政策的逐步落实见效，各类民商事案件与国际性纠纷将会明显增多，迫切需要建立与最高水平开放形态相适应的司法体制，并逐步实现与国际惯例接轨。

二、以立法体制改革创新充分用好海南自由贸易港法规制定权

海南自由贸易港法规制定权，是我国立法权限的重大创新，是海南自由贸易港法治建设的关键要素，也是海南与其他地区相比的最大优势。《立法法》进一步明确"海南省人民代表大会及其常务委员会根据法律规定，制定海南自由贸易港法规，在海南自由贸易港范围内实施"。未来，需要形成高效、专业的立法体制，用足用好海南自由贸易港法规制定权，尽快形成以《海南自由贸易港法》为基础，以地方性法规和商事纠纷解决机制为重要组成的自由贸易港法治体系。

1. 强化海南自由贸易港法规制定权的应用

（1）尽快明确海南自由贸易港法规制定权内涵、范畴及权限。《海南自由贸易港法》第 10 条赋予了海南自由贸易港法规制定权，并明确备案、审批等推进机制。从实际看，需要以《海南自由贸易港法》为依据，一是明确海南自由贸易港法规制定权的属性及范围，重点是在法律上界定贸易、投资及其

管理活动的范围；二是明确通过海南自由贸易港法规制定权制定的地方性法规，其在自由贸易港建设中的法律效力，尤其要明确与国内现行法律法规冲突时的适用问题；三是明确行使海南自由贸易港法规制定权的具体工作流程和方案方法及相关合法性审查机制，重点是明确备案类、审批类的范围，形成具体清单；四是明确《海南自由贸易港法》及依据本法制定的相关法规的解释权。

（2）以海南自由贸易港法规制定权突破现行法律法规对制度集成创新的掣肘。当前，海南省人大及其常委会是全国唯一一个同时拥有一般地方立法权、经济特区立法权和海南自由贸易港法规制定权的立法主体。需要明确各自功能，实现三者有机衔接和协调配合，避免海南自由贸易港法规制定权被滥用。例如，涉及省级综合性管理事务、城乡建设等事项通过地方性立法权解决；涉及经济管理领域的变通上位法事项通过经济特区立法权解决；海南自由贸易港法规制定权主要是通过变通性立法与创制性立法，突破《立法法》第8条中涉及贸易、投资及相关管理活动中必须制定法律的法律障碍。

（3）强化与《立法法》的对接，拓展海南自由贸易港法规制定空间。《立法法》第8条明确了只能制定法律的11项领域，其中6—11项均涉及海南自由贸易港法规制定权涵盖的"贸易、投资及相关管理活动"。为此建议，着眼于形成具有国际竞争力的开放政策和制度的基本要求，争取全国人大支持，对海南自由贸易港法规制定权进行扩大化解释，并实现对海南省人大及其常委会的"一揽子"授权，在坚持中央统一领导和维护国家法制统一的前提下，最大限度发挥海南自由贸易港法规制定权的效力。

2. 提升立法机构的专业性与效率性

（1）方案一：将海南省人大法制工作委员会改为海南自由贸易港立法工作委员会，并按照因需立法的原则，招录聘任知名法律专家组建专业性立法团队，以提升省人大常委会的立法质量与效率。

（2）方案二：海南省人大授予海南自由贸易港立法工作委员会一定的经济立法权，并向省人大报告。例如，凡涉及投资、贸易、金融、仲裁、海关

等领域的专业性法律法规，授权该机构制定。

3. 形成全岛封关运作的立法安排

（1）相关立法安排要服务于做大市场流量的目标。市场流量小是海南自由贸易港建设的突出矛盾。2021年，海南实际利用外资额虽比上年增长16.2%，达到35.2亿美元，但仅占全国的1.98%，相当于广东的12.3%、上海的15.6%、山东的16.4%；货物贸易和服务贸易进出口额占全国的比重仅为0.38%、0.54%[①]。在特定背景下，封关运作后提升市场流量存在较大的不确定性，尤其要防止因"一线放不开"导致"外资进不来"的问题。为此，贸易投资及监管领域立法要以不降低海南与内地货物流动的便利性为底线，确保海南与境外间要素与商品流动的自由与便利，确保海南与内地市场在要素流动的自由与便利。

（2）立法安排要服务于海南自由贸易港的战略定位。海南面向东盟最前沿，地处RCEP中心位置。推进RCEP进程成为我国高水平开放的战略抓手。要充分释放海南自由贸易港与RCEP叠加效应，将海南自由贸易港建设成为中国与东盟经贸合作的自由经济区、公共卫生与健康合作示范区、蓝色伙伴关系的核心区、全面人文交流特区，需要适时制定出台《海南自由贸易港海关监管条例》《海南自由贸易港检验检疫条例》《海南自由贸易港南海资源共同开发条例》《海南自由贸易港出入境管理条例》等。

（3）尽快形成"两个总部基地"建设的法治保障。例如，出台《海南自由贸易港对外投资管理条例》，引导总部企业对东盟投资，明确企业经海南自由贸易港对外投资的投资形式、管理制度、融资渠道、税收政策、管理部门等；参照RCEP相关规则，制定《海南自由贸易港对外投资与海外经营合规管理指引》；修订《海南总部企业认定管理办法》，实行以投资、结算、研发等核心业务实际开展情况为主的认定标准；对标新加坡、上海等，制定《海南自由贸易港促进跨国公司区域总部发展条例》等。

---

① 数据来源：根据《中国统计年鉴2022》《海南统计年鉴2022》《广东统计年鉴2022》《上海统计年鉴2022》《山东统计年鉴2022》相关数据计算得出。

4. 在关键性制度创新领域实现法治保障的实质性进展

（1）以服务贸易为重点的贸易投资领域制度集成创新的法治保障。服务贸易不仅是海南自由贸易港与国际成功自由贸易港相比的突出短板，也是贸易投资自由化便利化的关键环节。一方面，服务贸易自由化便利化涉及投资和人员、资金、技术等要素的自由化便利化。另一方面，我国服务贸易法律体系不完善，目前以《对外贸易法》为基本法，仅有 5 条原则性规定，部分领域规则缺失。建议在坚持《对外贸易法》的原则下，充分利用自由贸易港法规制定权，出台《海南自由贸易港服务贸易条例》，在《对外贸易法》框架内参照国际高水平经贸规则，就跨境交付、境外消费、自然人移动等不同服务贸易模式做出详细法律安排，为我国开展服务贸易的相关立法探索经验。

（2）以行政为重点的管理体制改革创新的法治保障。无论是从现实，还是从中长期发展看，以法律为依据的行政管理体制改革创新是海南自由贸易港建设的核心要素，是营造海南自由贸易港法治化营商环境的首要关键和重大任务。建议按照《海南自由贸易港法》第6、8条要求，出台《海南自由贸易港行政管理体制改革总体方案》《海南自由贸易港法定机构管理条例》，明确法定机构的设置、运行、管理、监督等标准与制度；按照《海南自由贸易港法》第 8 条第 2 款的相关要求，加快形成海南自由贸易港行政区划改革总体方案，在破除资源利用的行政分割和地区壁垒方面实现重要突破；借鉴新加坡经验，出台《海南自由贸易港土地征收条例》，建立政府土地储备制度，缓解因建设用地短缺造成的项目难以落地问题；细化《海南自由贸易港法》第48条，释放农垦土地的资源价值。

（3）推进市场监管领域制度集成创新的法治保障。全岛封关运作后，自由贸易港政策与制度将进入全面落实阶段，实施范围将由目前的重点园区"点状"布局向全岛范围的"面域"布局过渡。封关运作后，一方面要通过"二线"管理制度有效保障海南与国内市场的连通性；另一方面要通过"一线"开放政策与制度的落实，明显提升海南与国际市场，尤其是东盟市场的连通性。这对市场、海关等领域的监管能力、监管模式等提出了新的要求。建议提前谋划，积极开展制定《海南自由贸易港海关监管条例》《海南自由贸易港检验检疫条例》《海南自由贸易港金融监督管理条例》《海南自由贸易港出入境管理条例》及《海南自由贸易港市场监管条例》，借鉴 CPTPP 标准，制定细化商务人员临时出入境管理标准、程序。

5. 强化自由贸易港法治体系建设的顶层协调与基础设施建设

一是按照《海南自由贸易港法》第6条规定，争取在中央层面设立立法、司法和行政三大部门的跨部门领导协调机制；二是适应自由贸易港立法、调法调规、法律法规清理的现实需求，整合人民法院版"法信"平台、全国人大版"国家法律法规大数据库"和行政部门相关数据库资源，建立超大规模的一体化法治大数据中心体系；三是强化省级层面的协调，推进立法、司法、行政部门联合制定数据资源目录和责任清单，注重数据的分级分类共享和开放。

三、以完善仲裁制度为重点的司法体制创新

《海南自由贸易港法》提出"国家支持探索与海南自由贸易港相适应的司法体制改革"。高度法治是海南自由贸易港的基本要求和重要保障。随着海南自由贸易港开放范围、广度、深度的不断扩大，将会有更多的境内外企业进驻海南，各类民商事纠纷与案件也会不断增多，迫切需要加快推进与自由贸易港相适应的司法体制改革。

1. 借鉴国际知名自由贸易港司法体系建设经验

2020 年，新加坡国际仲裁中心受理 1080 个新案件，其中 94% 为国际仲裁案件，64% 为与贸易相关的仲裁案件。究其原因在于：第一，新加坡于1994 年颁布《新加坡国际仲裁法》。第二，《新加坡国际仲裁法》与处理国内仲裁的《新加坡仲裁法》实行双轨制，使其仲裁制度更具灵活性。第三，新加坡国际仲裁业务受国家法院监督，司法机关不可作出不利于国际仲裁程序的事项。

再以中国香港为例，香港所提供的航运服务包括船舶管理、船务经纪、船务融资、航运保险及法律等。截至 2020 年底，香港共有 87 家获授权的海事保险公司，其中 33 家是外资保险商；船务贷款总额约为 1290 亿港元，占香港银行贷款总额的近 2%；同时，香港高等法院有专门处理海事纠纷的法律专家，并设有海事法庭法官，且香港是区内主要的海事仲裁中心。2020 年，香港国际仲裁中心处理了 483 宗新个案，当中 18.6% 涉及海事纠纷。新加坡、中国香港国际仲裁发展比较见表 5-4-1。

表 5-4-1 新加坡、中国香港国际仲裁发展比较

	新加坡	中国香港
国际仲裁机构	新加坡国际仲裁中心	香港国际仲裁中心
立法框架及支持仲裁的司法体系	（1）1994 年颁布《新加坡国际仲裁法》；（2）《新加坡国际仲裁法》与《新加坡仲裁法》实行双轨制；（3）新加坡国际仲裁业务受国家法院监督，司法机关不可作出不利于国际仲裁程序的事项	（1）出台《香港仲裁条例》；（2）香港法院高度支持仲裁，对仲裁采取"不干预"的态度，与仲裁相关的案件由仲裁专职法官进行初审
政策保障	（1）50% 的税务减免；（2）给予非本地仲裁员方便签证待遇等；（3）新加坡政府出资建成世界第一个纠纷解决综合大楼——麦士威议事厅，邀请荷兰海牙的常设仲裁法庭、巴黎国际商会仲裁院等在内的国际顶尖争议解决机构在新加坡设立分支机构	2014 年成立仲裁推广咨询委员会，由律政司司长担任主席，成员包括律政司、法律、仲裁及相关界别的代表
经济、高效、灵活的仲裁程序	引入"早期驳回制度"，有"多份合同仲裁""追加当事人""合并仲裁"等最新仲裁条款	通过《纽约公约》和多个双边仲裁裁决相互执行的安排，在香港作出的仲裁裁决可在超过 150 个国家和地区得到执行
仲裁员名册制度	新加坡国际仲裁中心仲裁员库包括多位世界各国知名人士，允许当事人在仲裁员库之外选择仲裁员	香港从覆盖全球的仲裁员名册或仲裁员名单中选择委任仲裁员

资料来源：中改院课题组整理。

2. 建立与国际接轨的海南自由贸易港仲裁制度

（1）调整《仲裁法》适用范围。在自由贸易港建设过程中，吸引内外资企业进驻的一大前提就是必须构建与国际贸易规则体系相适应的多元化商事纠纷解决机制。主要包括国际商事仲裁、临时仲裁、ADR等。建议修订《仲裁法》，明确海南自由贸易港《仲裁法》相关条款的适用范围，明确国际商事仲裁机构的准入要求和外国仲裁机构在海南作出的裁决性质认定。

（2）在《海南自由贸易港法》的总领下授权出台《海南自由贸易港仲裁规则》《海南自由贸易港调解规则》。参考《示范法》和《纽约公约》等规则，建立符合自由贸易港建设的仲裁与调节规则，在海南尽快以"仲裁地"标准取代"仲裁机构所在地"标准，允许海南自由贸易港仲裁机构创建两大法系仲裁模式，高效裁决民商事案件；明确商事仲裁的法律效力，限制法院干预仲裁程序、推翻仲裁裁决等行为；明确海南自由贸易港临时仲裁的示范性条款，建立临时仲裁员选任制度，简化适用临时仲裁的相关程序性规定，构建临时仲裁裁决的监督机制，确保临时仲裁裁决的承认与执行；争取由最高法院出台相应的司法解释。

（3）允许海南自由贸易港仲裁机构创建两大法系仲裁模式裁决民商事案件。在海南国际仲裁院内创建两大法系仲裁模式裁决民商事案件，组建海南国际商事法律专家咨询委员会，由来自不同国家和地区、不同法系的法律专家组成。

3. 以专业、权威为目标完善海南自由贸易港仲裁体制

借鉴中国香港、新加坡等自由贸易港经验，推进海南国际仲裁院（海南仲裁委员会）法定机构化改造，建立以理事会为核心的法人治理机制与自上而下的国际仲裁体制。同时，吸引和扶持国际知名仲裁机构和本土仲裁机构在海南自由贸易港开展服务，扶植培育国际商事调解机构在海南自由贸易港发展；加强包括诉讼、仲裁、调解在内的多元化商事争议解决机制建设，促进外国裁判文书、仲裁裁决和调解文书在海南的承认与执行；海南自由贸易港内做出的裁定、调解书等具有与判决同等的法律效力。

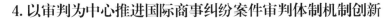

4. 以审判为中心推进国际商事纠纷案件审判体制机制创新

（1）以审判为中心推进刑事诉讼制度改革。推进审判权和执行权分开。法院独立行使审判权，成立独立的执行机构专司司法执行功能。

（2）全岛范围合理配置司法资源。结合海南行政区划改革创新要求，积极探索与行政体制改革相适应的司法体制改革。按照优化协同高效原则，扎实推进法院内设机构改革。同时，加强行政审判，依法支持政府职能转变。支持海南法院探索行政案件跨区域集中管辖，依法服务保障行政体制改革，推动深化简政放权、放管结合、优化服务改革，助力政府提升治理能力。支持海南在建立完善自然资源资产产权制度和有偿使用制度等方面先行探索。

（3）在海南加快培育多元化法律服务市场。允许境外律师事务所在海南自由贸易港内设立分支机构，且允许分支机构经过司法行政部门备案后在海南自由贸易港内从事各类涉外民商事非诉讼法律服务；支持成立海南自由贸易港外国法查明中心，为市场主体提供法律服务。

（4）建立与国际接轨的刑事处罚制度。适应海南自由贸易港建设实际需求，对《刑法》中的部分罪名进行调整，例如非法经营罪等罪名提请全国人大删除或者暂停适用；强化一些罪名，例如反洗钱罪名要细化子罪名；《刑法》中优先适用财产刑、慎用自由刑，加大对财产的刑事处罚力度。

第五节　做好高水平开放压力测试

2021 年 11 月 4 日，习近平主席在第四届中国国际进口博览会开幕式上的主旨演讲中提出，"中国将在自由贸易试验区和海南自由贸易港做好高水平开放压力测试"。新形势下，主动适应国际经贸规则重构新趋势，以对标全面与进步跨太平洋伙伴关系协定（CPTPP）等为重点开展高水平开放压力测试，不仅是落实中央要求的实际举措，也是海南自由贸易港建设的特别之举。

一、以对标 CPTPP 开展高水平开放压力测试的现实需求

开展高水平开放压力测试，既需要着眼我国积极申请加入 CPTPP 的战略需求与重点、难点，也要结合海南自由贸易港建设的重大任务与政策制度安排，在服务大局中加快形成具有国际竞争力的开放政策与制度体系。

1. CPTPP 有可能成为高标准区域经贸规则构建的重要蓝本

（1）CPTPP 在体现 WTO 宗旨目标的同时兼顾经济与社会的"全面性"。一方面，CPTPP 序言明确提出"基于各自在《马拉喀什建立世界贸易组织协定》项下的权利和义务"，并强调推进贸易投资自由化便利化、维护开放市场、促进就业与经济增长等 WTO 的宗旨与目标；另一方面，通过重申环境保护、劳工权利、治理与法治等规则重要性，实现了规则由经贸向社会领域的延伸，并由此体现其"全面性"。

（2）以高标准、边境内、强约束的规则安排体现"进步性"。

高标准。CPTPP 保留了 TPP 中 95% 的条款内容，在关税减让、贸易投资、知识产权保护、国企问题、电子商务等领域均提出了一系列高标准自由化便利化措施。例如，CPTPP 最终实施零关税商品税目比例超过 98%，其中生效后第一年实施零关税的税目比例达到 86%；通过全面的一体化负面清单管理实现了贸易投资的高水平开放；等等。

边境内。从数量上看，CPTPP 服务贸易 70% 的条款属于边境内措施。以服务贸易规则为例。除对市场准入有着严格限制外，更多涉及与贸易便利化相关的国内规制、承认、透明度及支付和转移等条款，并强调缔约方应确保国内制度可以保证为另一方服务。

强约束。例如，CPTPP 在投资与跨境服务贸易章节中均提出了缔约国需遵守"棘轮机制"，即"任何不符措施的修正，只要与该措施紧接修正前的情况相比，该修正未降低该措施的相符程度"。此外，CPTPP 成功将投资者—国家争端解决机制（ISDS）程序引入区域协议，并允许投资者可自由选择争端解决场地，由此强化对投资者的保护。

2. 对标 CPTPP 开展高水平开放压力测试

（1）我国加入 CPTPP 将获得较大收益，但加入谈判仍面临多方面的困难和挑战。初步测算，我国加入 CPTPP 将会拉动 GDP 增长 0.48 个百分点，出口提升 2.23 个百分点，吸引外商直接投资存量提升 0.81 个百分点，并将实现与 RCEP、CAFTA 等自贸协定的叠加，形成更广泛、更紧密的亚太经贸合作网络，有助于我国在大国博弈中占据主动。从实际看，我国加入 CPTPP 谈判可能面临着比 20 年前入世时更加复杂、困难的局面。

（2）进一步强化与亚太经济体的经贸联系。加入 CPTPP 将有效打开我国参与全球高水平经贸规则体系构建的新局面，有助于确保我国在全球经贸规则重构与全球治理体系变革中的参与权、话语权和规则制定权。更重要的是，亚太地区不仅是当前全球最具活力的地区，也是未来全球经济的重心所在，更是中美博弈的首要"战场"。当前，亚太区域印太化趋势明显。美国不仅通过四眼联盟等方式强化与东盟、印度等国家的安全合作，也在积极推行所谓的"印太经济框架"，试图构建一个以"价值观"为导向的排他性经济合作框架。若我国成功加入 CPTPP，实现与 RCEP、CAFTA 等自贸协定的叠加，将形成更广泛紧密的亚太经贸合作网络，有助于我国在大国博弈中占据主动。

（3）我国在对接部分规则方面仍面临一定困难。近年来，我国在推进以服务贸易为重点的开放方面取得了重要进展，但在某些方面与 CPTPP 的要求相比仍有较大差距（表 5-5-1）。例如，CPTPP 扩大了"国有企业"的定义，使之涵盖股权（50% 以上）、投票权（50% 以上）、任命权（半数以上），并严格约束国有企业非商业援助行为，且需要公开提供国有企业名单以保证透明度，这对我国承担国家战略与经济安全的相关国有企业提出重大挑战。

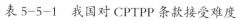

表 5-5-1　我国对 CPTPP 条款接受难度

序号（章）	章名	接受难易度	主要差距
1	初始条款和总定义	—	—
2	货物的国民待遇和市场准入	难度较小	农产品、汽车零部件等产品的零关税
3	原产地规则和程序	可以接受	原产地产品的认定方法（与 RCEP 相比）
4	纺织品与服装	可以接受	—
5	海关管理和贸易便利化	可以接受	已在部分 FTA 中实现
6	贸易救济	可以接受	—
7	卫生和植物卫生措施	可以接受	主要依据 WTO 中 SPS 规则制定
8	技术性贸易壁垒	难度较小	允许其他缔约方的人，以不低于其给予本国人的条件，参与其中央政府机构的技术法规、标准和合格评定程序的制定
9	投资	难度较小	全面的国民待遇、征收和补偿、转移、业绩要求、高级管理人员和董事会、不符措施相关规定
10	跨境服务贸易	难度较小	国民待遇、市场准入、国内规制、承认、支付和转移
11	金融服务	难度较小	外资金融机构在华业务
12	商务人员临时入境	难度较小	已在中韩 FTA 中实现
13	电信	难度较大	公共电信服务的接入和使用、竞争保障
14	电子商务	难度较大	数字产品非歧视待遇、通过电子方式跨境传输信息、计算设施的位置
15	政府采购	难度较小	冻结规定包括：该条款不得构成不正当歧视和贸易的变相限制
16	竞争政策	难度较小	《反垄断法》（修订稿）对相关规定做了明确要求
17	国有企业和指定垄断	难度较大	非歧视待遇和商业考虑、非商业援助、透明度、不利影响认定
18	知识产权	难度较大	部分国际条约尚未批准

续表

序号 （章）	章名	接受 难易度	主要差距
19	劳工	难度较大	尚未批准国际劳工组织部分公约
20	环境	难度较小	—
21	合作与能力建设	可以接受	—
22	竞争力与商务便利化	可以接受	—
23	发展	可以接受	—
24	中小企业	可以接受	—
25	监管一致性	难度较小	目前还未有相关探索
26	透明度和反腐败	难度较小	—
27	管理和机构规定	可以接受	—
28	争端解决	难度较大	场所的选择，遵循国际规则
29	例外和总则	可以接受	—
30	最终条款	—	—

资料来源：根据 CPTPP 条款内容整理。

3. 海南自由贸易港对标 CPTPP 开展高水平开放压力测试的紧迫性全面增强

（1）加强与东盟交流合作的战略紧迫性。在大国关系发生重要变化的背景下，东盟已成为我国对外开放布局中最重要、最基础、最关键的一环。当前，东盟已成为我国第一大贸易伙伴。预计未来 10 年，东盟将成长为全球第四大经济体。稳住并强化与东盟的经贸联系，于我国而言，既具有经济利益，更有重要战略利益。提前谋划布局，以构建"泛南海经济合作圈"，巩固并拓展地区经济合作机制，引导其在大国博弈及区域格局调整中的态度向于我有利的方向发展。

（2）开放政策优势被摊薄的现实挑战。

部分政策被移植到其他开放高地。2018 年以来，中央在布局上海临港新片区等开放高地的同时，赋予横琴粤澳深度合作区、前海深港现代服务业合作区一系列特殊政策，且与海南自由贸易港政策重合度较高。

RCEP生效将弱化海南自由贸易港货物贸易自由便利政策。以"零关税"政策为例。《海南自由贸易港"零关税"原辅料清单》共有169个税目，是RCEP税目总数的2%，且60%以上的商品在RCEP生效后第一年立即降为0；《海南自由贸易港"零关税"交通工具及游艇清单》共有100个税目，是RCEP税目总数的1.2%，虽然RCEP中对大部分交通工具未做"零关税"承诺，但由于税目数量少且企业营运自用等的制约，其政策优势相对较小，见表5-5-2。

表5-5-2 "零关税"原辅料清单与RCEP承诺对比

税则号列	基准税率	RCEP生效后税率	税则号列	基准税率	RCEP生效后税率
0801	10%	第一年降为0	2702	2%	第一年降为0
1002	3%	第一年降为0	2703	5%	第一年降为0
1003	3%	第一年降为0	2704	5%	第一年降为0
1004	2%	第九年降为0	2707	6%	第一年降为0
1007	2%	第一年降为0	2709	0%	—
1008	2%—3%	第一年降为0	2710	6%	第一年降为0
1202	15%	第一年降为0	2711	3%~5%	第一年降为0
1204	15%	第一年降为0	2902	2%	—
1206	0%	—	2905	5.5%	—
1207	10%—20%	第一年降为0	2907	5.5%	第二十年降为0
2505	3%	第一年降为0	2909	5.5%	第十年降为0
2614	0%	—	2914	5.5%	—
2615	0%	—	2917	6.5%	—
2701	3%—5%	第一年降为0			

续表

税则号列	基准税率	RCEP 生效后税率	税则号列	基准税率	RCEP 生效后税率
2920	6.5%	第十年降为 0	8479	0%	—
3815	6.5%	第一年降为 0	8487	6%	第十年降为 0
4401	0%	—	8501	5%	第一年降为 0
4403	0%	—	8502	10%	第一年降为 0
4404	8%	第一年降为 0	8503	8%	第一年降为 0
4407	0%	—	8511		—
7002	6%	第一年降为 0	8517	0%	—
7610	6%	第一年降为 0	8526	5%	第一年降为 0
8302	12%	第一年降为 0	8527	27%	第一年降为 0
8407	8%	第二十年降为 0	8529	1.5%	第一年降为 0
8408	5%	第二十年降为 0	8803	0%~1%	第一年降为 0
8409	5%—6%	第二十年降为 0	9013	5%	第二十年降为 3.8%
8421	10%	第二十年降为 0			
8425	5%	第十年降为 0			

资料来源：根据《海南自由贸易港"零关税"原辅料清单》、RCEP 协定内容整理。

RCEP 生效背景下海南服务贸易面临 5 年的时间窗口期。目前，新加坡在 RCEP 承诺中已采取的服务贸易负面清单方式，限制措施数量为 32 项；而我国在服务业投资及服务贸易领域仍实行正面清单方式承诺，但要求在 RCEP 生效 6 年内转为负面清单，目前来看，海南服务贸易仅剩 5 年的时间窗口期。目前，虽然海南已率先实行跨境服务贸易负面清单制度，但与新加坡在 CPTPP 中的承诺水平相比仍有较大差距，综合考虑投资与服务贸易一体化管理等要求，海南面临的探索压力更大。

（3）实现 2025 年营商环境总体达到国内一流水平仍有较大难度。2021 年《中国省份营商环境评价》数据显示，海南省排名全国第 12 位；《2020 年中国 296 个地级及以上城市营商环境报告》数据显示，海口排名第 32 位，三亚排名第 36 位。在全国各省份纷纷显著增强营商环境优化工作重要性的条件下，迫切需要海南在对标传统议题的同时，加快开展对标 CPTPP 的压力测试，着力在服务贸易开放、竞争政策、知识产权保护及法治体系构建等"边境后"规则方面加大压力测试，实现到 2025 年营商环境达到国内一流的目标。

二、以高水平开放压力测试形成海南自由贸易港开放新优势

依托海南自由贸易港开放政策与制度优势及改革开放自主权，以服务贸易为突破口，重点在"边境内"规则体系构建方面实现实质性进展，努力打造我国高水平开放的全面压力测试区，并形成自身开放新优势。

1. 努力打造高水平开放全面压力测试区

（1）打造我国加入 CPTPP 的全面压力测试区。服务我国正式申请加入 CPTPP 后标准规则对标的实际需求，用足用好中央赋予海南自由贸易港的改革开放自主权，在服务贸易、政府采购、竞争政策、监管一致性、金融服务、竞争力与商务便利化、透明度等现代议题领域进行全面对标，并在知识产权、劳工标准、国有企业和指定垄断等难点领域开展相关探索，形成 CPTPP 的全面压力测试，为我国积极开展加入 CPTPP 谈判及路径创新等方面提供经验借鉴。

（2）在开展全面压力测试中推进自由贸易港政策与制度细化与创新。《总体方案》形成了以贸易投资自由化便利化为重点的政策与制度体系的原则性安排。着眼于目前相关政策突破创新较少、可操作性不强等突出矛盾，参照 CPTPP 相关条款，进一步强化在投资、服务贸易、海关监管、金融服务、人员进出、监管透明度与一致性及多元化纠纷解决机制等方面开展大力度创新，实现中央要求的"形成具有国际竞争力的开放政策和制度"。（表 5-5-3）

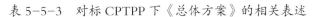

表 5-5-3　对标 CPTPP 下《总体方案》的相关表述

序号（章）	章名	《总体方案》相关表述
1	初始条款和总定义、序言	主动适应国际经贸规则重构新趋势
2	货物的国民待遇和市场准入	实行以"零关税"为基本特征的自由化便利化制度安排
3	原产地规则和程序	加工增值超过 30%（含）的货物，经"二线"进入内地免征进口关税
4	纺织品与服装	无
5	海关管理和贸易便利化	实行便捷高效的海关监管，建设高标准国际贸易"单一窗口"
6	贸易救济	无
7	卫生和植物卫生措施	有针对性防范化解生态和公共卫生等领域重大风险
8	技术性贸易壁垒	在告知、资格要求、技术标准、透明度、监管一致性等方面，进一步规范影响服务贸易自由便利的国内规制
9	投资	全面的国民待遇、征收和补偿、转移、业绩要求、高级管理人员和董事会、不符措施
10	跨境服务贸易	推进服务贸易自由便利
11	金融服务	重点围绕贸易投资自由化便利化，分阶段开放资本项目，有序推进海南自由贸易港与境外资金自由便利流动
12	商务人员临时入境	实施更加便利的出入境管理政策
13	电信	有序扩大通信资源和业务开放
14	电子商务	数据安全有序流动
15	政府采购	政府采购对内外资企业一视同仁
16	竞争政策	建立健全公平竞争制度
17	国有企业和指定垄断	加强和优化反垄断执法，打破行政性垄断，防止市场垄断，维护公平竞争市场秩序
18	知识产权	加大知识产权侵权惩罚力度

续表

序号（章）	章名	《总体方案》相关表述
19	劳工	无
20	环境	生态优先
21	合作与能力建设	加强与东南亚国家交流合作，促进与粤港澳大湾区联动发展
22	竞争力与商务便利化	深入推进简政放权、放管结合、优化服务，全面推行准入便利、依法过程监管的制度体系，建立与国际接轨的监管标准和规范制度
23	发展	坚持高质量发展
24	中小企业	无
25	监管一致性	在告知、资格要求、技术标准、透明度、监管一致性等方面，进一步规范影响服务贸易自由便利的国内规制
26	透明度和反腐败	通过政务服务等平台建设规范政府服务标准、实现政务流程再造和政务服务"一网通办"，加强数据有序共享，提升政府服务和治理水平
27	管理和机构规定	无
28	争端解决	建立多元化商事纠纷解决机制
29	例外和总则	建立健全国家安全审查、产业准入环境标准和社会信用体系等制度
30	最终条款	—

资料来源：中政院课题组整理。

（3）与域内国家和地区形成 CPTPP 框架下的更高水平经贸合作成果。一方面，形成早期安排，取得 CPTPP 框架下的早期收获，最大程度服务凝聚 CPTPP 成员国关于我国加入的共识；另一方面，充分利用海南自由贸易港作为规则连接点的枢纽与平台作用，服务 CPTPP 成员国开拓中国大市场与国内企业走向 CPTPP 成员国市场，使海南自由贸易港在 CPTPP 区域内的产业链供应链调整中占据一席之地，并在大国博弈下拉住 CPTPP 其他成员国中扮演战略棋子作用。

2. 把握趋势突出重点形成开展全面压力测试的基本思路

（1）把竞争中性作为开展全面压力测试的一条主线。竞争中性是高水平市场经济与高标准经贸协定的基本原则，也是 CPTPP 的基本导向，不仅以"竞争政策"专章形式列明，且充分体现在贸易、投资、政府采购、监管一致性、国有企业和指定垄断等核心议题。服务于对标 CPTPP 开展全面压力测试的目标要求，把竞争中性作为一条主线，尽快在海南自由贸易港内实现要素获取、准入许可、经营运行、政府采购和招投标等方面各类所有制企业平等对待，在监管、融资、税收、财政补贴等方面实现一视同仁，形成对指定垄断的规则约束，在明显优化海南自由贸易港营商环境的同时，服务我国高水平市场经济体系建设。

（2）把"边境内"规则作为开展全面压力测试的重点。准入是前提，"边境内"是重点。CPTPP 协定中约 70% 的议题都属于"边境内"议题。特别是服务贸易、国有企业和指定垄断、知识产权、劳工、透明度、监管一致性等都涉及国内法规或政策的调整。从海南自由贸易港的要求看，无论是服务全国高水平、制度型开放，还是建立具有国际竞争力的开放政策与制度，重点、难点都在"边境内"议题。这迫切需要加快推进"边境内"的规则、规制、管理、标准等与 CPTPP 议题和具体条款对接。

（3）把服务贸易作为开展全面压力测试的突破口。服务贸易不仅是全球自由贸易的重点与规则重构的焦点，也是我国推进高水平、制度型开放的重点，也是海南自由贸易港产业发展的主导。开展服务贸易高水平开放压力测试，将有效带动投资、金融、国有企业与指定垄断、知识产权、监管一致性、透明度等领域的制度性变革。

3. 海南自由贸易港开展全面压力测试的基本条件

（1）基础性条件——全岛实施自由贸易港政策。

贸易投资自由化便利化的政策制度框架。《总体方案》通过"5 大自由便利 +1 大安全有序"形成了海南自由贸易港贸易投资自由化便利化的政策与制度框架。从 CPTPP 议题层面看，以"零关税"为特征的货物贸易制度安排、原产地规则等涉及传统议题，服务贸易、跨境资金、人员进出、跨境数据等方面的制度安排则涉及部分新兴议题。

全岛自由贸易港具有"压力测试实验室"的突出优势。一方面，在既有生活形态，又有生产形态的全岛范围内全面对标 CPTPP，将有效防范在综合保税区等仅有生产形态的区域内探索而造成的压力测试不完全、碎片化及失真等问题；另一方面，在海南自由贸易港产业体系相对完善的情况下全面对标 CPTPP，可以有效评测出加入 CPTPP 后对我国产业发展的冲击，并提前谋划出台相关预防性措施。

全岛封关运作为有效防范风险提供重要条件。启动全岛封关运作，可以充分利用海南相对独立的地理单元优势，通过清晰的"境内关外"制度边界，在开展全面对标 CPTPP 中实现更有效的监管，既可以防止对内陆的输入性风险，又将以精准化、信息化的监管方式确保压力测试过程的平稳。

（2）突出优势——《海南自由贸易港法》。

《海南自由贸易港法》形成对标高水平经贸规则的法律安排。《海南自由贸易港法》明确"国家支持海南自由贸易港主动适应国际经济贸易规则发展和全球经济治理体系改革新趋势，积极开展国际交流合作"。

将形成海南自由贸易港高水平开放的"棘轮效应"。《海南自由贸易港法》将《总体方案》明确的自由贸易港政策和制度安排以法律形式固定下来，客观上形成了海南开放进程的"棘轮效应"，即在本法的约束下海南自由贸易港开放程度只能越开越大。

赋予海南更大的改革开放自主权。特别是《海南自由贸易法》赋予海南省人大及常委会自由贸易港法规制定权，将为海南自由贸易港开展"边境内"规则压力测试，为实现法治与改革的双轮驱动提供重要条件。

（3）独特优势——部分敏感领域压力测试的存量负担较少。

国有企业与指定垄断的规则对接负担相对较小。2022 年，海南省地方国有企业资产总额 9645.6 亿元，同比增长 10.9%；实现营业收入 934.2 亿元，同比增长 17.8%①。但是，在全国来看，仍属于偏低的行列。

环境议题对标的压力相对较小。CPTPP 环境规则涉及到环境保护水平、加强国际合作、提高公众参与和透明度等事项。近年来，海南采取了最严格的生态环境保护政策，且在新能源汽车、国家公园试点等方面取得了一定进展。此外，海南工业企业相对较少，也有利于降低环境议题全面对标的顾虑。

相关开放政策先行先试的成功经验。例如，海南在博鳌乐城国际医疗旅游先行区实行的特殊开放政策，已在规则对接、自然人移动方面基本接近 CPTPP 的相关要求。

三、推进传统议题领域的高水平开放压力测试

以全面落实《总体方案》为导向，积极对接 CPTPP 货物贸易、争端解决、服务贸易、投资等传统议题，明显增大海南自由贸易港经济流量，并为"总部基地"建设和高水平开放的政策体系完善提供重要条件。

1.全面开展"零关税"为重点的货物贸易规则压力测试

（1）率先在海南自由贸易港全面实行 RCEP "零关税"清单。RCEP 框架下，我国将最终实现 88.5% 的商品"零关税"，达到 CPTPP 中生效后第一年 86% 的"零关税"商品比例。建议在海南自由贸易港立即实施我国在 RCEP 中对东盟国家的"零关税"商品承诺表（表 5-5-4），实施对象为包含东盟在内的全球经济体或单独关税区。

表 5-5-4　RCEP 中我国零关税商品承诺比例　　（单位：%）

	基准	第一年	最后一年	过渡期（年）
东盟	8.45	67.91	90.50	21
澳大利亚	8.45	65.82	89.98	21
日本	8.45	25.01	86.00	21

① 全省国资国企工作会议亮出"成绩单"明确"总目标"［EB/OL］.海南国资，2023-02-05。

	基准	第一年	最后一年	过渡期（年）
韩国	8.45	38.64	86.00	36
新西兰	8.45	66.14	89.98	21
平均	8.45	52.70	88.49	24

资料来源：根据 RCEP 协定内容整理。

（2）逐步将"零关税"商品比例提升至99%。货物贸易自由便利的相关要求见表5-5-5。

表5-5-5　货物贸易自由便利的相关要求

	原则	具体要求
《总体方案》	实行以"零关税"为基本特征的自由化便利化制度安排	制定海南自由贸易港进口征税商品目录，目录外货物进入自由贸易港免征进口关税
《海南自由贸易港法》	在依法有效监管基础上，建立自由进出、安全便利的货物贸易管理制度	在境外与海南自由贸易港之间，货物、物品可以自由进出，海关依法进行监管

资料来源：根据《总体方案》《海南自由贸易港法》内容整理。

对标新加坡等自由贸易港。全面"零关税"管理不仅是自由贸易港的基本要求，也是CPTPP的最终目标。例如，新加坡在CPTPP中实现了100%的"零关税"。为全面对接CPTPP中98%以上商品"零关税"的最终目标，在海南自由贸易港内可考虑利用5年左右的时间将"零关税"商品比例提升至99%。

重点推进非农产品零关税。若海南自由贸易港将RCEP中非零关税工业品全部实现"零关税"，则"零关税"商品比例将达到98.8%，若将农产品中非热带农产品剔除，将提升至99%以上。建议在我国RCEP关税承诺表基础上，逐步对非零关税工业品全部实行零关税管理，并对这类产品实行现有的

"二线"管理制度，即进入内地照章纳税。我国在 RCEP 中非零关税产品分布见表 5-5-6。

表 5-5-6 我国在 RCEP 中非零关税产品分布

行业名称	非零关税数量	行业名称	非零关税数量
动物产品	1	纺织品，服装	39
植物产品	66	石头／玻璃	21
食品	31	金属	40
矿产品	1	机械	109
燃料	3	电子产品	68
化学品	69	运输设备	124
塑料和橡胶	18	玩具	1
兽皮	1	杂项	21
木制品	173	农产品	98
工业品	688	—	—

资料来源：中改院课题组整理。

（3）以农业为重点形成符合 CPTPP 规则的贸易救济制度。随着海南自由贸易港"零关税"商品比例的大幅提升，将不可避免地对部分产业形成冲击。我国贸易调整救济制度仍处于探索阶段。CPTPP 对国内遭受严重损害（国内产业状况的重大全面减损）的情况允许缔约国采取为期 3 年的过渡性保障措施。建议以农业为重点尽快制定应对"零关税"的贸易保障措施体系，并在此基础上逐步降低剩余非零关税热带农产品关税税率。

（4）对标 CPTPP 推进加工增值货物内销免征关税政策创新。建议引入RCEP 中的累加法和 CPTPP 中的净成本法，以便于各类企业根据自身业务特点自主选择不同计算方法提交加工增值证明（表 5-5-7）。

表 5-5-7　RCEP、CPTPP 原产地规则中区域价值成分（RVC）的计算方法

RCEP	累加法	（原产材料价格 + 直接人工成本 + 直接经验费用成本 + 利润 + 其他成本）/ 出口产品之 FOB 价格 × 100%
	扣减法	（出口产品之 FOB 价格 – 非原产材料价格）/ 出口产品之 FOB 价格 × 100%
CPTPP	价格法	（货物价格 – 特定非原产材料价格）/ 货物价格 × 100%
	扣减法	（货物价格 – 非原产材料价格）/ 货物价格 × 100%
	增值法	原产材料价格 / 货物价格 × 100%
	净成本法	（净成本 – 非原产材料价格）/ 净成本 × 100%

资料来源：根据 RCEP、CPTPP 协定内容整理。

（5）对标新加坡全面提升海关监管与通关程序自动化水平。定期开展企业调研，以企业需求为导向进一步提升特别是中小企业使用"单一窗口"的便利性；参照新加坡，进一步完善"单一窗口"功能，不断推进海口海关与主要贸易伙伴及 CPTPP 成员国间的合作与标准对接。

2. 对标 CPTPP 开展服务贸易更高水平开放压力测试

（1）按照《总体方案》与《海南自由贸易港法》要求制定更加精简的跨境服务贸易负面清单。对标 CPTPP 中新加坡等国家，制定更加精简的海南自由贸易港跨境服务贸易负面清单，争取在 3 年内将非金融领域跨境服务贸易限制措施数量缩减至 30 项左右。服务贸易自由便利的相关要求见表 5-5-8。

表 5-5-8　服务贸易自由便利的相关要求

	原则	具体要求
《总体方案》	对服务贸易，实行以"既准入又准营"为基本特征的自由化便利化政策举措	实施跨境服务贸易负面清单制度；给予境外服务国民待遇；实施与跨境服务贸易配套的资金支付与转移制度；在告知、资格要求、技术标准、透明度、监管一致性等方面，进一步规范影响服务贸易自由便利的国内规制

续表

	原则	具体要求
《海南自由贸易港法》	优化服务贸易管理措施，实现贸易自由化便利化	海南自由贸易港对跨境服务贸易实行负面清单管理制度；实施相配套的资金支付和转移制度；对清单之外的跨境服务贸易，按照内外一致的原则管理

资料来源：根据《总体方案》《海南自由贸易港法》内容整理。

（2）对标 CPTPP 形成跨境服务贸易的境内规制。明确海南自由贸易港范围内，对境外服务提供者的待遇不低于在相似情况下给予本国服务和服务提供者的待遇；以清单形式列明国民待遇的具体权利，包括准入阶段的管理权力、要素供给、融资方式、进出口权、税收政策、法律保护、司法救济等一系列细化的待遇标准。

（3）制定实施更加便利的资金支付和转移制度。依托 FT 账户，对实体企业对外投资，除开展事中事后真实性审查和额度管理外，按照最大限度便利服务贸易企业开展跨境服务业务，探索在服务贸易企业跨境支付领域实行法人承诺制；对区域性总部企业的资金汇出需求，按照余额管理模式，允许其一定比例的投资增量资金自由汇出。对基金类企业对外投资，在合格境内有限合伙人（QDLP）制度框架下管理，并在强化对其高管、金融资产实时监管的条件下逐步放宽认证条件与额度上限。对个人资金支付和转移需求，大幅提升额度上限，对超出额度的情况实行真实性审查。

3. 对标 CPTPP 规则细化海南自由贸易港投资制度

（1）推进外商投资准入负面清单与跨境服务贸易负面清单合并。

进一步精简外商投资准入负面清单。在全面落实准入前国民待遇的基础上，进一步扩大投资准入，特别是逐步放开互联网信息服务、法律、医疗、文化等 CPTPP 成员国限制较少而海南限制较多的领域。

弱化部分行业负面清单限制强度。改变目前外资准入负面清单过多采用禁止准入和股比限制等硬约束的现状，尝试采取更加灵活的管理措施，探索外资特定条件下准入模式，通过渐进方式推动行业进一步开放。

逐步实现两张清单的合并。外商投资准入负面清单（服务业）与跨境服务贸易负面清单在大部分领域存在重叠，可以统一纳入服务贸易管理制度内。建议将其合并，并在法律、会计、专利、咨询、调查、测绘、统计、建筑设计、教育、医疗、公证、出版、广播、电视、互联网信息服务等领域率先实现商业存在模式下的开放，并逐步向跨境服务开放过渡。

（2）大幅降低投资准入后的市场准入门槛。

对负面清单外投资实行"准入即准营"。清单外其他领域对内外资全面开放，市场主体在持有营业执照前提下可自由经营清单外的任何业务，并且可根据自身状况和市场行情自行变更经营范围。

对清单内非禁止事项涉及的准入后审批实行"企业法人承诺制"。系统梳理准入后行政审批事项，形成行政审批事项清单，并推进其与负面清单的有效衔接。率先在旅游业、医疗健康、文化体育娱乐、批发零售等行业内，确需保留行政许可的，一律实行企业法人承诺制。待投资完成或实际经营后，组织相关部门对企业实施协同监管。

创新清单内行政审批方式。全面实行"容缺审批"，若申请人作出在规定时限内将材料补齐补正的书面承诺，则先行核发相关证照；全面实行"联合审批"，建立部门间联合审批工作机制，对投资事项需办理不同行政许可的，在同级审批权限范围内实行联合审批，填写一张承诺书，颁发一张许可证，加载全部行业准入许可信息；全面实现全程网办与"一次不用跑"。

（3）强化对投资者各类产权的保护。例如，参照CPTPP标准进一步拓展投资保护范围；按照《外商投资法》要求，明确"含土地在内的各类要素按照被征收投资的市场价值及时给予补偿"；系统研究境外投资者与投资相关的资产、收益等可自由转移办法。

（4）全面清理业绩要求的相关规定。在明确不得以业绩要求作为投资准入前置条件这一基本原则的情况下，聚焦负面清单外的领域，就目前省市（县）出台的招商引资政策及产业发展政策中，关于投资规模、当地含量、购买要素等领域的业绩要求进行全面清理。

（5）构建对标 CPTPP 的涉外商事多元化纠纷解决机制。借鉴 CPTPP 中关于仲裁员的选择条件，即"仲裁庭应由 3 名仲裁员组成，每一争端方指定一名仲裁员，第三名仲裁员应经争端双方同意指定并担任首席仲裁员"；允许涉外商事纠纷双方自由选择仲裁地并采用当地仲裁规则，且对仲裁结果予以承认；进一步放宽法律服务业市场准入，允许境外律师在海南自由贸易港内设立分支机构，专司涉外法律服务；明确多元化争端解决机制的程序及时限，大幅提升争端解决效率。

四、稳步推进新兴议题的高水平开放压力测试

主动适应国际经贸规则重构新趋势，在推进传统议题全面对接基础上，适应我国更高水平开放、积极参与全球经济治理的需求，稳步推进电子商务、知识产权保护、绿色经济等方面的规则探索，打造我国深度融入全球经济体系的前沿地带。

1. 强化竞争政策基础性地位

（1）对国有企业的相关豁免规则。对承担国家安全或重大战略的国有企业以清单形式进行豁免；对其他国有企业，明确其信息披露标准与格式，形成定期披露机制，市场监管部门根据其披露信息对其是否符合市场行为进行评估。

（2）对反行政垄断的相关规则。明确除涉及国家安全的领域外，各级政府不得制定差异化的准入程序，确保内外资企业在准入许可、经营运营、要素获取、标准制定、优惠政策、政府采购中的平等对待，并确保对民企与外企不低于国企的相关待遇。

（3）政策透明度的相关规则。例如，定期就竞争执法的相关政策与实践案例进行公开，并明确相关案例的适用条件。同时，制定适用产业扶持政策的正面清单，减少选择性补贴、投资补助等举措，将产业政策严格限定在具有重大外溢效应或关键核心技术的领域。更多采用普惠性减税、消费者补贴等手段，维护市场公平竞争。

（4）新经济领域反垄断规则。2021年2月7日，《国务院反垄断委员会关于平台经济领域的反垄断指南》正式出台并实施，标志着我国平台经济领域反垄断监管的重要突破，对营造公平竞争的市场环境是一个重大利好。未来，需要在进一步细化相关标准规范的同时，强化新经济领域的反垄断立法与执法。

2. 对标CPTPP提升知识产权保护标准

（1）制定出台《海南自由贸易港知识产权保护条例》配套文件。2021年12月，《海南自由贸易港知识产权保护条例》出台，明确"对标国际先进标准，创新体制机制，建立制度完备、运转高效的知识产权保护体系"的要求（表5-5-9）。对比看，CPTPP中知识产权规则更具操作性。建议出台本条例的相关解释文件或配套条例，重点在突破上位法中保护期、宽限期等要求，实现与CPTPP一致；并按照商标、专利、未披露的数据和其他数据的保护、著作权和与著作权相关的权利、执行、国际合作、数字知识产权保护等具体内容，形成具体化的指引文件。

表5-5-9　知识产权保护的相关要求

	具体要求
《总体方案》	加大知识产权侵权惩罚力度，建立健全知识产权领域市场主体信用分类监管、失信惩戒等机制 加强区块链技术在知识产权交易、存证等方面应用，探索适合自由贸易港发展的新模式
《海南自由贸易港法》	国家依法保护海南自由贸易港内自然人、法人和非法人组织的知识产权，促进知识产权创造、运用和管理服务能力提升 建立健全知识产权领域信用分类监管、失信惩戒等机制 对知识产权侵权行为，严格依法追究法律责任

资料来源：根据《总体方案》《海南自由贸易港法》内容整理。

（2）建设具有海南自由贸易港特点的知识产权法规体系。围绕海南自由贸易港"3+1"现代产业体系、绿色发展与最高水平开放形态等特定要求，形成具有海南自由贸易港特点的知识产权地方性法规体系。

产业特点。聚焦旅游业、现代服务业、高新技术产业及热带高效农业，制定与现代产业体系相适应的知识产权法律法规。例如，高度重视植物新品种、数字经济、医疗健康、深海科技等领域的知识产权立法。

生态特点。重点开展对绿色专利领域的立法，就绿色专利的申请、授权、应用、流转、保护等全链条环节形成法律法规安排。

国际化特点。主动对标CPTPP等国际高水平经贸规则，开展加强知识产权保护的压力测试；建立具有特点的知识产权国际交易中心；积极开展知识产权的国际交流，建立国际交流平台。

（3）进一步完善海南自由贸易港知识产权保护体制。在海南率先探索省级以下知识产权垂直管理体制，赋予并规范市场监管部门的知识产权行政执法权限；探索商标、专利、集成电路布图设计、地理标志领域之外的知识产权的集中管理模式；在省级层面分别建立政府司法间、部门间、市县间知识产权协调机制。逐步减少专职技术调查官的数量与比例，更多地引入专业人员甚至外籍专家作为兼职技术调查官，并赋予兼职技术调查官在裁决中更大的影响力；争取支持，赋予海南相关法院执行跨境知识产权管辖权；加快推进知识产权人才培养、知识产权代理机构资质等领域的标准化；强化区块链等技术的应用，推动知识产权司法及行政机关上链取证、确权和裁决。

（4）积极开展知识产权保护国际合作机制。吸引世界知识产权组织、世界贸易组织、亚太经合组织等国际和地区性组织在海南自由贸易港设立代表处或办公室；深化与CPTPP中新加坡、日本等发达国家知识产权、经贸、海关等部门的合作，鼓励国内服务机构加强与国外相关组织的合作交流；支持新加坡、中国香港的国际仲裁院在海南自由贸易港设立知识产权仲裁分中心。探索在东盟国家设立知识产权海外维权中心。聘请当地知识产权领域人才，开展对走向东盟的企业知识产权纠纷应对指导、律师聘请、政府协调等公共服务。同时，鼓励省内行业协会建立专门的行业专利海外援助服务机制，为企业提供应对海外专利纠纷、争端和突发事件的服务。

3. 开展电子商务领域的压力测试

（1）逐步扩大电信市场开放。

稳步放宽基础电信业务牌照管理限制。采用国际招标等方式引进国际电信运营商在海南经营固定通信、移动通信、网络接入等基础电信业务；允许国际电信运营商投资建设基站。

全面放开增值电信业务市场准入。取消增值电信业务外资股比限制，取消除跨区域服务外的增值电信业务牌照管理，实行注册制；允许民营、外资等社会资本与三大运营商以完全平等身份进入电信市场竞争，经营国内国际呼叫中心业务、国际通信服务业务、信息搜索查询服务、因特网接入服务业务等。

充分利用海南自由贸易港法规制定权突破上位法的限制。我国电信市场准入条件主要来自《外商投资电信企业管理规定》，且上海自贸试验区、北京等地均通过暂停实施等方式突破了增值业务外资股比限制的要求。建议海南自由贸易港制定实施"电信市场管理条例"，突破原管理规定股比限制，并借鉴 CPTPP，就电信市场透明度、竞争保障、安全监管等方面形成法律安排（表 5-5-10）。

表 5-5-10　电信及电子商务的相关要求

	原则	具体要求
《总体方案》	数据安全有序流动	开放增值电信业务，逐步取消外资股比等限制；允许实体注册、服务设施在海南自由贸易港内的企业，面向自由贸易港全域及国际开展在线数据处理与交易处理等业务，并在安全可控的前提下逐步面向全国开展业务；安全有序开放基础电信业务；开展国际互联网数据交互试点，建设国际海底光缆及登陆点，设立国际通信出入口局
《海南自由贸易港法》	依法建立安全有序自由便利的数据流动管理制度	依法保护个人、组织与数据有关的权益；有序扩大通信资源和业务开放；扩大数据领域开放；促进以数据为关键要素的数字经济发展

资料来源：根据《总体方案》《海南自由贸易港法》内容整理。

（2）放松互联网访问限制，实现跨境数据便利流动。在与国内互联网物理隔离的条件下，逐步实现海南互联网无屏蔽访问，允许海南自由贸易港内人员、企业经实名备案后自由查阅访问国外数据库、网站等。境外信息通过国际通信业务出入口，按照现行"防火墙"模式经过审查后再进入内地，避免非法数据信息"倒灌"。

（3）形成电子商务发展的法律保障体系。我国《电子商务法》仅适用于"中华人民共和国境内的电子商务活动"，对跨境数字贸易并未涉及。建议海南自由贸易港率先开展数字服务贸易的创新性立法，对标 CPTPP 提出跨境数据与设施本地化基本衔接的规则条件，并就跨境数字服务提供形成更加透明、可预期的规则。

（4）主动对接 CPTPP 部分成员国跨境流动规则。

率先落实 RCEP 中电信与电子商务的相关规则。探索同东南亚国家或地区签署数字领域的信任协定、认可服务经营商、争端解决机制协定等。

探索制定面向 CPTPP 成员国的数据出入境白名单。以物联网、人工智能、区块链、数字贸易等重点领域数据出境为突破口，探索与新加坡、日本等部分成员国通过协议建立数据跨境流动认证等信任机制，打通数据跨境流动壁垒。

4. 立足省情对接 CPTPP 环境标准

（1）提高渔业补贴透明度。例如，对标 CPTPP 定期公布计划名称、计划的法定主管机关、给予补贴的渔场分品种捕捞数据、鱼类种群状况、渔场的船队捕捞能力等信息，并以此实现补贴合法化。

（2）开展贸易领域的环境立法。借鉴和参考 CPTPP 相关规则，结合海南自由贸易港生态环境要求，形成关于环境产品与服务进出口的地方性法规。

第六章

创新发展环境

——海南自由贸易港建设的重中之重

2023 年 4 月 3 日，习近平总书记在学习贯彻习近平新时代中国特色社会主义思想主题教育工作会议上的讲话中指出，要教育引导广大党员、干部学思想、见行动，树立正确的权力观、政绩观、事业观，增强责任感和使命感，不断提高推动高质量发展本领、服务群众本领、防范化解风险本领，加强斗争精神和斗争本领养成，提振锐意进取、担当有为的精气神。

海南 35 年的实践充分证明，创新发展环境始终是海南改革开放的重要条件，是加快海南自由贸易港建设的重中之重。

第一节　发展环境是吸引市场主体集聚的重要因素

从国际知名自由贸易港以及国内外发达地区的发展经验来看，良好的发展环境是各类市场主体平等使用资源要素、公开公平公正参与竞争、同等受到法律保护的基本前提和制度保障，是吸引市场主体集聚、激发市场主体活力的重要因素。

一、打造良好发展环境是国际国内发达地区的通行做法

从国内外情况来看，国际知名自由贸易港以及国内发达地区往往通过构建高效的服务型政府、营造公平自由的企业发展环境、打造与国际接轨的法治环境等，积极打造吸引市场主体集聚所需的良好发展环境。

1. 高效的服务型政府

（1）精简高效。比如，新加坡政府的主要组成部分是 16 个政府部门和 67 个法定机构。中国香港政府架构由决策层、执行层构成：在决策层面，主要包括政务司、财政司和律政司三个司，并形成 13 个决策局；在执行层面，形成 56 个执行部门，它们大部分以"署""处"来命名。

（2）专业透明。早在 20 世纪八九十年代，新加坡政府就推出了一站式网络通关的贸易管理电子平台，将海关、检验检疫、税务、金融等 35 个政府部门全部链接到平台，实现在一个平台上完成进出口贸易相关审批、检验检疫和海关通关等环节，极大地提升了贸易便利化水平。

（3）信息化服务。例如，新加坡作为国际航运的中心，通过打造 TRADENET 和 PORTNET 两个电子信息系统，加强了各个贸易部门之间的信息共享，并方便监管部门对进出口货物实施监控，实现了监管部门与港口间的全面信息化管理。PORTNET 系统全天候为客户提供舱位预定和船只进出港服务，通过发达的信息化系统，集装箱通过大门只需 25 秒。由于发达的信息化系统，新加坡在国际贸易中心的地位才能不断得到巩固。

（4）践行服务型政府理念。比如，浙江"店小二"精神的实质就是服务意识，"随叫随到、不叫不到、服务周到、说到做到"；政府寓监管于服务中，只要不踩红线、底线，决不一罚了之、一停了之，甚至一关了之；对企业反映的问题，站在企业发展的角度想方设法帮助解决。再比如在淄博，围绕食客的需求，针对烧烤餐饮店需要解决的难题，提供环保、治安、交通、宣传等公共服务。烧烤专列构建一小时当天往返的"烧烤都市圈"；72 小时修好一条景观路；政务大厅设烧烤办证窗口，"一件事一次办"；市级机关单位车位免费停。

2. 公平自由的企业发展环境

（1）营造自由的企业经营环境。比如，香港特区政府奉行小政府路线，尽量不干预工商业；致力让自由市场决定需求，只在有需要时提供支持。根据《世界经济自由度 2022 年度报告》，中国香港连续 28 年蝉联全球最自由经济体，在"国际贸易自由"及"监管"继续排列首位。再比如，新加坡对企业的注册条件很宽松，企业可以自主选择注册形式、自由经营业务、自行变更经营范围等。

（2）公平竞争的市场环境。据统计，目前全球已有 40 多个国家适用"竞争中性"原则。适用"竞争中性"原则国家的 GDP 比重达到全球经济总量的 60% 以上。中国香港政府采取一视同仁的政策，鼓励公平竞争。

（3）内外资一致的监管环境。新加坡对外资准入的政策宽松，除银行、金融、保险、证券等特殊领域需向主管部门报备外，绝大多数产业对外资的股权比例等无限制性措施。同时，在个人投资方面，新加坡给予外资国民待遇，外国自然人依照法律，可申请设立独资企业或合伙企业。新加坡的法律对内资和外资适用的是同一个框架，没有一个单独的外资管理体制存在，外商和内资同等对待，享受同等待遇，得到同样保护。外资企业都能在新加坡享受准入前国民待遇和负面清单管理政策。

3. 与国际接轨的法治环境

近 20 多年来，尽管新加坡土地等要素成本快速上涨，但依赖于一流的营商环境，使其成为吸引外商投资最有力的地区之一。2020 年，新加坡仍然是全球第四大吸引外资国。法制是保障新加坡一流营商环境和高水平贸易投资自由化便利化的核心要件。新加坡营商环境建设，不是局限于世界银行所定义的"狭义"营商环境指标，而是以服务企业为导向，通过以法律强化产权与知识产权保护，保政策执行的连续性与稳定性，并通过大力推进立法与司法体制创新保证创新、监管及政府管制的平衡。

一是法治化程度高。世界银行世界管治指标显示，新加坡、中国香港的法治指标分别位居全球第 4、第 21 位。二是形成了以普通法为基础的法律法规体系。例如，新加坡现行法律体系以英国普通法为基础，主要包括成文法、判例法和习惯法。三是形成了与国际接轨的司法服务体系。根据《2021 法治指数》，新加坡、中国香港在"监管执法"（全球第 4、第 13）"民事司法"（全球第 8、第 16）等方面均居前列；根据《2021 年国际仲裁调查报告》，国际仲裁是解决跨境纠纷的首选方式，伦敦、新加坡、中国香港、巴黎和日内瓦是首选仲裁地。前海法院适用域外法审判商事案件，2015—2022 年，前海法院共适用域外法审理案件 162 件，涉及 11 个国家或地区，其中适用中国香港法审理案件 114 件。

二、以良好的发展环境吸引市场主体集聚

2018 年以来，海南自由贸易港建设取得了明显的成就。例如，来海南注册的企业大幅增加。按照自由贸易港建设需求，有相当实力的企业仍然偏少，在海南注册多，做实事的较少。为此，要进一步以优良的发展环境吸引国内外企业，助力海南自由贸易港建设。

1. 改善发展环境成为吸引市场主体的首要问题

从国际经验来看，新加坡、中国香港等国际知名自贸港均有着国际一流的营商环境。近年来，海南在改善发展环境方面取得了重要进展，在"开办企业、获得电力、执行合同"中排名均明显提升。但综合来看，与北京、上海等国内先进地区相比仍有一定差距，与国际知名自贸港的差距更大。例如，根据全国工商联发布的《2022 年"万家民营企业评营商环境"报告》，无论是从省份看，还是从主要城市看，海南都没有进入前十。

从市场主体存量对比情况来看，海南与东部沿海经济发达地区存在明显差距。截至 2022 年末，海南共有市场主体 239.25 万户，仅相当于广东的 14.6%、江苏的 16.9%、浙江的 25.4%、深圳的 60.8%（图 6-1-1）。在海南自贸港市场主体存量少的情况下，迫切需要以一流的发展环境吸引集聚一批优质市场主体，形成促进与东盟交流合作、提升本岛居民获得感的重中之重。

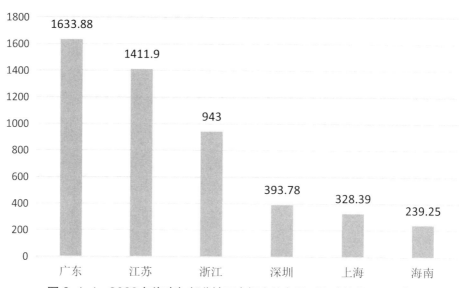

图 6-1-1　2022 年海南与部分地区市场主体存量对比（单位：万户）

数据来源：根据各省市统计局公布数据整理。

2.以改善发展环境明显增强市场主体信心与预期

从市场主体流量情况来看，得益于海南自由贸易港建设预期，内外市场主体高度关注并快速增长。2018—2022 年，海南新增市场主体数量之和虽然超过了 215 万户，连续 30 个月以上居全国首位。但海南市场主体变化较大，总数流失较为严重。与 2022 年底全省市场主体存量对比，43 万户市场主体流失，约占新增市场主体数量的 20.1%（表 6-1-1）。市场主体流失严重的根源在于发展环境不优、发展前景不明。

表 6-1-1　2017—2022 年海南市场主体变化情况

	2017 年底市场主体存量（万户）	2018—2022 年累计新增市场主体（万户）	2022 年底市场主体存量（万户）	流失市场主体（万户）	流失市场主体占新增市场主体比重（%）
海南	67	215.56	239.25	43.41	20.1

数据来源：根据海南省统计局公布数据整理。

3.以改善发展环境放大政策红利吸进集聚一批优质市场主体

国际知名自贸港成功的首要因素是通过制度创新打造制度性交易成本的"洼地"，在最大程度吸引全球优质要素与资源集聚中形成自贸港产业体系。例如，中国香港对除银行和保险等少数行业以外，政府并没有硬性规定需申领牌照行业的进入条件；新加坡只要在合法的前提下，公司可自由经营任何业务，并可以根据自身状况和市场行情自行变更经营范围，无须审批。总的来说，海南市场主体少，这在一定程度上制约了自由贸易港相关政策效应的充分释放。以加工增值内销货物免征关税政策为例，目前海南省内具有加工增值业务的企业仅为 16 家，尚无法形成具有相对比较优势的加工业产业集群和规模效应。

三、海南自由贸易港需要形成具有吸引力的营商环境

适应海南自由贸易港建设的现实需求，需要从强化政府服务理念着手，构建高效、专业的执行系统，建立健全政府政策承诺诚信制度，努力构建吸引市场主体集聚的良好营商环境。

1.明确海南自由贸易港营商环境建设目标

（1）到 2025 年：营商环境达到国内一流水平。落实《中国（海南）自由贸易试验区商事登记管理条例》，学习借鉴国际先进经验，结合海南自贸区自由贸易港建设需要，运用经济特区立法权，到 2025 年，形成与服务贸易开放相适应的监管体系；形成"极简版"的负面清单管理体制框架，以建立自由企业制度为重点的商事登记制度改革取得重要突破；形成与国际管理接轨的产权保护和知识产权保护制度；形成与离岸金融相适应的金融监管体系；搭建起跨境数据流动监管体系，确保数据流动安全可控；搭建起人员自由流动监管体系；初步建立起自由贸易港监管体系框架，营商环境达到国内一流水平。

（2）到 2035 年：营商环境跻身全球前列。再经过 10 年左右的努力，与服务业贸易开放相适应的监管体系更加完善，基本形成与国际管理接轨的产

权保护和知识产权保护制度；基本形成与离岸金融相适应的金融监管体系；资金、数据、人员自由流动的监管体系更加完善，基本建立起与新加坡、迪拜、中国香港相媲美的自由贸易港监管体系框架，营商环境跻身全球前列；形成更加成熟、更具活力的自由开放经济新体制，充分体现国际高标准、高质量、高水平。

2. 强化政府服务理念

（1）践行"亲商、重商"的服务理念。迪拜政府的监管理念是为企业提供优质便捷的服务，实现"让全世界的钱都来迪拜"。有调查结果显示，商业领袖对迪拜商业环境的信心以及其对2021年第三季度迪拜营商环境改善的展望已达自2014年以来最高水平。迪拜政府为企业提供一站式服务，企业注册、入驻等方面的事项办理所需天数仅为1天，且都在同一地点办理，最大限度节省企业注册成本。

（2）推进海南自由贸易港政府服务理念变革。海南自由贸易港建设，需要不断强化服务企业的政府理念，把打造一流发展环境作为各级政府的工作主线。一是以吸引企业落户并开展实质性运营的结果为导向，实施招商引资奖惩机制，激发各级政府主动对接企业、服务企业的积极性。二是加快数字技术在政府治理和政府服务领域的应用，围绕企业需求和产业发展特点开展服务创新。三是加快建立以企业实际感受为主的营商环境评价体系，提高优化海南自由贸易港营商环境举措的针对性。

3. 构建高效、专业的执行系统

（1）实现决策、执行适度分离。政府部门主要职责是决策，承担国家治理架构中的战略决策功能；法定机构的主要职责是提供政府公共产品服务，承担国家治理架构中专业服务的功能，主要特征是专业化和职业化。通过决策与执行适度的分离，使监管系统改造为行政执行系统，进入专业化、技术化的轨道，从而确保政府权力的行使不因官员的改变而出现大的波动，有效克服监管执行层面的"不作为"。

（2）成立以法定机构为主体的执行系统。适应海南自由贸易港建设的需要，一方面，需要建立以法定机构为主体的高效专业执行系统。聚焦贸易投资自由化便利化，在专业性要求比较强、自由贸易港建设需求急迫的领域设立法定机构，作为海南自由贸易港的具体执行部门，实行企业化管理、市场化运作、目标绩效考核。另一方面，需要加快落实《海南自由贸易港建设总体方案》提出的"推行市场化的专业人员聘任制"，率先在金融、医疗、教育、商务、法律等专业化较强的领域实施。

4. 建立高效的政策落实系统

（1）降低海南自由贸易港政策落地不确定性。政策信息不透明导致企业"找不到、看不懂"政策的问题广泛存在，政策申报"难操作"更是为企业诟病。如，总部企业及"一企一策"企业政策兑现过程时间较长、流程烦琐，涉及多个部门配合，沟通协作机制不完善，不可预期，影响招商引资成效。比如，在申请材料齐全且无兑现争议的情况下：市税务局核查数据 5 个工作日（核查个税数据无具体时限）、海口投促局审核 3 个工作日、市商务局过局务会和党组会 10 个工作日、财政国库支付局拨款 2 个工作日，合计 20 个工作日。若兑现条款存在争议，还需征求相关职能单位意见，时间更长。

（2）强化海南自贸港政策落地刚性约束。根据海南省工商联发布的《海南省民营经济发展软环境评价》，评价企业对海口市政府政策落实稳定性与持续性的评价结果为："比较稳定"获得 53.40% 的认可度，累计 35.88% 的民营企业反映存在"政策变化较快""一刀切""政府部门负责人更换导致政策执行受阻"等情况。

（3）在政策高效落实中提升政府公信力。课题组调研数据显示：61% 的受访者表示与政府开展项目合作时担心"政府换届"，70% 的受访者担心"政府搁置合作项目、更改合作内容"；如在与地方政府合作过程中合法利益受到侵害，31.36% 的受访者表示将"自认倒霉"，仅有 37.29% 的受访者表示会"通过司法途径解决"。对此，76.72% 的受访者认为要"加大对行政承诺不作为的责任追究力度"。

第二节　创新企业经营环境

企业是海南自由贸易港建设、经济发展的主力军。海南自由贸易港创新发展环境的首要任务是创新企业经营环境，对标国际知名自由贸易港逐步建立自由企业制度，真正实现企业"自由生""自由死""自主营"。同时，需要在强化竞争政策基础性地位进程中形成公平竞争的市场环境与产权保护体系。

一、实现企业"自由生""自由死""自主营"

在市场主体自律自治框架下，企业法人向政府的承诺，可以作为市场监管的重要依据。这有利于在简化事前审批、降低企业制度性交易成本上尽快实现突破。海南自由贸易港信用监管体系建设，要把推进企业法人承诺制摆在突出位置。

1. 以全面实行企业法人承诺制大幅降低企业办事成本

（1）以全面实行企业法人承诺制，最大限度激发市场主体活力，迅速积累一批市场主体。从中国香港、新加坡等国际经验来看，以自由企业制度为主要标志的自贸港政策与制度在吸引、集聚企业中发挥了关键性作用。为此，需要以全面实行企业法人承诺制为突破口深入推进商事制度改革，在严守法律法规和有效市场监管的前提下，赋予企业自由生、自由死、自主经营的基本权利，依托自贸港建设预期，在短时间内迅速集聚一批具有较强竞争力的市场主体，推动形成旅游业、现代服务业与高新技术产业为主导的产业体系。

（2）以全面实行企业法人承诺制，最大限度降低边境内壁垒。规则等制度型开放的本质是从以往"边境开放"向"境内开放"拓展、延伸和深化。在负面清单限制措施不断缩减、对外资市场准入不断扩大的情况下，边境内制度性交易成本直接决定了对外开放效果。从现实情况看，目前海南边境内制度性成本依然较高，单纯以放开市场准入为重点的开放举措难以发挥有效作用。

（3）以全面实行企业法人承诺制，形成制度创新新亮点。总的来看，海南制度创新成果流程优化的创新多、基础性制度变革少，碎片化创新多、系统性集成创新少，由此导致企业获得感不强。尤其是在"低垂果实"已被摘下、制度创新难度明显加大的背景下，要在全国形成两三项可复制可推广、具有重大革命意义的制度创新成果，迫切需要在充分借鉴国际国内先进做法的基础上，"大胆试、大胆闯、自主改"，推出一批具有全局性、贯通性、突破性意义的成果，增强各方预期。从实际情况看，全面实行企业法人承诺制，不只是市场主体登记方式的改变，涵盖了投资和贸易便利化、事中事后监管、服务业开放创新、政府职能转变、行政权力结构优化等诸多领域，可以起到"牵一发而动全身"的特殊作用。

2. 建立承诺制商事自主登记制度

（1）大幅缩减市场主体登记前置许可事项。根据"海南政务服务网"相关数据，目前海南在"设立变更"业务中仍有294个行政审批事项，且大部分行政审批事项中又包含多项证明材料与许可证件。为此建议，系统梳理在登记阶段的各类行政审批事项，对标中国香港、新加坡等国际知名自由贸易港，除少数行业需行政审批外，减少审核和干预，原则上以申请人自主申报信息为准，将登记所需时间压缩至0.5天内。

（2）对必须保留的前置许可实行企业法人承诺制。例如，除国防、外交、货币等领域外，对金融、会计、建筑、法律等专业服务和对环境有重大影响的行业所需的行政许可实行法人承诺制，在企业提供关键性资格证明并签订相关承诺书后，当场发放登记所需的许可证明。同时，最大程度减少法人承诺制提交材料数量，对事先难以核实、能够通过事中事后监管纠正且风险可控的事项仅需提交法人承诺书，主管部门立即审批通过，并强化事中事后监管。

3. 建立承诺制准入即准营制度

（1）对清单内涉企经营许可事项实行企业法人承诺制，实现"承诺即入"。将直接涉及公共安全、生态环境保护和直接关系人身健康、生命财产安全的行政审批事项统一交由行政审批局行使，其余确需保留的涉企行政许可事项，一律实行企业法人承诺制。市场主体在提交申请书与证明材料时，一并提交承诺书，并对提交的申请文件、材料的真实性、合法性、有效性、完整性和一致性负责。行政审批部门收到经申请人签章的承诺书，以及关键性证明材料后，经形式审查，即时颁发相关许可证，职能部门及时将许可信息通过市政务信息共享交换平台推送至市场监管部门，强化事中事后监管。

（2）对清单外经营业务实行"准入即准营"。清单外其他领域对内外资全面开放，市场主体在持有营业执照前提下可自由经营清单外的任何业务，并可根据自身状况和市场行情自行变更经营范围。如变更的经营范围仍属清单外的，无须审批；变更后的经营范围涉及清单内事项的，实行企业法人承诺制依法取得许可。同时，市场监管部门及时将相关企业变更信息通过市政务信息共享交换平台推送至有关主管部门，有关主管部门及时将其纳入监管范围，依法实施事中事后监管。

（3）逐步取消审批部门后置现场审查。除直接涉及公共安全、生态环境保护和直接关系人身健康等行业许可的后置现场审查外，其他行业不再组织审查人员对企业开展后置现场审查。将后置现场审查职能与对企业经营监管合并，由市场监督管理局统一负责。

4. 探索在退出阶段引入法人承诺制

在全面推行企业简易注销登记的基础上，在全省探索并试点扩大对个体工商户的简易注销程序。例如，在建立对投资者个人的信用惩戒制度基础上，探索企业退出承诺制；企业股东或投资者只需承诺债权债务及清缴税款，就可以向登记机关申请退出登记，办理注销手续；如企业投资者未履行承诺，则列入失信人名单。

5. 实行"无事不扰"的监管制度

（1）创新实施信用查验监管。一是开展从业人员诚信教育，重视需要执业资格、从业资格的行业以及与自由贸易港政策密切相关的行业信用教育；

二是编制使用信用记录事项清单，将信用查验嵌入到各办事流程和相关业务系统；三是建立健全全省各级公共资源交易、政府采购、行政审批、投资项目、日常监管、综合管理等公共服务和监管平台的信用查验自启动机制；四是支持和鼓励市场主体通过"信用中国（海南）"等网站注册和分享信用名片，主动展示信用状况，完善对监管、服务和交易对象的信用查验。

（2）强化事中事后环节信用监管。一是全面建立市场主体信用记录，建立完善税收、环境保护、知识产权、金融信贷、医疗卫生、家政、养老、食品药品、安全生产、旅游文化及其他涉及海南自由贸易港特殊优惠政策的重点领域市场主体信用记录；二是建立海南自由贸易港公共信用综合评价体系，构建覆盖全行业的信用评价体系，评价结果推送至全省各级政府部门、金融机构、行业协会商会及第三方信用服务机构，作为行业信用评价的补充和监管、防范风险的内部参考；三是将相关主体综合评价信息嵌入行政审批"一张网"等各业务系统，形成事前提供查询、事中分类监管、事后形成记录的全流程闭环监管机制；四是加强信用承诺核查和监管，对在核查或者日常监管中发现承诺不实或者虚假承诺的，行政机关要依法终止办理、责令限期整改、撤销行政决定或者予以行政处罚，并纳入信用记录。

（3）更加注重通过第三方机构约束市场主体行为。作为第三方的检验检测保险认证等机构的介入，既能够减轻政府监管机构的负担，又能够提升监管的专业性和权威性。在发达国家，引入第三方监管是传统监管向现代治理的重要跨越。借鉴法国等一些欧盟国家在开办加油站时引入的强制责任保险制度，以及新加坡采信第三方的经验，通过将事前审批等前置事项转移给第三方，充分发挥第三方机构对市场主体行为的监督和约束。

专栏 6-2-1　新加坡监管采信第三方的做法

新加坡实验室一般为政府指定的第三方检测机构或符合新加坡实验室认可计划（SAC-SINGLAS）的认可实验室。如新加坡政府指定中国实验室国家认可委员会（CNAL）认可实验室作为其进口中成药强制性检测机构；新加坡政府授权认可 PSB Ptd Ltd Testing Group 作为化学和生物检测实验室。新加坡兽类公共卫生中心则承担着农粮与兽医局的进出口食品检验、食品检测和签发出口食品相关证明①。采信第三方，监管部门的职能从商品质量检验转向商品质量验证，从商品监管向检测机构监管方向转变，实现现场检验检疫机构与检测技术机构各负其责、相互配合、相互制约，能有效提升贸易便利化水平，加快检验检疫放行速度。

资料来源：中改院课题组根据相关资料整理。

二、维护公平竞争的市场秩序

公开市场、公平竞争，既是高标准市场体系的主要特征，也是自由贸易港的基本要求。服务海南自由贸易港高水平开放的实际需要，重中之重是形成公平竞争的"边境后"规则，由此充分激发市场活力，增强各方对海南加快建设自由贸易港的信心。

1. 适应全球竞争政策演变的基本趋势

（1）"竞争中性"符合经济全球化的基本要求。当前，有关竞争中性原则的相关内容逐步成为全球新一轮经贸规则的基本要求。据统计，目前全球已有40多个国家适用"竞争中性"原则。同时，美国、澳大利亚与韩国、以色列、智利等18个国家通过签署双边FTA强调或蕴含了"竞争中性"原则，适用竞争中性原则国家的GDP比重达到全球经济总量的60%以上。OECD国家与UNCTAD先后通过制定竞争中性的指引文件、发表文章及调研报告等方式致力于推进竞争中性原则在全球的应用。未来，竞争中性有可能成为高标准区域自贸协定的标配与WTO改革的重要议题。

（2）公平竞争成为"边境后"开放的重点。转向规则等制度型开放需要从"边境开放"向"边境后开放"的拓展、延伸和深化。从现实情况看，我国以往市场开放的制度性安排大部分集中在"边境开放"领域，而在公平竞争、贸易和投资便利化、标准对接等边境后领域的制度安排方面还仍然不足。推动"边境后开放"，是我国市场开放的深水区，也是加强制度性、结构性安排的重点领域。

① 程杰. 宁波地区出口机电产品检验监管的现状与对策研究［D］. 上海：上海交通大学，2009。

（3）以公平竞争提升"边境后"开放的实际效果。例如，如果不能有效降低边境内市场壁垒，社会资本与外资仍然难以进入，单纯放开市场准入的开放举措就会大打折扣；如果不能有效打破市场垄断与行政垄断，各类市场主体很难实现公平竞争，服务业市场对内对外开放也难以真正实现；如果国有企业、民营企业与外资企业难以公平使用土地、人才、资金等生产要素，即便开放政策实现重大突破，仍难以形成开放的吸引力；如果不改变目前国有企业和民营企业在产权保护、行业准入、银行贷款、上市融资、产业政策支持、创新政策支持、政府监管等方面差别化待遇的格局，就很难有效激发市场活力。

2. 形成公平竞争市场环境的重要示范

（1）开展高水平开放压力测试的需要。以服务贸易为重点的制度型开放需要监管以"竞争中性"为基本原则，以在边境内实现服务业领域的公平竞争。我国已于 2021 年 9 月 16 日正式申请加入 CPTPP。海南对标国际上最高开放形态建设自由贸易港，需要以"竞争中性"为原则重构现有监管体系，形成内外资一致、国企民企一致的监管规则，在为我国加入 CPTPP 中发挥重要的压力测试作用。

（2）形成以服务贸易为主导的产业结构的需要。海南作为一个相对独立的地理单元，自身基础差，对外开放水平低。建设自由贸易港、推动海南服务业市场开放、高水平开放的重中之重是落实"竞争中性"原则，对接最高水平的国际经贸规则，最大限度消除边境内壁垒与各类隐形壁垒，以吸引国际国内各类企业到海南集聚发展。

（3）打造一流营商环境的需要。中央明确要求，海南要在 2025 年营商环境达到全国一流，到 2035 年营商环境达到全球前列。率先确立"竞争中性"原则，并建立健全与之相适应的市场监管体制，可以在明显补上海南营商环境这个突出短板的基础上，进一步激发自由贸易港建设的动力、活力，并为全国优化营商环境、推进市场监管变革提供海南样板。

3. 提升公平竞争政策审查的专业性、权威性

（1）实现省市场监管部门公平竞争审查法定化。基本实现政府的监管职责由法律授予，各类监管行为于法有据，严格约束监管部门行为，避免给市场主体增加不必要的负担，实现"法无授权不可为、法定职责必须为"。建议尽快出台《海南自由贸易港公平竞争审查条例》，实现公平竞争审查主体、程序等的法定化，明确综合性和专业市场监管部门监管事项清单，对监管事项名称、监管的对象、设定依据进行明确规范，实现监管程序公开透明，监管部门的自由裁量权有效规范。

（2）建立政策制定机构和市场监管机构双重审查机制。考虑到我国市场监管机构级别较低等现实情况，完全由市场监管机构审查各类政策并不现实。可以建立双重审查机制，由政策制定机构和市场监管机构共同审核。

（3）强化对市县政府公平竞争审查的制度激励。在逐步调整地方政府以GDP为导向的政绩考核体系的同时，将公平竞争审查绩效纳入地方政府业绩考核体系和地方官员的政绩考核体系。参照澳大利亚等发达国家的经验，对市县政府设置竞争补偿，让地方政府享受到公平竞争政策审查制度改革的红利。

4. 完善公平竞争政策审查第三方评估机制

（1）鼓励支持政策制定机关在公平竞争审查工作中引入第三方评估。近几年，我国各级政府对政策的制定与执行开展了第三方评估。第三方评估的总体效果比较好，评估的专业性和客观性有所提高。

（2）注重社会性机构与社会化智库参与评估。社会性机构与社会化智库评估的客观性较强，容易得到社会的认可。与此同时，在政策评估中要委托专家学者、法律顾问、专业机构参与，尽可能征询经营者、上下游相关企业、消费者等的意见。

（3）公平竞争审查向社会公开，避免出现因串谋导致公平竞争审查的失灵。建立健全投诉举报机制，及时回应社会关切，强化社会监督约束。

三、以强化产权保护为重点优化投资环境

产权保护是激励创新创业的最大动力，是增强企业信心、吸引企业集聚的重要条件。用好《海南自由贸易港法》这个最大利好，尽快形成企业家产权保护与知识产权保护的法治体系，增强内外预期。

1. 依法保护企业家的财产权和创新收益

（1）海南自由贸易港征收征用的法治建设。《海南自由贸易港征收征用条例》仍要求"土地补偿费、安置补助费的分配标准和分配方式由省人民政府制定"。例如，CPTPP 要求"每一缔约方应允许与涵盖投资相关的所有转移可自由进出其领土且无迟延"，我国由于安全管控而导致资金向外转移程序复杂。建议参照 CPTPP 标准进一步拓展投资保护范围；按照《外商投资法》要求，明确"含土地在内的各类要素按照被征收投资的市场价值及时给予补偿"；系统研究境外投资者与投资相关的资产、收益等可自由转移办法。

（2）严格纠正以公权侵犯私权行为。严惩各类利用公权力侵犯私有产权的违法犯罪行为；严格区分企业家的违法所得和合法财产，区分涉案人员个人财产和家庭成员财产，在处置违法所得时不牵连合法财产；不得查封、扣押、冻结与案件无关的财产；因公权侵犯私权造成损失的，受害人有权申请国家赔偿。

（3）出台《海南自由贸易港产权保护条例》。增强各类企业家的财富安全感，给企业家一个"定心丸"，需要规范和约束行政权力，严格规范行政机关和执法机关的执法行为。这就需要尽快出台对没收或者冻结财产的具体实施细则，使执法机关查封收缴私产时，对合法财产和非法财产区别对待，防止企业家的合法财产受到侵害。

2. 研究出台《海南自由贸易港知识产权保护条例》

（1）出台知识产权保护地方条例的迫切性增强。一是海南以服务贸易为重点，包括数字贸易为重点的对外开放，对知识产权的依赖性更强；二是海

南自由贸易港要建设海南国际知识产权交易所和三亚崖州湾科技城知识产权特区，需要在知识产权保护法治化上有新的突破；三是与CPTPP高水平经贸规则对接，知识产权保护也是重要领域。为此，需要加快进度，尽快出台《海南自由贸易港知识产权保护条例》。

（2）对标国际标准推进知识产权保护法治化。新出台的《海南自由贸易港知识产权保护条例》要主动借鉴参考全面与进步跨太平洋关系伙伴协定（CPTPP）、中欧全面投资协定（CAI）等最新经贸协定中的知识产权保护规则[1]；高度关注"互联网+"等数字经济领域的知识产权，并在加紧研究的基础上，率先开展数字经济领域的知识产权立法探索；借鉴新加坡等经验，进一步明确知识产权保护的多元化纠纷解决机制（表6-2-1）。例如，明确多元化纠纷解决机制的程序、标准、规则、法律效力等；积极吸引世界知识产权组织等在海南设立分支机构，并加强与海南自由贸易港知识产权仲裁调解中心的合作；完善专利行政保护、司法保护及调解、仲裁等方面的对接机制，强化知识产权纠纷处理结果的司法执行；率先在海南全面适用《新加坡公约》，明确多元化纠纷解决机制及其法律效力；率先建立与新加坡间的知识产权特别审查机制，通过定期审议，实现海南与新加坡知识产权保护标准统一与规则一致。

表6-2-1　部分自由贸易协定中关于知识产权的条款

名称	相关内容
全面与进步跨太平洋伙伴关系协定（CPTPP）	协定对知识产权保护与鼓励创新投资，支持创新型产业，杜绝盗版和假冒产品，促进信息、知识与技术的传播和推广做出了规定。 与知识产权相关的规定建立在世界贸易组织《TRIPS协定》的基础之上，涵盖版权、商标、地理标志、专利权、工业品外观设计、保密信息、植物多样性保护、民事执法、边境执法和刑事执法等。 协定还包括有关药品、域名抢注、盗窃贸易秘密等方面条款
中国—东盟自由贸易协定	双方重申各自作为缔约方加入的已有国际协定中有关知识产权的既有承诺，包括WTO、世界知识产权组织（WIPO）和其他有关纪律

---

[1] 郭达，郭文芹.推进海南自由贸易港东南亚区域合作［N］.经济参考报，2020-08-18（A07）。

续表

名称	相关内容
新加坡—欧盟自由贸易协定	第 10 章以《TRIPS 协定》为基础，通过保护知识产权和实施相关措施，推动创新和创意产品的生产和商业化，提高贸易和投资利益
区域全面经济伙伴关系协定（RCEP）	旨在通过加强知识产权使用、保护和执法方面的经济融合与合作，减少与知识产权相关的贸易和投资壁垒

资料来源：中改院课题组根据资料整理。

（3）探索建立国际化的自由贸易港知识产权管理与保护机制。加快构建国际知识产权交易中心，鼓励探索知识产权证券化，完善知识产权信用担保机制；搭建知识产权认证、交易、运营等平台，面向泛南海，建设知识产权聚集、评估、交易、转化的"吞吐池"和"国际港口"，构建涵盖知识产权服务交易各环节的全生命周期、全产业链条。借鉴国内自由贸易试验区的成功经验，成立海南自贸港知识产权综合管理部门，实现专利、商标、版权三者合一，充分履行知识产权的管理与保护以及纠纷和违法行为审查处理等职责。成立专业性的综合执法队伍，构建并完善与相关部门之间的联动、协调、会商机制，全面提升知识产权保护的执法效率。

3. 健全产权执法司法保护制度

（1）严格规范涉案财产处置的法律程序。产权执法司法处置是否适当，是产权保护的重大现实问题。如果不应当被剥夺的财产权被剥夺，就会导致社会对财产权保护缺乏信心。近年来，我国司法实践中出现过对经济犯罪案件中的企业家或个人的涉案财产处置不依法依规、行政和司法腐败侵犯企业产权等现象，不仅给企业家和个人的合法财产造成严重损失，而且不利于稳定社会预期。为此，需要尽快规范企业家或个人财产处置的法律规则，形成具体的执法操作程序，使其变成行政实践和司法实践。

（2）建立完善补偿救济机制。从实践来看，一些地方政府在财产权保护方面力度不够，有些甚至因为当地政府自身的不当行为造成企业和公民财产权受损。在这个背景下，不仅要建立对政府相关人员的问责与追责机制，而且要完善赔偿与救济机制。对因政府规划调整、政策变化造成企业合法权益受损的，要依法依规进行补偿救济。

第三节　明显提升政府服务效率

行政高效运转是实现经济高度开放的内在要求。加快海南自由贸易港建设，要按照"经济高度开放、行政高效运转"的基本要求，以提升政府对海南自由贸易港政策落实成效为重点，在推进行政管理体制改革创新的同时，加强政府服务相关制度体系建设，建立与各类市场主体需求相适应的高效率服务体系。

一、实现政府效能最大化的目标要求

从现实情况来看，政府效能不高、服务意识不强已成为制约市场主体活力释放、各方诟病海南的焦点。未来几年，需要下大力气在提升政府效能方面推出系列特别之举，以企业需求为导向建立与自由贸易港建设相适应的更高效率、更富活力的政府服务体系。

1. 实现政府效能最大化的基本目标

（1）明显提升政府政策落实效率。在进一步明确行政主体责任、细化政策落实任务清单的同时，同步形成关于政策实施流程与方式、部门间协调机制与方法、办理程序与时限等相关承诺，由此形成对政府政策落实的硬约束，强化各方对海南推进自由贸易港建设的信心与预期。

（2）明显提升政策落实质量。改变过去以往政策落实中"企业找政府"的惯性做法，在减少政策执行层级的基础上，建立以"政府为企业服务"为导向的政策执行机制，有效增强企业政策获得感。

（3）明显提升政府公信力。对政策执行效果承诺、服务质量承诺、落实

期限承诺和保障承诺的履行情况进行公开公示并评估；通过履行政府对企业、社会的承诺，提升政府公信力。

2.提升政府效能的现实需求

（1）政府行政效能与政务服务质量仍有一定提升空间。中央广播电视总台编撰的《中国城市营商环境报告》显示，目前在我国各城市营商环境差距中，硬环境的差距逐步缩小，软环境差距仍然较大。其中，政务环境作为软环境的重要方面，成为缩小差距的重要因素。此报告显示，2019年在全国36个城市政务环境排名中，海口排第32位。

（2）与贸易投资自由化便利化相适应的政府职能体系尚未形成。市级政府向市场、社会放权仍有较大空间，营商环境改善仍有较大空间。比如，根据《机遇之城2019》的评分结果，在38个重点城市中，海口创业便利性评分为92分，排名第25。此外，海南营商环境部分指标虽然超过上海等发达地区，但与世界最佳水平仍有一定差距。

（3）政府管理信息化水平不高。例如，各部门存在发文承诺与实际办理情况不符的情况；电子招投标平台系统与招投标相关监管部门未联通，部分部门的业务系统由国家、省级单位建设，数据沉淀在上级部门、打通信用信息自动归集通道存在困难等问题。

3.把建立政府政策承诺诚信制度作为提高政府服务效率的特别之举

（1）以建立政府政策承诺诚信制度形成自由贸易港政策落实的硬约束。配合《海南自由贸易港建设总体方案》实施，健全权力运行制约和监督体系，确保政策执行与监督既相互制约又相互协调；明确政策执行主体责任，对政策执行效果、执行流程等进行公开公示，开展全流程管理，确保自由贸易港政策落实到位。

（2）以建立政府政策承诺诚信制度提升政府政策落实效率。通过公开承诺、诚信评价、政策承诺兑现考核、承诺诚信反馈等机制，优化政府办事流程，采取网上服务、并联服务等措施，提升政策落实效率；强化公务员诚信管理，建立公务员政策执行效果公开承诺与信用公示制度，建立一支守法守信、高效廉洁的公务员队伍。

（3）以建立政府政策承诺诚信制度打造稳定、可预期的政策环境。例如，通过实行政府政策承诺诚信制度强化政策出台前的合法合规审查，拓宽公众参与政府决策的渠道，避免"一刀切""半夜新政"等做法；以政府政策承诺诚信制度建设形成政府守信践诺的制度保障，为各类市场主体营造稳定、可预期的政策环境。

（4）以建立政府政策承诺诚信制度形成政务诚信建设的新亮点。从国内看，地方政府主要通过政务公开、内部评估等方式强化政策落实，推进政务诚信建设。建立政府政策承诺诚信制度，则是把政府主动承诺作为推动政策落实的主要方式，把政府承诺兑现监督评价作为强化政府政策落实效果的主要约束，以政策全面落实提升政务诚信水平，将形成全国政务诚信建设的新亮点。从国际来看，中国香港、新加坡等自由贸易港从保护企业和个人合法利益的角度，通过建立"信赖保护制度"对行政机关的行政承诺变更行为进行限制。建立政府政策承诺诚信制度，则是通过政府主动公开承诺并强化政策承诺兑现的刚性约束，以政策全民落实实现政府对市场主体利益的保障。这将探索出一条与中国香港、新加坡等自由贸易港实践差异化的新路子。

二、建立完善政府政策承诺诚信制度

适应自由贸易港建设要求，以政府政策承诺诚信制度建设推动政府与市场主体之间的关系从政府管理企业向政府服务企业转变，进一步降低企业办事成本，提升企业政策获得感，最大限度激发市场活力。

1.政策落实流程再造：由"企业找政府"向"政府找企业"转变

（1）建立以政府上门送政策为导向的政策宣传机制。在利用电视、报纸、网站等传统媒介开展政策宣传推广的同时，按照政策内容系统梳理、分类归纳经济政策，主动对接政策落实牵头部门，提取"干货"并建立"经济政策数据库"；充分利用现代信息技术，通过政策自动匹配、精准推送、重点企业"一对一"服务等多种方式送政策上门。

（2）建立以政府主动承诺兑现为核心的政策执行机制。政府通过向企业作出经济政策承诺兑现的标准、流程、时限等关键性内容的公开承诺，形成对政府政策承诺落实的硬约束；通过建立政府政策承诺兑现考核与奖惩制度，实质性解决企业办事中"企业着急、办事人员不急"的现实矛盾，提高政策承诺落实效率。

（3）建立以政府主动领办帮办为重点的政策服务机制。改变当前政策承诺落实中"等企业上门"的做法，在利用现代信息技术精准化筛选、匹配政策适用对象的基础上，通过共性问题按标准执行、个性问题"点对点"服务等多种方式，实现政府指导企业精准对接政策，引导企业用好用活扶持政策，帮助企业在"政策窗口期"及时享受政策。

2.明显降低企业办事成本："一次不用跑"为常态，"最多跑一次"为底线

（1）以"一次办成"为底线要求。在不违反原则性规定的前提下，最大限度减少办事环节、整合办事材料、优化办事流程，通过跨部门信息共享、联合办公与容缺受理、企业法人承诺等多种方式实现所有涉企事项只跑一次、一次办成。

（2）实现"一次不用跑"事务全覆盖。完善电子政务服务平台相关功能，实现涉企行政事务功能全覆盖与一键式办理；通过组建跨部门联合工作小组等方式，推进政务服务跨部门信息共享，建立跨部门政策服务协作机制；全面取消纸质单据或材料，实现涉企政务全覆盖；加快完善线上办理"好差评"制度，倒逼办事人员提高服务能力与效率。

（3）探索实行"承诺即享"制。对享受相关经济政策涉及的许可审批、审核认定等事项，企业在提交申请书与证明材料时，一并提交资格符合承诺书，并对提交的申请文件、材料的真实性、合法性、有效性、完整性和一致性负责。政策承诺兑现官收到经申请人签章的承诺书，以及关键性证明材料后，经形式审查，且经企业法人库精准比对无误后即时办理相关事项，政策承诺兑现大厅即时将相关业务办理信息通过市政务信息共享交换平台推送至市场监管部门，强化事中事后监管。

3.明显提升企业获得感：由"最后一公里"向"零公里"转变

（1）实现经济政策"一站式、无障碍"直通企业。建立全市统一的经济政策发布平台，通过统一发布、精准匹配、自动推送、线上线下培训、宏观解读与微观诊断咨询等多种方式，着力解决企业"找不到、看不懂、不会用"政策的突出问题，降低企业政策信息获取成本。

（2）实现政策执行标准化、便利化。在进一步简化办事环节的基础上，编制详尽的办事指南，明确政策实施流程与办理方式、部门间协调机制、办理环节数量与时限，解决政策执行不规范、不透明等问题；避免配套方案与实施细则有政策无措施、有原则无详规，明确适用"一事一议"原则的情形，解决政策执行标准过严、执行随意和自由裁量过大等问题。

（3）建立直通式政策落实监测反馈机制。依托政策承诺兑现大厅，实行政策承诺兑现全过程动态监测评估，加强对企业诉求与反馈的收集与分析，对政策落实中的共性问题集中解决，个性问题"点对点"服务，最大限度避免政策空转，提升政策落实质量。

4.形成承诺制管理新模式：政府政策承诺＋企业法人承诺

（1）实现政府政策承诺与企业法人承诺相结合。例如，对于政策适用的企业资格条件，采取企业法人承诺制免于提交相关证明材料，在最大限度降低企业办事成本的基础上，实现政策落实。

（2）实现政府诚信与企业诚信一体化管理。统筹推进政府信用与企业信用管理，将政府与企业承诺兑现作为评价各自诚信水平的重要内容，在信用信息公示、信用考核评价、失信名单管理、权益保护、信用修复和异议投诉等方面实现制度规则统一、技术标准统一、奖励惩戒统一，实现政府、企业信用管理一体化。

（3）形成以信用为核心的新型市场监管机制。通过政府政策承诺诚信提升政策执行力，推动政府职能转变，打造服务型、法治型、责任型政府；在政府政务诚信与企业诚信管理一体化基础上，依托政府与企业统一的信用信息管理系统，通过企业法人信用承诺逐步取代前置手续、审批报件，推动政府进一步向企业、社会放权。依托政府、企业承诺兑现信息，开展信用评级并实时公布，并将其作为政府绩效考核与企业事中事后监管对象选择的主要考虑因素。由此，推动建立以信用为核心的新型市场监管体系，并在守信践诺评价管理中实现分类监管和精准监管。

三、实行"无事不扰"的政府监管制度

以信用监管取代事前审批，加快建立全流程信用综合服务监管模式，实现信用分级分类监管服务广覆盖、全过程闭环，使信用监管成为海南自由贸易港监管体系的突出特色，成为促进贸易投资自由化便利化的重要支撑。

1. 以信用体系建设为重点推进由事前审批向事中事后监管转变

（1）与负面清单管理相适应。从国际经验来看，信用监管提倡企业自治和自律，与自由贸易港监管体现最小政府干预原则相吻合，与自由贸易港负面清单管理相一致。随着投资、贸易领域负面清单管理在海南的全面实施，事前审批已经不再是监管的手段。这就要求改变行政资源配置格局，使更多行政资源配置在事中事后监管。作为最高开放形态，海南自由贸易港要在推进由事前审批向事中事后监管转变上走在全国的前列。

（2）强化事中事后监管。事前审批只是对市场主体准入条件的"一次性认可"，市场监管职能的充分发挥更要注重对市场主体行为的全过程监管，需要加强对市场主体准入后行为的监督和规范。应努力探索构建"事前信用联动承诺、事中信用联动评估分类、事后信用联动奖惩"的全链条信用监管体系，建立企业信用信息采集共享机制，实现跨部门、跨区域的协同高效管理。

（3）构建市场主体信用风险提示与预警制度。借鉴新加坡等经验，以政府为主导建立企业与个人信用风险管理的基本体系，将经营行为与个人信用相结合；通过政府购买、授权发布等多种方式引入第三方信用风险评级机构，对企业经营状况及信用信息进行评估，不断提升信用评价结果的公信力。将市场主体信用评价结果与行业准入、融资信贷、税收、产品推介乃至

企业负责人信用等挂钩，对发生违法行为的企业，依法从严从重处罚，构建对市场主体失信行为的全方位约束机制。

（4）加快构建并完善海南自由贸易港全流程信用综合服务监管模式。在税收、环境保护、知识产权、金融信贷等享受自由贸易港政策的重点领域，以及医疗卫生、家政、养老、食品药品、安全生产、旅游文化等关系公共利益的重点领域建立市场主体信用记录。充分利用"国家发展改革委支持海南省将全国'双公示'、黑名单、重点关注名单、红名单和其他大数据失信名单等信息向海南省共享"①这一政策利好，统一归集全省法人、非法人组织和自然人的信用信息，建立全省统一的海南自由贸易港市场监管信息平台，在市场准入、投资、贸易、金融等领域全面实现信用监管。比如，探索运用区块链技术对企业信用风险进行等级分类，构建企业信用风险预测预警和动态监测机制，切实做到"事前锁定对象、事中下达指令、事后反馈统计"。

2. 积极培育和发展社会化征信服务

（1）更加注重通过社会化征信服务减轻政府的监管压力。发达国家正是由于构建了完善的征信服务体系，形成了社会化的征信服务，从而为企业自律自治提供了重要基础。海南可以考虑在政府主导下，加快发展社会化征信服务，为监管变革创造条件。

（2）形成信用服务业发展大环境。突出海南自由贸易港社会信用体系建设的特色，集中培育发展一批公信力强、市场认同度高的本地信用服务机构；在海口、三亚等地积极引进国内国际知名信用服务机构，形成海南自由贸易港信用服务机构的竞争力和影响力。

（3）打造信用服务机构聚集区。与南海周边国家合作，开放信用服务业，在工程招投标、公共资源交易、公务人员招录、市场准入、安全生产、产品质量、医疗卫生、环境保护、教育科研、资质认定等市场监管和公共服务重点领域加强国际合作，广泛运用应用信用信息，支持使用包括国际机构

---

① 用社会信用"加法"换营商环境"乘法"［N］. 海南日报，2019-05-10（003）。

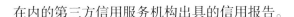

在内的第三方信用服务机构出具的信用报告。

专栏6-3-1　发达国家征信体系建设的三种模式

主要发达国家的征信体系从19世纪30年代起开始建立。从简单征信服务到比较完善的现代征信体系的建立，美国经历了160多年的时间。与美国相比，欧洲具有较严格的数据保护法律。德国建立了私营信用数据库和行业协会数据库，补充和完善征信信息征集机制。1995年10月，欧洲议会通过了欧盟《个人数据保护纲领》，其立法宗旨和基本原则是在保护人权和开放数据之间取得平衡；1997年12月欧盟公布了第二个《数据保护指南》；随后欧盟各国根据欧洲议会通过的法律对本国的征信法律体制进行了完善。

1.市场主导型征信模式（私营征信模式）

市场主导型模式是指征信业发展以私营征信机构为主导，运作以市场化为原则，征信业务开展以资源和契约为主要方式。政府部门的主要职责是征信监管，也就是规范征信市场发展，切实保护信息主体的权益。

以美国为代表，美国是世界上征信市场最发达的国家。美国首家商业信用调查机构邓白氏公司于1841年成立，随后诞生了消费者信用评估和评级机构。1929年美国大萧条之后，征信业务需求快速增加，征信行业快速扩张；与此同时，美国出台了15部法律法规，形成了完整的法律框架规范征信业务。1980年，美国运转的征信公司达到3000多家，也就是从此时开始，美国的征信业进入大规模并购阶段。美国征信机构还借助互联网技术的发展，在经济全球化进程中向世界其他国家扩张，在全球征信市场中占据主导地位。到21世纪初，美国市场基本形成由三家大的征信机构和300多家小的征信机构并立的格局。

市场主导型模式主要有以下几个特点：（1）运营机制比较灵活；（2）收集的信息种类比较丰富；（3）征信服务的对象和方式比较多元；（4）响应市场的需求比较快。该模式借助第三方向被采集对象收集信息数据，具有该模式特点的征信企业自负盈亏。政府的职能是推动行业立法规范和引导行业发展，并实施监督管理的权利。

2.政府主导型征信模式（公共征信模式）

政府主导型模式是指征信行业的发展由政府部门主导，公共征信机构在征信市场中占据主要份额，资金来源于财政拨款或者征信服务收费，征信行业的运作以政府强制为原则，征信服务的目的是防范诚信风险和维护金融稳定，政府一般承担征信管理和征信服务的双重职责。

法国、德国是典型的采用政府主导型征信制度模式的国家。早在1929年，金融危机的爆发导致欧洲各国银行出现了大量坏账，促使各国中央银行或其他金融监管当局主导建立了公共征信系统。德国政府于1934年建成了覆盖全国的中央信贷登记系统，以帮助商业银行了解企业动态，也方便中央银行监督宏观经济状况。法国于1946年由法兰西银行成立了信用服务调查中心，并且通过法律规定由法兰西银行负责运营公共诚信登记系统，提供企业和个人诚信报告及其他增值产品。随着政府和企业对于信息技术的广泛运用，德国公共登记系统和私营机构并行发展、协调运行。这也是德国1977年颁布《德国联邦数据保护法》，而成为世界范围内第一个采用数据保护法的国家的主要原因。

政府主导型模式具有鲜明的特点：（1）政府通过立法的形式强制进行信息共享，由中央银行或者金融监管机构履行独立的第三方角色；（2）实现征信监管和服务职责相结合，服务范围和内容相对较小；（3）市场形态单一。此模式在中央银行收集和监督管理商业银行、金融机构、个人和企业信息，以及制定政策法规等方面发挥了重要作用。

3. 会员制征信模式

会员制征信模式是指各协会建立会员制信用服务机构，信息的采集和使用均面向会员。其征信机构大致分为银行体系、消费信贷体系和销售信用体系三类，分别对应着银行协会、信贷业协会和信用产业协会。会员制模式的行业内会员协调相对比较容易，但对行业协会的发展水平要求较高。

日本实行会员制的诚信管理模式，以行业协会为主建立诚信信息中心，为协会提供企业和个人的诚信信息交换平台，通过内部诚信信息共享机制实现征集和使用诚信信息的目的。目前日本诚信体系内的行业协会有三类：金融机构体系类是指全国银行协会联合设置的"全国银行个人信用情报中心"，与银行有关的共2000多家公司成为其会员；消费金融体系类是33家个人征信机构联合起来形成的全国信用情报中心联合会，其会员是专门从事贷款的经营者，所有会员担负着提供信息的义务；商品销售体系类是采取股份公司形式。①

会员制模式下政府的作用主要体现：（1）通过立法促进信息的公开和保护、规范和监督行业协会的运作等方面。该模式引导会员加入行业协会，为自身提供征信服务；（2）会员在享受服务的同时，可以向协会的信息中心提供自己获得的个人和企业资料，所有会员的信息汇集在一起供所有会员共享，既提高了效率又降低了成本。

资料来源：中改院课题组根据相关资料整理。

3. 建立与自由贸易港相适应的信用监管体系框架

（1）以"诚信海南"为目标推进制度集成创新。积极引导市场主体自治，提升企业社会信用。通过建立企业信用档案、企业信用记录备案查询制度以及企业失信"黑名单"等，强化市场主体的信用意识和信用约束，鼓励市场主体依法履行相关义务，完善企业信用管理，提高企业违规失信成本。

（2）争取到2025年初步建立信用监管机制。推动海南成为"全国最讲诚信的地方"。基本建立起事前事中事后全周期联动的信用监管机制，信用监管覆盖全省市场主体和政务服务全流程，使企业诚信和政府诚信成为海南营商环境国际化法治化的有力支撑。

企业诚信体系基本建立。实现法人、非法人组织和自然人信用信息和信用综合服务全覆盖②，信用承诺制基本建立，全岛数据全链条精细化、精准化

① 郑良芳. 我国征信体系建设问题研究［J］. 征信, 2010（1）。
② 用社会信用"加法"换营商环境"乘法"［N］. 海南日报, 2019-05-10（003）。

监管模式基本建立。

政府诚信体系基本建立。政府承诺制基本建立，政府诚信深入人心，政府诚信成为海南的软实力，成为海南自由贸易港营商环境优化的"催化剂"。

信用监管成为主流监管模式。与贸易投资自由便利相适应，支撑信用精细化和智能化应用的新一代信用基础设施体系基本建成，"企业自治＋信用监管"的自由贸易港特色基本形成。

（3）争取到2035年建成与国际接轨的社会信用体系。信用体系软实力和硬支撑功能进一步增强，包括企业诚信和政府诚信在内的社会信用体系更加完善，重点领域配套法规制度更加完善，法律法规制度体系基本建成，形成体现国际先进理念、符合国情省情的标准体系，实现信用监管和服务关键环节制度规范全覆盖。在信用监管的全面普及下，海南全社会的信用认知度、获得感显著增强，营商环境跻身全球前列。

四、强化政府的数字化、法治化建设

广泛利用物联网、云计算、移动互联网、人工智能、数据挖掘、知识管理等现代信息技术，提高政府办公、监管、服务、决策的智能化水平，推动政务流程再造。同时，以学习贯彻《海南自由贸易港法》为契机，着力打造法治政府。

1. 以优化"政务服务平台"为重点推动政务流程再造

（1）提升"政务服务平台"功能。充分利用5G技术、大数据、AI等现代科技手段加快提升"政务服务平台"功能，经过2—3年建设，实现政府所有部门、所有政务系统全部纳入"政务服务平台"。启动建设"智慧海南"大数据中心，充分运用"政务服务平台"的数据收集整理归类功能，加强大数据、云计算、AI、物联网等现代信息技术应用，加快建设全省一体化的"智慧海南"大数据中心。

（2）推动跨部门数据共享互认。加快推进省政务信息共享采集平台中各部门的数据资源整合、归集、共享、开放，尽快完成所有省直单位的共享数据接入，实现数据资源跨部门、跨层级、跨地区、无障碍、全时空联通共享；对通过省政务信息共享采集平台提取的各部门材料予以互认，行政机关、综合行政服务机构能够通过政务信息共享采集平台提取的材料，不再要求申请人提供，由申请人对提取的材料予以确认。

（3）建立覆盖全省的智能化、立体化社会信息管理平台。充分利用5G技术、人工智能、大数据等数字技术，构建社会管理信息化平台，全面接入遥感卫星、雷达、AIS基站、北斗、人脸识别、光电、无人机、电子围栏等前端感知手段和技术，汇聚各相关职能部门、企业数据资源，通过构建全方位智慧、智能型社会管理信息化平台，实现对社会动态的全天候、全地域、全覆盖、可视化管控，为海南自由贸易港建设营造安全的政治环境、稳定的社会环境、优质的营商环境。

2. 利用大数据提升政府治理服务精准化

（1）利用大数据提升政府市场监管效能。充分运用大数据实施市场监管，不仅能够提高市场监管的有效性，而且能够提升政府市场监管效能。充分利用"国家发展改革委支持海南省将全国'双公示'、黑名单、重点关注名单、红名单和其他大数据失信名单等信息向海南省共享"这一政策利好，建设以大数据理念为支撑的、与全国企业信用信息平台相对接的企业法人承诺制协同监管业务平台，加大数据采集、开放、分析应用，充分利用互联网、人工智能、区块链等新技术，推动传统依靠监管队伍检查发现违法行为的管理模式向精准打击的信息化监管模式转变；通过线上线下一体化监管，及时发现违法违规线索，提高风险预判能力，实现靶向性市场监管，提高市场监管的精确度和适配性，实现"事前锁定对象、事中下达指令、事后反馈统计"。

（2）利用大数据提升城乡社区管理水平。充分利用大数据技术，把构建简约高效的基层治理体系作为提升行政效能改革的重要支撑，将全市社区打造成为基层公共服务和社会治理的主要平台。利用大数据技术提升城乡社区网格化管理水平。不断拓展海口政务数据共享功能与范围，探索"互联网＋

社区管理"方式，以网格化为依托，结合地理信息技术，构建以"人、地、事、物、情、组织"为核心的城乡社区大数据管理平台，运用云计算、大数据分析等现代信息技术手段提高城乡社区综合治理水平。

（3）利用大数据提升公共服务供给质量。加快推进教育、医疗卫生、住房、交通、就业、社保、扶贫、环境保护等领域的信息化普及。充分利用现代信息技术创新公共服务供给方式、提高公共服务供给效率，不断满足人们对美好生活的需要；加快推进"互联网＋教育""互联网＋医疗""互联网＋文化"等，不断提升海南公共服务均等化、普惠化、便捷化水平。

3. 提升法治政府建设成效

（1）加大学习理解《海南自由贸易港法》的力度。要深入学习《海南自由贸易港法》，把握"最高水平开放法"的基本规定；把握"授权法"的主要特点，从而增强贯彻自贸港法的主动性、创造性。《海南自由贸易港法》颁布实施将近两年，但从实际情况看，对该法的普及学习、理解领会还有很长的一段路要走，甚至一些同法律规定不符甚至相悖的观点，不同场合都可听到、看到。建议将学习《海南自由贸易港法》作为海南省领导干部能力建设提升工程与发展环境建设的首要任务。

（2）把握《海南自由贸易港法》的立法精神。要充分学习《海南自由贸易港法》的立法精神，确保人大、政府出台的相关措施与本法相衔接。总的来说，《海南自由贸易港法》在坚持宪法和法律基本原则的同时，体现了"充分授权"这一基本要求，支持海南自由贸易港打造成为我国高水平开放的鲜明旗帜与重要开放门户。为此，要以该法为依据，推进立法、司法方面的改革，由此使相关法规与政策的出台有利于促进贸易投资自由化便利化、有利于促进海南与东南亚国家合作、有利于释放海南地理区位优势和自然资源潜力。

（3）强化政府在市场治理中的法律执行。在法律上明确政府部门的设定及职责。政府各级部门行政职权、履行行政职责的行为，包括行政许可、行政处罚、行政强制、行政确认、行政监督检查等行政行为，都需要遵循职权法定、权责一致、约束与激励并重、惩戒与教育相结合的原则，做到失职追责、尽职免责。同时，依法形成并公布各级监管部门的权责清单，使每项监管事项都能够落实到具体的监管部门；建立监管范围适时调整机制，确保监管与市场违法新行为、新现象相对应；确保监管部门于法有据，依法监管。

第四节　跳出海南看海南

经常有人问，海南如何跳出发展"怪圈"？什么"怪圈"呢？从海南的角度讲，认为中央赋予海南很多好政策，但由于相关部委放权不够，政策具体执行起来很困难；从相关部委的角度讲，中央给了海南很多特殊政策，关键是海南要用足用好。从实际情况出发，"怪圈"的主要矛盾在海南。如何跳出这个"怪圈"，对于海南自由贸易港建设至关重要。

一、自由贸易港是一篇大文章，不能把这篇大文章做小了

建设海南自由贸易港是国家重大战略，是一篇大文章，需要以加强与东盟国家的经贸合作与人文交流作为战略抓手，需要用足用好自由贸易港政策、放大政策效应，需要进一步解放思想，加深认识，久久为功。

1. 明确建设海南自由贸易港是国家重大战略

（1）"打造成为引领我国新时代对外开放的鲜明旗帜和重要开放门户"是海南自由贸易港建设的重大国家战略目标。海南建省办经济特区之初，就研究如何将海南推向国际市场，探索建设第二关税区。当时的主要目标是通过大开放使海南由一个落后的欠发达地区迅速发展起来，用10—20年左右的时间赶上甚至超过台湾的经济发展水平。因此，要正确理解建设海南自由贸易港是国家重大战略。比如，我国80%左右的对外贸易量是通过海上贸易完成的，海上贸易又有80%左右是经过南海航道的。未来全球政治经济格局的重点在亚

太，亚太的焦点在南海，经略南海的关键在于争取一个和平发展环境，努力推动形成"泛南海经济合作圈"。海南地缘优势决定了其在主要面向泛南海中的"重要开放门户"的战略地位。正是基于此，"将海南自由贸易港打造成为引领我国新时代对外开放的鲜明旗帜和重要开放门户"是国家重大战略。

（2）准确理解贯彻中央在海南自由贸易港的建设意图。海南要深刻理解习近平总书记指出的，"在海南建设自由贸易港，是党中央着眼于国内国际两个大局、为推动中国特色社会主义创新发展作出的一个重大战略决策，是我国新时代改革开放进程中的一件大事"；要清醒地认识到建设自由贸易港是中央从国家战略大局出发赋予海南的一个战略任务，也是海南自身发展的历史性机遇，千万不能把这篇大文章做小了，不能把海南自由贸易港简单等同于一般区域发展战略。

（3）处理好战略目标与"三区一中心"发展定位的关系。在海南有一种认识，即认为建设海南自由贸易港就是做好"三区一中心"①。"三区一中心"是海南发展的战略定位，即使没有自由贸易港海南也要建设"三区一中心"。自由贸易港建设对海南"三区一中心"发展提出更明确、更高的要求，需要更大的动力把"三区一中心"做好。不能仅仅从海南自身发展来看自由贸易港，更不能将海南自由贸易港建设直接等同于"三区一中心"。按照习近平总书记的重要指示，建设海南自由贸易港重在把握三个基本要求：一是对标世界最高水平开放形态；二是把制度集成创新摆在突出位置；三是解放思想，大胆创新。习近平总书记要求，中央和国家有关部门要从大局出发，支持海南大胆改革创新，推动海南自由贸易港建设不断取得新成效。什么是大局？将海南自由贸易港打造成为"引领我国新时代对外开放的鲜明旗帜和重要开放门户"就是大局。中央有关部委与海南都要从这个大局出发，齐心协力加快海南自由贸易港建设进程。若方方面面都能自觉地、主动地把握这个大局，海南就会跳出发展"怪圈"。

---

① "三区"是指：全面深化改革开放试验区、国家生态文明试验区和国家重大战略服务保障区。"一中心"是指：国际旅游消费中心。

2. 加强与东盟国家的经贸合作与人文交流的战略性任务

实现海南自由贸易港这个国家战略重大目标，首要任务和战略抓手就是使海南自由贸易港在我国与东南亚国家的经贸合作与人文交流中扮演特殊角色、发挥特殊作用，并且成为连接国内国际大市场大循环的重要枢纽。一方面，要加强区域经贸合作与人文交流，提升对东南亚国家的影响力。只有把区域经贸合作、人文交流这篇文章做好了，海南才能在实现国家重大战略目标中发挥特殊作用；另一方面，要抓住 RCEP 生效的时间窗口期，加强区域经贸合作、人文交流，以提升区域合作中的战略地位。

RCEP 生效后，我国对东南亚国家大部分的产品将逐步实现零关税。东南亚国家的产品尤其是农产品的成本将低于海南，这对海南产业发展乃至自由贸易港建设将产生一定影响。《海南自由贸易港建设总体方案》要求海南建设"全球热带农业中心"。打造全球热带农业中心，关键在于在海南形成热带农产品保鲜、储藏、加工、运输等产业链和供应链，将海南打造成为面向东南亚的热带农产品保鲜、加工、储藏基地。就是说，海南要成为全球性、区域性热带农业中心，要走"热带农业＋制造业＋数字经济"的现代热带农业发展之路。如果把这件事情做成了，将明显提升海南热带农业的竞争优势，将奠定建设"全球热带农业中心"的重要基础。只有站在提升海南面向东南亚的区域影响力这个大局上，海南自由贸易港建设才会得到包括中央部委在内的方方面面的大力支持。为此，海南要以加强与东盟国家经贸合作和人文交流为重点实现区域合作的重要突破，要将海南的医疗健康、教育等产业开放与这个重大战略任务、战略目标相融合。

3. 要用足用好自由贸易港政策

（1）明显扩大过渡性政策适用范围。比如零关税，建议对所有在海南注册的企业进口自用的生产设备实行"零关税"。再比如个人所得税，根据现在的政策，2025 年前"对在海南自由贸易港工作的高端人才和紧缺人才，其个人所得税实际税负超过 15% 的部分，予以免征"。其中，条件之一就是要求连续缴纳 6 个月以上社保以及签订 1 年期以上的劳动合同或聘用协议等劳动关系。这些限制性条件，容易给外界对自由贸易港的预期带来一定影响。海南的服务型经济、服务贸易开放度很高，服务型经济、服务贸易发展关键在人。因此，海南要适时扩大相关政策的适用范围。

（2）尽快将某些政策适用范围扩大到海南岛全岛。当前，海南把11个重点园区作为推动海南自由贸易港建设的样板区和试验区，承载实施海南自由贸易港过渡阶段政策的重要任务。在园区先行探索试验固然重要，但从海南以往的实践看，园中园、区中区的实践效果并不好。建议从现在开始对重点领域实行产业项下的自由贸易政策，所有符合条件的企业都可以享受自由贸易港政策，不一定非要进园区，这样就不会把政策做小了。以医疗产业开放为例，博鳌乐城国际医疗旅游先行区是海南的一大亮点，而中欧全面投资协定以及CPTPP都涉及医药产业的全面开放问题。可以考虑把博鳌乐城国际医疗旅游先行区打造成为"国际性医疗硅谷"的同时，尽快把博鳌乐城国际医疗旅游先行区的部分政策在全岛铺开。

4. 解放思想，加深认识，久久为功

要解放思想，防止把自由贸易港这篇大文章做小了，把这篇长文章做短了。海南自由贸易港是一篇大文章，要久久为功。无论是战略目标、战略任务，还是政策运用，都一定要把它做大，都要坚持不懈的努力。这就需要全省上下在学习理解中央文件上加大力度，在领会中央精神上统一思想。全省上下要认真学习领会习近平总书记讲话精神，以中央文件为重点，进行再学习、再认识。解放思想的首要任务就是要对自由贸易港的战略目标、战略任务有一个重新的再认识。

二、自由贸易港建设要从长远发展来考虑

海南自由贸易港建设要从长远发展来考虑，绝不能从短期出发把政策用歪了、把好事做歪了，需要把握全局，切实提高用好政策的能力和水平。

1. 处理好短期与中长期的关系

《总体方案》明确提出"本世纪中叶，全面建成具有较强国际影响力的高

水平自由贸易港"的发展目标。如何做好这篇长文章,这就要求我们不能只考虑短期,眼光要放长远。凡是与自由贸易港建设不相适应的举措和政策,坚决不能出台;要按照自由贸易港的发展目标来谋划和实施海南自由贸易港的行动规划与具体政策。

例如,由于海南岛屿经济体的产业发展落后,地方财政来源有限,造成对房地产的过度依赖,尤其是在国际旅游岛刚公布时期,短期炒作给中长期发展带来巨大的隐患。2018年4月13日前后海南省出台的限购政策,是"短期不得已而为之的办法"。但是,从中长期看,海南房地产改革的核心是推动转型,要从资本导向型转向消费导向型,这个转型的社会需求空间巨大。在这个前提下,海南房地产仍有大的发展空间,关键是在保障岛内居民基本住房需求的同时,用市场化改革的办法推进房地产的转型,由此推进海南房地产持续健康发展。

2. 客观评估海南自由贸易港5年建设成效

这两年,海南在推进自由贸易港建设上确实取得了一定进展。由于原来的基础十分薄弱,外商投资和进出口贸易增速很快;受政策红利的影响,来海南注册的企业和来海南就业创业的人才数量也增长较快。但是,我们必须清楚地认识到自己的差距。比如,人均GDP和居民收入仍然低于全国平均水平;服务业转型升级的空间还很大,现代服务业比重仍然较低;营商环境虽有明显改善,但是离中央的目标要求和企业的实际感受还有相当大的差距。这就要求我们认清现状,直面问题,不能盲目乐观,要按照习近平总书记说的以"功成不必在我"的精神境界和"功成必定有我"的历史担当,保持历史耐心,发扬钉钉子精神,一张蓝图绘到底,一任接着一任干,持之以恒地把这篇长文章做下去。

3. 不能从短期出发,把好事做歪了

这些年,海南各方面都着急尽快把自由贸易港做起来,但是切记:海南不能从短期出发,不能从局部利益出发,把好事搞砸了、搞歪了,甚至搞坏了。以封关为例,封关是海南自由贸易港全面正式运作的重要标志之一,但

是封关并不是一个绝对性要求，主要取决于条件。硬件基础设施很重要，但更重要的是国际经济政治格局的变化、国际竞争的形势。海南在相当长一段时间里要千方百计吸引国内企业到海南来投资兴业；要充分利用海南自由贸易港的政策加快打造面向东盟的区域总部基地。

4.客观判断海南自由贸易港建设面临着的短期风险与中长期风险

（1）注重解决好海南自由贸易港起步阶段的"风险"。当前，海南自由贸易港开局确实面临着某些风险。例如，免税购物政策下产生了某些走私的问题。这是不是风险？确实是风险，要严格管理、坚决管住。但从服务国家重大战略出发，客观判断自由贸易港建设面临的风险，还需要研究：在海南产业基础薄弱、市场流量不大、营商环境有待改善的特定背景下，如何尽快改善营商环境、如何尽快采取相关重大举措，增强海南自由贸易港的吸引力？

（2）着力研究面临着的某些挑战。在疫情严重冲击经济全球化和国际政治经济格局深刻复杂变化的特定背景下，吸引境外投资者尤其是有实力的企业来海南自由贸易港投资，存在很大的不确定性。应当说，海南自由贸易港最初几年，境外大资本、大财团会不会大量进来，会不会有重大投资项目，这的确面临着较大的困难与挑战。

（3）亚太区域的政治经济格局具有深刻性、复杂性。在这样一个大环境下，建设海南自由贸易港既具有迫切性、战略性，又凸显严峻性、挑战性。如果三亚、海口邮轮母港建设好了，在条件允许时有若干艘数万吨级邮轮在南海航行，就有可能在南海区域产生某些重要的战略性影响。

（4）要客观、清醒地估计海南自由贸易港建设的短期风险和中长期风险。要在把握什么是短期风险、什么是中期风险的基础上，从长计议，客观分析判断哪些是主要矛盾、哪些是次要矛盾；哪些是常规性问题，哪些是突出问题，不能把常规性问题变成主要问题。这样，有利于客观分析矛盾与问题，从而找出解决这些矛盾与问题的办法。

三、要把自由贸易港做实

海南自由贸易港建设，需要脚踏实地，注重不断改善营商环境，以在医疗、教育产业开放上的重大突破汇聚各方信心。

1. 要在医疗、教育产业开放上取得重大突破

海南自由贸易港建设，需要做一些实实在在的事情。海南在哪些方面能够取得突破？例如，未来 5 年左右，海南要努力成为吸引留学生回流的重要区域。实现这一目标，首先要有名校。中山大学在深圳办一所分校，深圳无偿拨了 5000 亩地。深圳能够把这么大的土地面积批给学校，就是因为深圳已经把教育作为发展中基础中的基础。所以，医疗、教育是海南基础中的基础、条件中的条件。如果这些方面做得不好，很多事情包括产业发展、投资环境改善等都难以做好。

2. 不把实事做虚，核心在改善营商环境

海南今天的发展是靠政策环境、靠生态环境，今后的发展主要靠营商环境。海南着力改善营商环境、出台优化营商环境的硬措施，对增强内外关于海南自由贸易港的信心至关重要。目前，虽然海南的营商环境有所改善，但企业实际上的感受并不是很强。当前，在思想观念转变不到位、体制没有重大调整、懒惰作风没有根本改变的情况下，某些方面营商环境的改善是有限的，是难以持久的。目前，相当部分的企业和个人对海南建设自由贸易港疑虑大于信心。在这种情况下，需要海南尽快出台一些举措、实招，做出一些改变，以取信于各方面，进而增强海南自由贸易港建设的合力。

3. 着力处理好海南自由贸易港建设中城市与农村的关系

海南自由贸易港的实施范围为海南岛全岛，意味着包括农村。但是海南农业现代化程度较低，尽管已经基本实现了"品种革命"，但是农业的生产方式、组织方式、运输方式尚未发生重要变革。工业化程度低，严重影响了生产关系、生产方式的变革，并使热带农业价值大打折扣。落实中共中央、国务院印发的《海南自由贸易港建设总体方案》所提出的"打造全球热带农业

中心",仍是一篇需要着力破题的大文章。

海南 80% 的土地、60% 的户籍人口、20% 的产业在农村。由于发展相对滞后,再加上城乡关系尚未有实质性突破,使土地资源利用效率比较低下。充分释放农村资源潜力,关键是制度创新。现代农业产业是农村发展的主线,土地是核心,人才是关键。在建设海南自由贸易港的背景下,如果农村改革不出大招、实招,不采取某些特殊办法,就难以真正搞活农村市场,难以充分释放海南巨大的土地资源潜力。